中国债券市场的未来

[德] 席睿德　[奥] 任志清　张龙梅 / 编著
国际货币基金组织翻译处 / 译

The Future of China's Bond Market

Alfred Schipke　Markus Rodlauer　Zhang Longmei

中信出版集团 | 北京

图书在版编目（CIP）数据

中国债券市场的未来 /（德）席睿德，（奥）任志清，张龙梅编著；国际货币基金组织翻译处译 . -- 北京：中信出版社，2021.3

书名原文：The Future of China's Bond Market

ISBN 978-7-5217-2361-8

Ⅰ . ①中… Ⅱ . ①席… ②任… ③张… ④国… Ⅲ . ①债券市场—研究—中国 Ⅳ . ① F832.51

中国版本图书馆 CIP 数据核字 (2020) 第 206035 号

中国债券市场的未来

编 著 者：［德］席睿德 ［奥］任志清 张龙梅
译 者：国际货币基金组织翻译处
出版发行：中信出版集团股份有限公司
（北京市朝阳区惠新东街甲 4 号富盛大厦 2 座 邮编 100029）
承 印 者：天津市仁浩印刷有限公司

开 本：880mm × 1230mm 1/32　印 张：15.25　字 数：383 千字
版 次：2021 年 3 月第 1 版　印 次：2021 年 3 月第 1 次印刷
京权图字：01-2018-9020
书 号：ISBN 978-7-5217-2361-8
定 价：78.00 元

目录

第四部分　离岸债券市场

序　言

40多年前，中国开启了改革开放之路，由此实现的经济增长奇迹使中国发生了沧桑巨变。随着2001年加入世界贸易组织，中国迅速融入全球经济，对世界经济也产生了深远影响。在这一进程中，中国的金融部门有了飞跃式的发展，但相对而言，中国的金融体系仍然以银行为中心，与全球市场的联系依然有限。然而，随着中国深化改革和扩大开放，其资本市场尤其是债券市场的发展，将在引导资源至最具生产力的用途方面发挥关键作用。同时，随着债券市场日渐成熟和扩大开放，它将成为全球金融格局中的一个重要支柱。

《中国债券市场的未来》开篇概述了中国债券市场的独特发展状况和制度架构，这是我们理解中国债券市场在金融稳定的环境下持续增长所面临的主要障碍的关键。这本书分析了中国债券市场的各个组成部分，从中国的主权债券和信用债券市场，到快速增长的地方政府债券和绿色债券市场。这本书还涵盖了债券期货、资产支持证券和离岸债券市场，明确了改革的关键领域。在这些领域，应实施包括改善市场流动性和风险定价以及为国内外投资者消除障碍的相关措施。同样重要的是，这本书还就如何取消隐性担保、加强金融稳定和增强沟通提出了建议。

这本书的作者来自国际货币基金组织、中国人民银行、中国证券监督管理委员会、财政部、中央国债登记结算有限公司、私人部门以及学术界。通过将各个领域的专家会集在一起，这本书将缜密的分析、代表性的国际实践以及对制度性细节的深入阐述结合起来，确保在政策和实务方面做到有的放矢。

我欣见这本书成为国际货币基金组织在华密切合作的绝佳范例。通过我们的监督、政策建议和能力建设工作，国际货币基金组织已经成为中国改革开放道路上忠实的合作伙伴。我期待未来能继续加强我们之间的合作。

国际货币基金组织前总裁

克里斯蒂娜·拉加德（Christine Lagarde）

作者简介

托比亚斯·阿德里安（Tobias Adrian），国际货币基金组织（以下简称基金组织）金融顾问兼货币与资本市场部主任。在这一职位上，他负责领导基金组织开展金融部门监测、货币与宏观审慎政策、金融监管、银行破产处置、债务管理及资本市场工作。他还负责监督基金组织成员在金融体系监管、银行破产处置、中央银行业务、货币和汇率机制以及债务管理方面的能力建设工作。在加入基金组织之前，他曾担任纽约联邦储备银行高级副总裁兼研究与统计部助理主任。他在《美国经济评论》和《金融杂志》等期刊上发表过大量文章。他曾执教于普林斯顿大学和纽约大学，拥有麻省理工学院经济学博士学位、伦敦政治经济学院计量经济学与数理经济学硕士学位、法兰克福大学学位证书和巴黎第九大学硕士学位。

欧亨尼奥·塞鲁迪（Eugenio Cerutti），自 2014 年 6 月起担任基金组织研究部主任助理。他曾在研究部宏观金融处以及基金组织设立于巴巴多斯、玻利维亚、立陶宛、瑞典、土耳其和委内瑞拉的国别研究小组工作。他的研究方向为国际宏观经济学，侧重研究货币和银行业危机与宏观金融的联系。他拥有约翰·霍普金斯大学经济学博士学位。

陈方楠，国际清算银行亚洲分部顾问，曾任基金组织常驻香港特别行政区分处的代表，负责大中华地区金融市场动态工作。她曾在基金组织战略、政策及检查部工作，是美国和西班牙国别研究小组的经济学家。她的研究侧重宏观金融联系，包括全球流动性、金融周期，以及债务去杠杆化的模式和影响。在加入基金组织之前，她曾在法国巴黎银行资产管理部和纽约联邦储备银行担任经济学家。

陈周阳，中国人民大学国际货币研究所研究员。他曾担任新华网以及某知名金融信息服务机构的主编，从事金融信息产品和金融数据库相关工作，其研究领域包括人民币汇率、人民币国际化、货币政策和绿色金融。他曾撰写大量宏观经济评论、金融观察文章以及各类经济分析报告，包括《人民币国际化年度报告》《人民币国际化月度报告》《绿色金融专题报告》《中国绿色债券发展报告》，他还与他人合著了《人民币国际化报告》。他拥有中国人民大学新闻学硕士和金融学硕士学位。

周锦华，基金组织香港特别行政区常驻代表处高级经济学家。他从事香港特别行政区经济发展研究，并为基金组织常驻香港特别行政区代表提供协助。他曾任香港金融管理局高级管理人员，负责研究、分析香港特别行政区的信用实力以及与信用评级机构有关的事务。他拥有香港大学经济学硕士学位。

丁鼎，基金组织西半球分部加勒比一处副处长。他曾在若干发达和新兴市场经济体开展工作，包括澳大利亚、韩国、新西兰和斯里兰卡。他还曾担任基金组织中国组的首席国别经济学家，就宏观金融联系、货币政策传导和中国经济问题等多个专题发表相关文章。他拥有康奈尔大学经济学博士学位。

方星海，中国证券监督管理委员会副主席。他曾担任中央财政经济工作领导小组办公室局长，上海市金融服务办公室副主任、主任，上海证券交易所总经理助理、副总经理，中国建设银行集团协调委员会办公室主管，以及中国银河证券公司经营管理委员会秘书长。1993 年他通过联合国青年专业人员招聘项目进入世界银行工作。他拥有斯坦福大学经济学博士学位。

郭凯，中国人民银行国际司副司长。他主要负责与美国、英国、二十国集团和基金组织有关的事务。在供职于中国人民银行之前，他曾担任基金组织经济学家。他的研究方向包括中国经济和国际金融。他拥有哈佛大学经济学博士学位。

托马斯·哈耶斯（Thomas Harjes），基金组织货币与资本市场部高级经济学家，就职于货币与宏观审慎政策处。2011—2015年，他任巴克莱银行欧元区首席经济学家兼欧洲中央银行观察员。他发表了一系列关于货币政策和汇率问题的专题著述。他拥有德国科隆大学经济学博士学位。

亨利·霍伊尔（Henry Hoyle），2015年加入基金组织，担任全球市场分析处金融部门专家，该处负责全球市场监测和金融稳定风险评估。他重点关注中国和其他发展中经济体的金融机构和市场。他曾就职于纽约联邦储备银行。他拥有约翰·霍普金斯大学保罗·尼采高级国际研究学院文学硕士学位。

黄毅，日内瓦国际关系及发展高等学院金融与发展皮克泰教席教授兼经济政策研究中心（CEPR）研究员。他曾担任基金组织研究部经济学家、美联储达拉斯联邦储备银行全球化与货币政策研究所研究助理。他是世界经济论坛全球经济失衡理事会成员。他的研究方向包括国际宏观经济与金融、金融科技和电子创业，近期研究侧重于金融市场和劳动力市场上企业融资和投资的影响。他拥有北京大学中国经济研究中心硕士学位和伦敦商学院国际宏观经济和金融学博士学位。

劳拉·E. 科德雷斯（Laura E. Kodres），现任基金组织能力建设学院亚洲处助理主任兼处长。她于1994年加入基金组织，迄今担任了一系列职位，包括货币与资本市场部全球金融稳定分析处处长。她曾在芝加哥商品交易所、商品期货交易委员会和联邦储备委员会任职。她曾在《美国经济评论》、《金融杂志》和《商业期刊》上发表若干关于传导效应和行为金融学等金融专题的论文。她拥有加州大学戴维斯分校经济学学士学位和美国西北大学经济学博士学位。

林卫基（W. Raphael Lam），任职于基金组织财政事务部，从事与财政政策和监督问题相关的工作。2014—2017 年，他担任基金组织驻华副代表。他曾在基金组织亚洲及太平洋部、基金组织欧洲部国别研究小组工作，在全球金融危机期间参与基金组织对冰岛的贷款规划、日本金融部门评估规划以及基金组织区域监督工作。他曾发表若干关于中国房地产、劳动力市场和政府财政的研究论文。他拥有加州大学洛杉矶分校经济学和金融学博士学位。

罗德恩（Daniel Law），任职于香港金融管理局外事经研部，从事与全球金融监管和金融稳定有关的问题研究。2013—2017 年，担任基金组织香港特别行政区常驻代表处经济学家。他的研究范围包括中国尤其是香港特别行政区的宏观经济和金融市场问题。他曾供职于香港金融管理局、香港证券及期货事务监察委员会的研究部门。他拥有香港中文大学经济学硕士学位，是一名特许金融分析师。

李波，中央国债登记结算有限责任公司中债研发中心高级管理人员，专门从事与资产支持证券、结构融资等金融创新问题有关的研究。她在宏观经济学和金融市场领域拥有 10 年的研究经验。她拥有中国社会科学院技术经济学硕士学位。

李想，德国哈勒经济研究所和哈勒－维腾贝格大学助理教授。她在 2017—2018 年担任基金组织驻华代表处兼职经济学家，2016—2017 年担任明尼苏达大学客座研究员。她的研究方向是国际金融、开放经济的宏观经济学和中国经济。2018 年，她获得北京大学国家发展研究院经济学博士学位。

刘洁，2012 年 11 月加入渣打银行。她目前担任基金组织设在香港特别行政区的中国宏观战略部门主管。在此之前，她在汇丰银行担任亚洲信贷战略师。她的主要研究领域包括中国在岸以及离岸外汇和固定收益市场、香港外汇市场、点心债券和亚洲美元债券。她拥有新布伦瑞克大学理学学士学位和香港城市大学计算机科学理学硕士学位。

刘嘉龙，中国金融学会绿色金融专业委员会金融与发展研究中心经济学家兼研究分析师。他负责管理绿色金融项目并参与了绿色金融市场研究和政策制定工作。他曾供职于华尔街一家对冲基金——前沿基金管理公司，并曾为北京市环境信息中心绿色金融项目管理人员。

马骏，清华大学国家金融研究院金融与发展研究中心主任。他曾担任中国人民银行行长特别顾问、中国金融学会绿色金融专业委员会主任、二十国集团绿色金融研究小组共同主席、中国金融四十人论坛成员、中国国际经济关系学会副会长以及联合国环境规划署可持续金融特别顾问。2014—2017 年，他担任中国人民银行研究局首席经济学家。在此之前，他在德意志银行工作了 13 年，担任董事总经理、大中华区首席经济学家以及大中华区和香港特别行政区战略主管。1992—2000 年，他担任基金组织和世界银行高级经济学家。1988—1990 年，他担任国务院发展研究中心研究员。他拥有乔治城大学经济学博士学位以及复旦大学理学硕士学位。

迈克尔·麦克马洪（Michael McMahon），牛津大学经济学教授。他还是牛津大学圣休学院和经济政策研究中心研究员。他曾在华威大学工作，并执教于欧洲工商管理学院、纽约大学、芝加哥大学、伦敦商学院和伦敦政治经济学院。他在基金组织新加坡培训学院主持亚洲地区的能力建设课程。他曾在英格兰银行工作多年。他的研究成果发表在《经济学（季刊）》《经济研究评论》《货币经济学杂志》《经济与统计评论》等多种刊物上。他拥有伦敦政治经济学院理学硕士学位、研究硕士学位和博士学位。

缪晖，2015 年加入基金组织，担任货币与资本市场部高级金融部门专家。他曾任新加坡淡马锡公司投资战略主任，负责该公司关于日本和大中华区宏观经济和交叉资产的研究。他曾担任德意志银行香港分行董事，负责中国大陆和香港特别行政区的投资战略。他还曾供职于香港金融管理局、摩根大通集团和瑞士信贷集团，从事研究和贸易工作。他在加州大学圣克鲁兹分校获得了计算机科学理学硕士学位和国际经济学博士学位。

法比奥 · M. 纳塔卢奇（Fabio M. Natalucci），基金组织货币与资本市场部副主任，负责全球金融市场监测和系统风险评估工作。他曾负责编写《全球金融稳定报告》，该报告反映了基金组织对全球金融稳定风险所做的评估。在加入基金组织之前，他曾担任美国联邦储备委员会货币事务处高级副主任，研究分析货币政策、金融监管政策和金融稳定性之间的关系。2016 年 10 月至 2017 年 6 月，纳塔卢奇先生担任美国财政部主管国际金融稳定和监管的助理副部长，领导美国参与二十国集团的金融监管合作，在金融稳定委员会作为美国财政部的代表，协调危机后的国内和国际监管改革，以及监测全球金融市场的动态和脆弱性。他拥有纽约大学经济学博士学位。

莫里斯 · 奥伯斯法尔德（Maurice Obstfeld），加州大学伯克利分校经济学教授，1998—2001 年担任经济系主任。1991 年他在加州伯克利分校担任教授之前，就已经在哥伦比亚大学（1979—1986 年）和宾夕法尼亚大学（1986—1989 年）获得终身聘书，并且在哈佛大学（1989—1990 年）担任客座教授。他于 1979 年获麻省理工学院经济学博士学位，此前就读于宾夕法尼亚大学（1973 年获文学学士学位）和剑桥大学国王学院（1975 年获文学硕士学位）。2015 年 9 月至 2018 年 12 月，他担任基金组织经济顾问兼研究部主任。2014 年 7 月至 2015 年 8 月，他担任奥巴马总统经济顾问委员会成员。他曾任日本银行货币与经济研究所荣誉顾问（2002—2014 年）。他目前为世界计量经济学会会员、美国艺术与科学院院士。

内森·波特（Nathan Porter），基金组织战略、政策及监察部顾问，负责监督基金组织与区域融资安排的合作，参与对不同国家的经济监察和贷款工作。他的研究方向包括金融自由化和压抑、新兴市场的货币与汇率政策以及中国经济（对内和对外）的再平衡进程。他还领导了关于以下问题的分析工作：宏观经济政策工具的相互作用、新兴市场的脆弱性、国际储备适足性和基金组织贷款工具改革。他曾在基金组织的国别研究小组工作过，包括中国、冰岛和爱尔兰。在加入基金组织之前，他曾就职于澳大利亚财政部。他拥有宾夕法尼亚大学经济学博士学位。

任志清（Markus Rodlauer），曾担任基金组织亚洲及太平洋部副主任。其领导职责包括主管基金组织中国工作组的工作，近年来，该小组开展了与中国第四条年度磋商工作。他曾担任人力资源部副主任，西半球部副主任，赴亚洲、欧洲和南美洲国家代表团团长，以及基金组织驻波兰和菲律宾代表。任志清博士在加入基金组织之前曾供职于奥地利外交部。自 2019 年 1 月以来，他一直担任设在卢森堡的欧洲稳定机制行政顾问。他拥有因斯布鲁克大学法学博士学位和维也纳外交学院国际关系硕士学位。

席睿德（Alfred Schipke），基金组织亚洲及太平洋部助理部长，曾任基金组织驻华首席代表。他负责提供政策建议，领导代表处的分析工作，并协调基金组织在华的能力建设活动。他在担任基金组织亚洲及太平洋部处长期间，负责协调与东南亚快速增长的低收入国家（前沿经济体）有关的工作，并领导了赴越南代表团的工作。此前，他曾在西半球部任职，负责拉丁加勒比处和东加勒比货币联盟处的工作，达成了多项基金组织规划谈判。目前他担任北京大学国家发展研究院研究教授，在哈佛大学肯尼迪学院教授国际金融学，撰写或者主编若干著作和文章。他的研究重点是经济一体化以及宏观经济与金融之间的联系。他拥有杜伊斯堡－埃森大学经济学博士学位、哈佛大学公共行政学硕士学位以及宾夕法尼亚印第安纳大学文学学士学位。

王景森，任职于财政部综合司。2017年6月至2018年6月，担任基金组织驻华代表处兼职经济学家，从事宏观经济分析和财政事务研究。他拥有中国财政科学研究院经济学硕士学位。

吴宇晨，中信证券股份有限公司宏观经济小组高级助理，从事中国经济研究。在加入中信证券之前，他曾担任基金组织驻华代表处兼职经济学家和北京大学兼职经济学讲师。他的研究领域包括金融市场、金融创新和经济发展。他在《技术预测与社会变革》等重要刊物上发表了创新和产业政策方面的研究成果。他拥有克兰菲尔德大学金融学硕士学位和北京大学经济学博士学位。

谢文泓，清华大学国家金融研究院金融与发展研究中心经济学家。他目前的研究分析侧重于绿色和可持续金融、开发性金融以及"一带一路"倡议与绿色发展。在此之前，他有6年多的跨部门工作经验，涉足政策分析、学术研究、社会组织和多边开发银行领域。他曾在东南亚、中国和非洲为政府、多边开发银行、社区和私人部门开展地方和全球层面的工作，参与政策咨询和慈善决策顾问，化解冲突，并通过推动法律标准、对话和可持续商业实践的激励措施，改善跨国投资和贷款的环境并提高社会绩效。他拥有斯坦福大学国际政策研究文学硕士学位，主修的是能源、环境和发展金融，他还拥有汉普郡学院历史学学士学位。

张驰，金砖国家新开发银行经济研究与分析局经济学家，曾任基金组织中国常驻代表处兼职经济学家、清华大学中国经济思想与实践研究院助理研究员。他的研究侧重于发展中国家产业升级、中国债券市场与国际收支。他曾获得北京大学经济学学士与理学学士学位，以及清华大学金融学博士学位。

张龙梅，基金组织高级经济学家，驻华代表处前副代表，曾任清华大学苏世民书院花旗访问教授，主要研究与宏观经济、中国更广泛的再平衡进程、高储蓄率、数字经济和金融科技有关的课题。在加入中国组研究工作之前，她曾研究亚洲及太平洋地区的区域性问题，并在许多领域发表了研究成果，包括长期增长与中等收入陷阱、宏观审慎政策、公司杠杆、资本流动和资产价格。此前，她曾参与对菲律宾的经济监察工作，以及基金组织对罗马尼亚援助计划的谈判及审查工作。她曾被评为世界经济论坛“全球青年领袖”和 Gen.T“亚洲新锐先锋”。她拥有法兰克福大学经济学博士学位。

周越，世界银行欧洲和中亚地区首席经济学家办公室顾问，工作领域涵盖劳动力市场和财政问题。在加入世界银行之前，他担任过基金组织驻华代表处经济学家，就月度经济分析和资本账户管理问题向常驻代表提供建议。他的研究方向包括国际资本流动、房地产市场的抵押渠道效应和中国经济。他正在攻读日内瓦国际关系及发展高等学院博士学位，拥有北京大学硕士学位。

朱宁，上海交通大学上海高级金融学院副院长、金融学教授，国际金融论坛（IFF）联席秘书长，曾任清华大学五道口金融学院讲座教授、清华大学国家金融研究院副院长。他是行为金融、投资、公司金融和亚洲金融市场等领域的专家。他还是耶鲁大学国际金融中心教职研究员、加州大学戴维斯分校和北京大学光华管理学院特聘金融学教授。他著有畅销书《投资者的敌人》和《刚性泡沫：中国经济为何进退两难》，还在金融、经济、管理和法学领域的重要刊物上发表过多篇文章。他具有丰富的咨询经验，曾为中国人民银行、中国证券监督管理委员会、世界银行、国际货币基金组织、市场监管机构、股票和期货交易所以及世界最大的机构资金管理公司和投资银行提供咨询意见。他拥有康奈尔大学理学硕士学位和耶鲁大学金融学博士学位。

宗军，中央国债登记结算有限责任公司业务总监。他还担任中债研发中心主任兼《中国债券》期刊执行主编。他在债务和其他资本市场发展领域拥有二十多年的从业经验，特别是在制度设计、产品创新和金融市场基础设施发展方面。他目前担任中国博士后科学基金会评审专家、亚洲债券市场论坛国别专家，以及亚洲开发银行和世界银行在中国的若干技术援助项目的主要咨询专家。

第一部分

概述和全球背景

第1章

中国债券市场：特征、前景与改革

席睿德　任志清　张龙梅

2020年，新冠疫情的冲击使全球陷入1930年大萧条以来最严重的经济危机，国际贸易也在疫情和近年不断升级的保护主义的双重打击下受挫。然而，金融全球化的进程依然在继续，尤其体现在中国与全球金融市场更紧密的融合以及人民币进一步国际化。改革开放推动中国走上了快速发展之路，并创造了经济增长的奇迹。若无重大冲击，中国到2030年将成为世界最大的经济体。中国金融体系规模不断扩大也反映了中国经济的快速发展。如今，中国已拥有全世界最大的银行和第二大股票市场。中国债券市场已跃居世界第二位，本书重点关注的就是中国债券市场的前景。

中国债券市场目前凸显了两大重要问题。第一，尽管中国已成为促进全球贸易和产品一体化的主要力量，但金融部门的一体化程度仍然有限。除了向亚洲和非洲一些国家提供银行贷款外，金融体系的全球一体化程度不高，仍然相对封闭。但是，考虑到中国日益增长的全球影响力，未来10年的驱动力很可能来自全球金融部门一体化程度的加深。2018年，国家主席习近平在博鳌亚洲论坛上明确阐述了这一点，强调中国将进一步扩大金融体系对外开放。

第二，尽管中国的金融体系规模庞大，但在很大程度上仍以银行为基础。在中国寻求改善储蓄和投资分配、更好地为经济服务的过程中，金融体系的结构可能会发生变化。即便如此，这也不代表中国金融体系将像美国那样以资本市场为中心，而是意味着资本市场将在储蓄和投资分配方面发挥越来越重要的作用。国务院总理李克强也重申了这一政策方向，强调中国政府将深化多层次资本市场改革，推动债券、期货市场发展。

在全球金融市场一体化和资本市场进一步发展的背景下，中国债券市场将发挥至关重要的作用。2019 年 4 月，人民币计价的国债和政策性银行债券被纳入彭博巴克莱全球综合债券指数；2020 年 2 月，中国国债被纳入摩根大通全球债券指数 – 新兴市场；2020 年 9 月，富时罗素宣布中国国债将自次年 10 月起正式被纳入全球政府债券指数。中国债券被纳入全球指数是全球金融部门一体化的里程碑，这将为中国和世界创造巨大的机会。在此背景下，我们需要对中国债券市场的结构、独特性以及未来改革领域有深刻的理解。

债券市场的进一步发展和开放将促进资源分配，实现资产配置多样化。为了最大限度地提高效益，将风险降到最低，必须对这一进程予以审慎管理和校准。这就需要加强监督和能力建设工作。本书在对中国债券市场的建设方面做了系统的梳理，提供了详细的政策建议。我们也欣喜地看到，在 2019 年初英文版面市以后，很多建议已经被政府采纳并实施。

宏观金融和全球背景

一个稳健且具有流动性的债券市场有利于国内经济，并能促进全球资产配置多元化。它还将通过提供安全资产的途径促进全球稳定。为了在大的背景框架下讨论中国债券市场的未来。下文回顾了中国的宏观金融状况以及全球背景。

宏观金融状况

经过 40 年的 GDP（国内生产总值）快速增长（年均 10% 左右），中国目前正在从高速增长向高质量增长转变。但自从为应对 2008—2009 年全球金融危机而实施大规模刺激计划以来，中国过度依赖信贷投融资来支持经济增长，这导致债务水平不断上升，金融部门脆弱性加剧，信贷分配状况恶化。例如，2016 年，中国的公司债务增至 GDP 的 145% 左右，位居全球前列（图 1.1）。[①] 随着公司债务增加，信贷分配的效率越来越低。[②]

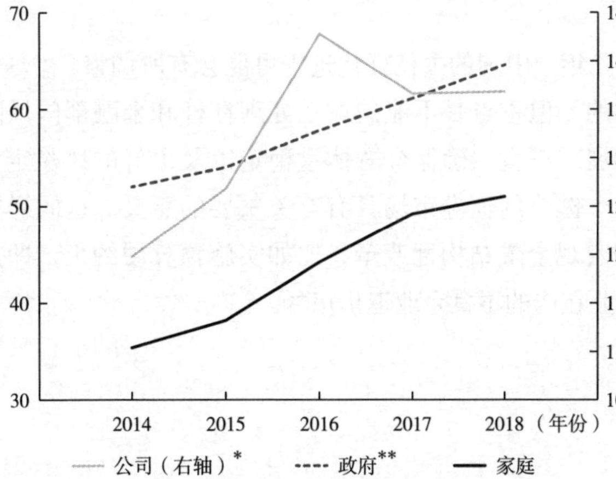

图 1.1　2014—2018 年国内非金融部门债务（百分比）

注：* 不包括不被视为地方政府债务的对地方政府融资平台的信贷。

** 包括不被视为地方政府债务的对地方政府融资平台的信贷。

资料来源：Haver Analytics，作者的估算。

---

① 出于监督目的，基金组织将地方政府融资平台发行的债务归入政府而非公司部门。关于政府范围的讨论，见 Mano 和 Stokoe（2017 年）。

② 中国经济的总体信贷密度（以对经济的信贷总额除以名义 GDP 计算）在 2006 年大约为 1，到 2017 年大约跃升至 4，见基金组织（2018 年）。

面对这些挑战，2017 年，中国政府宣布金融部门稳定是重中之重，并宣布实施一项多年期的去杠杆行动，旨在稳定未来几年的债务与 GDP 的比率，包括大幅收紧金融部门监管和地方政府融资。例如，中国针对金融部门宣布了新的资产管理规则，以限制影子银行的活动。就地方政府而言，其目标一直是控制地方政府融资平台的预算外支出（见本章后面的讨论）；反过来，监管收紧与信贷增长放缓、债券违约增加息息相关。此外，出现了一些意义深远的信用利差扩大事件，对质量较低的借款人产生了影响（图 1.2）。尽管总体违约率相对较低，但私人部门却受到重大冲击。[①]

未来几年，中国的去杠杆化进程可能会有所调整。[②] 尽管这可能是合理的，但重点是不能破坏在处理杠杆和金融部门风险方面取得的进展。毕竟，确保金融体系稳定以及更好的风险定价，对于发展一个健全的债券市场具有至关重要的意义。这同样要求实施配套的宏观金融结构性改革，比如实施预算硬约束，即允许包括国有企业在内的不良企业退出市场。

---

① 据估计，2018 年，私人部门违约率已达到 4.3%，相比之下，国有企业的违约率仅为 0.1%，见 Ho 和 Cui（2018 年）。

② 例如，鉴于 2018 年下半年经济放缓，中国政府减轻了计划中的部分金融部门的改革力度（主要是延长了实施期限），放松了货币政策（例如下调了存款准备金率），提供了额外的财政支持（包括减税），并开始为私人部门尤其是中小型企业提供有针对性的支持。

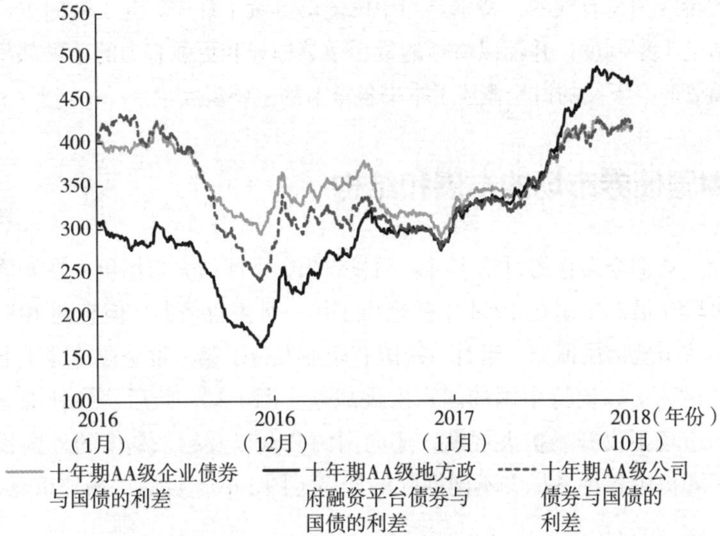

图 1.2　2016—2018 年评级较低公司的信用利差（基点）

资料来源：Wind 经济数据库，作者的估算。

全球背景

中国债券市场的进一步开放还应考虑全球发展趋势。

这提出了关于中国对全球金融周期的敏感程度以及金融市场进一步放开的影响问题（第 2 章）。由于中国市场对外国投资者的敞口仍然有限，其总体证券投资流动，尤其是债务流入，仅受到全球金融周期的轻微影响。尽管跨境证券投资资本流动有限，但有证据表明，收益率曲线越来越容易受全球因素的影响。因此，未来几年，发达经济体货币政策正常化和全球金融条件收紧将对中国国内的债券收益率产生重要影响（第 3 章）。

当然，随着自由化程度的提高，预计中国债券市场将对全球金融周期更加敏感。一些人甚至认为这可能引发金融风险，并缩小独立货币政策的空间（Rey，2016 年）。但是，失去货币政策自主性的代价应当是有限的，特别是当中国能够继续（理应如此）转向更灵活的汇率制度，并辅以清晰的货币政策框架和更强有力的金融部门监管时。下文的讨论概述了本书各章节的主要观点。

中国债券市场的发展和结构

从迄今为止的讨论中可以明显看出，中国债券市场仍处在发展阶段。虽然中国在 1954 年就推出了第一批主权债券，但直到 1983 年才出现信用债券，当时一家国有企业发行了第一批企业债券（下文讨论）以支持中国的国家发展战略（图 1.3）。此后，各种细分的市场不仅开始扩大规模，还向国内公众以及越来越多的外国投资者提供各种各样、不同期限的产品（图 1.4）。目前，场外市场，

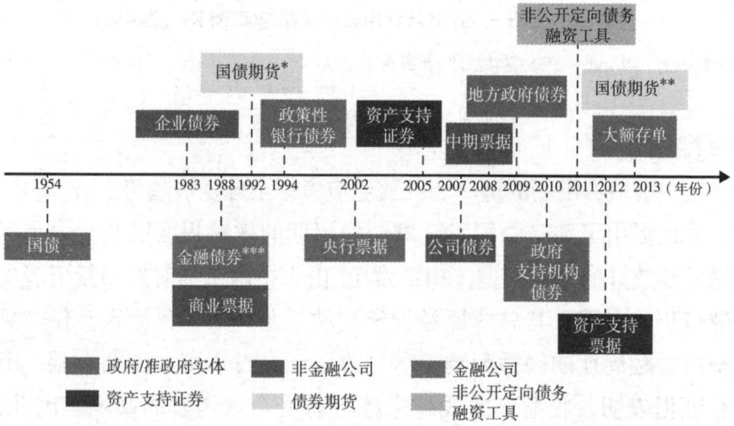

图 1.3　1954—2018 年国内债券市场的发展

注：* 1995 年停止。

** 重新推出。

*** 不包括政策性银行债券。

资料来源：作者整理。

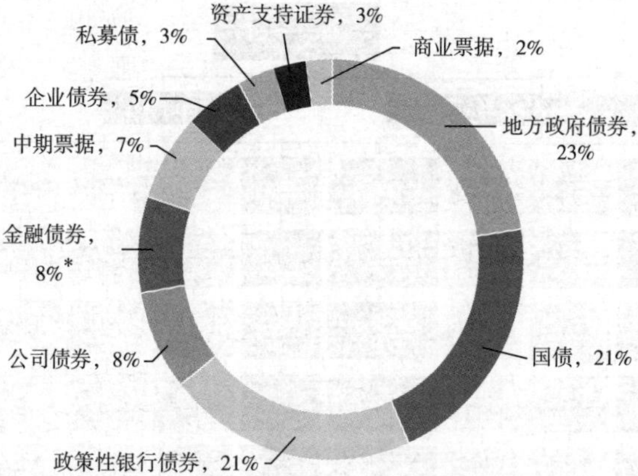

图 1.4　2017 年国内债券市场（按债券类型分列）

注：* 不包括政策性银行债券。

资料来源：Wind 经济数据库。

即银行间债券市场，占债券融资的 90%，其余由交易所市场补充。随着中国越来越多地依靠直接融资以及中国债券市场走向世界，了解其独有的特征和国家整体改革重点变得非常重要。下文概述了中国债券市场的发展和结构（图 1.5），并就下列问题进行讨论：政府债券和准政府债券、信用债券、金融机构发行的金融债券、国债期货、绿色债券、资产支持证券。

1. 政府债券和准政府债券

公共部门主导债券市场，占整个债券市场的 60% 以上，包括主权债券、政策性银行债券和快速增长的地方政府债券市场。下文各小节将讨论其中每一类债券的情况。

主权债券（中国政府债券）

运行良好的国债市场是资本市场发展的关键，主权债券常作为其他固定收益证券的无风险基准。中国国债约占国内债券市场的

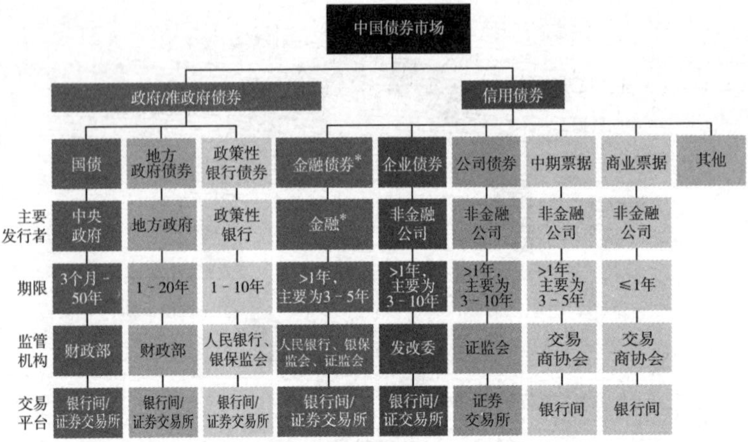

图1.5 中国债券市场概览

注：* 不包括政策性银行债券。

资料来源：作者整理。

20%，期限从3个月到50年不等（第3章）。但是，市场流动性仍然不足，且集中在收益率曲线的短端。由于银行持有70%的国债且往往持有到期，二级市场交易比较有限，因此信息处理更加有限。

尽管存在这些不足，但实证分析显示，近年来，中国政府债券收益率与宏观经济发展以及全球金融市场状况之间的联系更加紧密。中国国债的信息含量有所增加，能够预见宏观经济形势的变化。货币政策对债券市场收益率的传导作用更强。例如，7天回购利率的变化对中国的短期政府债券收益率产生了重大且持久的影响。同样值得注意的是，中国国债收益率与外部市场状况（包括十年期美国国债收益率和芝加哥期权交易所波动率指数）之间存在密切联系。

通过深化改革促进中国主权债券市场的流动性，有助于提高中国资本市场的整体效率，同时为中国继续推进经济改革和完善信贷分配提供必要的信贷定价关键基准。除了建立基准收益率曲线，进一步发展中国国债市场还将提供可用于扩大流动性管理（如回购、担保贷款和掉期）的一般抵押品，以及发展衍生产品、对冲、期货和其他相关市场，从而提高市场的流动性。

政策性银行债券

政策性银行债券（金融债券的一部分）在中国债券市场上发挥着重要作用。投资者假定它们由于获得了政府支持而不存在风险，所以也将它们作为其他债券定价的基准。政策性银行债券不免税，这一点不同于主权债券。1994 年，中国国家开发银行首次发行政策性银行债券，如今，政策性银行债券包括由中国进出口银行和中国农业发展银行发行的债券。

政策性银行债券市场规模与主权债券市场规模相当，但事实证明，政策性银行债券流动性更强。政策性银行债券可能反映了更高的市场交易量，因此，它对宏观经济基本面（以工业生产为代理变量）的变化以及货币政策信号（7 天回购利率）往往反应更灵敏。这进一步证明，提升交易流动性将成为提高中国债券市场信息效率和改进政策传导机制的关键。

地方政府债券

由财政部监管的中国地方政府债券市场几乎是在一夜之间发展起来的，如今其规模已超过了主权债券市场（第 5 章）。2015 年以前，中国基本上不允许地方政府举债。然而，全球金融危机后出台大规模刺激计划，地方政府一直依赖融资平台的表外业务，有效地规避了借贷约束。为了减少对地方政府融资平台的依赖并将金融部门的风险降至最低，地方政府可以在全国人民代表大会批准的年度上限以内发行债券，这项策略采用了“开前门”和“堵后门”的思路。为了促进转型，中央政府宣布了一项总额达 15 万亿元人民币（占 2017 年 GDP 的 23%）的大规模债务置换计划，使中国的地方政府债券市场成为世界最大的债券市场之一。

地方政府债券分为两类：一般债券和专项债券。一般债券用于为没有预期收入的项目融资，因此依靠广义政府财政收入偿债。[①]专项债券预期依靠项目收入偿还，不会反映在政府整体赤字中。[②]一般债券和专项债券均受地方省级机构和全国人民代表大会批准的债务上限约束。近年来，专项债券的发行量增长迅速。尽管地方政府债券增长迅速，但流动性差、信用风险文化薄弱、投资者基础狭窄等因素严重阻碍了债券市场的发展。因此，重申发展健全的国债市场对地方政府融资和确保财政可持续性十分重要。同时，为了控制财政风险，有必要开展结构性财政改革，以控制预算外借款，并解决政府间支出与收入之间的失衡问题。

2. 信用债券

中国的信用债券市场具有独特性，反映了金融部门持续不断的自由化发展浪潮（第 4 章）。如今，公司可以在不同的细分市场发行具有相似特征和期限的工具，这些工具由不同的监管机构管理，采用不同的发行方式，遵循不同的规则，并在不同的平台上进行交易。不同的细分市场包括企业和公司债券市场，以及中期票据市场。

- 企业债券。自 1983 年首次发行信用债券以来，企业债券市场发展迅速。这一市场几乎完全是为国有企业设立的（不过国有企业也可以在其他细分市场上发行债券）；80% 的企业债券是由特殊类型的国有企业——地方政府融资平台发行的（下一节讨论）。企业债券由中国国家发展和改革委员会监管，发行仍要获

① 中国的财政预算包括四个独立账簿。一般公共预算涵盖国防、教育、卫生等一般公共服务支出。政府性基金包括铁路、航空、灌溉设施等公共项目支出所用的各类基金。国有资本经营预算用于国有资本经营支出。社会保障基金预算用于社会保障支出。

② 专项债券纳入了政府性基金预算。

得批准。企业债券可以在银行间市场和交易所市场上交易。

- 公司债券。持续不断的金融业自由化浪潮推动中国建立了由其他监管机构牵头的新的细分市场。2004 年，国务院印发《关于推进资本市场改革开放和稳定发展的若干意见》。三年后，中国开始试点发行公司债券，这些债券在交易所市场上发行和交易，[①]并由中国证券监督管理委员会监管。
- 中期票据。从 2008 年开始，中国建立了一个新的信用债券细分市场，允许公司通过“中期票据”融资。中期票据被正式归入非金融企业债务融资工具[②]，由中国人民银行下属的自律性机构——中国银行间市场交易商协会监管。这些票据经注册登记后发行，在银行间市场上交易。其他国家只有金融实体可以进入银行间市场，而在中国，公司和大型机构投资者都可以进入该市场。

地方政府融资平台

在信用债券中，地方政府融资平台发行的债券值得特别讨论（第 5 章）。地方政府融资平台是地方政府以资本、土地等公共资源设立的国有企业，它们向银行贷款或发行城市建设债券（城投）。尽管 1992 年才首次发行城投债券，但在 2008 年全球金融危机爆发之后，城投债券的发行量激增（图 1.6）。从法律上说，它们与地方政府债券不同，因为它们是企业的负债，尽管这些企业是国有企业。它们在前文讨论的三大信用债券细分市场（企业债券、公司债券以及中期票据细分市场）上发行。

① 某些私人企业债券在交易所之外交易。

② 除了中期票据，非金融企业债务融资工具还包括商业票据、超短期融资券、资产支持证券和非公开定向债务融资工具等。

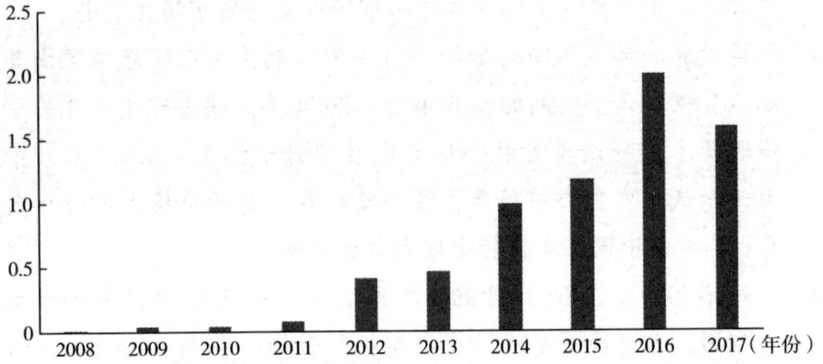

图1.6　2008—2017 年地方政府融资平台的债券发行量（城投）（万亿元人民币）

资料来源：Wind 经济数据库。

起初，地方政府依靠地方政府融资平台来规避禁止地方政府举债的《预算法》。市场往往假定这些债券附带政府的隐性担保。过去，一些地方政府甚至明确提供“安慰函”。但是，自 2014 年《预算法》和随后的改革措施出台以来，政府一直试图打消存在这种联系的观念。例如，2018 年，国家发改委和财政部联合重申禁止地方政府为地方政府融资平台提供担保。尽管利差有所扩大，但迄今为止，政府融资平台未出现违约现象。[①]

信用债券市场的实证评估

利用公司层面的数据进行的实证评估提供了关于中国信用债券市场的宝贵见解。例如，分析表明，从无风险基准利率到企业债券的传导几乎是 1∶1，而向公司债券的传导仍不完全。同时，信用风险似乎更充分地反映在“公司”债券而非类似的“企业”债

① 2018 年 8 月 13 日，被视为准地方政府融资平台的国有企业——新疆（生产建设兵团）第六师国有资产经营有限责任公司发行的一只短期票据未能全额偿付。尽管三天后获得了全额偿付，但市场参与者认为，这是公开发行的城投债券首次出现技术性违约。消息公布之后，地方政府融资平台债券的利差小幅扩大，但很快又恢复到之前的水平。

券的定价上。这似乎支持了这样一种观点，即投资者认为多半由国有企业（包括地方政府融资平台）发行的企业债券与政府关系密切。分析还显示，国有企业和地方政府融资平台债券的收益率比财务和经营状况类似的私人部门公司债券的收益率平均低约 100 个基点。然而，企业债券和公司债券似乎都对流动性风险不敏感。所有信用债券加起来仍然只占公司融资的一小部分（10%），而外资持有债券的比例（不足 1%）与美国的公司债外资占比（30%）相比仍然微不足道。就投资者而言，这个市场由集合投资计划主导。

因此，随着经济的发展和金融体系的进一步开放，信用债券市场的增长空间巨大。但是，目前信用债券市场仍由国有企业主导（2017 年，在信用债券市场的三大细分市场中，国有企业占了发行量的 80% 左右），尽管实际上国有企业在经济中的重要性有所降低，对总体增加值和就业的贡献不足 20%（Lam 和 Schipke，2017 年）。因此，未来私人企业债券发行份额将有很大提高空间。2018 年年底，政府推出了几项促进私人企业债券发行的举措，包括中国人民银行为信用风险缓释凭证（类似信用违约掉期工具）提供流动性支持，从而支持私人企业债券的发行。

3. 金融机构发行的金融债券

金融机构发行的金融债券是一个单独的类别。这一类别在形式上包括之前讨论过的政策性银行债券。银行在银行间市场上发行，由中国人民银行监管，而非银行金融机构（如保险公司和证券公司）可以在交易所发行，由中国银行保险监督管理委员会和中国证券监督管理委员会监管。中信集团于 2001 年发行了首批非政策性银行金融债券。

4. 国债期货

2013 年国债期货的推出提高了市场流动性，提升了价格发现的效率，使投资者能够更好地管理利率风险（第 6 章）。因此，国债期货对促进相应的现货债券市场的发展很重要（见本章后文关于增强流动性的讨论）。迄今为止，中国金融期货交易所已推出两年期、五年期和十年期国债期货，其中十年期国债期货约占市场份额的 70%，占日交易量的 80% 左右。为了保证价格与现货市场趋同，期货市场需要基于指定息票和交割期限的一篮子债券交割进行实物结算。在交割月份的第一个交易日与最后一个交易日之间，即将到期的国债期货合约的卖方有权决定何时交割，2017 年还为合格头寸引入了券款对付机制。

国债期货市场的进一步发展不仅有利于投资者更好地对冲风险,还有利于巩固基础的现货市场。特别是引入更加多样化的产品，如长期国债期货和不同期限的国债期货期权，可以满足市场多样化的风险管理需求，强化债券收益率曲线。由于约 65% 的国债由商业银行持有，允许商业银行参与国债期货市场有助于更好地管理利率风险，进而增强现货市场的流动性。对外国投资者来说同样如此。外国投资者越来越多地通过不同的配额机制进入中国债券市场，并通过“债券通”进入中国的银行间债券市场，但目前还无法参与国债期货市场。2020 年 9 月，政府出台新的条例，允许商业银行参与国债期货市场,并由五大国有银行获得首批试点。

5. 绿色债券

保护环境已成为中国的首要任务，绿色金融可以发挥重要作用。中国的绿色债券市场仍处于起步阶段，但在 2015 年 12 月中国人民银行推出发行绿色债券的相关指引文件后，中国已经成为世界最大的绿色债券市场（第 7 章）。支持绿色债券的项目目录由中国金融学会绿色金融专业委员会发布。期限和产品包括短期债券、长期债券（最长 15 年）以及永续债券，最近还出现了资产支持证券和绿色资产担保债券。根据气候债券倡议组织的数据，2017

年中国的绿色债券发行总额为 2 486 亿元人民币（合 371 亿美元），占全球发行总额的 22%。①

尽管绿色债券市场发展迅速，但仍面临诸多障碍。可以采取若干措施推动该市场的发展，比如缩小关于绿色债券获益的信息差距，确保绿色债券的认证评估符合中国人民银行和中国证券监督管理委员会的相关准则，加强对绿色债券发行者的尽职调查以及制定信息披露要求。

此外，绿色债券指数的应用和资产支持证券的发展可以增强市场的吸引力。与中国债券市场的其他细分市场一样，扩大投资者基础和加强绿色债券方面的国际合作十分重要。中国的绿色债券市场可以推动环境友好型增长，并为全球绿色金融倡议做出贡献。

6. 资产支持证券

资产支持证券市场由信贷资产支持证券和企业资产支持证券两部分组成。前者在银行间市场上发行和交易，由中国人民银行和中国银行保险监督管理委员会监管；后者在交易所市场上发行和交易，由中国证券监督管理委员会监管。信贷资产支持证券和企业资产支持证券均于 2005 年正式推出，但因 2008 年全球金融危机而于 2009 年暂停（第 8 章）。企业资产支持证券于 2011 年恢复试点，信贷资产支持证券于 2012 年恢复试点，此外还出台了新的规章制度（例如，要求对每一只证券进行双评级）以加强风险防范。2014 年年底，资产支持证券的发行从审批制改为注册制。而且，对应资产的类型有所扩大，投资者也越来越多样化。如今这个市场在重振流动性资产、促进普惠金融等方面发挥着越来越大的作

① 见气候债券倡议组织。更多信息参见 China Green Bond Market 2017，https://www.climatebonds.net/ files/reports/china_annual_report_2017_en_final_14_02_2018.pdf。绿色债券发行总量依据的是中国的标准。

用。尽管如此，鉴于中国的银行信贷资产规模庞大，企业融资需求旺盛，这个市场仍有很大的发展空间。

与美国等成熟市场相比，中国的资产支持证券起步较晚，重要方面仍有待开发。除了需要加强法律框架以弥补漏洞和增强确定性以外，还需要通过推动做市商制度和易于理解的产品估值体系以及改善投资者结构来增加市场流动性。同样，应当全面加强信息披露，以提高透明度、及时性和标准化。关注国际最佳做法，特别是在信用评级机构和适当激励资产原始权益人的结构安排方面，将有助于资产支持证券市场的可持续发展。

中国债券市场的开放和外资参与

中国债券市场的开放已成为中国更广泛的资本账户自由化战略不可或缺的组成部分，这一战略是渐进、有序、非对称的。中国的做法大致与基金组织关于资本流动管理的机构观点（基金组织，2012 年和 2017 年）一致，先开放外商直接投资，再放开资产组合流动，先允许资本流入，再放开资本流出。中国资本账户自由化战略的一个独有特点是使用配额，即限制流动的规模，并针对特定的投资者群体。这一战略也适用于债券市场的开放（第 9 章）。2002 年以来，中国允许合格境外机构投资者（QFII）通过配额制度在中国的交易所市场和银行间债券市场投资；2011 年，推出了人民币合格境外机构投资者（RQFII）计划，允许机构投资者用人民币投资国内债券市场。此外，2010 年以来，央行和主权财富基金可以通过中国银行间债券市场直接投资计划不受限制地进入中国的银行间债券市场。

为了允许非中国实体发行人民币计价债券，中国于 2005 年推出了熊猫债券。此后，中国修订了规章条例以促进市场发展，同时允许公司、外国银行、多边机构和主权国家发行此类债券。2017

年年底，银行间市场熊猫债券发行总额达到了 1 250 亿元人民币。

与此同时，“债券通”于 2017 年启动，允许外国投资者通过债券市场基础设施机构，买卖香港特别行政区与内地交易的债券。虽然该计划迄今为止是不对称的，只允许流入（北向通），但预计进一步的自由化将允许居民购买海外资产（南向通）。这些措施有助于资本流入大幅增加。与此同时，资本继续大量流入的可能性仍然很高，因为外国持有的债券总量仅占 2% 左右，相比之下，美国和韩国的这一比例分别超过了 25% 和 5%；中国主权债券的全球持有量约为 7%，也落后于其他重要货币（美元、日元、欧元和英镑），它们的持有量为 10%~60%。

人民币国际化和特别提款权

2016 年 11 月，人民币纳入特别提款权（SDR）货币篮子，这对中国和全球金融体系都具有里程碑式的意义，也是对中国改革取得重大进展的认可。同时，这与中国债券市场运营状况的改善有关，促使全球投资者兴趣激增。例如，财政部开始定期发行 3 个月期政府债券，以增强主权债券收益率曲线，同时消除其他障碍，使外国投资更具吸引力。2016 年以来，外国央行持有的人民币规模增长了约 115%，到 2018 年增至近 2 000 亿美元，占总持有量的 1.8%。

值得注意的是，人民币日益作为储备货币使用，许多人认为这证明了国际货币体系正在从美元和欧元阵营的两极体系向三极体系转变（Tovar 和 Nor，2018 年）。此外，越来越多国家的央行提高了对人民币的储备目标，其中包括欧洲中央银行（欧洲中央银行，2017 年）。总体而言，截至 2017 年年底，海外机构持有的中国主权债券占比达 5.4%。如果对人民币债券作为官方储备的需求达到对其他国家货币的储备需求水平（例如，澳元计价的储备或英镑计价的储备），额外的资金流入将相当可观。

纳入全球债券指数

纳入全球债券指数将提高外国投资者对主权债券市场的参与度。[①]2018年3月，彭博宣布从2019年4月开始，将人民币计价的国债和政策性银行债券纳入彭博巴克莱全球综合债券指数。将中国债券纳入这一指数的过程为期20个月，将分阶段完成，初始比重为5%，随后每月递增5%。在完全纳入这一全球综合债券指数后，中国的权重可能会达到该指数的5.49%，成为继美元、欧元、日元之后的第四大货币，在分阶段纳入期间，预计流入的资金为900亿~1 300亿美元。

除了彭博巴克莱指数（所管理资产价值2.5万亿美元），还有两大全球债券指数。它们是富时世界政府债券指数（WGBI，所管理资产价值2万亿~2.5万亿美元）和摩根大通全球债券指数–新兴市场（GBI-EM，所管理资产价值2 500亿美元）。2020年2月，中国国债被纳入摩根大通全球债券指数–新兴市场；2020年9月，富时罗素宣布中国国债将自次年10月起正式被纳入世界政府债券指数。人民币债券纳入这两个指数后，可能会产生另外1 300亿~1 800亿美元的被动资金流入。[②]

“一带一路”倡议

“一带一路”倡议可能会促进中国的离岸市场和在岸市场交易。[③]伙伴国家巨大的基础设施缺口引发了巨大的融资需求，而债

---

① 纳入全球债券指数之举与中国开放资本账户密切相关。为符合纳入全球综合指数的资格条件，本币债务市场的评级必须达到投资级，货币必须可自由交易、兑换和对冲，且不受资本管制。

② 关于潜在资金流入的估计数额，另见Suwanapruti等人（2018年）。

③ 国家主席习近平于2013年提出“一带一路”倡议。该倡议超越了贸易范畴，涵盖下列五个领域：（1）政策沟通；（2）设施联通；（3）贸易畅通；（4）资金融通；（5）民心相通。

券发行能够有效地调动资源。2017 年以来，中国国家开发银行和其他商业银行已经发行了美元和欧元离岸债券，为“一带一路”倡议项目融资，也越来越多地依靠在岸人民币债券市场。

2018 年 3 月，上海证券交易所和深圳证券交易所均发布了关于进行“一带一路”倡议债券试点的通知，不仅支持“一带一路”沿线国家和地区的公司和金融机构发行公司债券，也支持国内企业为“一带一路”倡议筹集资金。这两家交易所正在设想为“一带一路”倡议债券开发一个专门市场，并发布“一带一路”倡议债券价格指数。在中国的银行间市场上，菲律宾和匈牙利政府以及合作伙伴国家的许多企业已经为各倡议项目发行了熊猫债券。

考虑到“一带一路”倡议基础设施项目的长期性，引入保险公司、养老基金等机构投资者以提供稳定的长期融资尤其重要。由于一些伙伴国家存在偿债风险，“一带一路”倡议相关债券的合理风险定价也至关重要。为了尽量减少风险，必须建立一个全局性框架来促进协调，此外，财政可持续性问题和伙伴国家生产性投资的框架条件也很重要。

债券市场发展与市场开放

中国成功实施的发展战略被形象地称为“摸着石头过河”，按照这一战略，中国金融部门的改革开放并不是直线推进的，而是经历了曲折和调整，特别是在 2013 年和 2015—2016 年。鉴于金融体系规模大，复杂性又不断增加，而中国的全球影响日益扩大，这些调整变化在海外的影响也就越来越大。展望未来，中国金融部门的发展和开放之路可能仍将坎坷不平；但是，通过审慎安排改革次序、不断调整政策并实施适度的宏观金融管理，可以将风险降至最低。与此同时，过分强调稳定性也不是没有代价的，可能导致错误的风险定价、不当的资源分配、缓冲耗尽以及更高的长期经济成本，包括大幅调整和财政压力。因此，在发展和开放债券市场的同时，应当制定一项明确的战略，遏制脆弱性并形成更强大的抵御风险能力（第 10 章）。

开放与清除障碍

债券市场发展的大背景是中国更广泛的经济和金融改革开放政策，制定这些政策的目的是建立一个成熟的市场（第 9 章）。债券市场已经在市场化融资中发挥了一定作用，降低了融资成本，促进了宏观经济管理，增加了支持经济发展的可用资源。但是，重要的缺陷仍然存在。弥补这些缺陷不仅对维护金融稳定、促进经济发展十分重要，而且对促进人民币作为储备货币的使用也很重要。

改革的议程很长，但应侧重于扩大市场准入，包括外国投资者的市场准入，加强市场流动性和风险对冲，并向多层托管模式迈进。在这方面，中国人民银行、证监会和外汇管理局已经在 2020 年 9 月共同发布了方便外资进入的意见稿。其他重要领域包括降低投资者的信息成本，以及加强立法和会计制度的约束。为了确保外国投资者能够有信心地退出市场，有必要进一步放开资本账户。

从外国投资者的角度来看，影响进入中国国内资本市场的许多障碍可以在短期内清除，因为它们往往比基于监管或政策的障碍更实际（第 11 章）。清除这些障碍有助于确保国际投资者对中国资本市场的承诺。例如，一些障碍与税收处理方面的不确定性有关。尽管 2018 年年底中国宣布对外国机构投资者实行为期 3 年的暂时免税，但许多税收条例（其中部分是在启动“中国银行间债券市场直接投资计划”和“债券通”计划之前出台的）缺乏细则解释，留下了关于潜在税率、计算和征收方法的重要问题。[①] 此外，尽管外国

---

① 2018 年 11 月 7 日，财政部与国家税务总局宣布，对外国机构投资者投资中国债券市场取得的利息收入，3 年内免征企业所得税和增值税。

官方投资者可以不受限制地进入中国银行间外汇和利率衍生产品市场，以及外国私人部门投资者可以在在岸市场对冲至多相当于在岸现金债券持有量的风险，但实际上准入机会非常有限。在这方面，除接受中国银行间市场交易商协会发布的主协议外，接受国际掉期与衍生工具协会的主协议，以及允许投资者或产品层面的总体对冲限额（各计划头寸合并计算）等措施将具有重要意义。

总的来说，促进与市场参与者的对话，特别是与商业银行和全球托管人等中介机构的对话，可以使政策制定部门就什么能做、什么不能做颁布更具体的规则和准则，并尽量缩小行业进行解释的空间。在当前日益严格的监管环境下，外国市场参与者通常尽可能严格地对一般指南进行解读，这使它们很难（即便不是不可能）开展投资和对冲活动。一些实用的建议包括基于真实的商业案例公布每种情况下许可做法的正面清单，并随着新案例的出现而定期更新该清单。政策制定部门还可以考虑使用案例研究来说明申请、投资、汇回和对冲所需的流程。经验表明，案例研究是阐明规则和程序的有效工具，可以加快行业的接受速度。此外，在进一步开放国内债券市场的同时，还应扩大现有平台，使额外的建立成本降至最低。

加强金融市场稳定性

金融体系的快速发展不断向金融监管机构提出挑战（第 10 章）。例如，2016 年年底，一家证券经纪公司（国海证券）发生了一起回购信用事件，打击了市场信心。银行开始减少对非银行金融机构的短期贷款。尽管使用了经协调的信贷展期来防止出现资不抵债的现象，但利率仍飙升，导致回购和债券市场的流动性迅速耗竭。

面对这些挑战，中国从 2017 年开始收紧了金融部门监管，包括出台了新的关于集合投资工具的统一规则。因为此类工具通常承诺固定收益率，所以它们已成为固定收益投资者的重要投资工具。这些工具进而将中国的大部分信用债券纳入其投资组合。定期改革在很大程度上遏制了金融稳定风险，但鉴于金融体系的动态性，必须始终保持警惕，而实施有关资产管理产品的新的统一规定至关重要，尤其是必须监测可能导致债券市场波动的展期、违约和流动性风险。就2020年之前的展期风险而言，信用债券展期的要求将会很高。随着监管收紧，尤其是针对理财产品的监管收紧，全球紧缩周期推高利率，低评级借款人可能面临融资困难。

政府侧重于解决经济中杠杆率不断上升的问题，这一做法是正确的，尤其是在企业部门以及与地方国有企业相关的领域。尽管违约率仍相对较低，但随着继续推进去杠杆化的工作和允许实力较弱的企业退出，违约率可能会上升。同时，取消普遍存在的隐性担保（这对确保更好的风险定价和资本分配至关重要）可能导致债券市场信用风险的重新定价。如前所述，债券市场的流动性相对较低，反映了投资者基础（集合投资工具和银行）同质化，它们往往持有债券到期。此外，鉴于认为信用风险较低，投资者几乎没有动力通过交易积极管理信用风险，并且新监管制度的实施可能会加大赎回压力，从而导致波动性增大。

交易模式

依据国际标准，中国债券市场交易活动（以流转率衡量）的波动性大，可能对金融稳定造成风险（第12章）。债券交易量往往与融资市场条件同步波动，在货币条件收紧期间下降，在货币条件宽松时期上升。这种周期性可能受以下几个市场结构特征的影响：杠杆收购持有型投资者（包括投资工具）主导，缺乏可供投资者充分利用的对冲或做空工具，以及做市活动有限。

不断恶化的债券交易量和市场流动性事件可能会放大不利冲

击的影响。特别是，交易和融资条件双双趋弱意味着在压力时期，面临融资压力的市场参与者在最需要流动性的时候可能难以获得流动性。这有可能导致交易和融资流动性顺周期恶化，进而造成违约。过去，政府曾通过注入流动性来限制这种脆弱性，避免恶性紧缩周期。注入流动性有助于稳定市场，但也强化了人们对存在隐性担保的看法。

为了消除隐性担保等金融脆弱性，拓展货币政策的传导渠道，中国政策制定部门应当将提升债券市场流动性作为一项优先重点工作。相关措施应当旨在增加流动性的供应，以及扩大投资者基础并实现多样化，特别是吸引更多机构投资者，以增加对流动性的需求。供给侧方面的重要工作包括加强做市活动和市场结构，深化衍生产品和证券融资市场改革。需求侧方面的工作应当围绕采取措施扩大对市场价格敏感的投资者群体，包括外国投资者。

统一监管

如前所述，中国债券市场由多个机构——中国人民银行、中国证券监督管理委员会、中国国家发展和改革委员会以及财政部——监管，中国银行间市场交易商协会也因负责备案登记而承担了部分监管职责。当前的监管结构反映了中国金融改革开放的战略，也体现了各种政治经济考虑因素。例如，在中国证券监督管理委员会专注于发展股票市场而非债券市场之际，中国人民银行积极推进并建立了一个独立的银行间债券市场。

如今，规则和监管之间的差异与更高的信息成本、市场分割以及监管套利的可能性息息相关。这就需要统一各种规章制度，例如，关于债券发行和不同信用债券的信息披露的规章制度。2017 年 9 月，中国人民银行牵头成立了一个部际委员会，负责开展统一监管方面的工作，并在 2018 年 12 月和 2019 年 12 月分别发布了关于加强统一债券市场执法和信息披露等的管理办法。

评级机构与评级问题

运作良好的信用评级行业对债券市场的发展至关重要。中国大多数债券发行都必须得到获准机构的评级，[①] 并且往往必须达到最低评级要求。债券市场迅速发展的一个体现是，评级行业同样经历了快速扩张。2017 年年底，共有 12 家评级机构（其中 10 家为国内评级机构，2 家为中外合资评级机构）。直到最近，尽管外国评级机构可以直接对中国债券进行评级，但出于监管目的，国内市场并不认可此类评级。反过来，在合资评级机构中，外国投资者只能持有少数股份。[②] 新兴的评级行业还存在一些问题。

首先，信用债券的评级高度倾斜，95% 以上的信用债券评级为 AA 级或更高级，相比之下，美国的相应比例不足 6%。这既反映了发行要求非常严格，也反映了隐性担保限制了私营部门进入。实际上，中国一直缺乏一个高收益市场。然而，令人诧异的是，尽管评级分布比较紧凑，但在每个评级类别中，信用利差都存在较大差异（第 4 章）。此外，评级缺乏动态调整，因为债券往往在违约前一刻仍被评为投资级。

其次，信用债券市场分割的体现之一是，评级机构的监管也高度细分。评级公司需要获得不同机构批准之后，才能对不同类型的信用债券进行评级。例如，它们需要获得中国证券监督管理委员会的批准才能对公司债券进行评级，需要获得中国国家发展和改革委员会的批准才能对企业债券进行评级。由于批准程序复杂，迄今只有三个评级机构获得了所有监管机构的批准，能够对

---

① 也包含一些未评级的私募债。

② 2018 年 4 月以来，中国公布了更多开放措施，包括取消了外资在汽车行业、银行和金融资产管理公司的持股限制等。

全部信用债券进行评级。[1]

在 2018 年采取进一步开放的措施之后，全球三大评级机构（标普、穆迪和惠誉）申请许可在中国建立独资公司。一旦获准，这些独资公司将有助于巩固信用文化和提高行业的评级质量。政府已经开始在银行间市场和交易所市场上统一对评级机构的监管，这极大地有利于评级行业，并有可能促使行业进行整合，因为目前评级机构众多，为评级选购提供了机会。2020 年 8 月，证监会宣布取消对公司债发行最低评级的要求，这也将极大地改善信用评级扭曲的现状。

支持改革和巩固政策框架

中国债券市场的发展与成功实施配套改革措施密切相关，包括加强公司治理、改革国有企业，以及制定各项措施，确保有关债券发行实体业绩的信息完整可靠。与其他国家一样，这些改革有许多措施难以实施，因为它们面临既得利益集团的强烈反对，所以需要下定决心并投入政治资本。此外，提前就这些措施进行沟通，以及面向消费者增加关于不同类型金融投资回报和风险的教育也很重要。

可以采取的措施包括逐步减少隐性担保、完善货币和汇率框架、促进沟通以及加强能力建设。

减少隐性担保

隐性担保的观念在金融体系中根深蒂固，助长了普遍的道德风险以及家庭、公司、地方政府和金融机构的过度冒险行为（第

① 中诚信国际信用评级有限责任公司和联合信用评级有限公司通过子公司在交易所市场进行评级。

13章）。在公司债券市场上，低债券违约率、慷慨的信用评级和缩小的风险溢价证明了这种担保的存在。尽管中央政府一再声明禁止地方政府为企业债务提供担保，但国有企业和地方政府融资平台在很大程度上仍不受违约风险的影响。

地方政府过去一直依赖中央政府的财政支持来实现年度增长目标，这凸显了取消隐性担保方面存在的挑战。

监管部门已经采取了各项措施以制定有效执行公司破产框架所需的制度框架，包括加强司法机构处理破产案件的能力。2016年以来，破产案件一直显著增加，而此前，破产案件都很少（图1.7）。尽管如此，信用债券市场的总违约率仍然很低，债券利差与违约事件之间的关联仍然很弱。

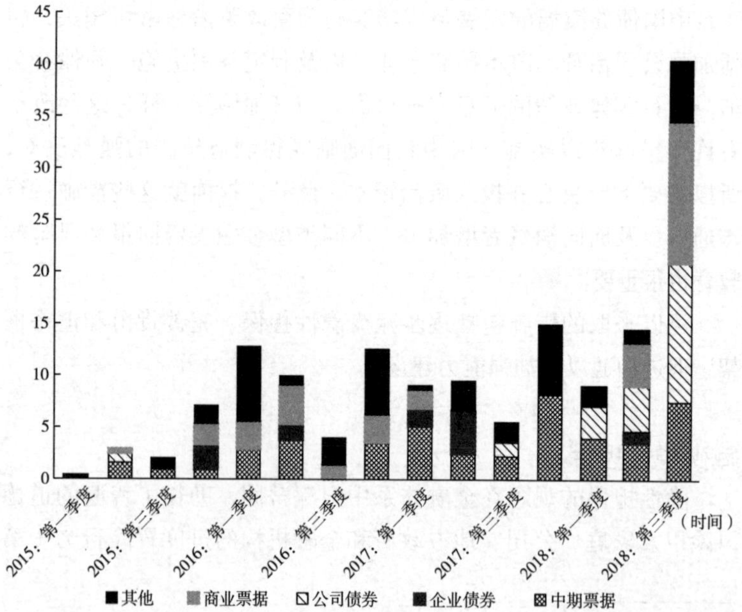

图1.7　2015—2018年信用事件（按债券种类分类）（10亿元人民币）

资料来源：Wind经济数据库，作者的计算。

因此，取消隐性担保，必须审慎安排改革次序。当人们对存在隐性担保一事的看法发生根本性改变后，破坏性撤资（例如散户投资者撤资，或短期回购贷款机构撤资）可能会随之发生并迅速削弱金融机构和公司的偿付能力。但是，如果在取消隐性担保之前循序渐进地实施改革，那么就能降低风险。至关重要的是，这些有序的改革应当包括加强市场约束，以及继续推进制定破产法律和制度框架，这些框架能够及时重组有生存能力的公司，确保不具有生存能力的（僵尸）公司快速退出。

其他改革措施包括：提高数据质量，增加银行资本缓冲以吸收或取消与隐性担保相关的损失（基金组织，2017 年），建立一个金融部门破产处置框架（包括在市场面临潜在压力之际，为债券违约制定一个稳健的框架），以及进一步通过提高司法机构处理破产案件的能力来建立公司破产的制度框架。2020 年 7 月，中国人民银行、发改委和证监会已经发布了统一的债券违约处置机制，[①] 这些措施应当与加强社会安全网相辅相成，以便在消除维持不具生存能力的公司营业状态的激励因素之后，最大限度地减少困难。

完善货币和汇率框架

一个国家债券市场的发展与货币政策框架的巩固是相辅相成的。一方面，发达的债券市场有助于高效地将货币政策传导给经济；另一方面，以利率为基础的现代货币政策框架能够为债券市场

① 中国 2016 年颁布的《企业破产法》似乎并未与最佳国际做法有太大偏离。它是一部非常简明的法律，可能并未对破产实践中的许多复杂问题做出回答，见 Maliszewski 等人（2016 年）。

的发展提供支持。[①]

在中国，持续不断的利率自由化浪潮促进了向以价格为基础的现代货币政策框架的转变（第14章）。尽管这一进程尚未完成，但政府于2018年重申了深化改革以及推进利率和汇率市场化的承诺（Li，2018年）。最近的进展包括淡化广义货币供应量（M2，包括流通中的现金和所有存款）和社会融资总额等数量型目标，以及2019年8月以来推行的贷款报价利率的改革。

在取得进展的基础上，以短期利率（例如，银行间7天逆回购利率）为目标来管理流动性，并允许收益率曲线上的其他利率根据市场条件进行调整，这将加强货币政策传导，从而巩固债券市场的发展。实施这些措施的同时，还应当减少对窗口指导的依赖并淡化基准利率。

如前所述，债券市场开放是中国资本账户自由化战略的一部分，而进一步开放资本账户需要审慎安排先后次序。除了建立有效的货币政策框架和具有韧性的金融体系外，还要提高双向汇率的灵活性。这将最大限度降低深化全球金融一体化的风险，并确保货币政策能够根据国内经济状况做出反应。[②]

促进沟通

债券市场会将货币政策的重要信号传递到更广泛的经济领域之中。为了提高货币政策的有效性，降低金融市场的波动性，各国央行越来越多地将沟通作为一个重要工具（第14章）。中国人民银行也是如此。中国人民银行还越来越多地使用社交媒体，在社交媒体上的粉丝数量已经超过了美联储、欧洲中央银行和英格

---

① 发展一个稳健的中国政府债券市场将对财政政策和公共债务管理产生宏观经济影响。进一步加强财政框架还将促进市场稳定和宏观经济政策的有效性，见Eden、Gentry和Gupta（2017年）。

② 关于加强中国政策框架的进一步讨论，见基金组织（2018年）。

兰银行的粉丝数量之和。进一步加强中国的货币政策沟通，不仅会提高货币政策的效率，还会通过降低不确定性对债券市场的发展产生积极影响，使其对国内外投资者产生更大的吸引力。

分析中国传统货币政策沟通渠道对金融市场影响的实证事件的研究表明，政策工具的变化与市场消息有关（第 14 章）。与此同时，它们对市场的影响并不大，这表明中国人民银行沟通的有效性仍然有限。每季度发布的《货币政策执行报告》往往会降低市场波动性，表明其包含操作细节，有时也包含前瞻性指引。此外，通过公开讲话和新闻发布会进行的口头沟通能够安抚市场。但口头沟通不是定期的，且通常取决于市场状况。2016 年以来，中国人民银行公开市场操作而发布的简短“信息公告”所产生的影响反映出，即便是相对较小的沟通改善，也可能非常有益。这些简短的公告加强了中国人民银行市场干预的传导渠道。①

总体来说，分析表明，尽管中国人民银行在沟通方面做出了改进，但是沟通尚未像许多发达经济体和一些重要新兴市场那样，成为一种有力的政策工具。提高央行操作的独立性和透明度，包括通过前瞻性指引帮助中国人民银行提高政策有效性。虽然一些制度上的变革需要时间和国家政策的强有力支持，但是有些容易实现的目标可在短期内付诸实践，比如：通过同一渠道用英语及时提供信息；扩大中国人民银行的经济预测能力，定期发布预测（正如英格兰银行在获得独立之前那样）；提供关于相关框架和模型的信息；定期举行新闻发布会；等等。

最近，中国人民银行采取了更多措施来引导市场预期，包括

---

① 传统渠道包括《货币政策执行报告》、货币政策委员会会议新闻稿、公开讲话和新闻发布会。一个新的渠道是公开市场操作公告，自 2016 年 1 月起每日公告已成为一种标准的做法。为了更好地阐释公开市场操作的原理，这些公告越来越多地通过“鉴于流动性充足，中国人民银行进行干预以维持流动性稳定”等语句来提供背景信息。

增加新闻发布会和访谈的次数，提供更深入的分析，增加《货币政策执行报告》的信息含量等。此外，2018 年年底，央行成立了一个新的工作小组，将政策声明和新闻稿翻译成英文，以便更好地向国际投资者提供信息（彭博，2018 年）。

加强能力建设

新金融产品的出现往往会导致风险转移、监管套利，以及有待监测和适当规管的新风险的产生。其他国家的案例研究表明了以下问题的重要性：在金融部门自由化发展的同时，不仅要不断加强监管，而且要提升监管者自身的能力。[①]

如前所述，中国债券市场发展迅速。这种趋势可能会继续下去，并与更复杂的新产品和市场（如衍生产品市场）的发展相结合。后者对于提高债券流动性、便利投资者更好地对冲风险非常重要。然而，与其他国家一样，这些发展对监管者和监督者构成了持续的挑战。正如 2017 年《金融部门评估规划》（基金组织，2017 年）所强调的那样，一项重要的挑战是人员配置。中国证券监督管理委员会、中国银行保险监督管理委员会、中国人民银行、财政部等重点监管机构总部人员的绝对数量和相对数量都非常少（700~1 000 人）。此外，尽管债券市场发展迅速，但人员配置水平始终大致保持不变（图 1.8）。

因此，充足的总部人员配备以及具备有关的实际市场经验将是机构保持与时俱进的关键。这就需要有竞争力的薪酬来留住合格的工作人员，以及具有国内和全球市场经验的工作人员。

---

① 20 世纪 80 年代美国储蓄和贷款危机是一个众所周知的例子，说明在不提升监管者能力、资源和激励措施的情况下，遵守金融部门监管的发展可能导致金融压力和新金融产品大量涌现，见 Mishkin（1999 年）。

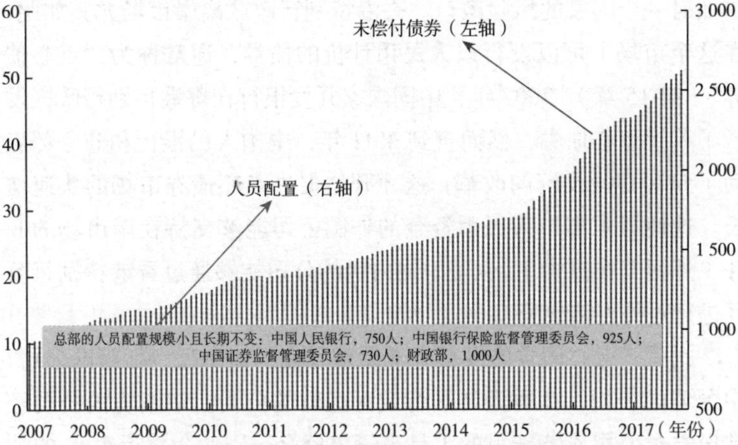

图 1.8　2007—2017 年债券市场发展及监管机构

总部人员配置 [左轴：万亿元人民币；右轴：人员数量（人）]

注：2018 年，中国银行业监督管理委员会和中国保险监督管理委员会合并，成立了新的中国银行保险监督管理委员会。在这一过程中，员工总数减少了约 12%。

资料来源：中国人民银行，中国银行保险监督管理委员会，中国证券监督管理委员会，财政部。

离岸市场

中国国内（在岸）债券市场的发展与其离岸市场有错综复杂的关系。例如，中国在岸市场的改革开放就是以之前的离岸市场经验为指引的。此外，根据资本账户自由化战略，中国首先允许国内公司利用离岸市场（人民币和美元），然后再向外国投资者开放国内债券市场。离岸市场将继续作为在岸市场的补充，在指导国内（在岸）债券市场改革方面发挥重要作用。

离岸人民币点心债券

与其他国家一样，外国投资者可以利用离岸市场筹集资金，增加对一个国家的风险敞口。香港特别行政区离岸市场尤其如此，在这个市场上可以发行以人民币计价的债券，通常称为“点心债券”（第15章）。2007年，中国国家开发银行在香港特别行政区发行了首批点心债券，然而直到2011年，中国人民银行和商务部启动了允许直接投资的改革，这才开始促进点心债券市场的快速增长。这使寻求离岸人民币资金的外国公司能够支持在岸市场的业务（外国直接投资），也使中国内地的公司能够通过香港特别行政区进行对外直接投资。

此后，点心债券的发行者开始多元化，如今已包括跨国公司、中国境内公司、在香港特别行政区经营的公司。中国境内公司经常设立子公司或特殊目的工具来筹集资金。因此，将近30%的债券发行机构是非银行金融机构。房地产公司也扮演着重要角色，几乎占点心债券发行者的20%。[①]

一项实证分析表明，在岸—离岸收益率差异、对外直接投资增长以及中国内地的宏观经济状况是推动点心债券市场发展的关键因素。人民币名义有效汇率、对冲成本以及政策不确定性同样是关键因素。通过启动“债券通”计划等，中国内地与香港特别行政区的资本市场日益一体化，不断扩大离岸投资者可用的人民币资产的选择范围。鉴于资本的自由流动、市场准入度较高以及国际公认的强有力的法律和监管框架，即使在岸金融市场进一步开放，点心债券市场可能仍将是一个吸引国际和中国境内发行者利用境外人民币资金的平台。

① 此外，离岸国债作为定价基准，是点心债券市场不可分割的一部分。2009年，财政部在香港特别行政区发行了60亿元人民币的两年期、三年期和五年期国债，标志着离岸中国政府债券市场正式启动。此后，人民币中国政府债券在香港特别行政区不断发行，成为点心债券的重要组成部分，为市场提供了基准定价。

离岸公司美元债券

与点心债券市场一样，中国的离岸公司美元债券发行量也大幅增加，尤其是 2012 年以来，趋势更加明显。[①]这一趋势是在流向新兴市场经济体的资本不断增加以及中国自身努力实现资本账户自由化的背景下出现的。

公司层面的分析表明，中国离岸公司美元债券在 2012—2015 年激增，随后在 2015—2016 年收缩，这与套利交易的特点相似，与其他国家的经验一致（第 16 章）。相关证据有力地表明，中国非金融公司发行 / 赎回美元债券具有周期性，这也影响了中国近年来的资本账户余额。在中国经济政策不确定性较低、全球金融市场环境宽松、人民币相对美元走强的情况下，美元债券的发行趋于上升。分析还表明，不同部门之间存在差异，可能反映了公司商业模式的差异和获得国内融资来源机会的不平等。此外，美元债券的发行与公司的外部融资依赖度呈负相关。这与优序融资理论一致，即离岸债券市场通常是公司融资的最后手段。令人惊讶的是，美元债券发行者往往较少投资固定资产和库存——这是另一个迹象，表明公司倾向于将进入离岸美元债券市场视为套利交易活动的渠道，而不是支持投资的融资来源。

由于中国离岸公司美元债券的激增显示出套利交易而非长期公司投资的特征，而且相关资本流动可能给宏观经济和金融稳定带来风险——尤其是当它规模庞大且具有波动性时（正如 2013—2015 年中国资本账户余额大幅波动所证明的那样），有必要对离岸公司美元债券的发展加以审慎管理。主要相关的资本流动压力应当依赖宏观经济政策，包括有效浮动汇率（基金组织，2018 年）。进一步加

① 香港特别行政区的离岸国债还包括以美元发行的中国政府债券。2017 年 10 月，财政部在香港特别行政区发行了 20 亿美元的五年期和十年期国债，标志着离岸美元中国政府债券市场在香港特别行政区启动。这是自 2004 年以来中国首次发行以美元计价的债券，并为离岸公司美元债券的定价提供了基准。

强微观和宏观审慎框架可以减轻金融周期内系统风险的顺周期性累积。中国自2016年以来制定的“跨境融资宏观审慎评估框架”比以往的资本流动管理框架更具可预测性和透明度，可以用来消除过度跨境融资和错配（货币、期限、资产负债表内/外错配）带来的风险，但不应当用于积极管理资本流动周期和替代汇率灵活性。

展望未来，中国资本账户的自由化应渐进、审慎、有序地推进，并辅以配套改革，包括制定有效的货币政策框架、建立健全金融体系、弱化财政主导地位以及提高汇率灵活性（基金组织，2018年）。

结论

中国债券市场前景光明，其持续发展和进一步开放将给中国和世界带来重大惠益。但这需要加强和协调金融部门框架，实施配套的宏观金融结构改革（包括取消隐性担保、实施预算硬约束以及加强公司治理），为国内外投资者清除障碍，改善沟通以及加强能力建设。以下各章对中国债券市场进行了深入分析，并根据最佳国际实践提出了切实可行的政策建议。

第2章

中国债券市场与全球金融市场

欧亨尼奥·塞鲁迪　莫里斯·奥伯斯法尔德

中国不断融入全球经济是近几十年来的关键事件，这一融合过程将继续引导全球经济的发展。40多年前开始的市场化改革首先带来了贸易和生产的一体化，但就目前来看，融入全球金融市场已具有至关重要的意义。顺利融合将确保全球资源在全世界范围内被引导至最有生产力的用途方面，并确保全球风险在各国和各部门之间高效分解。中国及其贸易伙伴将从这些发展变化过程中受益。

本章对中国进一步融入全球金融市场（特别是国际债券市场）的潜力做了初步评估，并重点分析了进一步金融一体化可能面临的挑战。

本章分为两部分。前半部分分析中国不断发展的股票和债券市场，并将其与主要国际市场（如美国、欧元区、日本）以及亚洲地区的一些市场（如印度和韩国）进行比较，从而评估中国在全球金融市场中日益发挥的核心作用。该部分随后分析外国投资者对中国债券市场的参与以及债券收益率差异（例如，外汇对冲和未对冲收益率之间的差异）。结果表明，成功实现中国债券市场的进一步放开，不仅需要发展债券市场，还需要进一步发展其他市场，特别是外汇市场。

本章的后半部分重点讨论中国债券市场进一步融入国际市场面临的潜在挑战。例如，美国货币政策目前的正常化进程可能会给包括中国在内的许多新兴市场经济体带来风险。因此，本章分析了中国资本流入对全球金融周期的敏感性，并评估这种敏感性随着融合过程的推进将会如何增大。本章的结论是，中国进一步融入全球债券市场的空间很大，但这一过程不可能孤立地发生，因为可持续的效率提升和稳定需要更广泛的经济融合。

全球背景下的中国金融市场

图 2.1 显示了中国在全球金融市场的重要性不断提高，从中可以发现两点：一是中国金融市场相对于实体经济规模的增长（图 2.1 左），二是实体经济的快速增长占世界 GDP 之比不断上升（图 2.1 右）。中国债券市场的市值从 21 世纪初约占全球 GDP 的 1%，增长到 2017 年年底的 9%。

股票市场市值的增长幅度要小一些，但仍然引人注目，从 2002 年约占全球 GDP 的 2% 增长至 2017 年的 10% 左右。更加令人瞩目的是——但也表明存在潜在的金融稳定挑战——中国银行体系的资产从 2002 年占全球 GDP 的 1% 飙升至 2017 年的近 50%。

与此同时，外国投资者对中国股票和债券市场的参与程度不断提高，尽管与国家相比仍然较低。中国金融市场实施了具有里程碑意义的改革（如沪港通和深港通机制），中国股票被纳入摩根士丹利国际资本新兴市场指数（MSCI 指数），[①] 这些措施促使中国股票市场的外国投资者参与程度近年来略有上升（图 2.2）。中国股市总市值中的外资持有比例约为 2.4%。外国投资者对中国债券市场的参与程度同样很小，大约仅占未偿还债券总值的 1.6%，这

① 约 230 只内地上市股票于 2018 年 6 月 1 日纳入 MSCI 指数。最初，中国 A 股在 MSCI 指数中所占比例约为 0.7%，全部纳入后的比例约为 18%。尽管中国的债券目前没有纳入任何全球指数，但根据国际货币基金组织 2016 年 4 月发布的《全球金融稳定报告》，如果纳入，中国的债券在被广泛关注的摩根大通全球债券指数 – 新兴市场中的权重可达到 1/3，见 Sun（2015 年）。

一比例近年来保持稳定。

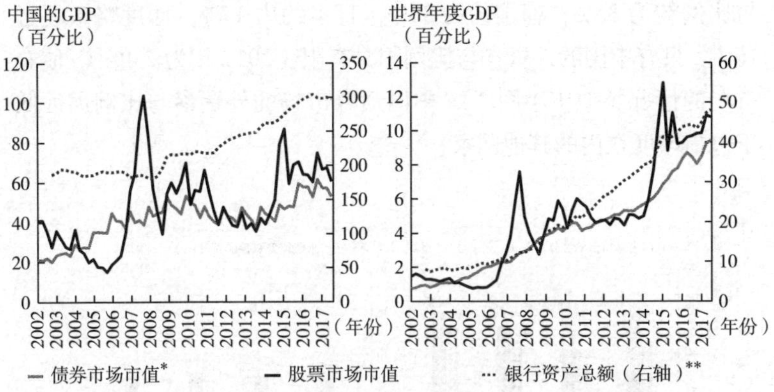

图 2.1　2002—2017 年中国的债券和股票市场市值与银行资产

注：* 债券市场市值基于中央国债登记结算有限公司的数据。

** 银行资产经季度调整，方便呈现。

资料来源：CEIC，国际货币基金组织《世界经济展望》，作者的计算。

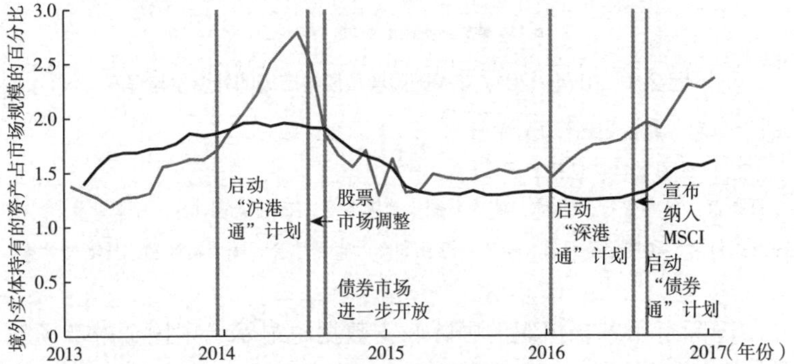

图 2.2　2013—2017 年中国股票和债券市场的外资参与程度

注：数据是每年 12 月的数据。

资料来源：CEIC，中国人民银行，作者的计算。

相比之下，如图 2.3（小图 1）所示，外国投资者在一些国家的股票市场发挥了更重要的作用，2017 年美国股票市场的外资参与比例约为 35%，韩国约为 33%，日本约为 17%，印度略微超过 16%。只有中国的外资参与比例相对有限（2017 年为 2.4%）。债券市场的情况类似（小图 2），中国债券市场的外资参与比例远远低于包括印度在内的其他国家。

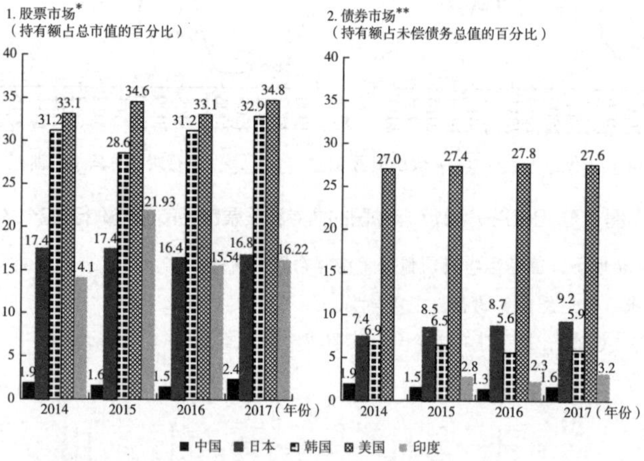

图 2.3　2014—2017 年中国股票和债券市场的外资参与程度

注：* 印度的数据是截至每财年底（3 月）的数据。

** 印度的数据仅包括政府证券。

资料来源：日本银行，CEIC，韩国金融监管服务局，Haver Analytics，日本财政部，中国人民银行，印度储备银行，美国证券业和金融市场协会，美国财政部，作者的计算。

国际货币基金组织的国际收支数据也显示，中国金融市场的外资参与度有限，这突出表明，这些市场进一步融入国际市场存在广泛空间。截至 2015 年，国际投资头寸显示，中国的对外负债（外国居民对中国居民的债权）略微超过 GDP 的 40%（图 2.4，小图 1），大大低于美国（约为 160%）、日本（超过 115%）、韩国

（65%）和印度（55%）。

各国负债的构成状况也反映了中国股票特别是债券市场的进一步融合空间。股票和债券仅占中国对外负债的 1/5，这一比例远低于美国（占对外负债总额的 3/4）、日本（占对外负债总额的 3/5）、韩国（占对外负债总额的 3/5）和印度（占对外负债总额的 2/5）。资产（中国居民持有的外国资产）方面的情况类似（图 2.4，小图 2），这突出表明中国财富（特别是股权和债务证券）的对外多元化程度有限。

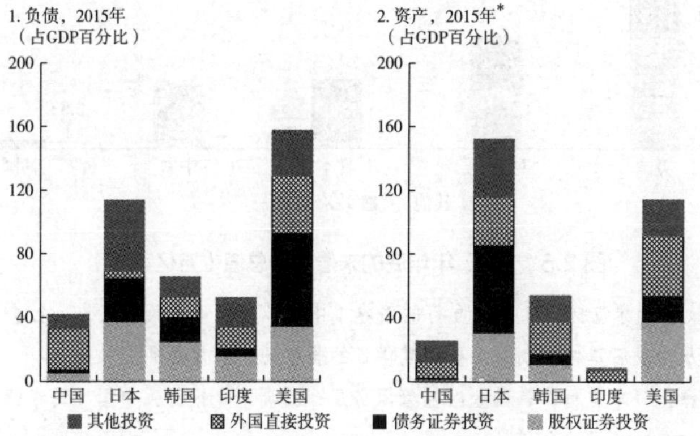

图 2.4　2015 年国际投资头寸

注：* 资产是减去储备后的净值。

资料来源：Lane 和 Milesi-Ferretti（2017 年），国际货币基金组织《国际收支统计》，作者的计算。

进一步放开中国债券市场

综上所述，尽管中国金融市场的整体规模不断扩大，但外资参与程度仅略有提高，并且与其他可比经济体相比，国际融合程度仍然较低。本节探讨中国债券市场的特征，并分析哪些类型的债券可以通过进一步跨境放开来吸引外国投资者。①

截至 2017 年年底，中国未偿债券的绝对数额较高，2017 年年底的存量约为 11 万亿美元（图 2.5），超过了韩国（约 2 万亿美元），与日本接近（12 万亿美元），但与欧元区（20 万亿美元）和美国（41 万亿美元）差异很大。

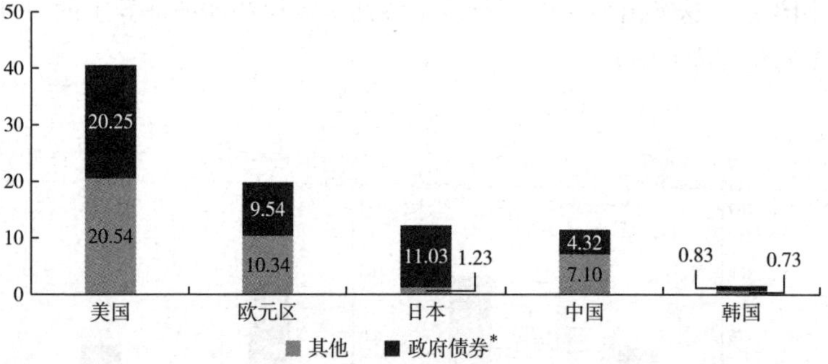

图 2.5　2017 年年底的未偿债券总值（万亿美元）

注：* 政府债券包括广义政府发行的债券（中央、州和地方政府账户，社会保障基金，以及由政府单位控制且主要由其供资的非市场、非营利机构）。

资料来源：日本银行，韩国金融监管服务局，欧洲中央银行，中国人民银行，美国证券业和金融市场协会。

① 与其他国家的情况一样，外国投资者也可以通过离岸市场增加对特定国家的投资。对中国而言，通过在香港特别行政区运作的离岸市场尤其如此，在这些市场，债券也可以以人民币发行——通常称为点心债券（第 14 章）。不过，中国境内债券市场较小规模的外资参与似乎并不是这些离岸市场的债券供应所驱动的。除了期限方面的因素（即离岸市场的期限通常较短），这些离岸市场的活动还受到以下两个因素的影响：一是中国公司离岸发行债券，这需要得到国家发展和改革委员会的批准，二是内地的人民币资金净流出，这些资金提供了大部分流动性，并且也受到内地的监管。此外，香港交易所（2018 年）指出，“债券通”计划（允许国际机构投资者通过香港特别行政区交易境内债券，从而在一定程度上放宽了监管）的启动增加了 2018 年境内市场的外资持有量。

与日本、韩国、欧元区和美国不同，中国债券的发行者更集中于非政府部门（尽管中国的非政府部门包括重要的国有企业和各种政府支持机构）。不过，外国投资者持有的多数中国债券集中于政府工具（图 2.6）。这种情况类似于日本和韩国，但与美国、印度和欧元区国家（如德国）的情况相去甚远。在这些国家，非居民占私人部门债券融资的很大比例。① 在此背景下，中国债券市场的进一步放开有助于私营部门实现融资多元化，改善流动性并延长借款期限。

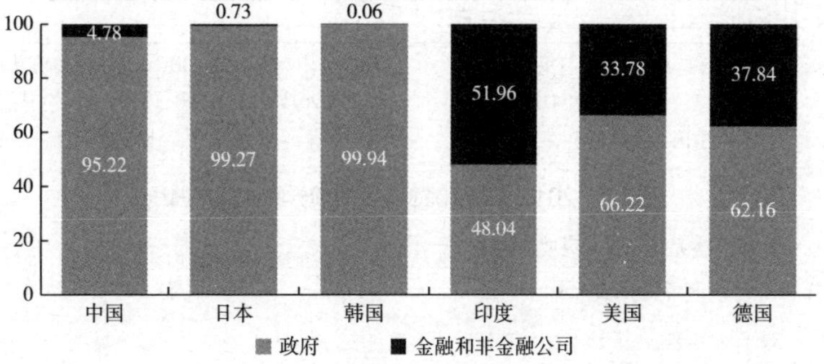

图 2.6　2016 年按债券类型划分的外国持有比例（占总额百分比）

资料来源：美国财政部，Haver Analytics，德意志联邦银行，日本银行，韩国金融监管服务局，印度储备银行，印度国家证券存管机构，作者的计算。

在定价方面，中国债券收益率曲线的演变体现了两个因素，一是中国债券的名义收益率高于美国和欧元区债券；二是尽管中国资本账户封闭，但中国债券收益率与这些国家存在一定程度的

① 香港交易所 2017 年 5 月的研究报告指出，由于中国内地市场基础设施薄弱，特别是当地信用评级机构的可信度相当低，外国金融机构作为部分人民币储备而持有的主要是中国主权债券和评级最高的公司债券。

联动。图 2.7 描绘了 2018 年 4 月的债券收益率，以及 2015 年 12 月美国货币政策正常化开始之前的收益率曲线（图 2.7 中的虚线所示）。

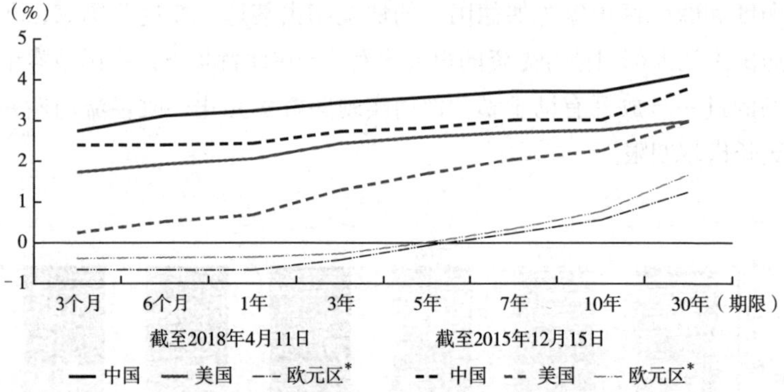

图 2.7　2015 年和 2018 年政府债券的收益率曲线

注：* 基于欧元区 AAA 级政府债券。

资料来源：彭博资讯。

中国与其他国家之间的收益率同步变化并不一定意味着存在重大的交叉货币套利机会，因为仍存在资本管制，并且对冲货币风险的成本相对较高。图 2.8 使用在岸或离岸远期，显示了中国和美国政府债券之间的相对套期收益率差异。[①] 中国与外国套期收益率之间的正向差异小于未套期收益率之间的正向差异，特别是当使用无本金交割离岸远期时。将 12 个月与 3 个月抛补利差进行比较，

① 远期外汇合约是在未来某个日期以合约签订当日设定的固定价格购买或出售特定货币的义务。在本章中，虽然在岸远期指的是在中国内地签订的合约，但离岸远期包括在国际金融中心（如香港特别行政区）签订的合约。无本金交割远期（NDF）与常规远期外汇合约相似，不同的是到期时 NDF 不要求实物交割货币。

在岸对冲的较短期限投资看起来对外国投资者更具吸引力。①

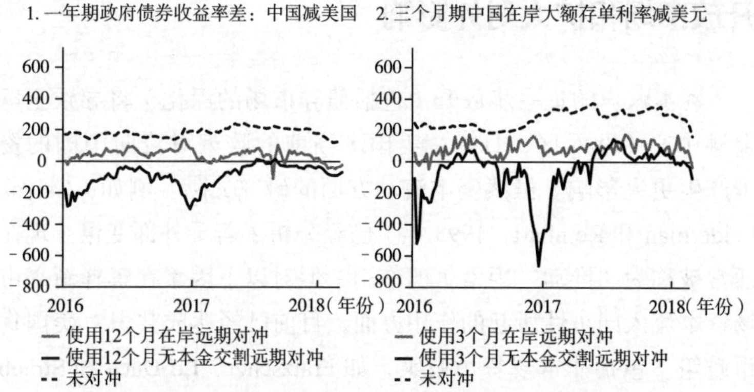

图 2.8　2016—2018 年外汇对冲收益率与未对冲收益率之差

资料来源：彭博资讯，中国外汇交易中心，作者的计算。

在这种情况下，可以设想中国债券市场的成功放开不仅涉及与债券市场相关的进一步监管措施（允许外资更大程度参与境内的债券购买和发行），而且由此产生的债券流入和流出将取决于若干因素，包括抛补利率平价方面的考虑，其中利率差异和外汇市场考

① Ma 和 McCauley（2014 年）还指出，在外汇远期市场上，人民币的在岸价格低于离岸价格（使用无本金交割远期对冲风险的成本高于在岸远期）。他们将这种现象与人民币升值以及中国资本账户一旦开放将带来的净私人资本流入压力联系起来。他们对净流入的预测与 He 等人（2012 年）以及 Bayoumi 和 Ohnsorge（2013 年）的预测不同，这些人预计总外部头寸（资产和负债）大幅增加，但私人资产的增幅超过负债。如何估计金融市场进一步放开的净影响超出了本章的讨论范围，且过程非常复杂，特别是考虑到用历史数据估计不一定能有效预测结构性政策变化（不管怎样，这些政策调整不一定会同时实施）之后的资本流动方向。

虑因素都很重要。[①]

开放市场和扩大对外影响

资本账户的进一步放开（包括债券市场的深化）将导致全球金融中心（欧元区、日本、美国）当前的政策对流向中国的资本产生更大影响。虽然资本流动方面的研究文献（例如，Calvo、Leiderman 和 Reinhart，1993 年）已经分析了若干外部变量（现在通常被称为"推动"因素）的作用，但对以下因素在解释新兴市场资本流入同步性所起的作用方面，目前已经达成共识：美国货币政策［包括非常规货币政策，如 Fratzscher、Lo Duca 和 Straub（2018 年）的论述］、风险规避［体现在美国芝加哥期权交易所波动率指数 VIX，如 Forbes 和 Warnock（2012 年）等的论述］以及美元汇率（Bruno 和 Shin，2015 年）。

尽管美国从 2015 年年底开始持续收紧货币政策，但 2017 年全球经济扩张的一个有趣特征是，新兴市场和前沿市场的资本流入都有所增加。图 2.9（小图 1）表明中国的情况也是如此，中国经历了与银行相关的资本流入（属于"其他投资"），以及股权和债务证券的资本流入（规模要小一些）。

近年来，资本流入行为在很大程度上与美国的非常规货币政策有关。图 2.10（小图 1）说明美国非常规货币宽松政策（美联储资产负债表扩张）在很大程度上支撑了证券投资流入新兴市场。全球风险偏好高涨（以美国 VIX 水平低来表示）和国内拉动因素解释了 2017 年新兴市场经济体资本流入的增加。总体而言，这些模型

---

① 在没有对手方风险的情况下，抛补利率平价是一种纯粹的套利关系，将货币远期汇率相对于即期汇率的升水与其相对于外币的名义利率优势联系起来，详见 Cerutti、Obstfeld 和 Zhou（2019 年）。

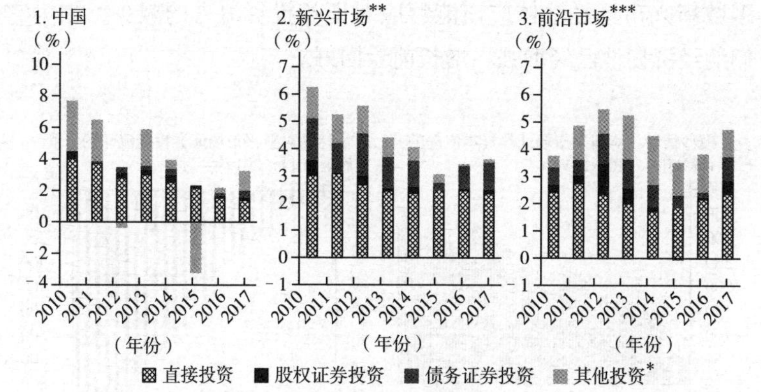

图 2.9　2010—2017 年资本流入总额

注：* 其他投资主要包括与银行有关的资本流入。

** 新兴市场数据不包括中国。

*** 前沿市场经济体的定义是，包括在摩根士丹利国际资本新兴市场指数中的低收入经济体：孟加拉国、贝宁、布基纳法索、科特迪瓦、几内亚比绍、肯尼亚、马里、尼日尔、塞内加尔、多哥和越南。

资料来源：国际货币基金组织《世界经济展望》，国际货币基金组织《国际收支统计》，作者的计算。

估计表明，未来几年美联储政策正常化进程（通过缩减资产负债表和提高联邦基金利率）预计步伐稳定，到 2019 年年底，可能导致证券投资流量累计减少 750 亿美元（图 2.10，小图 2，左纵轴）。①

① 正如国际货币基金组织（2017 年 a）强调的，运用根据 Koepke（2014 年）调整后的模型来估算证券投资流量。该模型估计了外部“推动”和国内“拉动”变量对新兴市场证券投资流入的影响，这与资本流动方面的研究文献一致。因变量采用国际金融协会关于新兴市场经济体的非本国居民证券投资流入（外国投资者购买新兴市场股票和债券）的月度数据。自变量旨在反映推动因素和拉动因素。推动变量包括：全球风险规避的代理变量（美国 BBB 评级的企业债券超出国债的利差或 USVIX），对有效联邦基金利率的未来三年预期，以及美联储资产负债表上持有的资产的变化。拉动变量包括花旗集团编制的新兴市场经济意外指数和摩根士丹利国际资本新兴市场指数。

多数新兴市场经济体应该能够应对证券投资流入的减少，因为它们的经济韧性已经增强，增长前景向好。

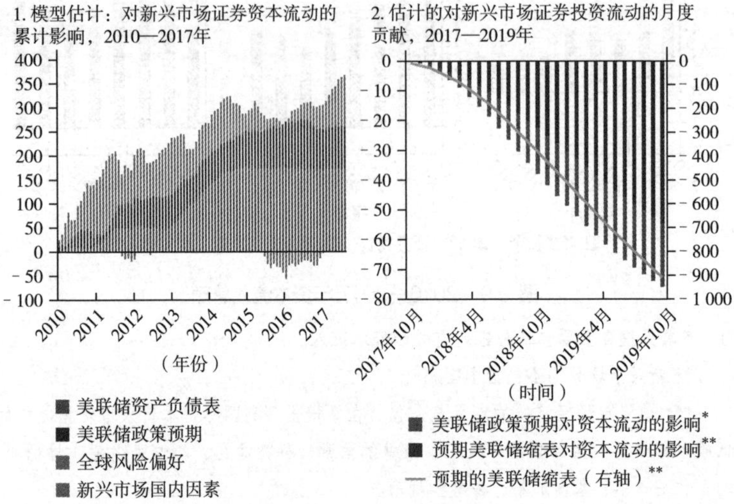

图 2.10　2010—2017 年和 2017—2019 年美联储的资产负债表以及新兴市场的证券资本流入

注：* 联邦基金利率路径采用《世界经济展望》的预测。

** 美联储公布的资产负债表正常化计划。

资料来源：《全球金融稳定报告》，2017 年 10 月和 2018 年 4 月。

然而，投资者避险情绪迅速上升会对证券投资流入产生更严重的影响，也可能带来更大的挑战，对更加依赖外部融资的国家尤其如此。

美元的相对汇兑价值是全球金融状况的另一个重要推动因素。中国已采用的做法是管理本币相对于一篮子货币的汇率，而不是仅仅相对于美元，目的是减轻受美元币值变动的影响。尽管如此，美元汇率往往对资本流入产生重大影响（见 Bruno 和 Shin，2015 年；Hofmann、Shim 和 Shin，2017 年）。2017 年年初至 2018 年年初，美元对多数货币持续贬值（图 2.11，小图 1）是导致新兴市场资本流入增加的一个关键驱动因素。

这种贬值趋势在 2018 年年初才停止，与传统的（无抛补）利率平价条件不一致。[①] 以美元与欧元的关系为例，正如市场对未来短期利率的预期以及与欧元区银行同业拆放利率期货之间的利率差所示（图 2.11，小图 2），2018 年年初的市场价格所反映的美国货币紧缩步伐快于 2017 年年初隐含的未来利率差异路径显示的步伐。同样，市场还预计欧元区与美国之间的未来通胀差异相对于 2017 年年初的预期进一步收窄（图 2.11，小图 3）。这两股力量都应对美元构成上行压力，但这与外汇市场实际发生的情况相反。

美元的贬值趋势反映在外汇期货市场情绪中：在欧元于 2017 年年初开始升值之后，欧元的投机性头寸从净空头转为净多头，而近期美元面临大量空头。对令人费解的美元贬值的一个可能解释是，发达经济体的金融状况仍然相对宽松，助长了资本外流（流入新兴市场和前沿经济体）。另一个可能的解释是，鉴于美联储资产负债表的预期收缩以及美国即将出现更大的财政赤字，大量美元债务在今后几年内将会被市场吸收，在其他条件相同的情况下，这将导致美元贬值。

最近（尤其是 2018 年 4 月以来），由于欧元区和日本的增长似乎从 2017 年的较高水平上回落，美元确实表现出更强的势头。

---

① 传统（风险中性）的无抛补利率平价公式可表示如下：

$$e_t = -\sum_{j=1}^{T}\left(i_{j,t} - i_{j,t}^*\right) + \sum_{i=1}^{T}\left(\pi_{t+i} - \pi_{t+i}^*\right) + \bar{q}_{t+T+1} + \left(p_t - p_t^*\right)$$

其中，星号表示外部变量，e 是当前的名义汇率（以每单位外币的本币单位数表示，因此 e 增加表示本币贬值），i 表示一个期间的名义利率，π 是通货膨胀率，p 是价格水平，q 是实际汇率。根据理论，随着未来利率差异（右边第一项）扩大、未来通胀率差异（右边第二项）缩小，本币应升值。公式中唯一可能起反作用的因素是长期未来实际汇率（$\bar{q}_{t+T+1}$），它涵盖广泛的因素，包括未来财政政策条件。当然，在上述公式中加入风险溢价（以考虑无抛补利率平价不成立的情况）将引入另一个货币相对价值的驱动因素。

尽管如此，截至2018年5月底，美元仅在一定程度上逆转了2017年年初之后的累计贬值，市场对该货币的投机头寸仍然是净空头，低于2017年年底的水平。

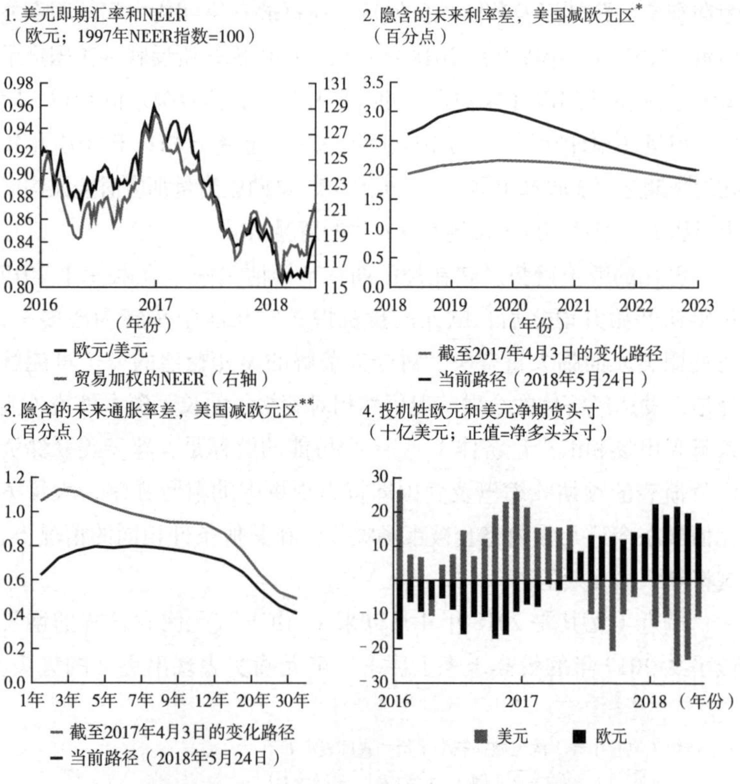

图2.11　2016—2018年美元的近期和估计走势

注：* 欧洲美元减欧元同业拆放利率期货收益率差。每个点表示某个特定日期的期货隐含的预期短期利率差。

** 掉期隐含的未来通胀率差。

资料来源：彭博资讯，Haver Analytics，美国商品期货交易委员会，作者的计算。

资本流入对全球金融周期的敏感性

上一节讨论的美国变量通常被认为是全球金融周期的关键驱动因素（Cerutti、Claessens 和 Rose，2017 年）。中国日益融入国际资本市场可能会增大其受全球金融周期的影响。一些人认为，这可能会增加金融稳定风险，同时削弱实施独立货币政策的空间（Rey，2016 年）。

就证券投资流动特别是债务证券而言，中国对全球金融周期的敏感度目前低于其他国家。如图 2.12 所示，根据 Cerutti、Claessens 和 Puy（即将发表）的分析，在中国，在债务证券流入的总体波动中，只有 5% 可归因于一个与全球金融周期有实证相关性的共同因素。这远低于亚洲新兴市场经济体的平均水平（18%）和所有新兴市场经济体的平均水平（13%）。上述分析结果符合这样一个现实：与其他国家相比，中国债券市场的外资参与程度并不高。

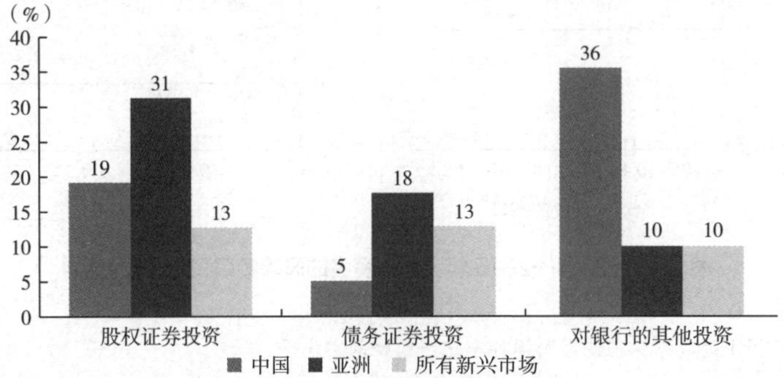

图 2.12　2001—2015 年对新兴市场共同因素的敏感性，按资本流动类型划分

（占全球共同因素引起的总方差的百分比）

资料来源：Cerutti、Claessens 和 Puy（即将发表）。

在这种情况下，债券市场的进一步放开可能会提高中国对全球金融周期的敏感度。使用 Cerutti、Claessens 和 Puy（即将发表）估计的共同因素的负荷系数，以及各国对全球投资者的风险敞口，我们可以在图 2.13（小图 1）中看到，中国债券投资流入的较低敏感性在实证上与全球投资者相对较低的参与程度有关。根据这一跨国证据，可以预见中国债券市场的进一步放开将提高对全球金融环境的敏感性。这一结论并不完全适用于股权资本流入。在新兴市场经济体中，中国的股权投资流入对全球金融环境的敏感性处于中间位置（图 2.13，小图 2）。

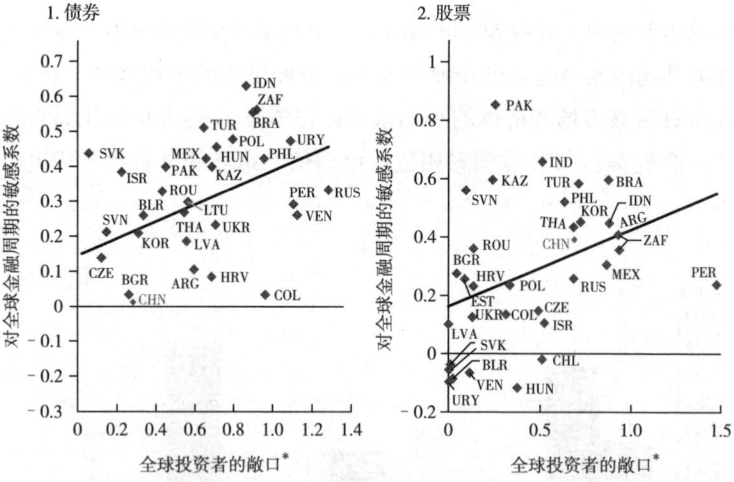

图 2.13　2001—2015 年全球投资者的风险敞口和对全球金融周期的敏感性

注：图中的数据标志使用国际标准化组织的国家代码。

* 权重高于（低于）* 意味着，相对于国际收支总流量，该国在全球投资者流量中的代表性过高（过低）。在全球投资者的股票市场的敞口方面，秘鲁是一个特例，原因是秘鲁最大的国内银行控股公司和一家大型秘鲁采矿公司在离岸市场成立了公司。

资料来源：Cerutti、Claessens 和 Puy（即将发表）。

结论

中国进一步融入全球债券市场的空间仍然很大，这将推动中国不断融入国际贸易和金融体系的广泛进程。但是，这一过程可能会增大中国对全球金融周期的风险敞口。

本章的结论是，对货币自主性而言，考虑到中国的经济规模，特别是采用比现在更加灵活的汇率框架（在明确的通货膨胀目标制框架支持下）成本不会很大。[①] 然而，对金融稳定而言，正如中国政府和国际货币基金组织都认识到的，仍有大量工作有待完成（国际货币基金组织，2017 年 b）。

从中国国内的角度看，其他好处包括，外资流入有助于实现融资多元化，改善本地债券市场的流动性、期限和透明度。同样，中国居民金融资产持有者（包括私营部门）在地域上的进一步多元化将改善国内资产配置。

从全球角度来看，考虑到中国可以提供潜在的大规模储蓄，中国债券市场更好地融入国际市场可以促进世界储蓄更高效地分配，从而使贷款人和借款人都受益。

---

① 国内外经常提到汇率体制需要更大的灵活性，但仍然有待于取得显著进展。转型过程可以沿着 Obstfeld（2007 年）指出的大方向推进，并关注改进适当的通胀目标制框架的必要性，正如 Ai 和 Schipke（2017 年）的几篇论文所述。

第二部分

债券市场特征

第3章

主权债券：收益率曲线能告诉我们什么

陈方楠　张龙梅　周锦华　托马斯·哈耶斯　内森·波特

近年来，中国的主权债券市场规模激增，成为仅次于美国和日本的世界第三大市场。但是，由于市场流动性、投资者参与度和市场效率较低，投资者心存疑虑，一直不愿将中国政府债券作为整个债券市场的适当基准。

收益率曲线的中长端流动性较低，二级市场十年期以上债券整体交易不活跃，政府债券对于其他工具的参考功能因此受到限制。银行仍持有大约70%的未偿政府债券——通常持有至到期——限制了新发行债券在二级市场上的供应和流通，以及传递信息的作用。

这些因素致使很多人怀疑，政府债券收益率曲线能否准确反映市场状况，从而促进债券市场甚至资本市场的发展——这是中国经济改革进程中的一项重要工作。

尽管如此，本章发现，近年来实施的各种措施还是加强了中国政府债券曲线因子、宏观变量和全球金融市场条件之间的联系。另外，虽然政府债券的流动性较低，但其收益率曲线似乎仍可反映未来宏观经济状况的变化。同样，有证据表明，中国人民银行的流动性管理和中国政府债券定价之间的关联性日益明显。这说明债券市场正发挥越来越显著的政策传导作用。

本章分析了中国政府债券市场收益率波动、斜率和曲率变化，以及与总体经济的回应和互动以更好地理解其流动性和传递信息效率。分析结果表明，在市场进一步放开管制、中国人民银行更多开展市场化的公开市场操作、中国市场进一步融入全球金融体系和中国政府债券市场更稳健的条件下，[①]中国政府债券市场能够更有效地促进国内至为关键的经济转型过程。

强健而具有流动性债券市场的特征

高效且运行良好的政府债券市场是一个国家整体金融市场运行的基础。一般来说，政府债券因为“无风险”的地位和相对较高的流动性，所以被视为其他以相同货币发行的固定收入证券的基准，有助于对冲在其他市场持有的头寸，促进资源配置效率。[②]

此外，由于一个经济体中政府是最有信用的借款人，政府债券收益率被公认为名义无风险利率。其他债务的收益率利差，包括地方政府和私人公司债务相对于政府债务的收益率差异，也被视为“风险利差”，常常用于衡量市场对其他借款人信用状况的评估。资本市场参与者同时依靠政府债券收益率曲线去评估不同期限的资金成本。因此，债券市场可以作为一种长期资产和有效的风险管理工具。

随着中国进一步开放经济，债券市场的风险管理功能意义重大。迄今为止，借款人的大部分资金源自银行，而一个发展良好的资本市场可减轻银行体系的负担。一个有深度的资本市场也将扩大政府为大型基础建设项目和城市化方案提供资金的能力以及更好地满足社会开支需求的能力，例如，针对人口老龄化的支出需求。

政府债券市场经过全面发展，可以提高整个债券市场的流动

---

① 本章附录 A 详述了中国货币政策操作的演变及其对宏观经济的影响。

② 这种无风险地位是相对于同一国家的其他债券而言，例如带有额外信用风险的公司债券。

性，从而推动其他债券市场的发展。政府债券通常涉及各种期限，市场参与者多种多样，有利于建构无风险收益率曲线。新发行债券（被视为指标性债券）常常比同类已发行较长时间的债券更具流动性。此外，具有深度和流动性的回购和衍生工具市场为投资者提供持有主权债务作为投机性的头寸，从而揭示对未来利率去向的预期，包括增长和通货膨胀的前景，以及政府的资金需求，从而提高债券市场流动性。

具有流动性的债券市场反过来可以提供关于宏观经济发展的有用信息。政府债券收益率曲线斜率的变化和利率波动有助于衡量投资者对宏观经济基本面的预期。大量文献的实证分析显示，收益率曲线的斜率能够反映投资者对增长和通货膨胀前景的预期，提供有一定价值的信息。例如，倒置的收益率曲线，即短期收益率高于长期收益率，往往与可能出现衰退（或违约）有关；更陡峭的名义收益率曲线表示市场认为增长将会加快和通货膨胀可能加剧。

债券市场的效率也是货币政策间接传导和操作的一个关键部分。即使在银行主导的金融系统中，政府债券市场对传导银行体系准备金成本（受利率和银行体系准备金政策的影响）和商业借贷资金成本（鉴于银行在政府债券市场的主导作用）也很重要。这些价格随后会直接传导至各级地方政府和公司债券收益率上，不过，债券收益率会随它们的具体信用风险利差而发生变动。反过来，这些变动会更广泛地影响银行对贷款、贷款利率和经济体系中其他利率的决定。

不过，政府债券收益率曲线是否有用并不是法定的，关键取决于债券价格根据最新信息做出调整的效率。这一过程，包括利率向均衡值靠拢，取决于市场参与者利用政府债券作为参考利率的意愿、市场参与者按照自己的看法而做出的决定以及利用主权债券作为对冲工具的效果。因此，具有流动性的债券市场对高效的资本分配和信息收集至关重要，而利用政府债券收益率曲线对债券市场进行的分析和定价行为同样重要。

Cassola 和 Porter（2011 年）发现，中国的债券收益率（主权和公司）包含有关经济状况的大量信息，同时在货币政策传导机制的形成中发挥作用，但由于法规、流动性和部门分割问题，其效率仍有提高的空间。此后的发展出现了很大的变化：中国的金融市场进一步发展并融入全球金融体系。

不过，效率问题以及对中国债券市场缺乏流动性的担忧仍然存在。如上所述，虽然中国政府债券市场已发展成全球主要市场，但由于投资者参与并不踊跃，所以流动性仍然是一个问题。加上各主要投资者倾向持有至到期，十年期以上债券市场的流动性欠佳，令人怀疑收益率曲线能否准确反映市场状况。

同时，尽管利率管制已正式放开，但各家银行在吸收存款和贷款方面的竞争在一定程度上仍然受到约束。在中国政府债券市场以外，由于存在政府隐性担保和托底的市场预期，有政府背景的国有企业仍能以优惠利率获得借款（见第 4 章关于信用债券的内容），地方政府和多家大型私营公司发行的债务相对于中央政府债券的风险利差较低。尽管如此，中国政府债券市场仍然值得研究。它有庞大的规模，与宏观经济的联系日益紧密，并逐步建立了与全球金融体系的联系，因此，市场发展可能在国内经济和世界各地之间产生更显著的外溢和回馈效应（见第 2 章关于中国债券与全球金融市场的内容）。

本章试图回答以下问题：中国政府债券收益率是否反映出宏观经济的发展情况？实体变量和债券收益率之间有哪些在宏观金融层面的互动？最近的市场发展动态和结构性改革是否加强了传导机制？金融价格是否成为更能揭示商业周期动态的信号，从而在信贷分配方面发挥更大作用？

本章发现，随着政府在 2008 年全球金融危机之后启动大规模刺激计划以支持增长，国内货币政策和全球金融条件对收益率曲线的水平、斜率和曲率产生日益重要的影响，而中国日益扩大的非银行和影子银行也可能起推动作用。此外，对于以工业生产为代表的实体活动，收益率曲线具有一定的预测能力。同时，以 7 天回购利率和基准贷款利率为代表的货币政策取向对短期中央政府债券产生持续而显著的影响，表明货币政策和债券市场定价之间的联系日益紧密。最后，对于通货膨胀的传导作用有限，原因可能是中国的菲利普斯曲线变得扁平。[①]

中国政府债券市场概览

中国债券市场的规模近年来大幅扩张，从 2000 年占 GDP 的 17% 增长至 2017 年占 GDP 的 90%。2017 年，债券约占融资总额的 1/3，而在 1999 年这一数字还不到 10%（图 3.1）。与此同时，银行贷款的重要性呈下降趋势，在融资总额中所占份额从 1999 年的 70% 下降到 2017 年的不足 50%。

债券融资额扩大，其主要原因是债券发行政策放宽和不断增长的融资需求。例如，简化审批手续推动了在岸市场上公司债券的发行。在公共部门中，自从实施地方政府债务置换计划后，地方政府债券的总发行量显著增长，而财政部和政策性银行（包括国家开发银行、中国进出口银行和中国农业发展银行）为支持政府财政和基础建设投资，继续增大债券发行量（图 3.2）。

① 收益率曲线走平，远期收益率与短期收益率大致相同，往往表示即将出现衰退。就中国而言，由于菲利普斯曲线走平而收益率曲线的远期部分流动性有限，解读更为复杂。尤其是后者削弱了中央政府债券曲线的预测能力，具体见本章后文的讨论。

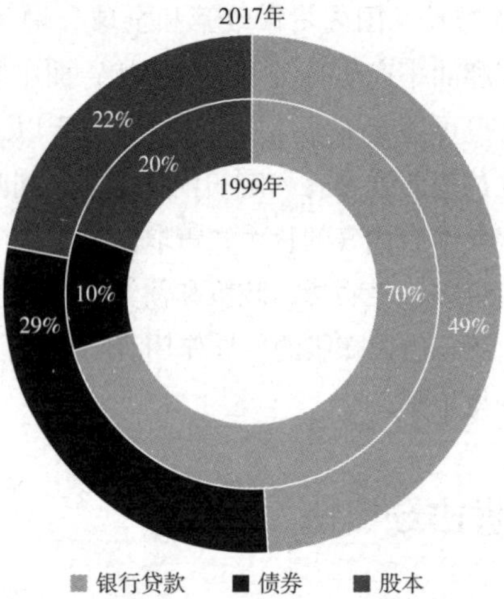

图 3.1 1999 年和 2017 年中国的金融结构

资料来源：中国人民银行，作者的计算。

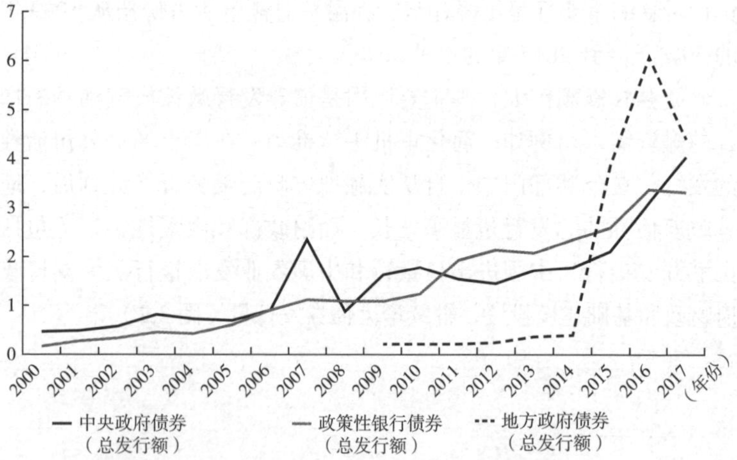

图 3.2 2000—2017 年公共部门债券发行额（万亿元人民币）

资料来源：Wind 经济数据库，作者的计算。

随着债券市场规模扩大，政府机构发行的债券在未偿总额中的占比下降。中央和地方政府、政策性银行和中央银行发行的债券和固定收入证券的占比从 2010 年的 78% 下降到 2017 年的 56%（图 3.3）。占比下降主要是由于中央银行中止发行票据，原因是中国人民银行改变了对银行部门流动性管理的工具。同时，由于私人部门积极发行公司债券、银行大额可转让存单和其他固定收入证券（例如可转换债券和资产支持证券），其债券在未偿总额中的占比增至 45%。

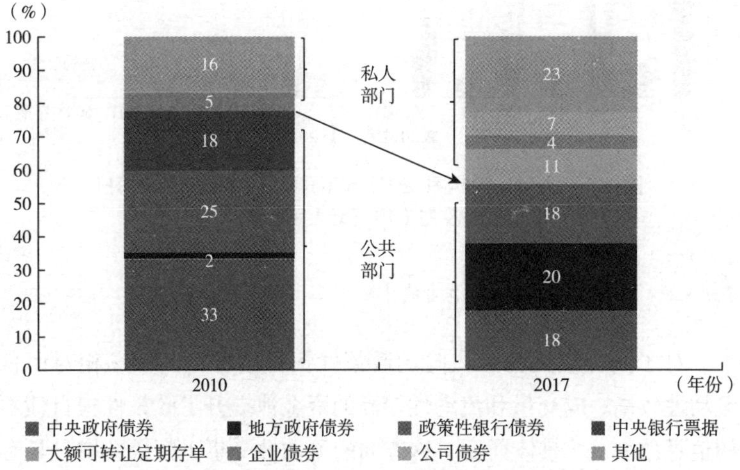

图 3.3　2010 年和 2017 年不同发行人的债券余额

资料来源：Wind 经济数据库，作者的计算。

目前，中国政府债券的流动性仍然有限，且分布不均衡。在美国这类较成熟的市场，大多数交易——乃至私人部门债券定价参考对象——发生在收益率曲线的中期部分，例如五年期和十年期债券。相较而言，中国政府债券大多数的交易集中在收益率曲线较短期的部分（图 3.4）。例如，一半以上的成交额处于三年期或更短年期部分。对于较长期的中国政府债券，流动性集中在收益率曲线的四年和五年期以及九年和十年期部分。较长年期债券的流动性相对较小，这表示收益率曲线的斜率可能主要受短期债券波动的驱动，而较长年期债券的信息含量可能有限。[①]

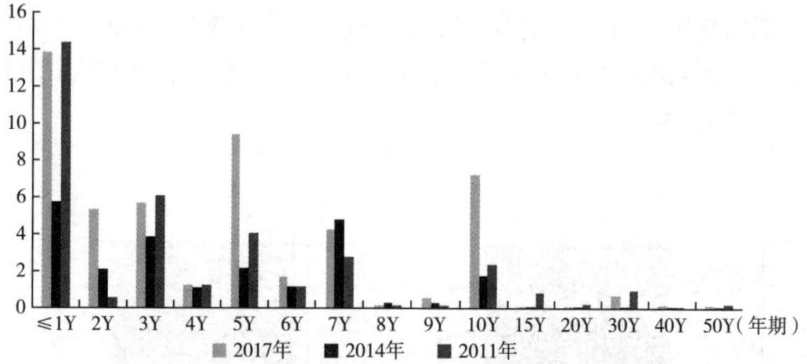

图 3.4　2011、2014 和 2017 年不同年期中央政府债券每日成交量（10 亿元人民币）

注：Y = 年。

资料来源：Wind 经济数据库，作者的计算。

对于同样被视为无风险的政策性银行债券，其市场相对而言流动性较高；成交量和流动性较高的资金池提升了政策性银行债券的信息效率。[②]具体而言，这方面的流动性受惠于频繁新增且具有指标性的票据的发行，有助于加强这类证券的基准地位从而促进其交易活动。来自政策性银行债券市场的资料以及国际货币基金组织人员的分析表示，改善交易方面的流动性是提高中国政府债券市场信息效率及其政策传导机制的关键。

① 关于收益率曲线不同年期流动性状况的深入讨论，见第 12 章关于中国债券市场交易的内容。

② 关于政策性银行债券的深入讨论，见本章附录 B。

建构和分解收益率曲线的不同组成部分

大量文献阐述了斜率（并延伸至曲率）对经济活动和通货膨胀的预测能力。传导机制主要涉及货币政策和通货膨胀预期（Afonso 和 Martins，2010 年）。债券收益率往往随着更强劲的增长和更高的通货膨胀率而升高。同时，收益率曲线平坦或陡峭，通常与不确定的经济前景互相关联。具体而言，历史经验表明，倒置的收益率曲线一向与衰退有一定关系（Bauer 和 Mertens，2018 年）。

为了更好地理解中国政府收益率曲线的结构，进而理解它与宏观经济发展动态之间的互动，本节将中央政府收益率曲线分解为三个因子：水平、斜率和曲率。确定这三个因子有助于评估收益率曲线和宏观经济发展之间的动态联系。

为了确定这些因子，本节采用尼尔森 – 辛格尔的三因子模型（Diebold 和 Li，2006 年）。[①] 这类因子模型是学术界和市场参与者最常用的模型之一。它能够通过实证研究重现收益率曲线多方面的典型特征。具体而言，载荷参数 λ 可能随时间而改变。研究发现，决定因子相对载荷的这一变量在经济衰退之前急剧升高且波动加剧，随后其水平和波动性呈下滑趋势（Jiao 和 Ma，2017 年）。水平、斜率和曲率因子载荷——各自被设定为体现这三种因子的变量——也可以被灵活复制成一系列与收益率曲线有关的形态，包括收益率水平总体变化，以及决定收益率曲线斜率和曲率的长期和短期收益率变动。

数据和方法

政府收益率曲线数据来自 Wind 数据库中银行间和交易所买

① 该分析采用基金组织的一个期限结构估算工具，详情见 Gasha 等人（2010 年）。

卖的债券，包括自2002年起计的月度观察资料。此处使用尼尔森－辛格尔模型，通过以下三个因子来模拟中国政府债券收益率曲线：

$$\bar{y}_{i,T} = \beta_{1t} + \beta_{2t}\left(\frac{1-e^{-\lambda_t\tau}}{\lambda_t\tau}\right) + \beta_{3t}\left(\frac{1-e^{-\lambda_t\tau}}{\lambda_t\tau} - e^{-\lambda_t\tau}\right) \tag{3.1}$$

此处收益率曲线因子的定义为 β_{1t}（水平）、β_{2t}（斜率）和 β_{3t}（曲率）。它们各自的预设载荷是1、$\left(\frac{1-e^{-\lambda_t\tau}}{\lambda_t\tau}\right)$和$\left(\frac{1-e^{-\lambda_t\tau}}{\lambda_t\tau} - e^{-\lambda_t\tau}\right)$。

- 第一个因子的载荷为1，代表长期的利率水平，因为 β_{1t} 上升导致所有收益率同等上升，从而改变收益率曲线的水平（图3.5）。

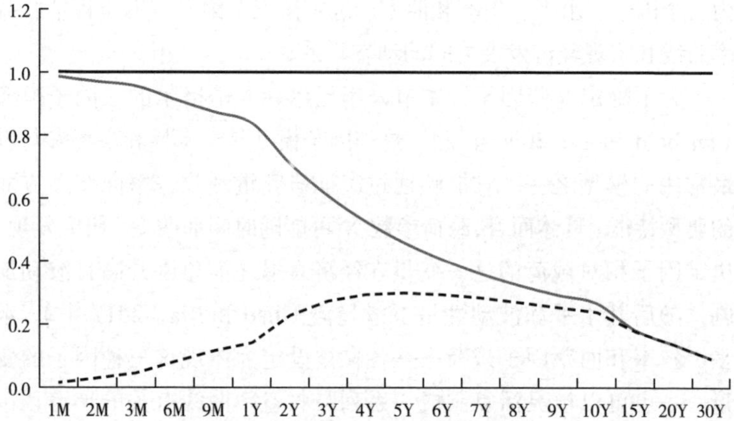

图3.5 不同年期的因子载荷估算值（系数）

注：M＝月，Y＝年。

资料来源：作者的计算。

- 第二个因子的载荷从1向0下降，反映一个短期因子被解读为“斜率”的负值：β_{2t} 上升使短期收益率增长大于长期收益率，这样就会改变收益率曲线的斜率。负斜率因子表示陡斜的曲线（代表短期收益率低于长期收益率）。

- 第三个因子的载荷从 0 开始增加，直至在长期期限收敛回到 0，代表一个中期因子，被解读为曲率。因为 β_{3t} 上升对长期和短期收益率的影响极小，所以 β_{3t} 的上升将会增加收益率曲线的曲率。[①]

结果

基于估算结果，模拟估计曲线和实际收益率曲线很接近，这表示模型的整体近似度很高（附录 A 附图 1）。采用最具流动性的年期——短期债券至十年期债券——所做的稳健性检验，可以得出相似的结果（附录 A 附图 2）。

三个隐含收益率曲线因子——水平、斜率和曲率——的时间序列提供以下关于中央政府债券收益率曲线的特征（图 3.6）。

水平：收益率曲线水平在一段时间内会有一些变化。较高的收益率——特别是年期较长的——在样本的初期出现（2003 年前后），但近年的收益率则比较低（附录 A 附图 3）。虽然如此，总体上，自 2008 年全球金融危机以来，收益率大体平稳，而自 2013 年以来出现过几次周期性波动。

斜率：斜率因子显示一种陡峭收益率曲线的典型形态（负值），偶尔变平坦（接近零），比如在 2008 年全球金融危机发生前以及在近年短暂出现过几个时段。其中在 2008 年全球金融危机前后的斜率显著变得平坦，此后又变得陡斜，与其他债券市场的走势一致。

---

① 参数 λ_t 控制指数衰减率和 β_{3t} 荷载达到其最大值的年期。

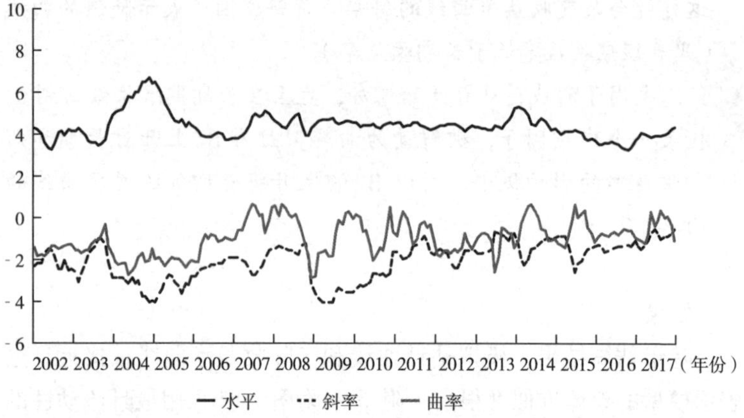

图 3.6　2002—2017 年中央政府债券收益率曲线因子的估算（百分比）

资料来源：作者的计算。

斜率变化的重要性，是基于它们对收益率变动提供了重要的启示。收益率曲线的短期端相对于长期端有更大的波动性（附录 B 附表 1），这可能反映了中国政府长期债券的流动性降低，因此对宏观数据、金融条件和政策的响应有限。

曲率：此处的结果显示了收益率曲线三个部分的收益率波动——短端，以一个月票据代表；中期端，以十年期票据代表；长端，以三十年期票据代表。曲率因子常常是负值，表明曲线通常向上倾斜（换言之，近期票据的收益率与曲线中部相比较低，曲线中部与较长期票据相比较低；附录 B 附表 2 和附表 4）。正如预期，它与斜率呈正相关，与一般是陡峭走势的收益率曲线一致。

尽管如此，曲率因子与斜率相比显示出了略微不同的变化特性，这表示收益率曲线不同部分对相同信息有不同的反应（附录 B 附表 2 和附表 4）。这并不意外。正如文献所述，通货膨胀和增长变动对收益率曲线的不同部分往往有不同的影响。来自负增长的冲击往往令较长期收益率的降幅大于短期收益率，而来自通货膨胀上升的冲击往往令短期收益率的升幅大于长期收益率，这可能反映出在不久的将来货币政策会收紧。此外，中期和长期债券的交易流动性有限也可能影响中国政府债券收益率的曲率。实际上，较长期债券比较短期债券收益率的标准差小，这表示较长期债券的信息含量可能有限（附录 B 附表 1）。使用最具流动性的期限进行的稳健性检验基本上得出了类似的结果（附录 B 附图 4）。

宏观金融联系

为了评估中国政府债券收益率曲线与宏观经济之间的互动情况，本节首先观察并估算因子与宏观变量之间的简单相关性，其次利用矢量自回归方法去分析来自货币政策、经济活动和全球金融条件的冲击对收益率曲线的影响，最后估算收益率曲线所受冲击能够在多大程度上传导至实体经济。

简单相关性

简单相关性表明收益率曲线因子与货币政策、宏观指标和全球金融条件存在关联，不过关联程度各异（表 3.1）。特别是 7 天回购利率和十年期美国国债收益率都与斜率因子高度关联。仔细观察这些变量，可以得到以下启示。

水平因子与工业生产增长率变动（GDP 增长率的替代指标）呈正相关。继 21 世纪初经济繁荣期过去之后，中国的增长开始放缓，收益率水平尽管有周期性波动，但普遍呈下降趋势。2016 年年底以来，在经济回暖和工业生产复苏过程中（部分原因是生产者价格通胀反弹），收益率明显上升（图 3.7）。

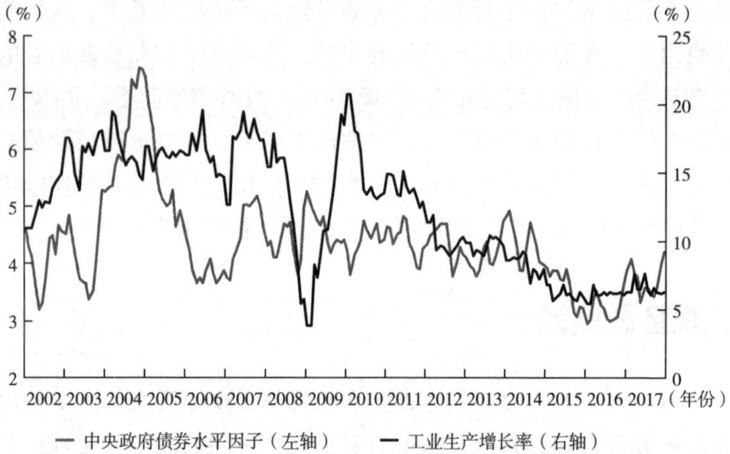

图 3.7　2002—2017 年中央政府债券水平因子和工业生产增长率（百分比，左轴；按年同比增长百分比，右轴）

资料来源：CEIC 以及作者的计算。

表 3.1　中央政府债券收益率曲线因子和宏观以及金融变量的相关性矩阵

	1	2	3	4	5	6	7	8
1. 水平因子	—							
2. 斜率因子	0.72							
3. 曲率因子	–0.57	–0.56						
4. 工业生产增长率（%）	0.45	0.50	–0.22					
5. 消费者价格指数	0.26	–0.18	0.17	0.30				
6. 7 天回购利率（%）	–0.15	–0.67	0.28	–0.28	0.44			
7. 十年期美国国债收益率（%）	0.38	0.50	–0.31	0.76	0.01	–0.43		
8. VIX	0.03	0.23	–0.13	–0.01	–0.05	–0.16	0.03	—

资料来源：彭博资讯，CEIC 以及作者的估计。

回购利率和斜率之间存在高度负相关性，表明短期利率对收益率曲线的斜率有重要影响。这并不奇怪。回购利率乃至政策利率对短期利率水平的影响特别大。由于通货膨胀会影响短期利率水平（相对增长率对长期收益率的影响而言），消费者价格指数（CPI）增长率通常与斜率变得平坦有关（即斜率因子的负值减小）。这种相关性与其他国家的观察结果一致。在高通胀时期，政策利率升高，带动短期利率相应提高，令收益率曲线相应变得平坦。在2008年爆发的全球金融危机期间，经济活动疲软、通胀下降以及政策利率相应调低压低了短期利率并使收益率曲线变得陡峭（换言之，斜率因子的负值变得更小）。近期，虽然通货膨胀仍然受到抑制，但中国政府债券的斜率变平坦了，这主要是因为监管趋严推高了短期利率（图3.8）。

图3.8　2002—2017年中央政府债券斜率因子和消费者价格指数通货率（百分比，左轴；按年同比增长百分比，右轴）

资料来源：CEIC以及作者的计算。

收益率曲线因子与宏观经济变量之间的联系

T为评估国内宏观状况、全球金融条件和中央政府收益率曲线之间的互动情况，本节采用矢量自回归模型进行分析估算。国内宏观变量包括工业生产增长率（GDP增长率的替代变量）、消费者价格指数与生产者价格指数通胀率。中国的货币政策态势以7天回购利率和基准贷款利率代表，全球金融条件以十年期美国国债收益率和芝加哥期权交易所波动率指数代表。数据样本从2002年1月起至2017年12月止，分为两个子样本（2002年1月至2007年12月以及2008年1月至2017年12月），以更好地总结全球金融危机前后的互动情况。为便于解读，斜率因子的符号经过反向处理，正值表示收益率曲线变陡（长期利率增幅大于短期利率），而负值表示曲线变平坦。

大量文献解释了宏观变量和收益率曲线之间可能出现的传导渠道。例如，Diebold、Rudebusch和Aruoba（2006年）指出，在美国，由于国债收益率作为预测美联储决定的指标，对宏观经济发展动态会有显著反应。另外，美联储可以通过对收益率走势做出回应，来设定联邦基金目标利率。中国近年来更多地利用公开市场操作，可能已提高了经济对短期利率的敏感程度。工业生产对短期利率提高做出的反应和斜率变陡，乃至政府收益率曲线的斜率变化证明了这一点。

此处考虑了以下几个问题，并揭示了宏观经济变量和收益率曲线因子之间复杂的相互作用：

- 宏观经济变量对收益率曲线冲击的反应，包括工业生产、通货膨胀率和7天回购利率以及基准贷款利率；
- 收益率曲线对宏观经济冲击的反应；
- 收益率曲线对货币和流动性条件变化的反应；
- 收益率曲线对美国十年期国债收益率以及芝加哥期权交易所波

动率指数所受冲击的反应，以衡量融入全球市场一体化程度加深所产生的影响。

宏观经济变量对收益率曲线冲击做出的反应

一般来说，宏观变量对收益率曲线冲击的敏感度在全球金融危机的后期有所增加。这表明自那时起，收益率曲线和经济发展动态之间的关系渐趋密切。从对水平因子变化的反应可以看到最显著的影响。

水平：水平因子上升与全球金融危机之前和之后消费者价格指数显著持续下降互相关联。全球金融危机之前，对水平因子的正向冲击导致消费者价格指数通胀在 4 个月之后下降；相比之下，全球金融危机之后，消费者价格指数下降的回应同时期发生（附录 B 附图 5）。水平因子的重要作用可以从消费者价格指数预测的误差方差显现出来。全球金融危机之后，在 8 个月内，水平因子的意外变化可解释有关方差约 12% 的变化，随后在该水平附近保持稳定（附录 B 附表 5）。

斜率：全球金融危机之前和之后，斜率因子对消费者价格指数通胀的预测能力均有限。它提供的初步证据可证明收益率曲线斜率增加，会降低大约半年之后的消费者价格指数通胀率。与此同时，全球金融危机之后，更陡峭的曲线导致工业生产增长率在 3 个月后增加，且有持续的影响。

收益率曲线因子对宏观经济冲击的反应

收益率曲线因子在全球金融危机之前似乎没有对宏观冲击做出显著回应，但在全球金融危机之后，其因子开始对工业生产和通货膨胀冲击有明显反应。具体而言，在全球金融危机之后，消费者价格指数上涨，收益率曲线随即变得平坦，且其影响在一年内持续存在（图 3.9）。生产者价格指数（反映生产者价格在出口导向型、偏重制造业的年份可能更能代表通货膨胀压力）与消费者价格指数相比，两者对斜率因子的影响近似，而对曲率因子的影响则更大一些（图 3.10）。与此同时，对工业生产的正向冲击令水平因子在 4 个月后上升（附录 B 附图 6）。

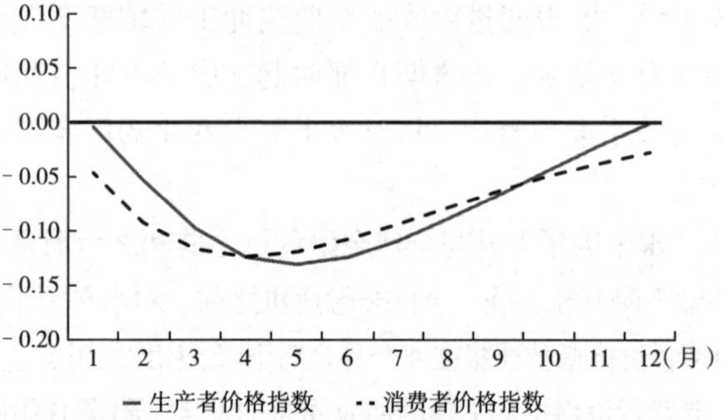

图 3.9　全球金融危机之后中央政府债券斜率因子对通货膨胀冲击的反应（百分点）

注：“全球金融危机之后”是指 2008 年 1 月至 2017 年 12 月。

资料来源：作者的计算。

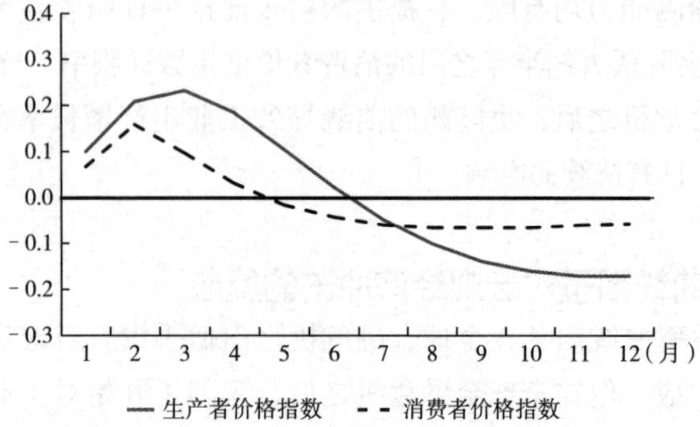

图 3.10　全球金融危机之后中央政府债券曲率因子对通货膨胀冲击的反应（百分点）

注：“全球金融危机之后”是指 2008 年 1 月至 2017 年 12 月。

资料来源：作者的计算。

关于斜率和曲率的研究结果增加了对收益率曲线波动的认识。收益率曲线因全球金融危机之后通货膨胀（生产者价格指数和消费者价格指数都是如此）加剧而趋于平坦，首先是受中期部分推动，曲率变陡证明了这一点；其次是受短期部分推动，曲线趋于平坦证明了这一点。尽管如此，曲线中部的波动时间相对较短，其影响在 4~6 个月内消退，而曲线趋于平坦则可持续一年。

收益率曲线因子对货币政策取态的反应

7 天回购利率：全球金融危机之后，回购利率（代表货币政策的取态）对收益率曲线因子会产生即时、显著且更持久的影响，这表示回购利率和政府收益率曲线之间的联系变得更加密切。具体而言，回购利率上升几乎会立即提升收益率曲线水平，但这一效应会在 4 个月之后消退。同时，回购利率提高对曲线斜率有显著且持久的影响，收益率曲线会在随后 12 个月趋于平坦。这两项研究结果表示，回购利率受到冲击会对短期收益率产生持久影响，凸显这两种利率的联系在全球金融危机之后越发紧密（附录 B 附图 6）。

基准利率：一年期基准贷款和存款利率多年来由中央银行用作政策利率，近年才逐渐转为使用 7 天回购利率（附录 A）。为更好地反映这些年来的动态变化，本节主要分析从基准利率向收益率曲线的传导,并将它与回购利率的传导进行比较。其中的意义在于，在全球金融危机之后，对回购利率而言，传导作用更强烈且持久，并在斜率因子上有最明显的差异。这表明 7 天回购利率在引导市场预期方面更有效（图 3.11）。

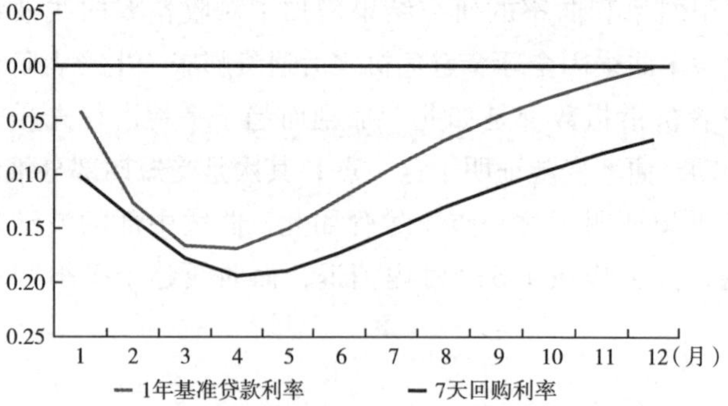

图 3.11　全球金融危机之后中央政府债券斜率因子对利率冲击的反应（百分点）

注：“全球金融危机之后”是指 2008 年 1 月至 2017 年 12 月。

资料来源：作者的计算。

中央政府债券收益率曲线对全球金融条件的反应

中国与全球金融市场一体化日益加深，表明全球金融条件对中国产生的溢出效应日益增加。以十年期美国国债代表美国的基准融资条件，以芝加哥期权交易所波动率指数代表环球市场波动性，全球金融危机之后的研究结果表明，来自十年期美国国债收益率的冲击对中国政府债券的水平和斜率有显著和持久的影响，而芝加哥期权交易所波动率指数的影响在第二季度至第三季度之后消退（附录 B 附图 7）。

- 十年期美国国债收益率：在全球金融危机之前，由于中国与国际市场一体化的程度有限，中国政府债券收益率和十年期美国国债收益率之间的联系很弱。全球金融危机之后，十年期美国国债收益率走高对中国政府债券水平的即期和持续影响导致了日益变陡的斜率，这表明它与较长年期中国政府债券票据的相关性有所增强。值得注意的是，全球金融危机之后，十年期美国国债收益率可以解释中国政府债券水平和斜率因子7%~9%的变化（附录B附表7）。

- 芝加哥期权交易所波动率指数：芝加哥期权交易所波动率指数对中国政府债券收益率的影响与十年期美国国债收益率相似，前者在早期对中国的收益率曲线没有明显影响。全球金融危机之后，来自芝加哥期权交易所波动率指数的冲击令中国收益率整体水平上升，也令收益率曲线变斜，不过这些影响在8~11个月之后消退。这些研究结果表明，虽然波动率的提高令中国政府债券的期限溢价提高，但其影响较为短暂。尽管如此，芝加哥期权交易所波动率指数可以解释斜率因子在近年来大约40%的变化，这表明中国与全球金融市场有更紧密的联系。

外部与国内的冲击：美国国债与政策性银行债券的比较

对中国政府债券收益率与国内外宏观条件之间的联系进行的分析表明：

- 全球金融危机之后，中国政府债券收益率对宏观冲击的敏感度增强：所有曲线因子都表明，在全球金融危机之后，中国政府债券收益率对宏观冲击的反应增强。斜率和曲率的敏感度显著上升，这表明收益率曲线的短期和中期部分对宏观动态有更显著的反应。
- 国内变量对收益率曲线波动有更显著的影响：水平和曲率因子对国内动态的反应比对国外冲击的反应更显著。
- 外部因素对中国政府债券波动的影响越来越大：外部冲击（包括芝加哥期权交易所波动率指数和美国国债收益率）对驱动斜率因子的变化越发重要，在全球金融危机之后，其影响甚至比国内因素更显著（对比来自7天回购利率、工业生产和通货膨胀的贡献总和，图3.12)。这可能反映了这一时期来自全球金融冲击的力度，亦可见于芝加哥期权交易所波动率指数在这一时期的大幅波动。

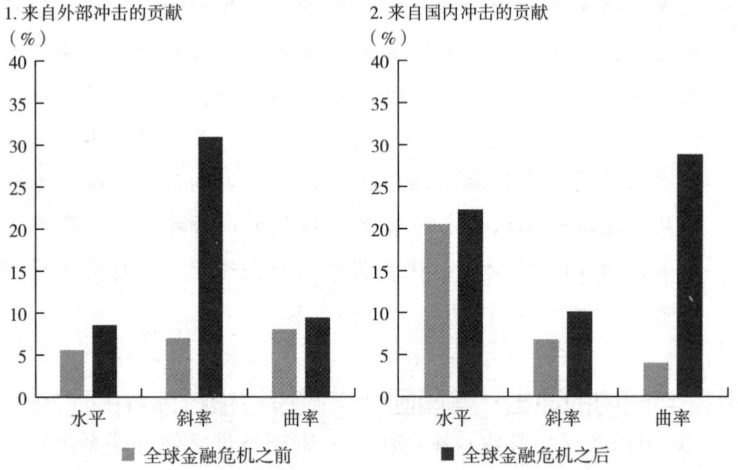

图3.12　全球金融危机前后来自外部和国内冲击对中国收益率曲线因子预测误差的方差的贡献（12个月平均值）

资料来源：作者的计算。

尽管如此，与发达经济体相比，中国收益率曲线波动对宏观形势的总体影响仍然有限。例如，美国通货膨胀对斜率因子的冲击反应是中国的3倍（图3.13）。这很可能是因为中国仍然是一个受银行信贷支配的经济体，债券市场的作用有很大的扩展空间。此外，市场流动性偏低——包括二级市场交易——也阻碍了中国政府债券吸收新信息和政策变化的效率。

与政策性银行债券进行比较，可以更深入地了解债券所包含的信息对交易流动性的作用。政策性银行债券与中国政府债券类似。两种债券都被认为“无风险”并得到了中央政府的支持。这两种债券的关键区别在于交易流动性的高低。由于基准政策性银行债券经常定期发行，增加了这类证券的交易流动性（附录 B）。较高的流动性水平令政策性银行债券对国内外动态的反应比中国政府债券的敏感度高。

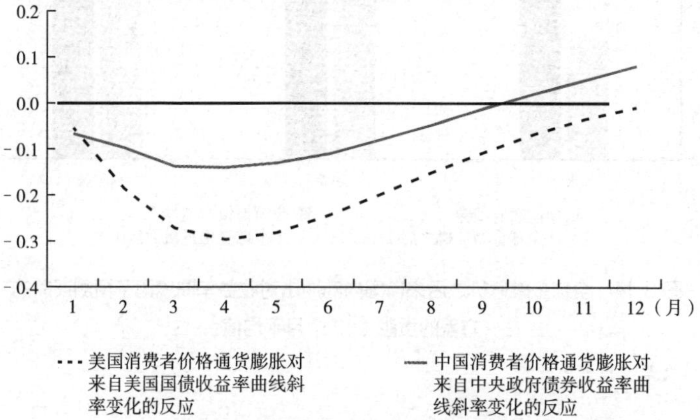

图 3.13　全球金融危机之后通货膨胀对政府收益率曲线斜率因子冲击的反应（百分点）

资料来源：作者的计算。

对政策性银行债券进行与中国政府债券类似的矢量自回归分析后发现，在全球金融危机之后，政策性银行债券对来自国内冲击的反应比中国政府债券的敏感度高，特别是就水平因子而言，这表明这类债券发挥了比中国政府债券更显著的货币政策传导作用（图 3.14）。具体而言，政策性银行债券对工业生产和通货膨胀变化的反应最敏感。这极有可能是因为它们有较大的流动性，在反映数据和政策动态方面的效率更高。

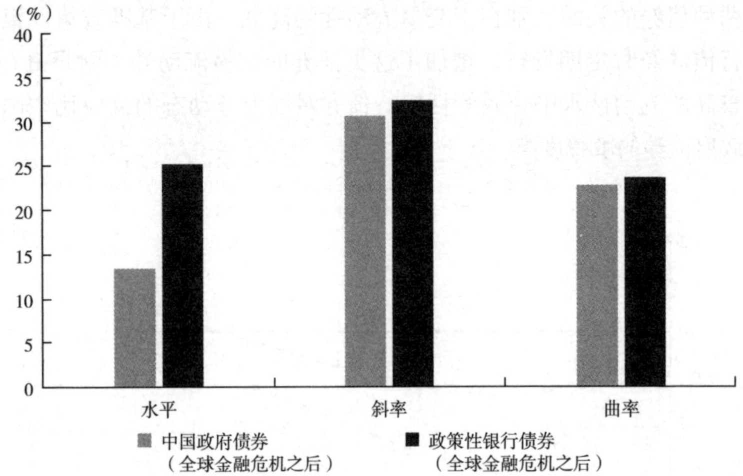

图 3.14　全球金融危机之后来自国内的冲击对收益率曲线因子预测误差的方差的贡献（12 个月平均值）

资料来源：作者的计算。

结论

历年来，中国政府采取了多项改革措施以改善国内债券市场的流动性。为促进中央政府和政策性银行债券的交易，中国增加了一级市场交易商和做市商的数目。在人民币被纳入特别提款权的货币篮子之后，中国进一步向外国投资者开放国内债券市场。

中国人民银行也改变了其货币政策操作方式。例如，启用常备借贷便利和中期借贷便利等新型工具提高了中央银行对银行体系流动性管理的灵活性。这减少了利用存款准备金率和基准利率的次数，不过，两者仍然带有强烈的市场信息，但对政策微调而言，对两者的改动可能会过于强烈。

上述发展在一定程度上令中国政府债券曲线因子、宏观变量和全球金融市场条件之间的联系越发紧密。尽管受制于有限的流动性和价格发现的机会，但在全球金融危机之后，由于相关性增强并更为持久，中国政府债券似乎能够预测宏观经济状况的变化，尽管总体预测能力仍然较弱。

此外，7 天回购利率的变化对中国政府短期债券有显著和持久的影响。这表明影响回购利率的中国人民银行流动性管理与中国政府债券定价之间的关系日益密切。另外，值得注意的是，中国政府债券各项因子与包括十年期美国国债收益率和芝加哥期权交易所波动率指数在内的境外市场状况之间的联系越发紧密。

来自政策性银行债券市场的证据显示，改善交易流动性是提高中国政府债券市场信息效率和改善其政策传导机制的关键。在全球金融危机之后，政策性银行债券收益率水平对工业生产和 7 天回购利率变化的反应较中国政府债券更敏感。这可能是由于政策性银行债券市场有较活跃的成交量。进一步开放市场，包括中国人民银行更积极地利用回购交易和对冲活动，更多地通过市场化的公开市场操作，同时全球体系一体化，可以提高中国政府债券的市场流动性。反过来，一个更稳健和更具流动性的中国政府债券市场将会提高中国资本市场的整体效率，提供关键的信用定价基准，这有助于中国推进经济改革并改善信贷分配。

附录 A

中国的货币政策框架及其市场影响

中国人民银行的政策工具大体分为三类（He、Wang 和 Yu，2015 年；Girardin、Lunven 和 Ma，2014 年）：（1）数量型工具；（2）价格型工具，包括贷款利率、存款利率和公开市场操作；（3）行政窗口指导。

中国人民银行的数量型工具主要围绕存款准备金。中国人民银行通过改变准备金要求，可以有效增加或减少系统流动性，央行多年来利用法定准备金比率的变化来发出改变其政策取向的信号。

即便如此，中国人民银行也改变了对不同政策工具的依赖度。自 21 世纪头十年中期至 2011 年，法定准备金比率是其主要政策工具。但是，中国人民银行对比较市场化的价格型工具的使用已经增加。自 2015 年以来，公开市场操作已开始显著增加。由于对流动性的预测和管理能力显著加强，中国人民银行可以更倚重价格型工具。

背景

2017 年秋，中国的十年期主权债券收益率在三年内首次短暂攀升至 4% 以上。市场观察者注意到，这种变化表明了两种发展态势：（1）中国人民银行货币政策倾向于采用以利率为标准的框架（Harjes，2017 年）；（2）债券市场在货币政策传导方面发挥了重要作用，因为中国人民银行的实际和预期货币政策取态的调整实时在长期债券收益率上反映出来。随着中央银行的操作发生变化，关注点转向这些新型工具作为传导渠道的效果，及其对中国经济活动和通货膨胀的影响。

Ma（2017 年）发现，中国短期利率的变化对多种期限的政府债券收益率有显著影响。不过，中国的短期利率向长期债券收益率的传导不及其他国家（如印度、韩国、英国和美国）有效。他的结论是，反映债券市场各种期限的流动性不足、衍生工具市场欠发达以及对市场准入的限制会继续削弱传导渠道的作用。尽管如此，近期的分析（Harjes，2017 年）表明，短期利率变化对经济活动影响显著，对价格亦然，只是有所滞后。这些结果与其他研究大体一致，包括 Fernald、Spiegel 和 Swanson（2014 年）的研究。他们的研究显示，中国的利率变化对经济活动和通货膨胀有重要影响，而其他衡量货币状况的传统指标（例如对 M2 的冲击）已经不再重要。

中国货币政策框架的演变

过去几年，中国经历了较快的金融创新阶段，并实施了重要的金融市场自由化举措和改革，金融部门因而面貌一新。虽然银行仍发挥着主要的金融中介作用，但其他非银行金融机构和资本市场在作为信贷来源以及对中国公司和住户提供金融服务方面变得更加重要。

总体上，金融系统已经更加市场化且更为复杂。为此，中国人民银行的货币政策操作行为日益依靠一种以市场化为标准的体系。尽管数量型工具仍在发挥作用，但利率已变成关键的货币政策工具。

2015 年年底，在前期取消了对贷存比的限制并淡化贷款额度的重要性之后，中国人民银行正式取消了对银行存贷款利率的其他限制，理论上允许各银行自行设定存贷款利率。虽然货币增长（M2）仍然是官方的中介目标（2017 年《国务院政府工作报告》

中首次没有公布定下的目标），但中国人民银行明显淡化了它的重要性，并在若干场合指出，中国人民银行现时通过7天银行间利率发出政策信号（中国人民银行，2016年）。为此，中国人民银行设定了一个围绕7天回购利率的走廊，实际上是以中国人民银行的回购操作拆入利率作为下限，并以各银行可以获得中国人民银行常备借贷便利的利率为上限（附图1）。要将利率控制在上限以内，中国人民银行接受一个相对包容的担保物池子（包括银行贷款）以供银行在常备借贷便利下借款。

2015年以来，中国人民银行已大幅收窄该利率区间，并在银行部门加强执行一种结构性的流动性短缺措施，以防止银行间利率低于中国人民银行的回购拆入利率，这是各银行竞相获取透过在公开市场操作提供资金时所报的利率。[①] 此举令7天回购利率保持在利率走廊之内。同时，随着2016年下半年经济提速，对于再次出现对信贷快速增长和杠杆不断上升的关注，中国人民银行已向上微调利率区间。

为辅助上述转变，中国人民银行采用了一系列流动性管理工具。在资本流入和中国人民银行储备资产累积减速，并最终在2014年变为流出和出售储备资产之后，中国人民银行不得不以其他政策工具来满足国内不断增长的流动性需求：短期公开市场流动性操作、常备借贷便利、中期借贷便利和抵押补充贷款（附图2）。通过使用这些工具，中国人民银行以不同利率和年期注入或不时收回现金，提高了管理日常现金水平的能力。过去经常出现的货币市场利率的大幅波动同样得到了有效控制（附图3）。

① 在结构性盈余中（例如，量化宽松或大额非冲销式购汇），资金充裕银行的超额准备金利率将成为有效的下限。

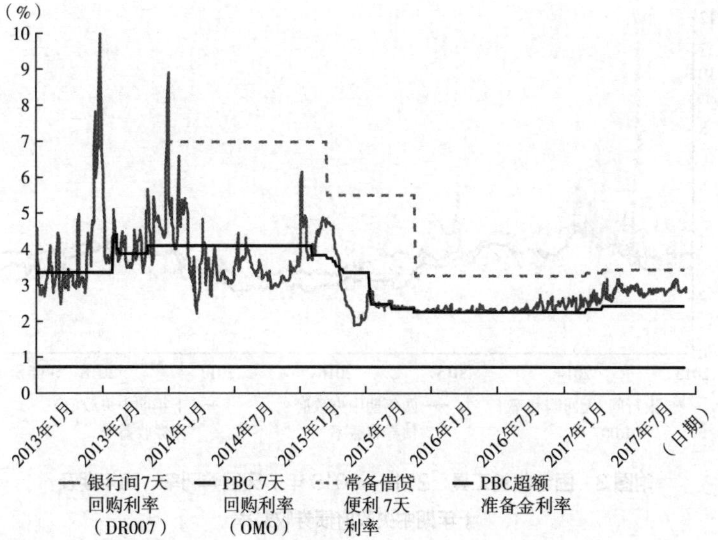

附图 1　2013 年 1 月至 2017 年 10 月的利率走廊

资料来源：作者的计算。

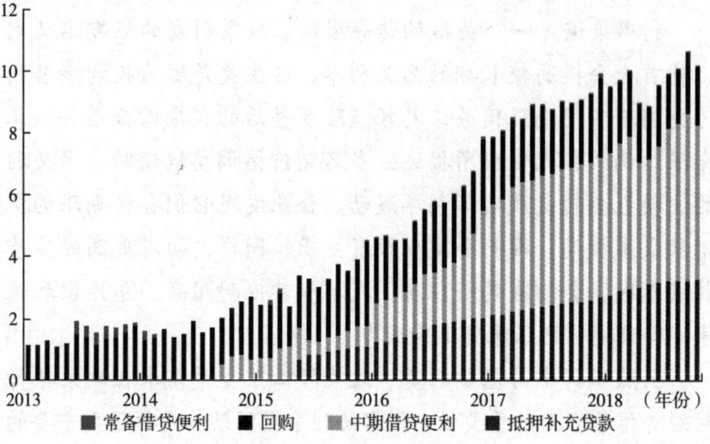

附图 2　2013—2018 年中国人民银行流动性工具余额（10 亿元人民币）

资料来源：CEIC。

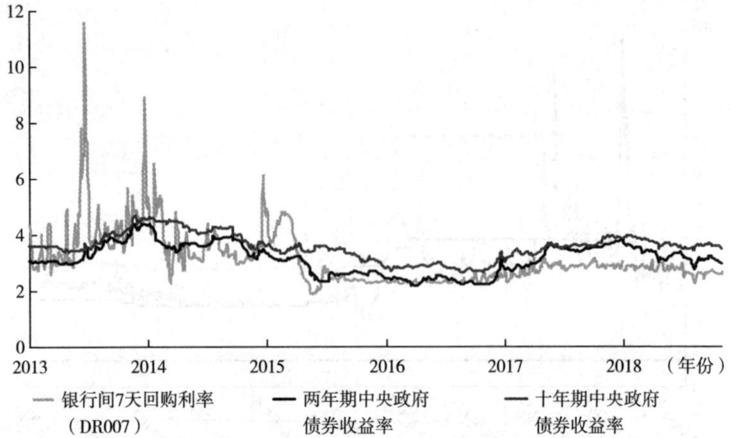

附图 3 固定收益工具：2013—2018 年 7 天回购利率、两年期及十年期中央政府债券收益率

资料来源：Wind 经济数据库。

货币政策传导

利率渠道是一个关键的传导渠道。政策引发的短期名义利率上升首先会提高较长期的名义利率，这主要是因为投资者套利行为会消除不同期限债务工具经风险调整后的预期回报差异。正如期限结构的预期假设所描述，当名义价格调整缓慢时，名义利率的波动也会转变成实际利率波动。企业发现它们各种期限的实质借款成本提高，因而会减少投资支出。同样，面对更高的实质借款成本时，会缩减购买住房、汽车和其他耐用品。总产出和就业率下降使通货膨胀承受下行压力。

虽然以利率为基础的货币政策降低了货币需求在政策执行中对经济传导方面的重要性，但它使利率期限结构发挥了更重要的作用。根据期限结构的预期假设，长期名义利率取决于对未来名义短期利率的预期。这同时也要考虑对未来货币政策的预期（Walsh,

2010 年）。上述情况会受各种因素影响，包括经济活跃度、产出缺口、汇率和通货膨胀走势。不过，人口特征、储蓄模式、未来技术进步速度等会影响统称为自然利率的长期趋势，也会对长期收益率产生重要影响。它们还可能受一些全球性因素的影响，因此与货币政策取态变化的相关性应当较低。

中国人民银行的政策利率对银行平均贷款利率影响很大。中国人民银行确定的基准银行贷款利率过去一向与银行平均贷款利率有密切关系，因为中国人民银行确定的利率过去是决定银行贷款利率的下限（2013 年取消）。关于平均贷款利率对中国人民银行基准利率或（经抚平后的）银行间回购利率的回归分析表明，两者间的相关系数显著且相当高，对基准利率而言为 70% 左右，就回购利率而言为 30% 左右。值得注意的是，银行间利率在 2013 年急剧上升，尽管基准贷款利率不变，但由于银行为保障自身的利润率，将较高的融资成本转嫁并推高银行的平均贷款利率，这表明银行间回购利率的重要性日渐提升。

政策利率变化亦对短期政府债券收益率有一定影响。两年期政府债券收益率是较长期债券和公司债券收益率的重要决定因素，可以衡量市场在此后几年对货币政策取向的预期。所有政策利率均与两年期政府债券收益率呈现正相关。双变量矢量自回归分析显示，中国人民银行基准利率变化大约在 6 个月后几乎完全传导至政府债券收益率上，但对银行间利率而言，传导率则较低（25%）。

在此背景下，中国人民银行采取一种具前瞻性和透明度的货币政策路径，并清晰地就其计划、目标和政策决定与市场和公众进行沟通，在现阶段似乎是最有效实施其政策的方式。

附录B

政策性银行在中国债券市场上的角色

三大政策性银行——国家开发银行、中国进出口银行和中国农业发展银行——发行的债券对促进中国银行间市场发展发挥了重要作用。

这类银行发行债券主要是向承担政策任务的特定部门提供贷款。例如，国家开发银行的贷款以扶持地方政府落实基础设施项目为目标，中国进出口银行的贷款以促进贸易和扶持出口导向型的制造业为目标，中国农业发展银行提供资金，为的是改善农村地区的水利工程和农业设施。

鉴于政策性银行发行的债券有中央政府的支持，投资者视这类债券为无风险债券。银行购买政策性银行债券主要是为了管理流动性，因为这些债券在回购市场上可用作抵押品向中国人民银行借入资金。也有人认为投资政策性银行债券优于中央政府债券，毕竟它们的收益率相对较高——国内投资者持有政策性银行债券必须交税，而中央政府债券则票息免税（附图4）。由于政策性银行债券的收益率较高，而且近乎无风险，对这些债券的需求在日益增长。近年来，其市场总规模已经赶上中央政府债券（附图5）。

政策性银行债券在二级市场上的交易比其他类型的公共部门债券更活跃。政策性银行债券的日均交易额几乎是中央政府债券的两倍（附图6）。支持市场流动性的一个关键因素是新发行的基准债券流动性高。与中央政府债券不同，新发行的具指标性的政策性银行债券可以惯常增发，这加强了这类票据的交易流动性。另外，在2016年，债券违约事件激增，市场回避风险的情绪升高，债券投资者因而趋向稳健资产。投资组合从高收益公司债券向无风险资产转移，对政策性银行债券的需求增加，这类票据的交易额显著上升（附图 7）。

附图 4　2010—2018 年国家开发银行债券收益率与中央政府债券收益率（年利率百分比）

资料来源：Wind 经济数据库。

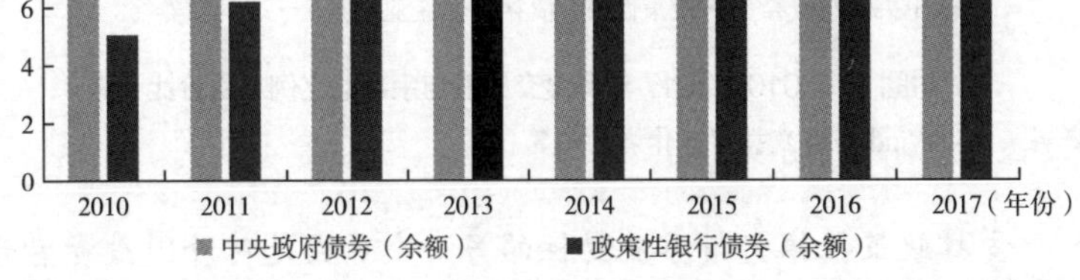

附图 5　2010—2017 年中央政府债券和政策性银行债券余额（万亿元人民币）

资料来源：Wind 经济数据库，作者的计算。

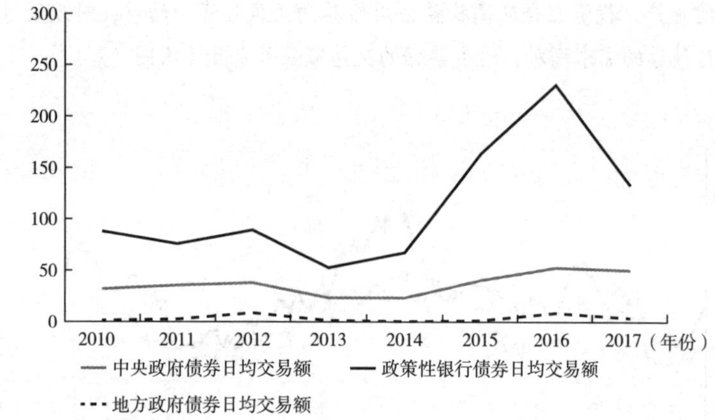

附图 6　2010—2017 年公共部门债券日均交易额（10 亿元人民币）

资料来源：Wind 经济数据库，作者的计算。

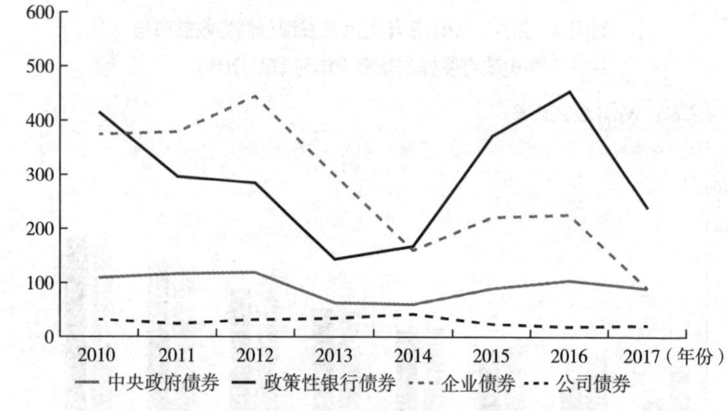

附图 7　2010—2017 年年度交易额与余额的比例（百分比）

资料来源：Wind 经济数据库，作者的计算。

支撑政策性银行债券流动性的另一个原因是对外国投资者开放国内市场。外国投资者对政策性银行债券尤其是对年期较长、收益率较高债券的投资偏好很强。因此，十年期政策性银行债券的交易额在 2017 年激增，超过了一年或一年以下年期较短债券的交易额，而过去这部分年期的交易额最大（附图 8）。

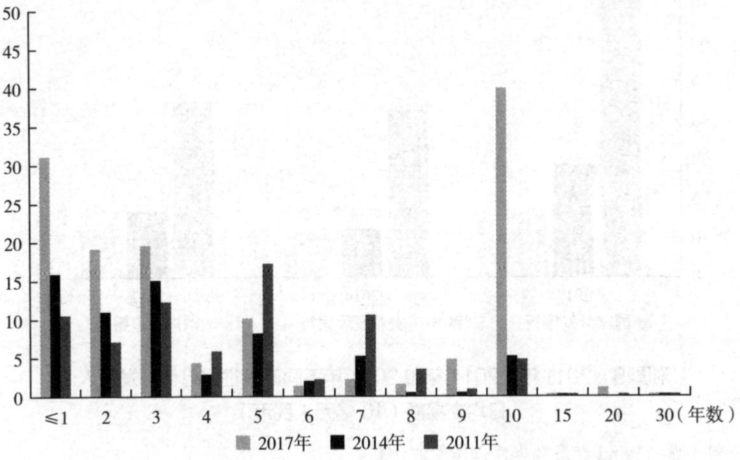

附图 8　2011 年、2014 年和 2017 年不同年期政策性银行债券日均交易额（10 亿元人民币）

资料来源：Wind 经济数据库，作者的计算。

最后，投资银行推出若干追踪，例如国家开发银行债券等政策性银行债券收益指数也有助于提升交易流动性。值得注意的是，近年来政策性银行债券交易额的飙升大多集中在国家开发银行发行的债券上，这是因为它年期较为固定以及在二级市场上有较高的成交量（附图 9）。

政策性银行债券由于无风险和具有较高流动性，基本上为中国提供了另一类基准收益率曲线。国家开发银行收益率曲线与中央政府收益率曲线具有高度相关性——水平因子为 0.6，斜率因子为 0.9。对政策性银行债券采用的与中国政府债券类似的矢量自回归分析表明，自全球金融危机以来，其水平因子对来自国内冲击的

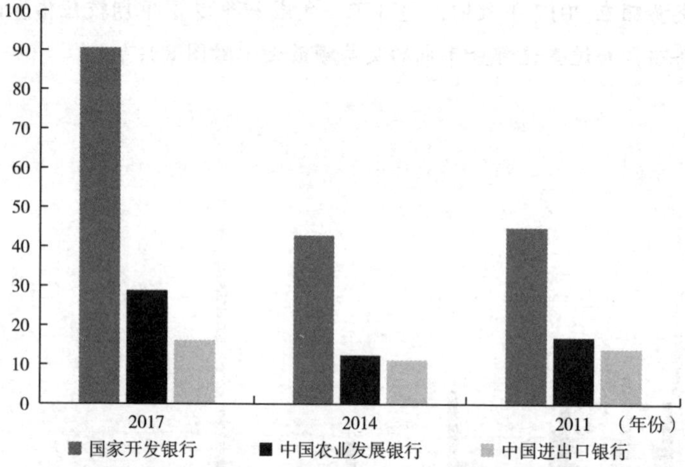

附图 9　2011 年、2014 年和 2017 年不同政策性银行债券发行人日均交易额（10 亿元人民币）

资料来源：Wind 经济数据库，作者的计算。

反应有较高的敏感度。对预测误差的方差进行分解后发现，来自工业生产、通货膨胀以及 7 天回购利率的冲击贡献了政策性银行债券水平因子方差的 25%，相比之下，对中国政府债券的贡献为 14%（附图 10）。对于斜率和曲率因子，政策性银行债券对上述冲击的反应敏感度也略高于中国政府债券。

冲击反应的结果显示了类似情况。相等于一个标准差的工业生产冲击会导致政策性银行债券水平因子上升相等于 0.05 个标准差，而相等于一个标准差的回购利率冲击会令水平因子在 6 个月后增加相等于 0.1 个标准差（附图 11）。相反，工业生产和回购利率冲击对中国政府债券收益率水平因子的影响相对较小，在统计上并不显著。

对于斜率因子，政策性银行债券和中央政府债券都对通货膨胀冲击有类似的反应。相等于一个标准差的消费者价格指数通货膨胀冲击会令二者收益率曲线的斜率趋于平坦，因为短期收益率向上变动的速度比长期收益率更快。较强的敏感度表明政策性银行债券有较佳的货币政策传导作用，这可能是因为它们有较强的市场流动性，所以在显示新数据和政策变动方面的效率较高。

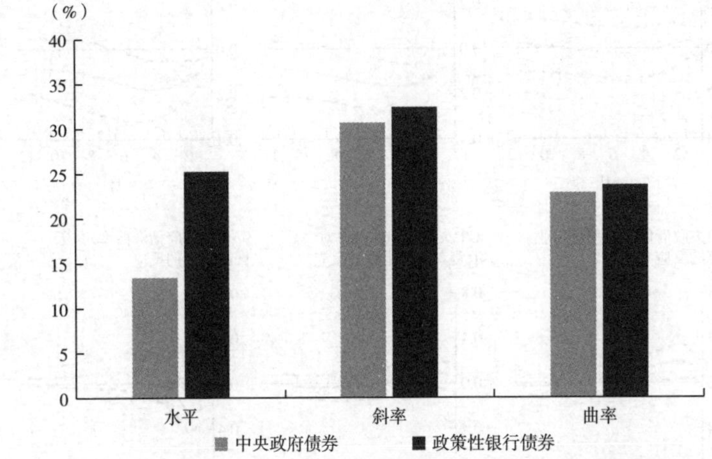

附图 10　全球金融危机之后来自国内的冲击对收益率曲线因子预测误差的方差的贡献（12 个月平均值）

资料来源：作者的计算。

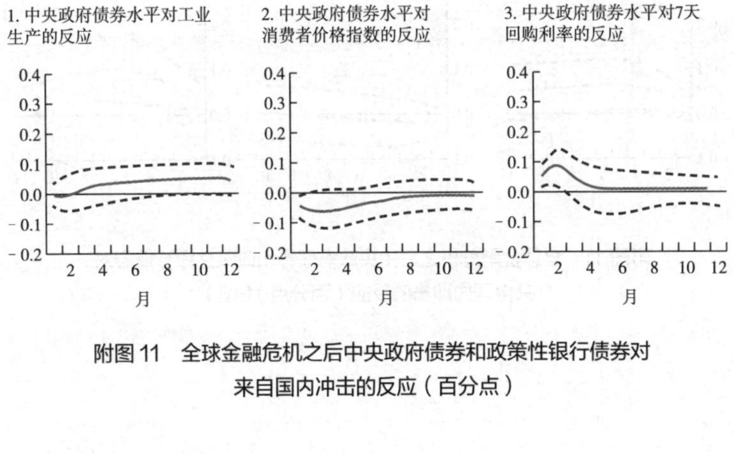

附图 11　全球金融危机之后中央政府债券和政策性银行债券对来自国内冲击的反应（百分点）

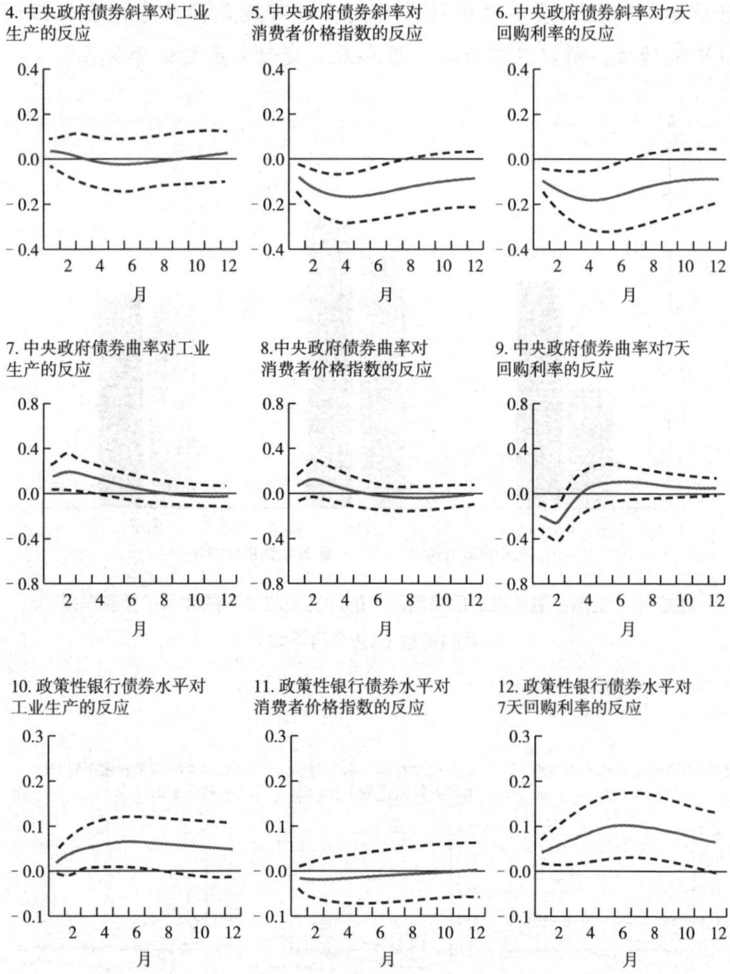

附图 11　全球金融危机之后中央政府债券和政策性银行债券对来自国内冲击的反应（百分点）（续）

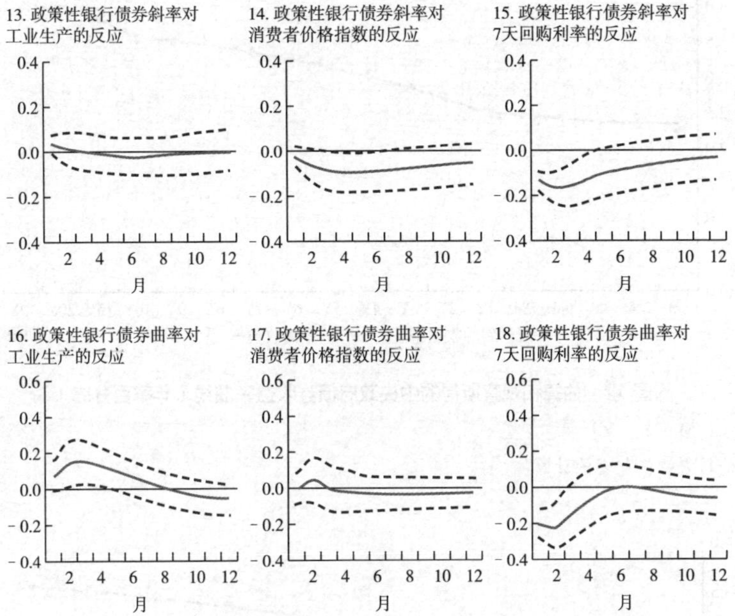

附图 11　全球金融危机之后中央政府债券和政策性银行债券对来自国内冲击的反应（百分点）（续）

注：矢量自回归有两个时滞和六个变量，包括工业生产增长率、消费者价格指数通货膨胀、7 天回购利率以及中央政府债券和政策性银行债券的三个收益率曲线因子。冲击反应按柯列斯基法估算。小图按以下顺序显示：全球金融危机后，中央政府债券收益率曲线的水平、斜率和曲率对来自工业生产增长率、消费者价格指数通货膨胀和 7 天回购利率 1 个标准差的冲击的反应；2008 年 1 月至 2017 年 12 月全球金融危机后，政策性银行债券收益率曲线的水平、斜率和曲率对来自工业生产增长率、消费者价格指数通货膨胀和 7 天回购利率 1 个标准差的冲击的反应。

资料来源：作者的计算。

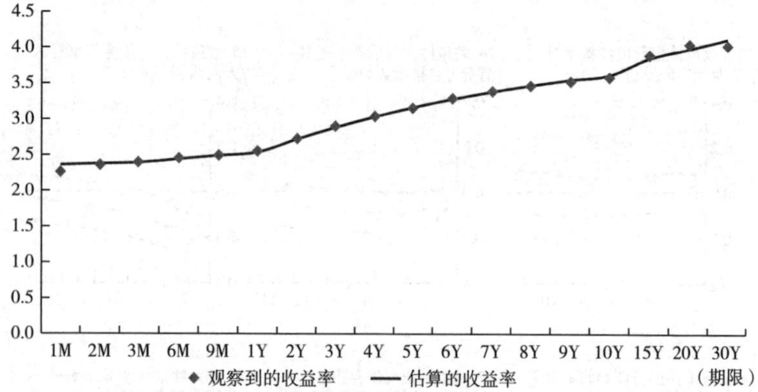

附图 12　估算和观察所得的中央政府债券收益率曲线（年率百分比）

注：M = 月，Y = 年。

资料来源：作者的计算。

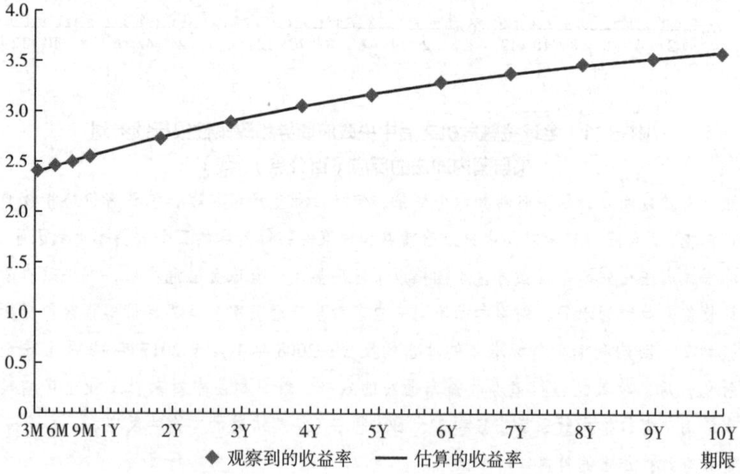

附图 13　稳健性检验：利用三个月到十年期收益率估算的中央政府债券收益率曲线（年率百分比，平均收益率曲线拟合，3 个月到 10 年期）

注：M = 月，Y = 年。

资料来源：作者的计算。

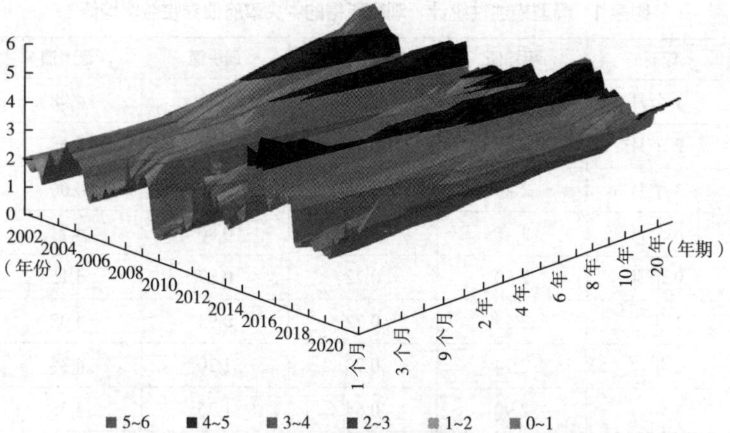

附图 14　2002—2017 年观察所得的中央政府债券收益率曲线（年率百分比）

资料来源：作者的计算。

附图 15　稳健性检验：利用三个月到十年期收益率估算的政府债券收益率曲线因子（百分比）

资料来源：作者的计算。

附表 1　模型描述性统计：观察所得的中央政府债券收益率均值

年期	平均值	标准差	最小值	最大值
1 个月	2.26	0.76	0.72	4.98
2 个月	2.37	0.76	0.79	4.63
3 个月	2.40	0.75	0.82	4.60
6 个月	2.46	0.73	0.86	4.21
9 个月	2.50	0.72	0.87	4.15
1 年	2.55	0.72	0.93	4.08
2 年	2.74	0.70	1.20	4.35
3 年	2.90	0.64	1.36	4.38
4 年	3.05	0.61	1.67	4.47
5 年	3.16	0.59	1.98	4.43
6 年	3.29	0.58	2.17	4.61
7 年	3.38	0.56	2.31	4.67
8 年	3.46	0.56	2.37	4.88
9 年	3.53	0.57	2.43	5.07
10 年	3.58	0.57	2.49	5.24
15 年	3.90	0.57	2.75	5.82
20 年	4.06	0.57	2.94	5.94
30 年	4.03	0.54	2.76	5.53
斜率	1.78	0.66	–0.51	3.27
曲率	–0.60	0.40	–1.48	1.22

资料来源：作者的计算。

附表 2　模型描述性统计：估算的因子

因子	平均值	标准差	最小值	最大值	ρ（1）	ρ（3）	ρ（12）	ρ（60）
水平	4.40	0.63	3.26	6.68	0.44	0.45	0.15	0.10

续表

因子	平均值	标准差	最小值	最大值	ρ（1）	ρ（3）	ρ（12）	ρ（60）
斜率	–2.05	0.89	–4.05	–0.50	0.32	0.51	0.25	0.18
曲率	–0.97	0.82	–2.89	0.67	0.37	0.22	0.11	–0.29

注：ρ（1）、ρ（3）、ρ（12）和 ρ（60）是指 1 个月、3 个月、12 个月和 60 个月移位的简单自相关系数，即在（n）个月观察到的变动与因子估算值之间的关系。

资料来源：作者的计算。

附表 3　模型描述性统计：收益率曲线残差

年期	平均值	标准差	最小值	最大值
1 个月	–0.11	0.24	–0.87	0.94
2 个月	–0.01	0.07	–0.23	0.26
3 个月	0.00	0.04	–0.15	0.16
6 个月	0.01	0.05	–0.21	0.20
9 个月	0.00	0.07	–0.26	0.22
1 年	0.01	0.08	–0.37	0.22
2 年	0.02	0.08	–0.30	0.17
3 年	0.01	0.05	–0.16	0.14
4 年	0.01	0.04	–0.09	0.16
5 年	–0.01	0.03	–0.09	0.10
6 年	0.01	0.04	–0.05	0.16
7 年	0.00	0.02	–0.06	0.06
8 年	–0.01	0.03	–0.06	0.07
9 年	–0.03	0.04	–0.13	0.11
10 年	–0.04	0.07	–0.16	0.15
15 年	0.04	0.08	–0.11	0.25
20 年	0.07	0.07	–0.10	0.25
30 年	–0.09	0.36	–2.03	0.31

续表

年期	平均值	标准差	最小值	最大值
斜率	0.02	0.48	–2.07	0.97
曲率	–0.10	0.19	–0.72	0.81

资料来源：作者的计算。

附表 4 稳健性检验：模型描述性统计：三个月到十年期曲线的估算因子

因子	平均值	标准差	最小值	最大值	ρ(1)	ρ(3)	ρ(12)	ρ(60)
水平	4.36	0.83	2.94	7.44	0.88	0.55	0.30	0.10
斜率	–2.02	1.11	–4.84	–0.10	0.87	0.53	0.22	0.27
曲率	–0.47	1.21	–3.63	2.44	0.74	0.31	0.10	–0.21

注：ρ（1）、ρ（3）、ρ（12）和 ρ（60）是指 1 个月、3 个月、12 个月和 60 个月移位的简单自相关系数，即在（n）个月观察到的变动与因子估算值之间的关系。

资料来源：作者的计算。

附表 5 全球金融危机后消费者价格指数通货膨胀对中央政府债券收益率曲线冲击的预测误差方差的分解

月	CGB_ 水平	CGB_ 斜率	CGB_ 曲率	IP	CPI	REPO_7D
1	4.03	1.24	0.00	6.02	88.72	0.00
2	5.73	2.33	1.73	15.49	74.46	0.25
3	8.32	3.42	4.61	19.75	63.36	0.54
4	10.14	3.82	7.52	23.15	54.50	0.87
5	11.23	3.82	10.09	25.70	47.86	1.30
6	11.80	3.56	12.14	27.78	42.95	1.77
7	12.02	3.21	13.69	29.58	39.28	2.22
8	12.01	2.89	14.80	31.18	36.49	2.63
9	11.85	2.65	15.56	32.62	34.35	2.96
10	11.61	2.55	16.04	33.91	32.68	3.22
11	11.31	2.61	16.31	35.03	31.35	3.40
12	10.99	2.83	16.41	35.97	30.27	3.51

注：柯列斯基排序：CGB_ 水平，CGB_ 斜率，CGB_ 曲率，IP，CPI，REPO_7D。7D = 7 天，CGB = 中央政府债券，CPI = 消费者价格指数，IP = 工业生产增长率，REPO_7D = 7 天回购利率。

资料来源：作者的计算。

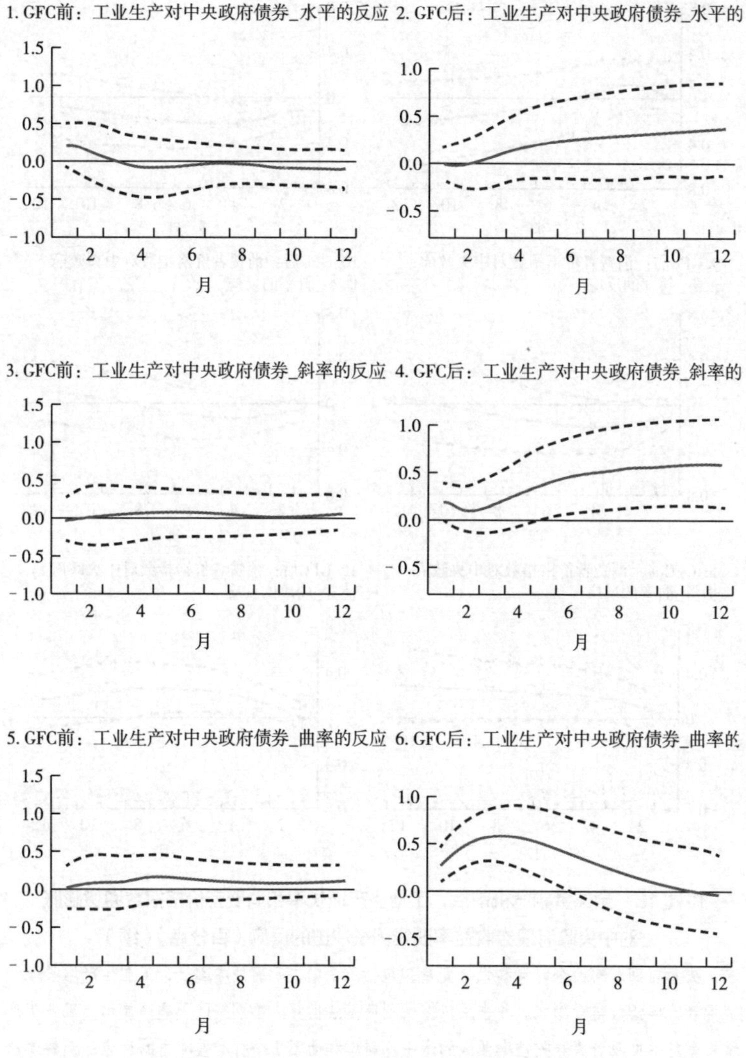

附图 16　全球金融危机前后，工业生产增长率和消费者价格指数通货膨胀对中央政府债券收益率曲线因子冲击的反应（百分点）

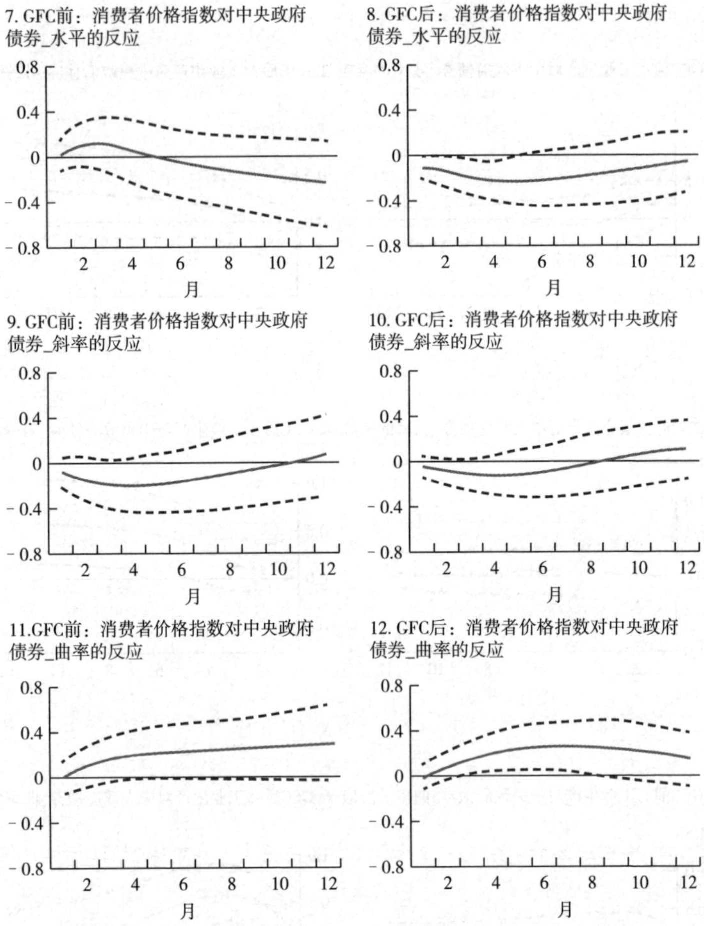

附图 16　全球金融危机前后，工业生产增长率和消费者价格指数通货膨胀对中央政府债券收益率曲线因子冲击的反应（百分点）（续）

注：矢量自回归有两个时滞和六个变量，包括三个中央政府债券因子，工业生产增长率和消费者价格指数通货膨胀。冲击反应按柯列斯基法估算。小图按以下顺序显示：工业生产增长率对中央政府债券收益率曲线的水平、斜率和曲率1个标准差冲击的反应；消费者价格指数对中央政府债券收益率曲线的水平、斜率和曲率1个标准差冲击的反应。GFC=全球金融危机，GFC前=2002年1月至2007年12月，GFC后=2008年1月至2017年12月。

资料来源：作者的计算。

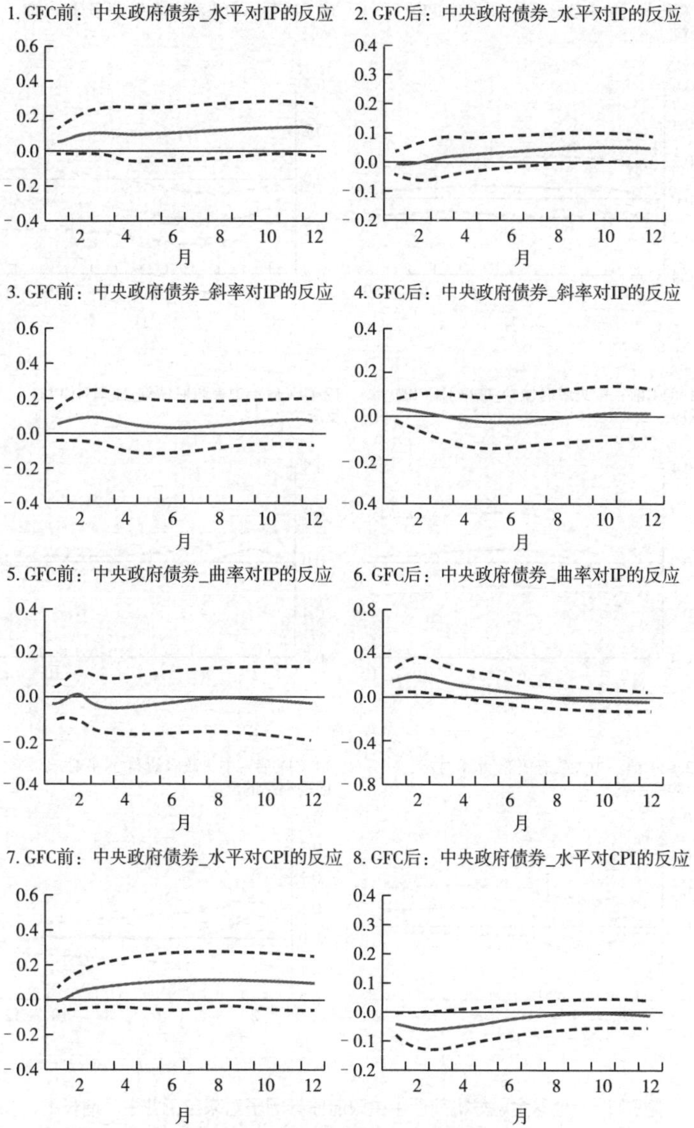

附图 17　全球金融危机前后中央政府债券因子对来自工业生产增长率、消费者价格指数通货膨胀和回购利率冲击的反应（百分点）

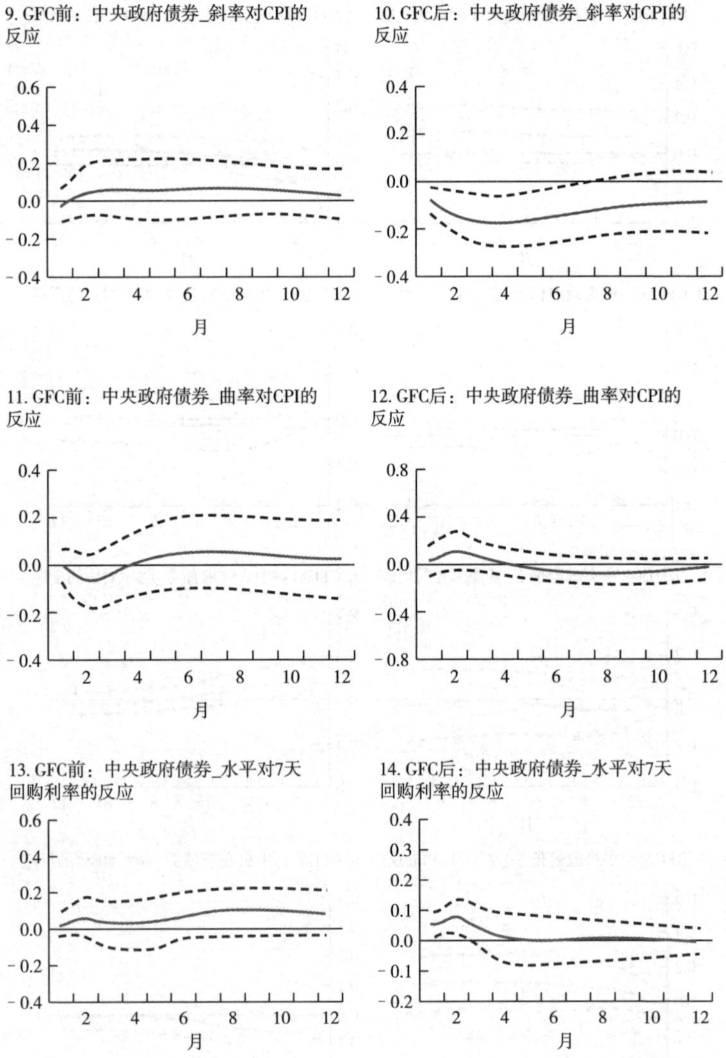

附图 17　全球金融危机前后中央政府债券因子对来自工业生产增长率、消费者价格指数通货膨胀和回购利率冲击的反应（百分点）（续）

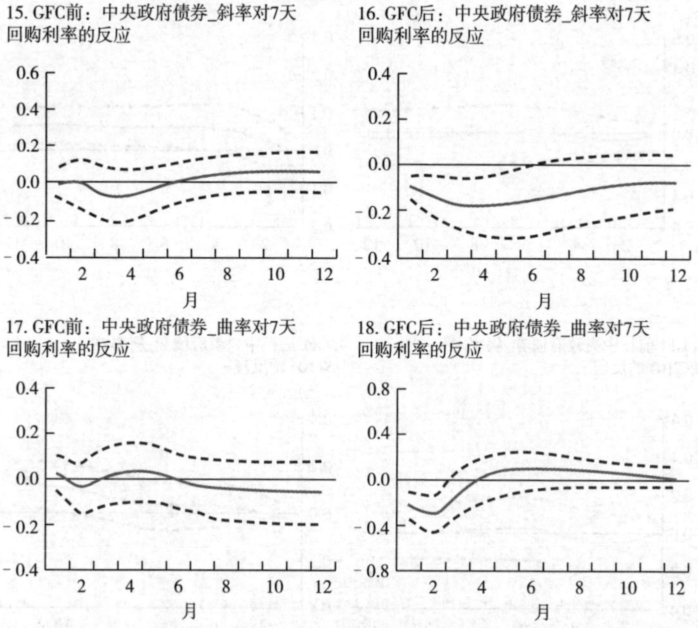

附图 17　全球金融危机前后中央政府债券因子对来自工业生产增长率、消费者价格指数通货膨胀和回购利率冲击的反应（百分点）（续）

注：矢量自回归有两个时滞和六个变量，包括工业生产增长率、消费者价格指数通货膨胀、7天回购利率和中央政府债券的三个因子。脉冲响应按柯列斯基法估算。小图按以下顺序显示：中央政府债券收益率曲线水平、斜率和曲率对工业生产增长率1个标准差冲击的反应；中央政府债券收益率曲线水平、斜率和曲率对消费者价格指数通货膨胀1个标准差冲击的反应；中央政府债券收益率曲线的水平、斜率和曲率对7天回购利率1个标准差冲击的反应。GFC＝全球金融危机，GFC前＝2002年1月至2007年12月，GFC后＝2008年1月至2017年12月。

资料来源：作者的计算。

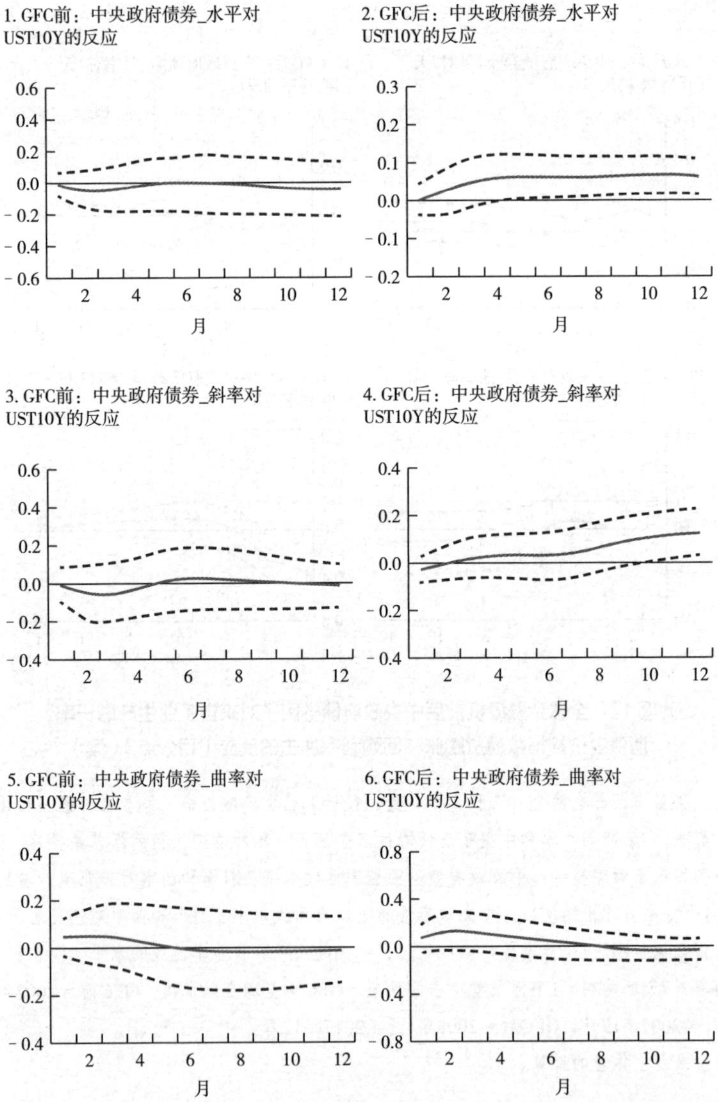

附图 18　全球金融危机前后中央政府债券因子对来自十年期美国国债收益率和波动率冲击的反应（百分点）

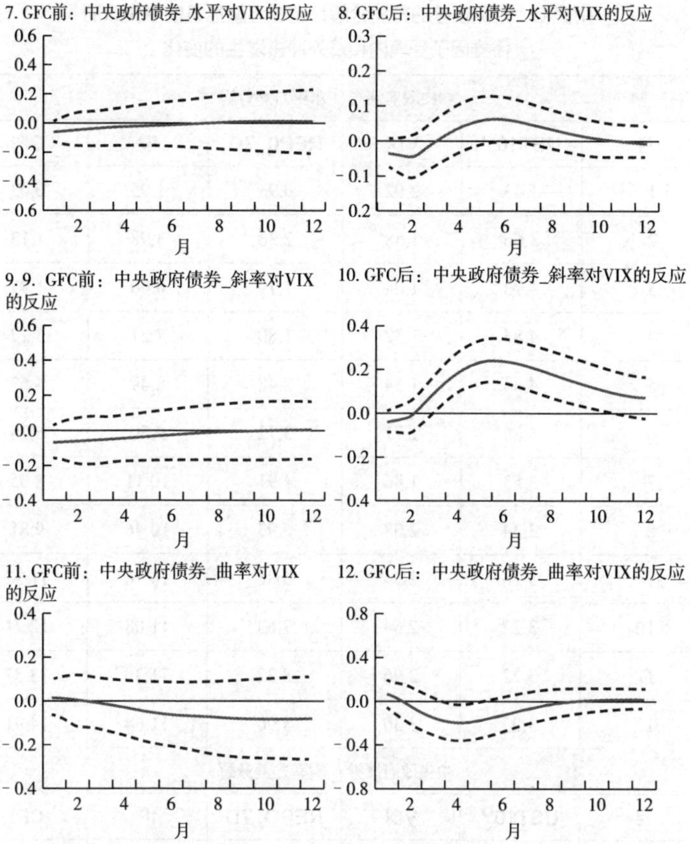

附图 18　全球金融危机前后中央政府债券因子对来自十年期美国国债收益率和波动率冲击的反应（百分点）（续）

注：矢量自回归有两个时滞和五个变量，包括十年期美国国债收益率、芝加哥期权交易所波动率指数和三个中央政府债券因子。冲击反应按柯列斯基法估算。小图按以下顺序显示：中央政府债券收益率曲线的水平、斜率和曲率对十年期美国国债收益率 1 个标准差冲击的反应；中央政府债券收益率曲线的水平、斜率和曲率对 VIX 1 个标准差冲击的反应。GFC 前 = 2002 年 1 月至 2007 年 12 月，GFC 后 = 2008 年 1 月至 2017 年 12 月。VIX= 波动率，UST10Y= 十年期美国国债收益率。

资料来源：作者的计算。

附表 6　预测误差的方差分解：全球金融危机前中央政府债券因子受境内和境外冲击发生的变化

中央政府债券 _ 水平方差分解					
月	UST10Y	VIX	REP0_7D	IP	CPI
1	1.43	2.92	0.93	1.95	0.03
2	3.66	1.58	2.36	3.98	1.13
3	4.73	1.04	1.79	6.00	1.97
4	4.86	1.32	1.80	7.21	3.27
5	4.34	1.54	2.48	8.49	4.67
6	3.86	1.71	3.72	9.50	6.28
7	3.53	1.86	4.91	10.11	8.05
8	3.34	2.08	5.93	10.46	9.81
9	3.26	2.34	6.82	10.76	11.37
10	3.22	2.64	7.63	11.08	12.71
11	3.22	2.96	8.32	11.39	13.87
12	3.23	3.30	8.90	11.64	14.91
中央政府债券 _ 斜率方差分解					
月	UST10Y	VIX	REPO_7D	IP	CPI
1	1.22	3.21	0.00	1.71	0.43
2	4.63	2.68	0.01	3.04	0.65
3	6.48	2.19	0.62	3.57	0.68
4	6.82	1.90	0.81	3.76	0.78
5	6.37	1.73	0.74	4.19	0.89
6	5.92	1.61	0.87	4.60	1.10
7	5.55	1.52	1.07	4.84	1.41
8	5.29	1.43	1.25	4.96	1.74

续表

中央政府债券 _ 斜率方差分解					
月	UST10Y	VIX	REPO_7D	IP	CPI
9	5.14	1.37	1.45	5.10	2.00
10	5.05	1.35	1.68	5.29	2.20
11	5.03	1.38	1.92	5.52	2.38
12	5.05	1.46	2.16	5.77	2.56
中央政府债券 _ 曲率方差分解					
月	UST10Y	VIX	REPO_7D	IP	CPI
1	3.15	0.31	0.42	0.19	0.09
2	5.95	0.21	0.91	0.23	2.44
3	7.68	0.36	0.84	0.40	1.91
4	8.58	0.62	0.96	0.68	1.61
5	7.98	0.96	0.96	1.15	1.96
6	7.21	1.36	0.84	1.51	2.40
7	6.55	1.68	0.80	1.59	2.62
8	6.06	2.06	0.83	1.52	2.59
9	5.68	2.51	0.93	1.43	2.45
10	5.37	3.07	1.11	1.36	2.29
11	5.10	3.74	1.36	1.33	2.15
12	4.87	4.53	1.65	1.34	2.05

注：柯列斯基的排列：UST10Y，VIX，REPO_7D，IP，CPI，中央政府债券 _ 水平，中央政府债券 _ 斜率，中央政府债券 _ 曲率。方差分解表按 2002 年 1 月（2002：M1）至 2007 年 12 月（2007：M12）中央政府债券收益率曲线的水平、斜率和曲率对十年期美国国债收益率、芝加哥期权交易所波动率指数、7 天回购利率（REPO_7D）、工业生产增长率和消费者价格指数通货膨胀顺序显示。

资料来源：作者的计算。

附表 7 预测误差的方差分解：全球金融危机后中央政府债券因子受境内和境外冲击发生的变化

中央政府债券 _ 水平方差分解					
月	UST10Y	VIX	REPO_7D	IP	CPI
1	0.04	2.23	13.29	0.42	2.76
2	0.47	2.53	19.35	0.24	2.21
3	1.32	1.88	20.07	0.40	2.16
4	2.10	2.78	19.93	0.69	2.18
5	2.69	4.61	19.77	0.87	2.15
6	3.25	5.95	19.71	0.97	2.09
7	3.90	6.44	19.65	1.07	2.03
8	4.68	6.46	19.47	1.24	2.00
9	5.52	6.36	19.18	1.51	2.00
10	6.35	6.25	18.84	1.89	2.02
11	7.12	6.14	18.52	2.34	2.04
12	7.79	6.04	18.24	2.81	2.04
中央政府债券 _ 斜率方差分解					
月	UST10Y	VIX	REPO_7D	IP	CPI
1	0.81	1.46	4.66	0.73	1.82
2	0.40	0.66	4.18	0.47	2.74
3	0.62	6.72	4.36	0.51	4.25
4	0.73	20.15	4.11	0.38	5.59
5	0.78	31.49	3.53	0.52	6.23
6	0.94	37.60	3.09	1.00	6.45
7	1.40	40.11	2.88	1.55	6.44
8	2.26	40.77	2.85	2.00	6.30

续表

中央政府债券 _ 斜率方差分解					
月	UST10Y	VIX	REPO_7D	IP	CPI
9	3.57	40.59	2.96	2.26	6.08
10	5.23	40.05	3.12	2.37	5.83
11	7.12	39.38	3.28	2.39	5.58
12	9.10	38.65	3.42	2.37	5.34
中央政府债券 _ 曲率方差分解					
月	UST10Y	VIX	REPO_7D	IP	CPI
1	0.50	0.75	18.42	4.35	0.57
2	1.96	0.48	26.80	5.39	2.01
3	3.35	2.27	24.69	5.80	2.18
4	4.68	4.39	22.09	5.98	2.01
5	5.47	5.72	20.57	6.08	1.87
6	5.75	6.17	19.84	6.10	1.85
7	5.78	6.18	19.59	6.05	1.94
8	5.72	6.10	19.59	5.98	2.12
9	5.67	6.07	19.71	5.94	2.33
10	5.63	6.07	19.83	5.96	2.53
11	5.61	6.08	19.92	6.05	2.68
12	5.61	6.07	19.96	6.20	2.79

注：柯列斯基的排列：UST10Y，VIX，REPO_7D，IP，CPI，中央政府债券 _ 水平，中央政府债券 _ 斜率，中央政府债券 _ 曲率。方差分解表按 2008 年 1 月（2008：M1）至 2017 年 12 月（2017：M12）中央政府债券收益率曲线的水平、斜率和曲率对十年期美国国债收益率、芝加哥期权交易所波动率指数、7 天回购利率（REPO_7D）、工业生产增长率和消费者价格指数通货膨胀顺序显示。

资料来源：作者的计算。

第4章

信用债券[①]

张龙梅　吴宇晨

几十年来，中国信用债券市场发展迅速。1983年，中国发行首只企业信用债券。自那以后，中国的信用债券市场已从“企业债券”不断扩展到“公司债券”、“中期票据”等新产品。截至2017年年底，中国信用债券存量达到2.7万亿美元，成为仅次于美国的世界第二大市场（图4.1）。

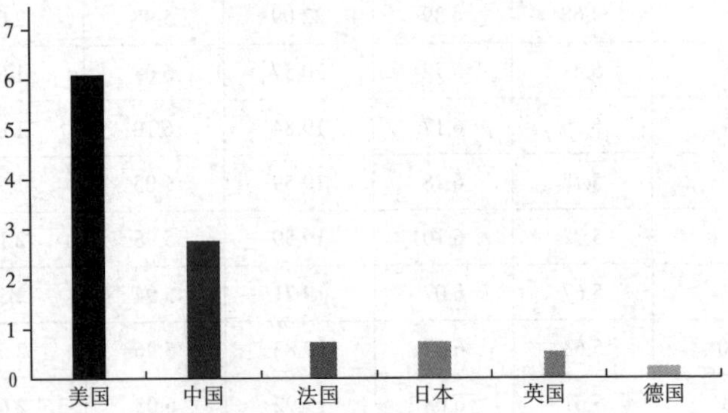

图4.1　非金融企业未偿债券余额（万亿美元）

注：数据截至2017年第三季度。

资料来源：国际清算银行，2017年。

① 本篇文章感谢国家发展和改革委员会陈洪宛、于小燕以及中国证券监督管理委员会卢大彪提供的有益点评。

不过，债券融资在中国非金融企业融资中所占的比重仍然较小，这意味着信用债券还有很大的发展空间（图4.2）。截至2017年年底，中国的非金融企业信用债券规模仅占GDP的30%，占非金融企业融资总规模的10%。银行仍占据主导地位，银行贷款占企业融资的70%，而美国仅为10%左右。随着金融体系向直接融资方向发展，从长远看，信用债券可能会持续快速增长。

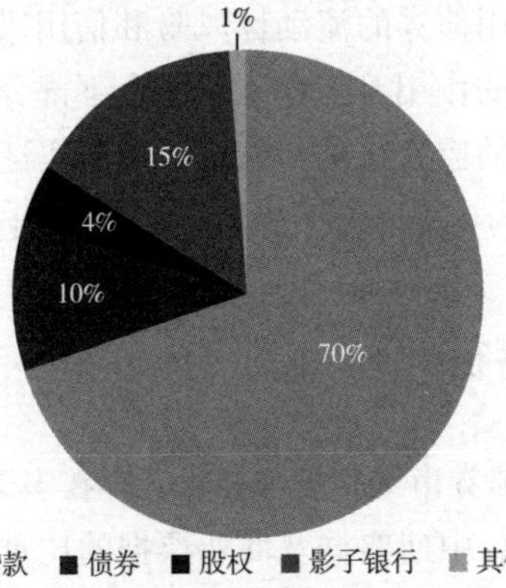

图4.2 2017年非金融企业融资情况（按类型划分）

资料来源：中国人民银行，2017年。

外国投资者在信用债券市场上的参与率仍然很低，仅占整个市场的1%（美国为29%）。近期，中国政府实施了一系列开放债券市场的措施，诸如允许机构投资者直接进入银行间市场和"债券通"，但是，目前境外资金主要流入了主权债券市场，而非信用债券市场。外国投资者参与信用债券市场仍然有很大的空间。

中国的信用债券市场有巨大的发展潜力，但仍受一些重要问题的制约。首先，市场高度分割，不同债券遵守不同的监管要求，并在不同的平台上交易、结算。其次，信用评级似乎存在扭曲，超过90%的信用债券评级是AA级及以上。这体现在市场认为一些信用主体会获得政府的担保（特别是对国企和地方政府融资平台）。虽然政府出台了一系列新的法规来打破这种隐性担保，但在实践中，这些担保依然存在，这导致债券定价可能无法充分反映潜在的风险和信贷配置效率低下，也使政府产生了大量或有负债。进入债券市场融资仍然困难，国有企业主导了债券发行，民营企业融资非常有限。

本章详细研究了这些问题，特别是分析了当前信用债券市场的结构、不同信用债券的流动性风险和信用风险的定价、隐性担保在债券定价中的作用等。在本章的余下部分，我们首先讨论了各信用债券市场的监管结构与特征，随后实证分析了不同类型信用债券的定价行为，并研究了隐性担保对债券定价的影响。

市场结构与特征

中国的信用债券市场高度多样化，存在多个细分市场。[①] 企业债券、公司债券、中期票据及商业票据的比重最大（图 4.3）。原则上，非金融企业可以灵活选择这几类债券作为融资工具，但由于历史原因，企业债券主要由国有企业发行，民营企业一般会选择公司债券、中期票据及商业票据。

不同机构的信用债券监管存在差异。在美国，证券交易委员会是唯一监管机构；与此不同，中国的信用债券受到不同监管机构的监管，遵守不同的发行程序，且在不同的平台上进行交易和结算（图 4.4）。在三种主要信用债券中，企业债券由国家发展和改革委员会依照《公司法》、《证券法》和《企业债券管理暂行条例》进行监管，可以在银行间市场和交易所进行交易。公司债券由证监会依照《公司债券发行与交易管理办法》进行监管，仅在交易

① 本章仅关注非金融企业发行的信用债券。

所进行交易。中期票据及商业票据由中国人民银行下属的中国银行间市场交易商协会根据《银行间债券市场非金融企业债务融资工具管理办法》进行监管，仅在银行间市场进行交易。

在发行程序方面，中期票据和商业票据实行注册制，而企业债券的发行仍需要审批。公募公司债券需要审批，私募公司债券则实行注册制。所有信用债券（私募发行的除外）在发行时都必须达到最低评级要求（如 AA 级或 A- 级，一些情况下甚至要求达到 AAA 级别）。①

中国信用债券市场中多个市场并存的状况，反映了其独特的发展历程（图 4.5），而这又与中国更广泛的改革以及市场开放政策密切相关。

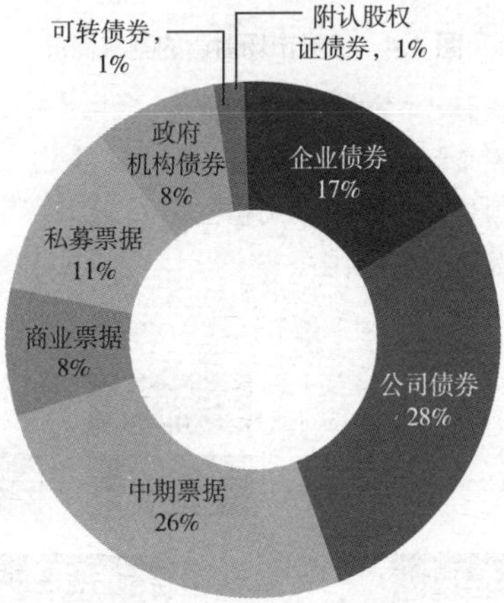

图 4.3　2017 年信用债券市场的构成情况

来源：Wind 经济数据库，2017 年。

① 例如，企业债券发行中，资产负债率在 75% 及以上的发行人必须获得显性担保，但资产负债率低于 85% 的 AAA 级发行人和资产负债率低于 80% 的 AA+ 级发行人除外。中期票据的余额不能超过净资产的 40%。

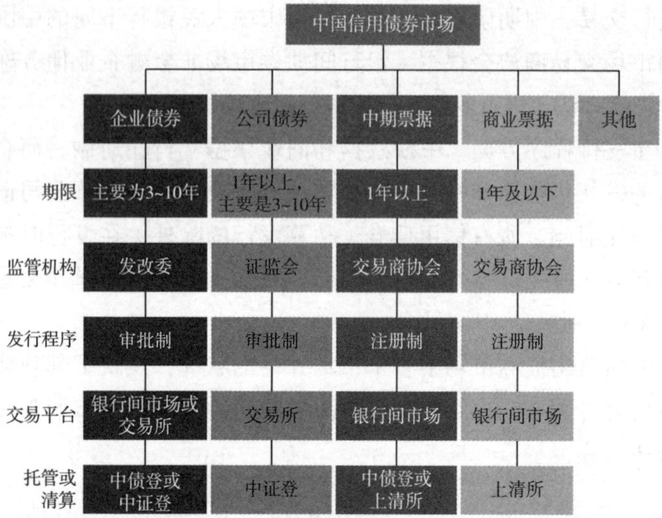

图 4.4　债券市场监管的割裂情况

注：中债登：中央国债登记结算有限责任公司。

中证登：中国证券登记结算有限责任公司。

交易商协会：中国银行间市场交易商协会。

发改委：国家发展和改革委员会。

资料来源：作者编制。

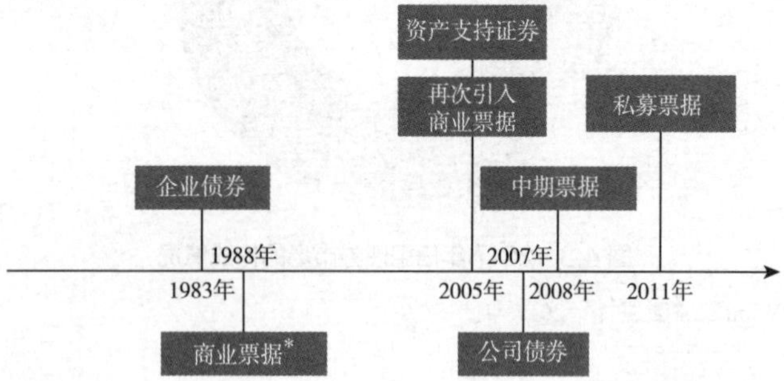

图 4.5　信用债券的发展历程（1983—2017 年）

注：* 商业票据于 1997 年被暂停。

资料来源：作者编制。

中国信用债券市场的发展主要经历了三个阶段。

- 第一阶段——企业债券：在很长一段时间内，企业债券都是中国信用债的唯一类型。企业债券于 1983 年首次发行，1987 年国务院正式颁布了《企业债券管理暂行条例》。总体来看，企业债券的指导原则是将低成本资金引向经济中的薄弱环节，以及实现国家的战略发展目标。从历史来看，企业债券的目的是为重要的国家基础设施项目提供资金，如三峡水利工程、国家铁路建设项目、国家电网建设改造以及钢铁、化工、能源等行业的发展。随着中国的发展战略发生变化，企业债券也扩展至为绿色发展、保障性住房、扶贫、养老服务等提供资金。

最初，企业债券是由中国人民银行和发改委共同监管。20 世纪 90 年代后期，这一职能由发改委负责。发行的每笔债都有对应的项目。发改委一方面负责项目的审批和跟踪，另一方面对债券发行进行管理。随着近年来的“放管服”改革，企业可以在申报审批的额度内自主发债。但是由于历史原因，企业债券几乎全部由中央和地方的国有企业发行。目前，地方政府融资平台发行的债券（“城投债”）占企业债的 80%。到 2017 年，企业债券占所有信用债券余额的 17%。

- 第二阶段——公司债券：2004 年以来，资本市场开放提速，引入了新型金融产品，包括金融机构发行的债券（“金融债”）和资产支持证券。2007 年，由证监会监管的公司债券正式推出，最初仅限上市公司发行，并仅在交易所交易。之后，监管机构简化了交易所的会员审批和申请程序，2015 年为非上市公司建立了私募债券的融资市场，从而刺激了这一细分市场的快速增长。2016 年，境外企业发行的人民币计价债券（“熊猫债”）也被引入。截至 2017 年，公司债券规模已达到 6 000 亿美元，占整个信用债券市场的25%。

- 第三阶段——中期票据和商业票据：为进一步提升企业的直接融资能力，中国人民银行于2005年再次引入了商业票据（这一产品曾在1989年推出，但在20世纪90年代暂停），并于2008年推出了一种新型信用债——中期票据。商业票据和中期票据的正式归类是“非金融企业债务融资工具”①，由中国银行间市场交易商协会监管，并在银行间市场上交易。中期票据是第一种可以在注册基础上发行的信用债，不需要相应的监管机构正式审批。截至2017年，其未偿存量已达到6 000亿美元，占信用债未偿总规模的26%。而期限为3、6、9或12个月的商业票据规模达到了2 200亿美元，约占信用债总规模的8%。

交易

与此同时，信用债券的主要交易市场已经从交易所市场转向银行间债券市场。1997年，约98%的信用债券在交易所市场上交易。到2017年，这一比重已大幅下降至7%，其余的93%则在银行间市场上交易（图4.6）。②

信用债券的当前交易结构与国际经验一致。国际经验表明，90%的债券交易通常发生在交易所市场之外（场外交易）。值得注意的是，中国的场外债券交易是在银行间债券市场发生的（其他国家的银行间债券市场则通常只为银行提供资金）。中国的银行间市场是由大型机构投资者主导的批发融资市场，其交易以双方协商为基础，结算则主要采取实时全额结算的形式。另外，交易所市场更像是由小型机构投资者（如证券公司、基金和高净值个人）主

① 除商业票据和中期票据外，非金融企业债务融资工具还包括资产支持票据和私募票据。

② 此外，不到0.3%的交易是在商业银行的场外市场和自贸区债券市场开展的。

导的零售融资市场。交易所交易通常以净额结算。

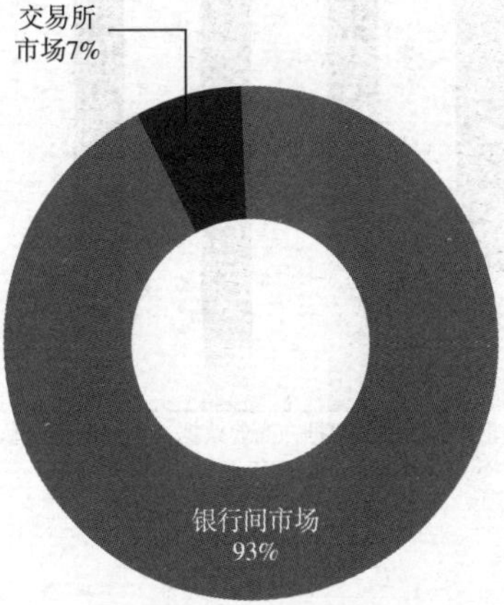

图 4.6　2017 年信用债券的交易情况（按市场划分）

资料来源：Wind 经济数据库，2017 年。

发行机构

信用债券的发行一直由国企主导（图 4.7，小图 1）。虽然国企在中国经济中的地位已经大幅下降（在过去 20 年中，国企的就业比例已经下降至 15% 以下，工业销售比例也已低于 20%），但国企在银行体系和债券市场中的信贷比重仍然很大（Lam 和 Schipke，2017 年）。2017 年，国企在未偿银行贷款中的比例为 40%，而 80% 的未偿信用债券由国企（特别是地方国企）发行。在不同类型的信用债券中，国企所占比例有所不同。从存量上看，在企业债券中，国企发行的规模、只数占主导地位；而在公司债券和短期商业票据中，私营企业发行的比例接近 40%。

地方政府融资平台发行的企业债券占企业债券发行总量的 80%（图 4.7，小图 2）。鉴于地方政府融资平台通常是为地方政府的

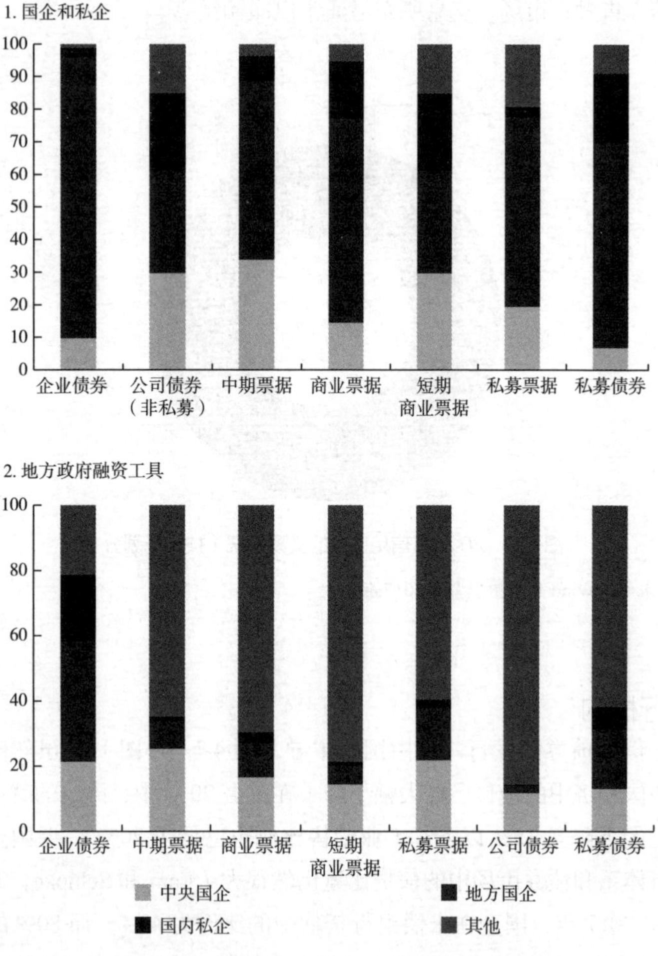

图 4.7　2017 年发行人的所有制结构（按债券类别划分）（百分比）

资料来源：Wind 经济数据库，2017 年。

预算外支出（如基础设施投资）提供资金，所以，根据国际货币基金组织的定义，地方政府融资平台借款被列为“增扩”的政府债务（基金组织，2018 年）。[①] 由于被市场视为有政府担保支持，地方政府融资平台发行的债券通常享有定价优势。尽管政府就打破融资平台的隐性担保发布了许多规定，许多市场参与者认为隐性担保依然存在（第 13 章）。

投资者

信用债券几乎全部由国内投资者持有。外国投资者参与信用债券市场的比重仍然很小，仅为 1%，这反映出资本账户仍然面临各种限制。在国内投资者中（表 4.1），集合投资工具约占 60%，其次是银行和证券公司。从不同交易平台来看，证券公司在公司债市场上（在交易所交易）的参与率较高，高于那些主要在银行间市场上进行交易的其他债券。长期投资者（如养老金和保险基金）的参与率为 5%~7%，规模同样不大。

表 4.1　2016 年信用债券的国内投资者分布　（%）

投资者	公司债券	企业债券	中期票据
集合投资工具	64	62	62
银行	18	29	31
证券公司	12	3	2
保险公司	7	5	5
清算所	0	1	0
非银行金融机构	0	1	0

来源：作者编制。

流动性

不同类型的信用债券的流动性存在差异，不过普遍都较低。

① 在 2014 年的全国审计中，中国政府正式确认约 13 万亿元人民币的地方政府融资平台债务属于政府债务。此后又实施多项措施，打破地方政府融资平台和政府债务之间的联系。

商业票据（部分因为期限在一年之内）的流动性通常较高，在银行间市场上进行交易的债券流动性高于在交易所进行交易的债券的流动性（图 4.8）。例如，尽管企业债券的期限为 7~10 年，但其流动性高于期限相对较短的公司债券。这是因为银行间市场吸引了大量机构投资者，提高了流动性；而交易所市场的投资者通常将公司债券用作流动性管理工具，主要用于质押回购交易。[①] 总体而言，中国信用债券的流动性远低于发达经济体，因为大多数投资者倾向于持有到期。

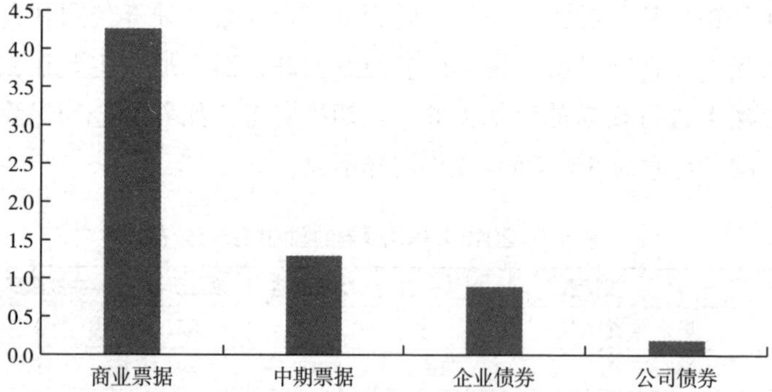

图 4.8　2017 年年度周转率

资料来源：Bloomberg L.P.，2017 年。

评级

中国的债券评级存在很大程度的倾斜，这是严格的发行要求与隐性担保的体现。超过 95% 的信用债券被评为 AA 级及以上，而美国的这一比例低于 6%（图 4.9）。这在一定程度上反映了严格的发行要求。例如，对于公司债券，只有达到 AAA 评级的才能面向所有投资者发行；对于中期票据和商业票据，只有达到 AA 评级

① 在这种情况下，公司债券用于回购交易的抵押品。

的才能发行；对于企业债券，杠杆率高于一定门槛值的企业需要强制外部担保。这意味着中国信用债券市场准入相当严格，只有质量较好的企业才能发行信用债券。与此同时，由于国企占据主导地位且市场普遍认为存在政府担保，实际评级可能会脱离企业的基本财务状况。中央结算公司（一个集中存管平台）的隐含评级显示，约有 40%~50% 的信用债券被评为 AA 级及以上，相比之下，官方评级的这一比例为 80%（图 4.10）。

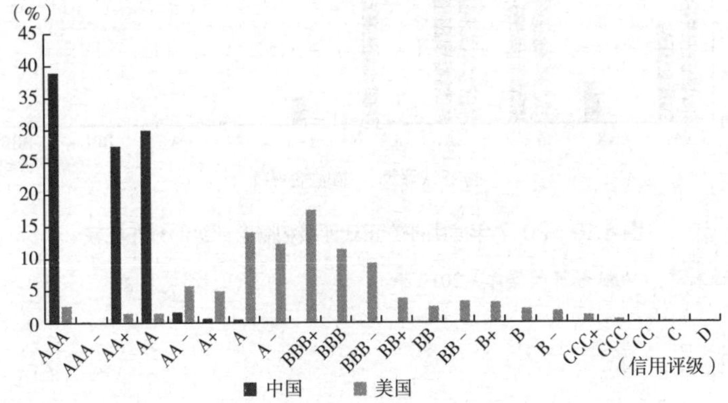

图 4.9 2017 年中国和美国信用债券评级的分布比较

资料来源：Bloomberg L.P.，2017 年。

但对某一评级而言，中国的信用利差远远高于其他国家。虽然官方评级的分布似乎存在扭曲，但仔细观察后会发现，中国相同评级对应着更高的信用利差。例如，美国 AAA 级债券的信用利差通常为 50 个基点，而中国则为 87 个基点；中国 AA 级债券的信用利差为 175~220 个基点，而美国仅为 70 个基点。[①] 因此，评级

① 但是，中国的高收益 AA 级债券的利差仍低于美国高收益债利差，2007 年以来始终未降至 300 个基点以下。

分布高度集中掩盖了背后信用利差的巨大差异（图 4.11）。

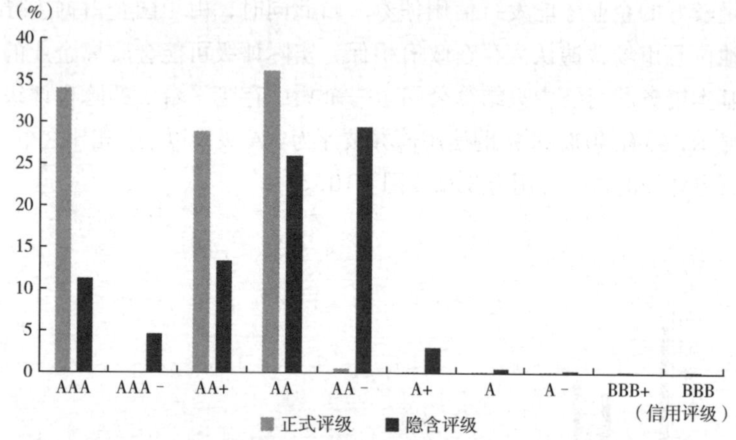

图 4.10　2017 年信用债券正式评级和隐含评级的分布比较

资料来源：Wind 经济数据库，2017 年。

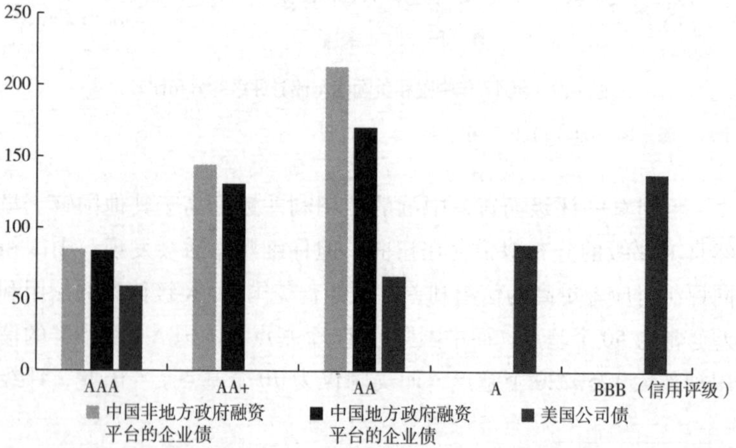

图 4.11　2017 年中国和美国的信用利差（按评级划分）（基点）

资料来源：Wind 经济数据库，2017 年。

违约

在中国，信用债券违约是近期才出现的，总体的违约率仍然很低。事实上，自 1983 年首次发行信用债券一直到 2014 年经济明显放缓时，中国的信用债券几乎是零违约（图 4.12）。低违约率的原因既有强劲的经济基本面和严格的发行审批，也有政府在企业临近违约时对投资者提供了保护。2014 年以来，中国经济出现了结构性放缓，违约率从 0 上升至 2016 年的 0.5%，仍远低于全球 2% 的平均水平。2017 年，随着经济开始周期性反弹，违约率又下降至 0.2%（图 4.13）。

信用债风险的合理定价是有效配置资源的关键。随着信用债券成为企业融资中日益重要的一种工具，对风险进行充分定价对于确保信贷资源的有效配置至关重要，这将影响经济的整体效率。隐性担保（尤其是国企的隐性担保）可能会严重扭曲风险定价，并可能对信用债券市场的长期发展造成不利影响。下一节将讨论信用债券的价格在多大程度上反映了潜在的风险。

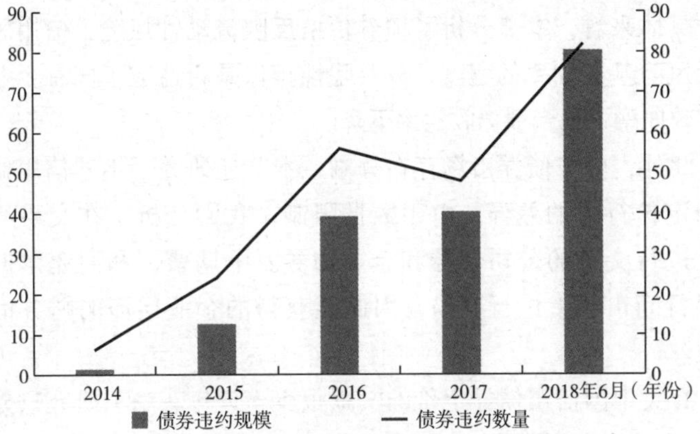

图 4.12　2014—2018 年信用债的违约情况

（左轴：10 亿元人民币；右轴：债券违约数量）

资料来源：Wind 经济数据库。

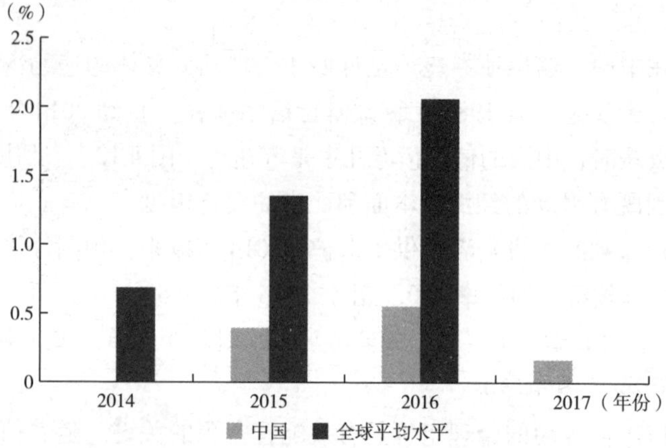

图 4.13　2014—2017 年中国和全球的信用债违约率

资料来源：Brilliance Rating，S&P Global。

实证分析

本节使用企业层面的数据对中国信用债券的定价行为进行研究。具体来看，本节分析了债券价格反映流动性风险、信用风险和无风险基准利率的程度，以及隐性担保是否造成了国有企业和地方政府融资平台债券收益率下降。

此外，由于债券市场存在分割，本节还研究了不同信用债券之间定价行为的差异。由于数据限制，我们分析了在交易所市场上进行交易的公司债券和企业债券。中期票据和商业票据仅在银行间市场上进行交易，因此能获得的企业层面的财务信息有限。

有关中国信用债券定价的文献很少，近年有一项研究只分析了截至 2012 年的数据，无法反映 2012 年以后的重大结构变化。从研究方法上看，考虑到中国信用债券市场还不发达，本部分采用了 Gao 和 Zou（2015 年）使用的线性回归方法，并将分析中使用的债券市场数据扩展至2017年。[①] 与的方法相比，我们在回归设定上的一个重要区别是，在分析中没有将信用评级与其他企业基本面信息包含在一起作为解释变量，因为这可能会产生共线性问题。本文对文献的另一个贡献是，定量分析了隐性担保对债券定价的影响。

模型的设定如下。其中，将信用债券收益率对基准收益率和一组风险因素进行了回归，同时控制了固定效应。

$$\text{信用债券收益率}_{it} = \beta_0^* \text{基准收益率}_{it} + \sum_{j=1}^{k} \beta_j^* \text{因素}_{it}^{j} + \alpha + u_i + \varepsilon_{it.}$$

解释变量包括基准利率（Guokai yield）和风险因素（factor）（回归变量的统计参数详细总结，参见本章附录A）。具体来看：

- 基准利率：分析使用主权债券收益率或与基准利率期限相同的国家开发银行债券收益率。[②] 对两种模型设定而言，结果都是稳健的。虽然大多数研究都直接使用了信用利差（债券收益率减去基准利率）作为因变量，但由于中国的利率传导还不完整，本章使用基准利率作为解释变量来检验无风险利率向信贷价格的传导程度。
- 信用风险因素：我们使用了几个变量来衡量发行人的信用风险，包括总资产规模、利息覆盖率、杠杆率和利润。本分析还控制了所有权类型和企业类型，以对国企和地方政府融资平台的隐性担

① 信用定价结构模型文献十分丰富，包括Merton模型、Black-Cox模型、Collin-Dufresne模型和Longstaff-Schwartz模型等。但这些模型并不适于对信用定价开展实证检验（Merton，1974年；Eom、Helwege和Huang，2004年；Li和Wong，2008年）。另一种方法是使用简化模型（Jarrow和Turnbull，1995年），但其估计值并不稳健（Duffee，1999年），且通常具有与结构模型类似的较高估计误差（Gündüz和Uhrig-Homburg，2014年）。线性模型可以很容易地涵盖债券定价分析中的信用风险、流动性风险和系统性风险，且在近期的实证研究中得到了广泛使用（Gao和Zou，2015年）。

② 鉴于国家开发银行债券的主权评级及其流动性高于主权债券，国家开发银行的债券收益率是中国信用债券市场事实上的基准利率。

保进行检验。鉴于企业债券主要由国企发行，本章仅使用公司债券数据（约40%由私营企业发行）来检验对国企隐性担保的定价。

- 流动性风险因素：本分析使用了Amihud比率[①]、交易量和到期日来衡量债券的流动性。
- 系统性风险因素：我们使用股票市场的总体收益率和年份虚拟变量假设来控制系统性宏观风险。

鉴于数据可得性，我们分析了2011—2017年在交易所市场上进行交易的企业债券和公司债券，包括2 319只企业债券和1 467只公司债券的月度交易数据。随后，我们将它们与债券发行人的财务数据进行匹配（将季度财务数据按照插值法计算出月度数据），包括杠杆率、利息覆盖率、资产规模和利润。我们还执行了一些清理步骤来去除缺失值和极值，并确保样本期内每只债券都达到最小交易量。最终样本包含了318只企业债券和265只公司债券（附录B说明了数据清理过程并给出了计算的细节）。

不同市场的定价

无风险利率向企业债券收益率的传导有所改善，但向公司债券的传导仍不完整。在2011—2014年的样本中，约80%的无风险利率变动被传导至企业债券和公司债券的收益率上；而在近几年中，企业债券的传导机制有明显改善，传导率几乎达到1∶1。公司债券的利率传导仍不完整，接近80%（图4.14）。这很可能反映了大多数政府债券和企业债券交易是在银行间市场上发生的，二者的投资者基础有很大重叠，因此改善了传导。交易所市场上的投资者通常是小型机构，它们对政府债券的风险敞口有限，因此对基准利率的变化不太敏感。公司债券缺乏流动性，这也降低了基准利率的传导效率。

① Amihud比率是用每月收益除以每月交易量得出的。该比率越高，流动性就越低。

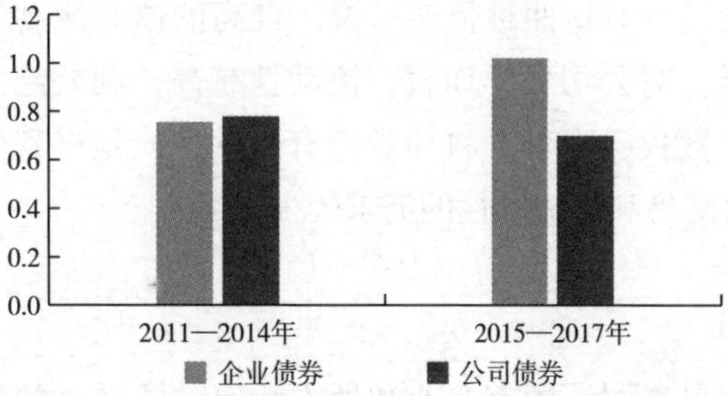

图 4.14　2011—2014 年和 2015—2017 年信用债券收益率对基准利率的响应（传导率）

资料来源：作者的估算。

公司债券对信用风险的定价优于企业债券，但这两种债券的价格都对流动性风险不敏感（图 4.15）。回归分析显示，对公司债券而言，杠杆率每提高 1 个百分点，会使收益率提高 3 个基点；利润率每提高 1 个百分点，会使债券收益率降低近 2 个基点。但对企业债券而言，杠杆率和利润率对债券定价的影响都可以忽略不计。这可能反映了大多数企业债券发行人都是国有企业，它们与政府关系密切，且杠杆较高的企业发行企业债券通常都需要提供外部担保，这也导致其价格不敏感。

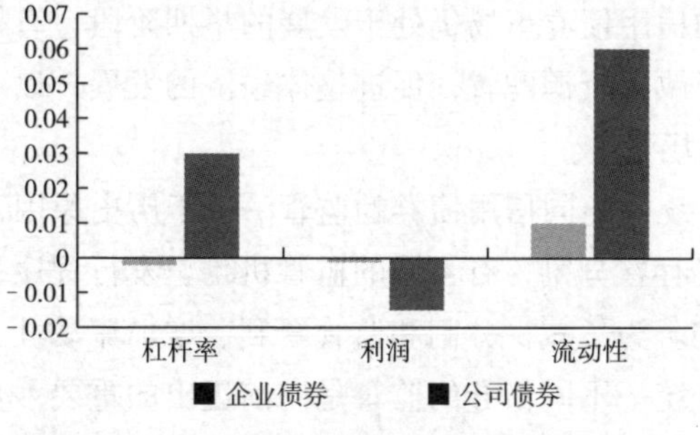

图 4.15　债券的信用风险和流动性风险定价（百分点）

资料来源：作者的估算。

有趣的是，对这两种债券来说，较高的债券流动性并不会使收益率降低。对公司债券而言，流动性越高，利差越大。这可能反映了大多数投资者都会将债券持有到期，或是将其用于质押回购，因此对交易和高流动性的需求较少。

隐性担保

回归结果表明，国有企业和地方政府融资平台的隐性担保通常会使债券收益率降低100个基点。在对信用债类型、行业和交易年份进行控制后，分析发现，与具有相同财务状况（包括杠杆、利润和规模）的私营企业相比，国有企业的收益率低108个基点。与此类似，分析发现，地方政府融资平台的债券收益率也低了97个基点，这体现了政府的担保。

在子样本中，我们的分析没有发现隐性担保使价格发生显著改变。这表明，尽管2015年实施了新预算法，但投资者仍然认为地方政府融资平台与地方政府关系密切，享有隐性担保。这种看法导致私营企业的信贷资源被挤出，信贷效率有所下降。

政策建议

中国的信用债券市场仍处于发展的早期阶段，有很大的发展空间。为了改善资源配置，促进整体经济的发展，以下这些措施将使债券市场受益。

第一，统一不同信用债券的监管。由于历史原因，中国的信用债券市场存在分割，有不同的监管机构、发行程序、交易平台和托管机构。为了减少分割和监管套利、增加流动性、提高价格发现功能，统一不同债券的监管是向前迈出的重要一步。这会增加对外国投资者的吸引力。中国人民银行牵头建立了部际委员会来统一监管。2017年9月，银行间市场和外汇市场评级机构的监管得以统一。该举措是重要的一步，为进一步统一债券监管打下了基础。

第二，消除对国有企业和地方政府融资平台的隐性担保。国有企业在中国总体的信用债券发行中占主导地位，其债券收益率比具有类似财务状况的民营企业低 100 个基点，这反映出与国有企业相关的隐性担保。尽管监管有所收紧，但投资者仍然认为地方政府融资平台具有隐性担保。这种定价扭曲对有活力的私人部门发行人产生了挤出效应，导致信贷资源配置低效，也会在未来增加政府的或有负债。为了打破隐性担保，政府应该让有问题的国企和地方政府融资平台退出，而不是在最后一刻介入并提供政府支持。同时，取消隐性担保应以可控步调推进，因为隐性担保突然被取消，可能导致资产定价剧烈调整并引发金融稳定风险。

第三，扩大投资者基础。信用债市场由国内投资者主导，需要对外开放以吸引外国机构投资者。更加多元化的投资者群体有助于更好地开展风险定价，有助于提高债券市场的流动性。与改善市场结构有关的其他措施，如推广买断式回购市场、集中做市活动等，也将提升债券的流动性（第 12 章）。

第四，使评级体系与全球标准接轨。与国际标准相比，中国目前的信用债券评级似乎存在扭曲。这当然体现了严格的监管门槛，但也反映出评级行业尚未成熟，需要进一步改进，以提供包含更多信息的评级。让更多外国机构进入评级行业，可以培养更好的风险文化，提高债券评级的质量。2018 年，三大国际评级机构获得了相关牌照，这是中国信用债券评级行业向前迈出的重要一步。

第五，促进投资者和债券发行人之间更好的风险分担。中国的信用债券发行标准非常严格，发行往往需要审批。这在一定程度上反映出监管机构保护投资者免受潜在违约风险的意图。但是，99% 以上的债券投资者都是专业的机构投资者，它们能够承受一定程度的违约风险。监管机构可以通过降低债券发行的监管门槛，鼓励小型私营企业发行更多债券，同时允许债券违约并让投资者承担风险，从而在投资者和债券发行人之间的风险分担方面实现更好的平衡。

结论

中国的信用债券市场过去10年发展迅速，已经成为世界第二大债券市场。尽管如此，中国债券融资仍仅占非金融企业融资的10%，而美国的这一比例约为60%。此外，外国投资者目前持有的信用债券不到1%。这意味着还有很大空间进一步发展债券市场并增加外国投资者的参与度。

当前信用债券市场的分割结构是独特的市场发展历程的结果。新的债券种类（如公司债券和中期票据）在原有的企业债券基础上被不断引入并得以发展，这在一定程度上反映出由于历史原因完全改革旧有安排（如企业债券）还存在困难。不同的信用债券市场也有不同的监管机构和不同的交易结算平台。国有企业和地方政府融资平台主导市场，且发行存在严格限制。在评级方面，90%的信用债券评级在AA级及以上。

基于企业层面的数据，本章的实证分析为中国信用债券市场提供了独到的见解。例如，与类似的企业债券相比，公司债券的定价能更充分地反映信用风险。分析还显示，与具有相似财务和经营状况的私营企业相比，国有企业和地方政府融资平台能够享受更低的融资成本（降低约100个基点）。这表明存在隐性担保。

为了充分发挥中国信用债券市场的潜力、改善资源配置，需要进一步推进改革。

第一，有很大空间来统一不同信用债券安排的发行程序和法规。在更长时间内，可能需要对统一不同监管机构的利弊进行讨论。

第二，为了促进更有效的资源配置，重要的是要消除隐性担保。2017—2018 年实施的旨在打破地方政府与地方政府融资平台之间联系的措施，已经朝这个方向迈出了重要一步。但为了创造一个公平的竞争环境，让有问题的国企退出市场并允许公司债券违约也很重要（第 13 章）。

第三，应努力扩大投资者基础，吸引更多机构投资者进入市场，包括进一步对外国投资者开放。

第四，中国的评级行业需要进一步发展并与国际标准接轨。2018 年，中国允许外国评级公司进入市场，这可能会在这方面发挥重要作用。当信用文化得到加强后，政府可以考虑降低债券发行的准入门槛，让中小私营企业能更多地发债。它们的收益率可以更高，以适当反映其潜在风险。

通过实施这些改革，信用债市场可以成为企业融资的一个更重要场所，并能通过有效配置信贷资源来促进经济增长。

附录 A

回归变量

附表 1 回归变量

特征	类型	变量	单位	说明	预期符号
债券收益率	因变量	债券收益率	%	季度债券收益率	
基线利率	自变量	无风险利率	%	相同期限的国家开发银行债券收益率	接近 1
信用风险衡量	自变量	国企	虚拟变量	国企 =1，非国企 = 0	–
	自变量	地方政府融资平台	虚拟变量	地方政府融资平台 =1，否则为 0	–
	自变量	总资产	百万元人民币，取对数	发行企业总资产的自然对数	–
	自变量	利润	%	净利润 / 收入	–
	自变量	利息覆盖率	%	利息覆盖率	–
	自变量	杠杆率	%	总负债 / 总资产 *100%	+
流动性风险衡量	自变量	非流动性指标	%/ 百万元人民币	Amihud（2002 年），每日收益 / 每日交易量（美元计）之和	+
	自变量	交易量	人民币，取对数	每日交易量	–
	自变量	剩余到期日	天数	到期日 – 交易日	–
债券的具体情况	自变量	行业	虚拟变量	不同行业	
	自变量	发行规模	亿元人民币	债券发行规模	
	自变量	债券期限	年份	债券发行期限	
系统性风险衡量	自变量	股市变化	%	沪深 300 指数变化	–
	自变量	交易年份	虚拟变量	交易发生年份	

资料来源：作者计算。

附录 B

数据整理和统计概览

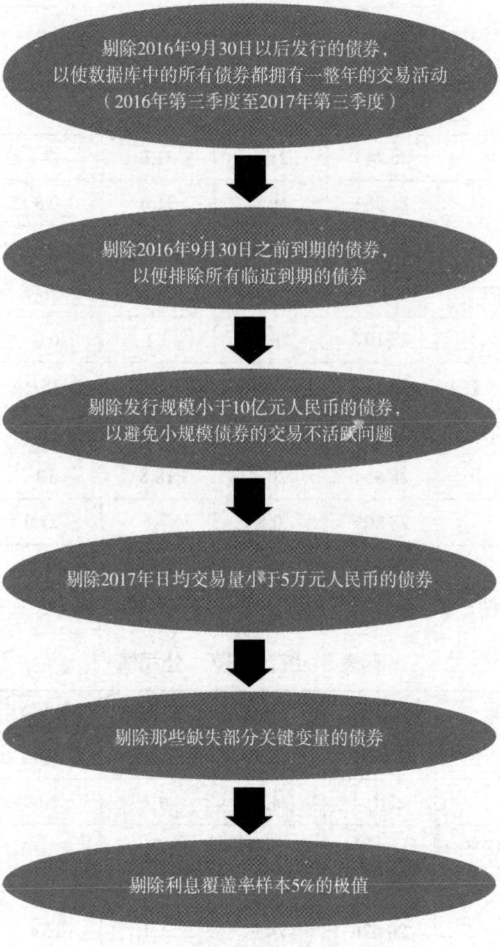

附图 1　数据整理

资料来源：作者编制。

附表 2　统计概览：企业债

变量	观测数	平均数	标准差	最小值	最大值
债券收益率	16 039	5.2	1.5	–13.7	14.6
无风险利率	28 107	4.2	0.7	2.6	6.4
地方政府融资平台虚拟变量	28 454	0.8	0.4	0.0	1.0
总资产	27 116	24.6	1.6	19.6	29.0
利润	26 243	21.5	21.6	–7.1	78.7
利息覆盖率	23 564	16.1	31.6	0.8	130.6
杠杆率	27 116	52.0	16.6	0.3	95.2
非流动性指标	8 450	–0.4	8.2	–26.7	21.7
交易量	28 107	1.9	3.1	0.0	9.0
剩余期限（天数）	28 107	2 608	1 098	387	8 218
债券发行期限	28 454	7.9	2.7	3	30
发行规模	28 454	20.2	18.8	10	200
股市变化	28 107	0.5	7.1	–21.0	25.8
交易年份	28 107	2014	1.95	2011	2017

资料来源：作者计算。

附表 3　统计概览：公司债

变量	观测数	平均数	标准差	最小值	最大值
债券收益率	22 194	1.5	2.4	0.0	14.7
无风险利率	22 194	4.2	0.7	2.6	6.3
地方政府融资平台虚拟变量	22 468	0.5	0.5	0.0	1.0
总资产	20 476	24.9	1.4	16.4	29.1
利润	20 323	12.3	10.4	0.6	39.2
利息覆盖率	19 083	9.3	12.6	1.2	51.8

续表

变量	观测数	平均数	标准差	最小值	最大值
杠杆率	5 605	64.1	15.0	0.6	101.3
非流动性指标	4 713	0.0	0.0	–0.1	0.1
交易量	22 194	1.5	3.0	0.0	9.6
剩余期限（天数）	22 468	2 029	662	1 095	5 478
债券发行期限	22 468	5.6	1.8	3	15
发行规模	22 468	26.5	20.0	10.0	160.0
股市变化	22 194	0.5	7.1	–21.0	25.8
交易年份	22 194	2014	1.95	2011	2017

资料来源：作者计算。

附录 C

回归结果

附表 4 显示了信用债券收益率对基准利率、信用风险、流动性风险和所有权特征的敏感程度。使用普通最小二乘法和固定效应法分别对公司债券和企业债券的定价行为进行估计。

附表 4 信用债券收益的敏感程度

变量	企业债券		公司债券	
	模型（1a）企业债 OLS	模型（1b）企业债固定效应	模型（2a）企业债 OLS	模型（2b）企业债固定效应
无风险利率（国家开发银行债券收益率）	0.797***	0.769***	0.714***	0.736***
	–0.0334	–0.0333	–0.0645	–0.0612
地方政府融资平台虚拟变量	–0.968***	—	—	—
	–0.233	—	—	—
国企虚拟变量	—	—	–1.081***	—
	—	—	–0.13	—
总资产	–0.304***	–0.164	–0.746***	–1.302***
	–0.0997	–0.241	–0.149	–0.31
利息覆盖率	0.00225	0.00243	0.00678**	0.00814***
	–0.00202	–0.00216	–0.00274	–0.0028

续表

变量	企业债券		公司债券	
	模型（1a）企业债 OLS	模型（1b）企业债固定效应	模型（2a）企业债 OLS	模型（2b）企业债固定效应
杠杆率（债务 / 资产）	–0.00235	–0.00423	0.0321***	0.0389***
	–0.00463	–0.00671	–0.01	–0.0128
非流动性指标（Amihud 比率）	–0.00951***	–0.00967***	–2.387***	–2.412***
	–0.00149	–0.0015	–0.417	–0.409
利润（净利润率）	–0.00151	–0.00156	–0.0145***	–0.0152***
	–0.00162	–0.00172	–0.00411	–0.00454
交易量	0.0129	0.00584	0.0640***	0.0624***
	–0.013	–0.0129	–0.0113	–0.0111
到期天数（债券期限）	0.000166**	0.000791***	–9.76E–05	–0.00027
	–8.22E–05	–0.000142	–0.000123	–0.000197
发行规模	–0.00587	—	0.00668	—
	–0.00486	—	–0.00595	—
债券期限	–0.0821***	—	0.0527	—
	–0.0208	—	–0.0467	—
股市变化	0.00263***	0.00389***	–0.00141	–0.00092
	–0.00097	–0.00098	–0.00111	–0.00112
常数项	10.87***	4.342	19.18***	32.78***
	–2.451	–6.028	–3.259	–7.595

续表

变量	企业债券		公司债券	
	模型（1a）企业债 OLS	模型（1b）企业债固定效应	模型（2a）企业债 OLS	模型（2b）企业债固定效应
控制年份	Y	Y	Y	Y
控制行业	Y	—	Y	—
观测数	7 402	7 402	4 313	4 313
R^2	—	0.559	—	0.493
债券数量	318	318	265	265

注：***$p<0.01$；**$p<0.05$。

资料来源：作者计算。

第5章

地方政府债券市场

林卫基　王景森

中国的政府债券市场发展迅速，已成为世界最大的债券市场之一。总体而言，中国的固定收益市场在 2017 年达到 74.5 万亿元人民币（约合 11 万亿美元，超过 GDP 的 90%），位居世界第三，仅次于美国和日本（图 5.1，小图 1）。地方政府债券约占中国固定收益市场的 20%。

推动政府债券市场快速增长的主要因素是债务置换计划以及 2014 年年底以来新发行的地方政府债券。中央政府已允许地方政府在规定的年度限额内正式发行债券，以控制地方政府预算外借款带来的财政风险加剧。地方政府债券存量在 2017 年达到 15 万亿元人民币（接近 GDP 的 20%），超过了主权债券规模（图 5.1，小图 2）。

在 2015 年以前，由于中央政府的限制，虽然地方政府在地区发展和社会服务方面发挥了重要作用，但地方政府债券融资的规模可以忽略不计。[①] 此外，相对于支出需求，地方政府普遍面临结构性收入不足。地方政府通过设立地方政府融资平台，从银行和资本市场借款来规避中央政府的规定，由此导致地方政府融资平台发行的债券（“城投债”）不断增加。地方政府还依赖这些融

① 中国地方政府大体分为四级（省、地、县和乡镇）。省级政府包括 31 个省、自治区和直辖市。3 000 多个地级和县级政府提供多数公共服务。地和县往往人口密集，居住人口从 15 万人到 200 万人不等。

资平台实施逆周期财政政策，在经济下滑时增加投资（Mano 和 Stokoe，2017 年; Li 和 Mano，即将发表）。

地方政府债券市场虽然规模很大，但仍然不够发达。银行持有多数地方政府债券，交易有限。债券利差表示，信用风险区分度很低，这在一定程度上是因为人们普遍认为地方政府债券有政府支持（见第 13 章关于隐性担保的内容）。许多地方政府（特别是欠发达地区的政府）虽然通过发行债券获得融资，但仍然面临结构性赤字，即支出需求高于收入。

本章探讨了地方政府债券市场的近期发展，并与其他国家进行了比较。此外，本章还分析了当前市场发展的障碍，并讨论了可以利用哪些政策（包括财政改革）促进地方政府债券市场的稳健发展。

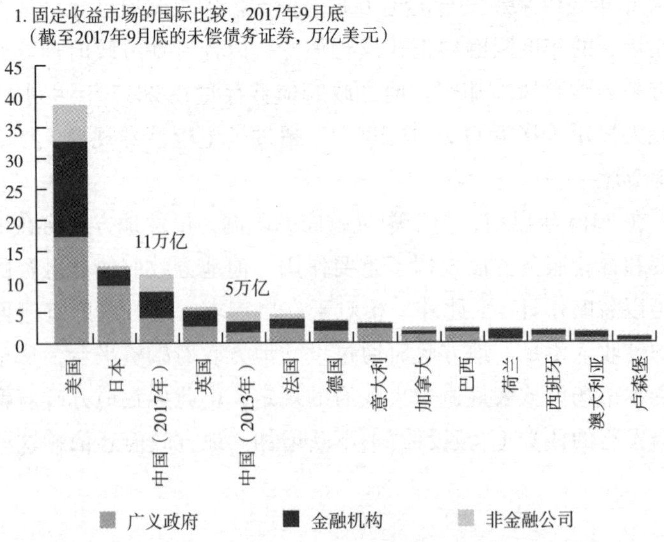

图 5.1　中国债券市场的近期发展

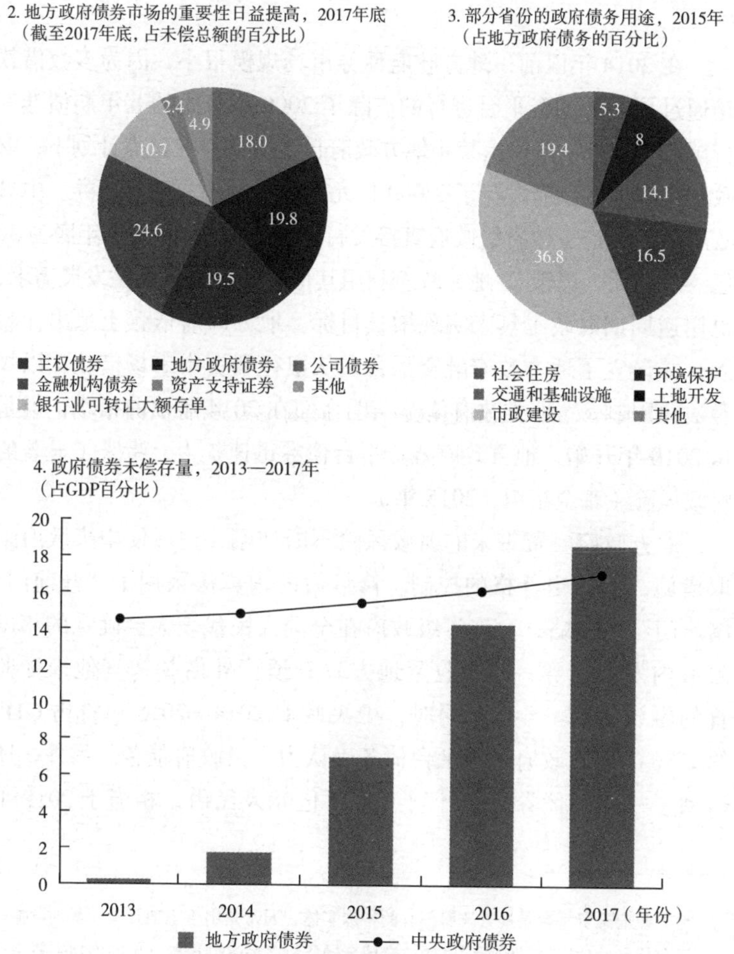

图 5.1　中国债券市场的近期发展（续）

注：2017 年 9 月底加上了中国 2013 年份额，用于比较；公司债券包括中短期债券，以及未划作地方政府债券的地方政府融资平台债券。

资料来源：国际清算银行，法国财政部，中国财政部，江苏省政府，Wind 经济数据库，作者的估算。

近期发展状况

在2014年以前，地方政府债券市场规模很小，因为多数借款是通过预算外融资平台进行的。除了2009年开始的五年期债券发行试点计划外，法律上禁止地方政府自主借款。在试点计划下，财政部代表地方政府发行了2 000亿元人民币的地方政府债券。中央政府随后允许少数省级政府直接发行债券（截至2014年年底为30亿~40亿元人民币）。地方政府利用其他融资渠道来满足发展需求，也用逆周期财政工具来实现增长目标。地方政府依赖土地出让收入，并设立了地方政府融资平台，从银行和资本市场借款，以规避法律限制。[①] 地方政府债券未偿金额在2014年以前很小，但是从2010年开始，地方政府融资平台债券迅速扩大，带来了显著的财政风险（基金组织，2015年）。

地方政府融资带来的财政风险不断加剧，这促使中央政府采取措施，实施更严格的控制。修订后的预算法采用了“开前门、堵后门”的策略，允许省级政府在全国人民代表大会确定的年度限额内发行债券，同时收紧地方政府预算外借款和其他未受监管的融资来源。[②] 与此同时，中央政府2014—2015年将占GDP约22%的地方政府融资平台债务确认为广义政府债务。另外，还启动了三年期债券置换计划（18万亿元人民币，相当于2015年

---

① 地方政府融资平台是地方政府拥有的特殊实体，通常是出于土地开发、基础设施投资和保障性住房等目的而设立的。全球金融危机之后基础设施支出的增加主要是通过这种预算外融资提供资金的。地方政府融资平台在法律上注册为公司，具有公共部门目标，与主要商业运作的国有企业形成对照。多数情况下，地方政府分担融资平台的偿债责任并提供债务担保。

② 全国人民代表大会2015年授权发行了1.6万亿元人民币的债券，其中0.6万亿元人民币是新融资，另外1万亿元人民币是对到期的地方政府融资平台债务（在三年期债务置换计划下被视为广义政府债务）的再融资。

GDP 的 25%），将高利息短期债务（包括银行贷款、地方政府融资平台债券、信托和其他非标准借款）逐步替换为期限为 2~20 年的省级政府债券（表 5.1）。

表 5.1　2013—2017 年政府债务和债券发行　　（万亿元人民币，百分比）

	2013年	2014年	2015年	2016年	2017年
政府债务未偿存量	9.5	25.0	25.5	27.3	29.9
（占GDP百分比）	16.0	38.8	36.9	36.7	37.7
其中：中央政府	8.7	9.6	10.7	12.0	13.5
其中：地方政府	0.9	15.4	14.8	15.3	16.5
（占GDP百分比）	1.45	23.9	21.5	20.6	20.9
债务置换计划（流量）	—	—	3.2	4.9	2.8
新债券发行	3.0	4.0	0.6	1.2	1.6
地方政府债券未偿存量	0.8	1.1	4.8	10.6	14.7
（占地方政府债务的百分比）	—	7.1	32.6	69.3	89.5
政府债务上限	—	25.5	26.9	29.8	33.0
中央政府		10.1	11.2	12.6	14.1
地方政府	—	15.4	15.7	17.2	18.8

注：斜体数值表示占GDP百分比，其他以人民币计价；债务置换计划于2018年10月底结束；新债券发行数额包括2009—2014年的地方政府债券试点计划；政府债务上限由全国人民代表大会批准。

资料来源：财政部，Wind经济数据库。

2014—2017 年，地方政府债券市场从 1.1 万亿元人民币增加到 14.7 万亿元人民币。债务的迅速积累导致地方政府财务净值出现恶化（Lam 和 Moreno-Badia，即将发表；基金组织，2018 年 a）。债务的增长在很大程度上是由于债务置换计划。在官方认可的地方政府债务中，约 90% 目前采取债务证券形式（表 5.1）。总体而言，该计划帮助地方政府延长了债务期限，降低了利息成本，并实现了地方政府债务工具的标准化（Lam、Wei 和 Eden，2017 年），但可能也对私人投资产生了挤出效应（Huang、Pagano 和 Panizza，2016 年）。尽管债务置换计划于 2018 年 10 月完成，但鉴于地方政府庞大的融资需求，地方政府债券还可能进一步扩大。

地方政府债券的发行在各省之间存在显著差异，但并不能充分反映地方政府的财政基本面（图 5.2）。更发达的沿海省份名义上债券发行量最大，但其债务负担占 GDP 的比例小于欠发达的省份。欠发达省份的债务占 GDP 的比例平均超过 40%，占省级财政收入的比例超过 80%。2017 年，地方政府债券的加权平均收益率达到 4.3%（平均比银行贷款利率低 140 个基点），各省之间的利差很小，为 10~20 个基点，远远小于其他国家地方政府债券的利差（Sola 和 Palomba，2015 年）。各省的地方政府债券信用评级没有区别，多数债券发行的评级是 AAA- 级。

与其他 OECD（经济合作与发展组织）国家相比，中国地方政府债券市场相对于公共财政而言规模较大。目前，在 53 个主要经济体中，约有 37 个经济体允许地方政府发债。2010—2015 年，在 OECD 国家中，地方政府债务占 GDP 的比例在联邦国家中平均为 31%，在单一制国家中约为 15%。相比之下，中国的官方地方政府债务约占 GDP 的 20%（图 5.3）。

OECD 国家的地方政府债务所占比例较小，这是因为这些国家对地方政府借款有法律限制，并且中央政府制定了审慎的财政规则。许多国家的地方政府借款只能用于基础设施长期投资。在 OECD 国家的地方政府债务中，债务证券占很大比例（加权平均为 45%），特别是联邦国家中的州政府占比更高（图 5.3）。[①] 例如，在美国，2017 年的市政债未偿存量为 3.8 万亿美元（占债券市场总规模的 10% 或 GDP 的 20%）。2015 年日本地方政府债务约占 GDP 的 30.4%（占政府债券总额的 17%，日本总务省，2017 年）。

---

① 联邦体系是在联邦政府和州或省之间分享权力（加拿大、德国和美国）。单一制政府（或单一制国家）是单一实体统治的主权国家；中央政府将不同程度的权力授予各行政区（中国、日本、韩国、瑞典和英国）。

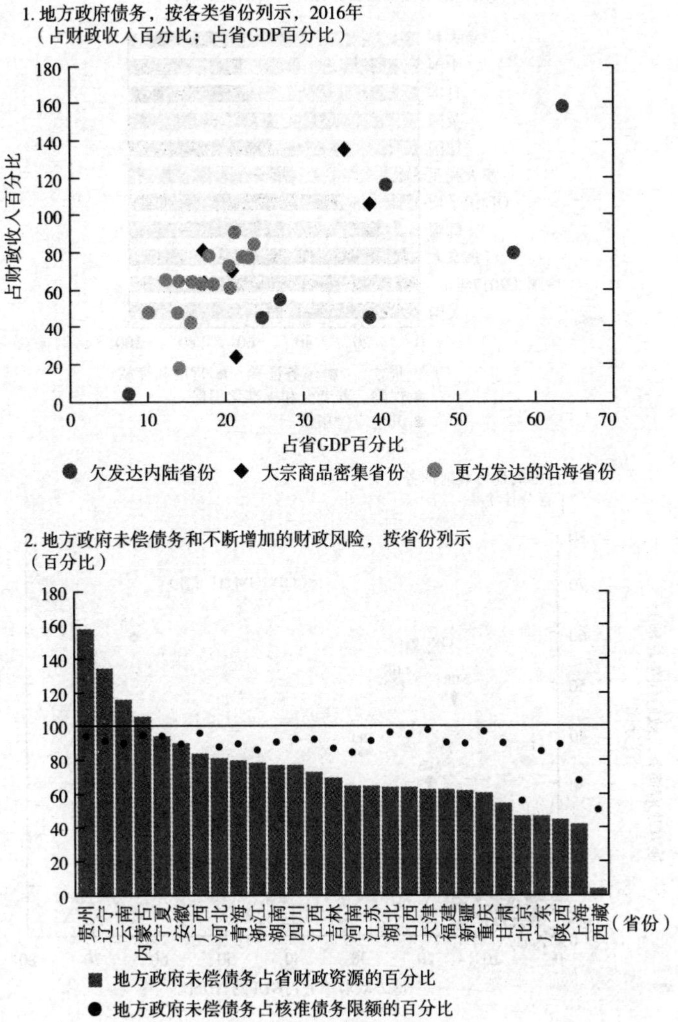

图5.2　各省的地方政府债务

资料来源：财政部，Wind经济数据库，作者的估算。

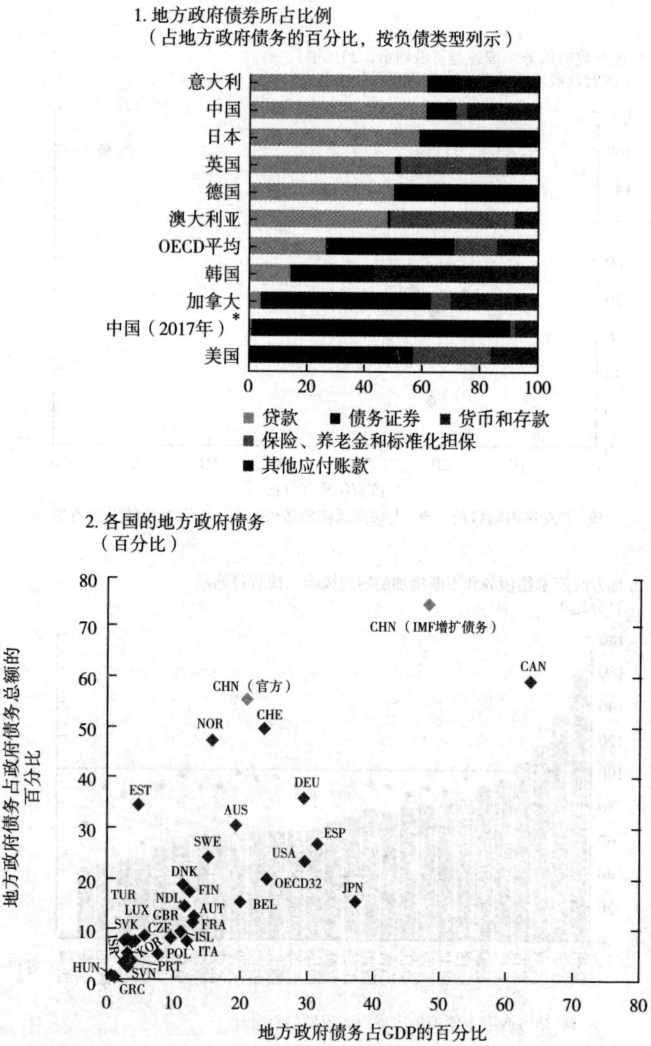

图 5.3 地方政府债务，中国与 OECD 国家的比较

注：*基于广义政府债务的官方定义；小图 2 使用国际标准化组织的三字母国家代码；OECD32= 经合组织 32 个国家的平均值；CHN= 中国。

资料来源：财政部；国家审计署；OECD，2016 年；作者的估算。

在中国，政府也采取措施进一步发展地方政府债券市场（“开前门”），同时收紧了预算外地方政府借款（“堵后门”，表 5.2）。具体而言，采取了以下措施。

表 5.2　1994—2018 年地方政府财政管理方面的主要措施

宣布日期	参考文件	主要措施
1994 年 3 月	过去的预算法第 28 条	预算法禁止地方政府借款和发行债券，这一规定在 2009 年以前一直有效
2009 年	国务院	国务院批准发行 2 000 亿元人民币的地方政府专项债券
2011 年	财库［2011］141 号	国务院实行了一项试点计划，允许财政部代表部分地方政府发行债券
2013—2014 年	财库［2013］77 号；财库［2014］57 号	将试点计划扩大到其他省份和直辖市，发行不同期限的债券。发行时有信用评级要求
2014 年 8 月	经修订的预算法	自 2015 年起，经修订的预算法规定，省政府只能以债券融资形式借款，并受国务院规定的债务额度限制。地方政府负有偿还债务和监控风险的全部义务，并且不得向第三方提供其他形式的担保
2014 年 10 月	国发［2014］43 号	赋予省政府发行债券的权力，但必须得到省级人民代表大会批准。这项措施还实现了债务融资机制的标准化，将地方政府融资平台债务与政府债务分离，强化了对地方政府或有负债的问责和监测，并鼓励采用公私合作安排
2015年5月	国务院40号文；财库［2015］64号；财预［2015］32号；财会［2015］83号	采取了临时措施，以平稳实现地方政府对现有项目的融资。另外，进一步实行了有关规定，对地方政府资金使用和偿还责任进行管理
2015年5月	财库［2015］102号	有关机构联合宣布了债务置换计划，在三年内将地方政府债务（如银行贷款）替换为地方政府债券。年度置换计划将在每年的全国人民代表大会期间宣布

续表

宣布日期	参考文件	主要措施
2016年7月	财预［2016］154号和155号	就地方政府债务进一步制定了规范，包括更加严格地审查预算管理、债务偿还以及债券融资资金的使用
2016年10月	国务院88号文	国务院发行了关于地方政府债务风险管理和处置框架的指令。各省负责监控地方政府债务并采取措施化解风险
2017年5月	财预［2017］50号	有关机构建立了联合机制来监测地方政府债务风险，重申禁止预算外地方政府借款，改善了信息披露，并收紧了地方政府融资平台和公私合作安排融资
	财预［2017］62号、87号、89号、97号	限制地方政府通过服务采购过程非法筹债，并禁止采用“建设转让”机制；允许地方政府凭土地储备发行特别债券，但受到更严格的监管。正式允许发行收费公路专项债券，但受到债务上限约束，并反映在预算中。债务偿还将基于土地开发和公路收费带来的收入
2017年6月和11月	财金［2017］55号、455号；财办金［2017］92号	政府限制某些基础设施项目采取公私合作模式，允许某些项目实行证券化。还要求地方政府将公私合作项目在集中数据库备案，同时清理所有没有达到标准的项目
2018年3月	财金［2018］23号、财预28号	禁止国有金融机构为地方政府提供融资（除非通过地方政府债券）和寻求地方政府担保。中央政府允许地方政府发行专项债券为社会住房（棚户区改造）项目提供资金
2018年5月	财库［2018］61号	中央政府采取措施协调各省的地方政府债券发行，包括制定债券发行季度限额（不超过年度限额的30%），要求地方政府在发行债券时采用市场定价，并扩大期限（2年、15年和20年）
2018年12月	财预［2018］209号	财政部发布了关于加强地方政府债务信息公开的指导方针

资料来源：财政部，国务院，媒体报道。

- 修订后的预算法和相关条例将地方政府财政责任赋予各省。省财政厅负责以下各级政府的财政。如果财政风险超过一定水平，上级政府有权与债权人对下一级政府的债务进行重组，并追究有关官员的责任。
- 宣布采用预警系统和风险管理准则，以监控地方财政风险。这些措施（尽管未得到检验）旨在警示财政风险，尽早化解财政挑战，同时限制对其他地方政府产生溢出影响。措施包括取消地方政府财政权力，同时确保当地居民能够获得最低水平的服务。
- 新的条例允许地方政府利用土地开发和公路收费收入来发行债券。出台了跨部门的措施，以加强政策协调和提高有效性。

克服发展障碍

在地方政府债券发行量激增的同时，债券市场发展和监管措施并未相应得到提升。长期以来存在的诸如流动性有限、投资者基础狭窄、信用结构薄弱、信息披露不足、监管分散、债务管理能力有限等障碍，在债券市场不断发展的过程中越来越具有挑战性和复杂性。这些障碍相互交织，相互强化。其中一些障碍也普遍存在于资本市场的其他领域（如主权债券和企业债券市场）。

- 流动性有限。二级市场交易不断增长（几乎完全是在银行间市场），2017 年市场规模超过 2 500 亿元人民币，但地方政府债券市场的流动性依然很低。2017 年，平均交易量仅为未偿存量的 4.3%，远远低于主权债券 66% 的水平（图 5.4，小图 1）。[①] 与其他公共部门发行者相比（如政策性银行的债务工具），流动性

---

① 尽管主权债券的期限从 3 个月到 50 年不等，5~10 年国债期货市场支持流动性，但二级市场总体成交活动依然清淡。

明显更低。流动性低的原因包括，金融市场基础设施（如做市商）欠发达，仅对持有到期债券的息票支付免税导致的交易激励不足（见第3章关于主权债券收益率曲线以及第12章关于流动性状况和市场结构的内容）。[①]流动性低也导致投资者基础狭窄，因为如果债务再出售很困难，投资者就不太愿意投资这些债券。

- 投资者基础狭窄。由于流动性低以及债务置换计划遗留的影响，3/4以上的地方政府债券由商业银行持有（图5.4，小图2）。地方政府债券发展的一个主要制约因素是，缺乏多元化的机构投资者基础。共同基金、寿险公司、养老基金等长期机构投资者是长期地方政府债券的自然持有者，但这些投资者基本上没有参与地方政府债券市场。此外，国内地方政府债券的外资持有比例很低（占主权债券总额的5%，地方政府债券市场上几乎为零），不过，随着中国债务证券被纳入全球基准指数以及中国继续开放国内金融市场，这一比例预计将上升。
- 信用风险结构发展不足，给地方政府债券带来扭曲效应。不同省份的信用评级似乎没有充分体现地区差异，多数地方政府债券的评级都是AAA级，不论其增长前景、债务比率和财政基本面如何。地方政府债券的定价可能存在非市场因素，其中包括地方政府可能凭借其在商业银行的大量存款而影响定价。此外，尽管预算法规定省级政府对所有地方政府债务明确负有全部责任，但现有法律不允许省级政府违约。普遍存在的看法是，对于地方政府无法偿还债务或违约的情况，中央政府将实施救助（Ji等人，2017年）。截至目前，尚未出现省级地方政府违约的情况（基金组织，2018年b）。人们往往认为这种违约对

① 流动性低也削弱了政府证券通常发挥的价格参照作用。结果是，中国的主权债券没有形成流动性基准收益曲线。在启动债务置换计划时，银行以较低的息票利率购买了地方政府债券。如果出售这些债券，这些银行将马上遭受按市值计价的损失。

债券市场发展有不利影响，包括引发道德风险和扭曲风险定价（见第 13 章关于隐性担保的内容）。

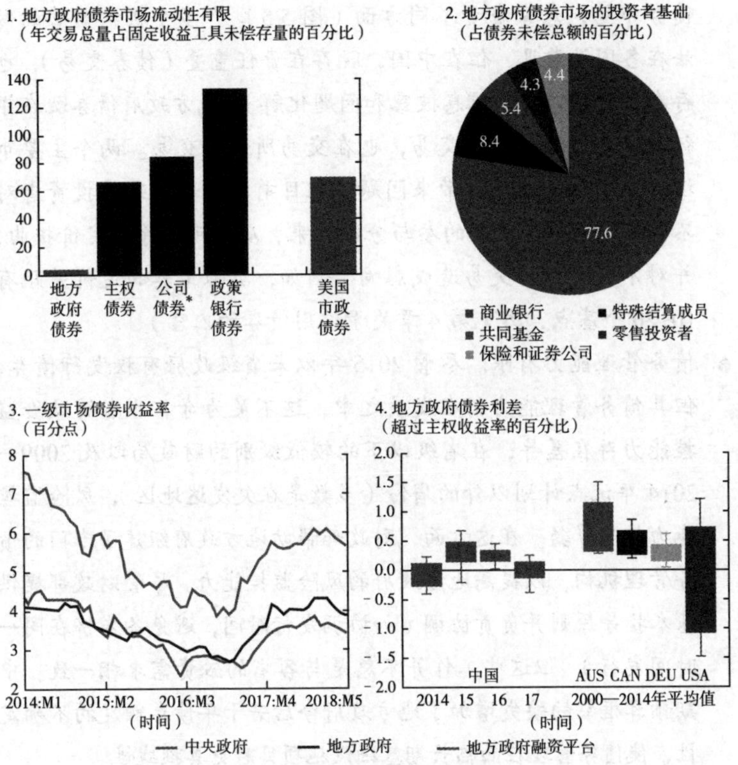

图 5.4　地方政府债券市场的障碍

注：* 包括各种期限的公司和企业债券；M= 月份；AUS= 澳大利亚；CAN= 加拿大；DEU= 德国；USA= 美国。

资料来源：财政部，Wind 经济数据库，作者的估算，Sola 和 Palomba（2015 年）。

- 信息披露不足。投资者和评级机构用以评估地方政府信誉的信息有限。尽管财政部多次要求在债券发行之前披露地方债务管理和财政数据，但许多地方政府没有披露这种信息，或仅提供有限的信息。例如，中国地方政府债券发行说明书通常仅有8~10页，而美国市政债券发行说明书超过300页。

- 税收和监管框架处于分割状态。多家部委和机构监管地方政府债券市场，每家负责不同方面（图5.5）。[①] 多个机构监管的做法在各国很常见，但在中国，既存在责任重叠（债券交易），也存在监管缺口（如信息披露和问题化解）。地方政府债券既在银行间市场上进行场外交易，也在交易所进行交易。两个主要市场部分并存本身不会带来问题，但目前的限制规定将投资者对不同市场和债券工具的参与分割开来，从而可能导致定价扭曲，并对不同平台的交易造成影响（例如，类似工具的定价差距有10~20个基点，另见第4章关于信用债券的内容）。
- 债务管理能力有限。尽管2015年以来省级政府有权发行债券，但其债务管理能力仍在发展之中，这不足为奇。各省的风险监控能力存在差异，在省级以下的较低级别的财政局以及2009—2014年试点计划以外的省份（多数是在欠发达地区），风险监控能力相对薄弱。在这方面，财政部帮助地方政府组建了专门的债务管理机构，以提高地方政府的风险监控能力。尽管财政部提供基本指导原则并负责协调（如协调发行时间，避免各省挤在同一时间发行），但这些工作并不总是与各省的融资需求相一致。中期预算框架的缺失增加了地方政府今后若干年债券额度的不确定性，使债务管理在面临长期基础设施项目时更具挑战性。

其他允许地方政府发行债券的国家往往设有单独的债务管理

① 例如，财政部和地方财政厅负责债券发行的总体财政封套，而中央银行负责银行间市场的交易，证券监督管理委员会负责交易所的活动。鉴于商业银行持有大量地方政府债券，银行保险监督管理委员会在地方政府债券方面也发挥一定作用，负责监管银行的资本风险加权和证券持有。国家发展和改革委员会负责地方政府资本项目的专项建设债券。

单位（在中央和地方层面），负责地方债务管理（世界银行，2001年）。例如，美国的市政证券规则制定委员会负责管理市政债务发行，而美国证券交易委员会负责对采用登记制的市政债券发行进行事后监督，并制定信息披露要求。在英国，债务管理办公室负责监管主权和地方政府债券发行。

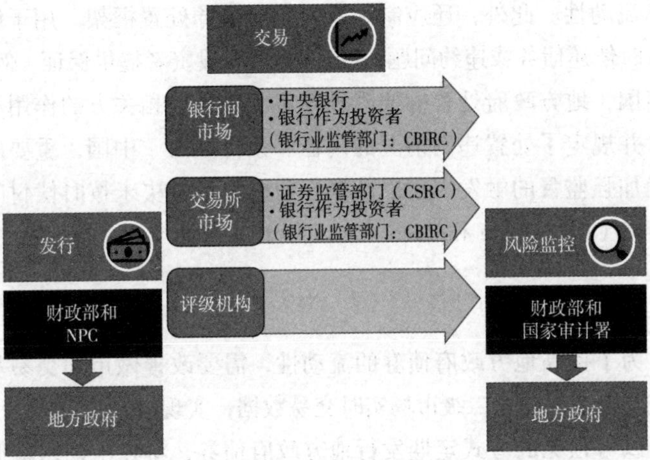

图5.5 地方政府债券市场的监管框架处于分割状态

资料来源：相关政府部门数据。

建立健全的地方政府债券市场

建立健全的政府债券市场对于地方政府融资和资本市场发展日益重要。为了克服债券市场发展的障碍，需要显著提升与地方政府债务证券发行、交易和违约处置有关的金融市场基础设施建设水平，并提高监管统一性以消除监管缺口。在很多情况下，这些措施不仅有助于促进整体资本市场发展，还有助于地方政府债券市场发展。同时，应推进财政改革，解决政府间结构性失衡问题，并收紧地方政府的预算外非审慎借款。以下是重点发展领域。

金融市场基础设施

加强市场基础设施对于改善地方政府债券市场的运作至关重要。例如，一级交易商和做市安排可以将重点放在规模较大的地方政府债券基准工具（如中等期限的工具）的发行上，这有助于提高流动性。此外，还应制定地方政府债券处置框架，用于解决未按时偿还债务或违约问题,这能够为潜在投资者提供保证。例如，在美国，地方政府处置框架明确界定了各利益相关方的作用和责任，并规定了处置违约情况的门槛和条件。对于中国，重要的是明确加强监督的触发因素以及在当前框架下解决未按时偿付问题的措施（Lam、Wei 和 Eden，2017 年）。

债券市场流动性

为了提高地方政府债券的流动性，需要改善做市和交易基础设施安排，并建立二级市场实时交易数据，实现按市价计值。

以可预见的方式定期发行地方政府债券，将在中期内降低发行成本。地方政府（可能是在集中系统下）可以定期（至少每季度）向市场提供地方政府债券的初步发行时间表，以引导市场定价，并在整个市场周期内平滑利息成本。地方政府可以提前数周（超过当前的五天）招标，以使银行有时间找到非银行投资者。各省地方政府债券条款的标准化（如在每个月的同一天到期和支付利息）有助于加强市场可预见性。例如，云南省和广东省自 2017 年 10 月以来已经在实现标准化招标方面取得了进展，包括在结算安排、交易和信托方法等方面。

与此同时，中央政府可以取消对投标的强制限制，以鼓励交易（当前招标发行有最低期限规定）。随着监管不断改善，中央政府可以考虑逐步让省级发行者在债券发行形式上有更大自主权

（如调整数额和期限，以平滑偿债要求和控制再融资风险）。

扩大投资者基础

扩大投资者基础，特别是寿险公司和养老基金等长期投资者，有助于满足地方债券市场不断增长的需求。在这方面，向合格境外投资者开放国内债券市场已经取得进展。例如，境外机构投资者已经能够直接投资银行间债券市场或通过 2017 年以来实行的“债券通”计划进行投资。这扩大了固定收益市场（包括地方政府债券市场）的潜在投资者基础。[①] 一些配套改革，包括在联合安排和招标规则以及发行和分销方面的改革，可以促进投资者基础的多元化。此外，为了接触到新的投资者，地方政府债券招标中的授权投标方可以包括经纪交易商，同时由主承销商提供做市功能，以增强流动性。

区分信用风险

中央政府应该明确地方政府借款的责任，例如，在立法上制定不救助条款，建立解决地方政府违约的法律机制，加强对募集资金使用的事后监控机制。这涉及在当前框架之外进一步采取措施，省级政府全权负责地方政府债券相关事宜，并明确如何处理省级政府无法履行偿还义务的情况。明确这方面的规定将稀释根深蒂固的观念，即在发生违约时，中央政府会实施救助（Gao、Ru 和 Tang，2017 年）。随着时间的推移，可以考虑逐步取消目前对债券息票的行政上限规定，使定价能在更大程度上由市场决定，为债券发行提供指导。

---

① 例如，银行不能在交易所买卖债券期货以及进入企业债券回购和大宗交易系统。在境外投资者中，只有合格境外机构投资者和人民币合格境外机构投资者才能进入交易所债券市场，而银行间债券市场基本上已向非居民开放。银行在债券投资和交易方面的税收待遇不同，这可能削弱了市场流动性。

监管和征税

监管统一可以缓解银行间市场和交易所市场中发行者和工具的分割状态。[①]不同部委和机构监管工作的协调统一将缩小监管缺口，并确保发行者和投资者能够公平地进入市场。政府可以在法律上明确不同利益相关方的各自角色和应承担的责任，以促进财政协调，提高地方政府债券发行的透明度。应对中央政府财政监管职能有清晰明确的立法规定，同时出台相关制度来解决不合规或违反规章制度的问题。为此，在地方政府债券市场监管方面，重点需要协调政策和共享信息。

财政改革

地方政府债券市场的稳健性最终与地方政府财政的基本面相关。可以通过以下措施加强地方政府财政基本面。

- 收紧新的地方政府预算外借款渠道：最近颁布的政府规定（包括禁止地方政府担保不合格的政府和社会资本合作项目）使预算外投资支出的增长速度放慢了（表5.3）。进一步的工作包括逐步但坚定地减少新渠道的预算外借款，其中包括政府引导基金以及地方政府融资平台转化的新形式的公共企业。因此，地方政府预算外债务的监督涉及收集有关这些新渠道的数据。
- 政府间财政关系改革：解决目前存在的地方政府收入与支出需求之间的失调，对于保持稳健的公共财政从而促进地方政府债券市场的发展至关重要。近期在调整地方政府财政方面采取的措施值得欢迎，其中包括：扩大地方政府的税基和收入（比如，通过计划实行的经常性房地产税）；增加上级政府的转移支付；将更大

① 金融债券和政府债券很少在交易所交易，而交易所市场上有大量的公司债券，并且银行间市场中的商业票据和企业债券最多。

比例的支出责任转到中央政府。中央政府需要决定去中心化的程度，并考虑其他同步的结构性改革（比如，消除获取公共服务与户籍挂钩的政策）。这种调整应加快实施，以缓解地方政府的融资需求，并削弱规避现有管理规定的动机。中央政府与地方政府之间应当具有明确的权力和责任划分，在此基础上的财政协调能够促进更均衡的地区发展，并提高不同地区基本公共服务的公平性。

- 债务管理能力和信息披露：改善信息披露包括更加及时和全面地公布有关地方政府资产负债表、偿债情况和财政前景的数据，并全面披露财政风险和或有负债。基于中央政府在2020年以前编制政府资产负债表的承诺，相关数据编制工作可以与国际货币基金组织发布的《政府财政统计手册》紧密结合。这一方法将提供更准确的指标来衡量财政政策的影响。

结论

地方政府债券市场发展迅速，正在成为中国资本市场的重要部分。尽管其规模迅速扩大，但地方政府债券市场依然欠发达，其发展面临严重的障碍，包括流动性低、信用风险结构薄弱、投资者基础狭窄、监管结构分割，这些问题在市场不断发展中日益明显。

发展健全的政府债券市场对于地方政府融资和资本市场发展越来越重要。为了克服债券市场发展的障碍，需要显著改善与地方政府债务证券发行、交易和违约处置有关的金融市场基础设施，并使不同部委和机构之间的监管更加协调统一，以消除监管缺口。

为改善地方政府债券市场，还需要实施广泛的政策措施。在很多情况下，这些政策措施不仅有助于促进资本市场的整体发展，还有助于促进地方政府债券市场的发展。同时应该推进财政改革，这有助于解决政府间结构性失衡问题，并收紧地方政府的预算外非审慎借款。

第6章

国债期货

方星海

中国的国债期货市场自2013年推出以来稳步增长，交割流程平稳有序。期货市场与国债现货市场密切相关，一直在为投资者提供运作良好的风险管理工具，机构参与度也有所增加。实际上，国债期货市场尽管只有短短5年的发展历史，但已开始通过增加流动性、提高价格发现效率、优化投资者利率风险管理来促进现货市场的发展。尽管如此，这个市场仍需要进一步推动产品供应多元化、改进投资者构成，并为外国投资者和另类交易机制提供市场准入。

概况

中国金融期货交易所于2013年9月推出了五年期国债期货，于2015年3月推出了十年期国债期货，于2018年8月推出了两年期国债期货，为管理利率风险提供了多元化的工具。这三种产品都以实物结算，而且每种产品都有一套债券（“一篮子”）用于结算，具有特定的息票利率和可交割期限。五年期国债期货的可交割债券为记账式付息国债，原始期限不超过7年，在到期月第一天的剩余期限为4~5.25年。十年期国债期货的原始期限不超过10年，在到期月第一天的剩余期限不少于6.5年。两年期国债期货的原始期限不超过5年，在到期月第一天的剩余期限为1.5~2.25年（本章附录）。

成交量和未平仓量

国债期货市场建立之初活动有限，但在 2014 年 9 月呈现增长势头，未平仓量[①]首次超过了 10 000 份合约。未平仓量于 2016 年 12 月超过了 100 000 份合约，并于 2017 年 10 月达到了 147 446 份合约（图 6.1）。截至 2018 年 8 月 31 日，未平仓量为 73 828 份合约，相当于 2013 年年底未平仓合约量的 22.8 倍。同时，平均每日成交量从 2013 年的 4 326 份合约增加至 2018 年前 8 个月的 37 828 份合约。在此期间，年度成交量与未平仓量之比保持在 1 ∶ 2 左右。

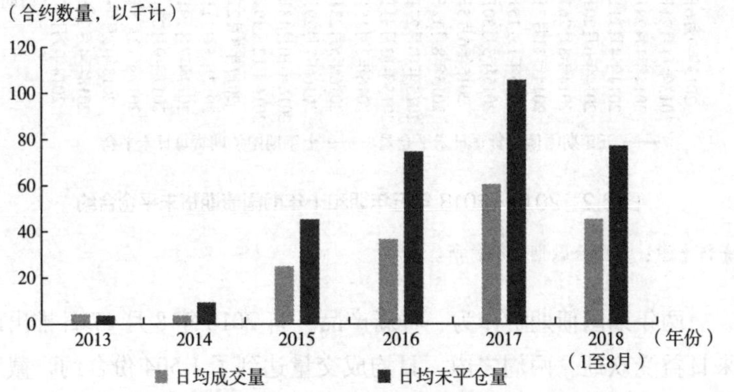

图 6.1　2013—2018 年国债期货成交量和未平仓量

资料来源：中国金融期货交易所。

在国际上，十年期国债收益率被视为最具代表性的收益率，因此，十年期国债期货在全球最常见。中国也不例外。中国的十年期国债期货越来越受欢迎，于 2016 年 1 月成为旗舰产品。截至 2018 年 8 月 31 日，未平仓量为 53 294 份合约，占市场总量的 72.2%（图 6.2）。在 2018 年的前 8 个月，日均未平仓量为 54 358

① 未平仓量是指未结算的剩余衍生产品合约数量，也被称为未平仓权益承诺 / 合约。

份合约，占市场总量的 70.5%。同时期的日均成交量为 36 740 份合约，占总成交量的 81%。

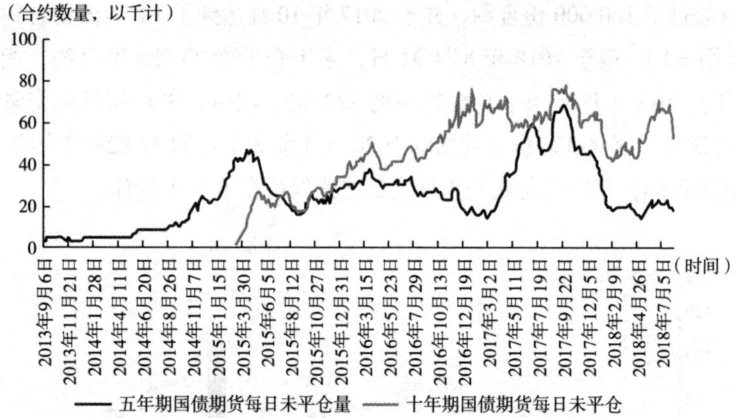

图 6.2　2013—2018 年五年期和十年期国债期货未平仓合约

资料来源：中国金融期货交易所。

两年期国债期货作为一种新产品，自 2018 年 8 月 17 日推出以来日益受欢迎。两周之内，日均成交量达到了 1 504 份合约，截至 2018 年 8 月 31 日，日均未平仓量达到了 3 394 份合约。

历史定价

国债期货的价格变动反映了现货价格，主力合约的结算价格与标的债券的价格之间存在 99% 的关联性。从现货价格开始，十年期国债收益率从 2013 年 6 月的 3.45% 上升至 2013 年年底的 4.72%，增幅为 127 个基点。在此之后直到 2016 年 10 月 10 日，收益率下降了 205 个基点，降至 2.67%，接着是另一轮上升，增幅为 133 个基点，升至近 4%。2018 年的前 8 个月，收益率波动适度（图 6.3）。

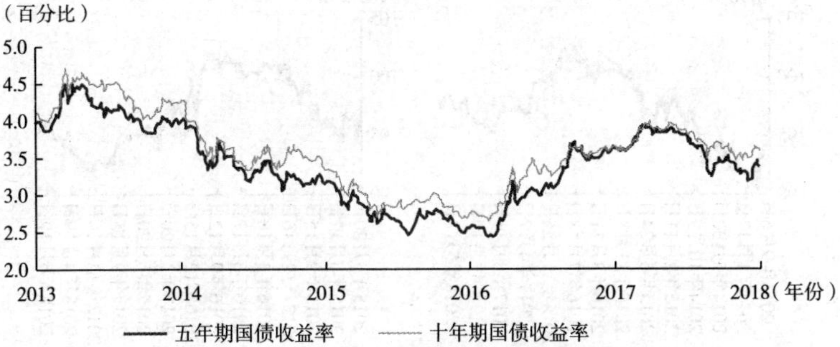

图 6.3 2013—2017 年国债历史收益率

注：每年 9 月 6 日的数据。
资料来源：中国金融期货交易所。

五年期国债期货于 2013 年 9 月推出后，2013 年 11 月，主力合约的结算价格与现货价格同步下跌到 91.32 元人民币，较上市日下跌 2.87 元人民币。该价格随后于 2016 年 10 月 21 日回升至 102.115 元人民币，于 2018 年 1 月跌到 95.605 元人民币，2018 年的前 8 个月在波动中攀升，于 8 月 31 日升至 98.000 元人民币（图 6.4，小图 1）。

2016 年 10 月，十年期主力合约的结算价格达 101.88 元人民币，较上市日上涨 7.69 元人民币。此趋势随后逆转，该价格于 2018 年 1 月 19 日下跌 10.2%，跌到历史低点 91.495 元人民币。2018 年的前 8 个月，期货价格在 91.495~96.330 元人民币波动（图 6.4，小图 2）。

两年期国债期货产品于 2018 年 8 月 17 日推出。主力合约在首发日的开盘价为 99.400 元人民币，于 8 月 31 日以 99.375 元人民币收平。在产品推出后短短两周内，最高和最低价格分别为 99.435 元人民币和 99.075 元人民币。

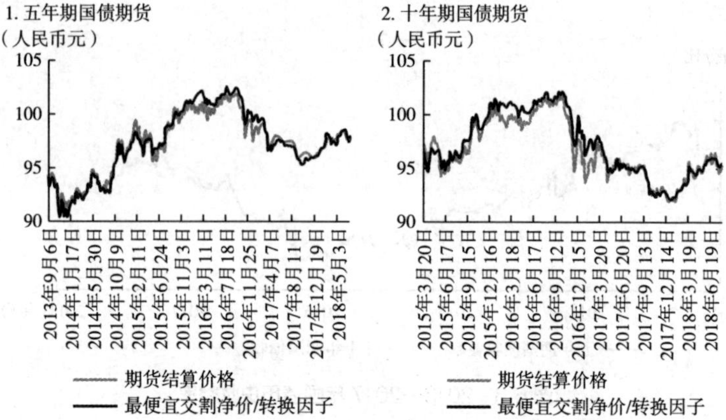

图 6.4　2013—2018 年五年期和十年期国债期货和现货价格

资料来源：中国金融期货交易所。

期货交割

实物交割将国债期货市场和现货市场联系起来，并支持两者之间的价格趋同。鉴于中国国债市场规模庞大且流动性相对较低，中国制定了一些机制以防止期货交割风险。首先，国债期货采用实物结算，并且每个合约都设有一个交割债券篮子，界定了特定的息票利率和可交割期限。其次，在到期日强制交割之前，卖方可以选择在自愿交割阶段交割。最后，2017 年 6 月引入了付款交割方式，为符合条件的头寸提供了替代交割方式。[①]

① 中国国债市场中有两个中央存放托管机构：中国证券登记结算有限责任公司和中央国债登记结算有限责任公司。关于与交割相匹配的头寸，如果卖方和买方都声明他们将通过中央国债登记结算有限责任公司账户交割和接收债券，那么待交割头寸将采用付款交割方式平仓。其他头寸将采用中国金融期货交易所提供的普通交割方式平仓。程序如下：进入交割程序的买方和卖方在 T 日确认和匹配。待交割债券在 T + 1 日从卖方的债券账户转入交易所的债券账户。然后，交易所在 T + 2 日将付款从买方的保证金账户转入卖方的保证金账户。最后，在 T + 3 日，交易所将收到的债券从其债券账户转入买方的债券账户。

由于机构参与度较高，国债期货市场的交割率较低。截至 2018 年 8 月 31 日，31 份合约共交割 22 771 手。每份合约的平均交割率约为 2.7%。[①] 关于五年期国债期货，交割了 19 份合约，平均交割量为每份合约 673 手，单笔最大合约交割量为 2 121 手。关于十年期国债期货，交割了 12 份合约，平均交割量为每份合约 832 手，单笔最大合约交割量为 1 865 手。

投资者构成

国债期货市场的参与者大多为证券公司、共同基金、经备案登记的私人投资基金（对冲基金）、基金管理公司和证券公司运作的产品、非金融机构和个人投资者。国债期货首次推出时，个人投资者在成交量和未平仓量中的占比较大。之后，随着流动性增加，机构投资者尤其是证券公司和资产管理公司开始增加活动，并逐渐成为市场的主要参与者。截至 2018 年 8 月底，证券公司自营头寸占未平仓量的 49%，基金管理公司和证券公司操作的产品占 30%，两者总共占 79%（图 6.5）。

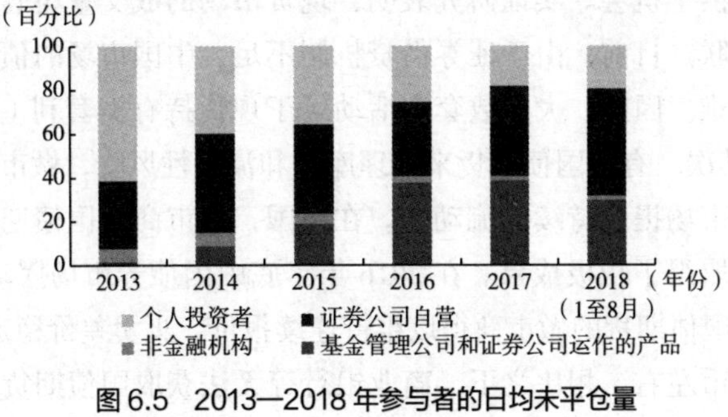

图 6.5　2013—2018 年参与者的日均未平仓量

资料来源：中国金融期货交易所。

① 特定合约的交割率使用以下公式计算：

$$交割率=\frac{合约交割总量}{合约期末最大未平仓量}$$

改善债券市场表现

国债期货在促进债券市场的高质量增长方面发挥关键作用。中国的国债期货市场尽管发展历史较短，但正如前文指出的那样，已经增加了现货市场的流动性，提高了价格发现的效率，使机构投资者得以对冲利率风险，并促进一级市场的发行活动。

增加现货市场流动性

国债期货大大提升了现货市场的流动性。自国债期货推出以来，与最便宜交割债券具有相同期限的国债交易最为活跃。例如，在五年期国债期货推出后一年内（2013 年 9 月—2014 年 9 月），七年期国债交割价格最便宜，成交量为十年期国债的 3.77 倍。① 与此相比，在十年期国债期货推出后一年内（2015 年 3 月—2016 年 3 月），十年期国债交割价格最便宜，而七年期国债成交量下降至仅为十年期国债的 44.1%。②

两个因素促进了流动性的增强。首先，国债期货为现货–期货套利提供了机会。实证研究表明，现货市场的成交量与套利活动高度关联。目前，由于证券借贷机制不足，中国市场的债券卖空非常困难。因此，大多数套利活动属于现货持有类套利（正向套利）。其次，有了国债期货来管理库存和流动性风险，做市商更有动力为市场提供持续的流动性。在中国，做市商对国债期货的使用已经取得了积极成果。在 2016 年年底中国债券市场摆动期间，可获取国债期货的做市商得以维持连续报价，买卖差价稳定在 0.3 元人民币左右。相比之下，商业银行等无法获取国债期货的实体

① 两者的成交量为 2013 年 9 月 6 日至 2014 年 9 月 5 日之间发行并交易的七年期和十年期国债期货成交量。

② 两者的成交量为 2015 年 3 月 20 日至 2016 年 3 月 19 日发行并交易的七年期和十年期国债成交量。

的买卖差价显著扩大。

提高价格发现效率

场外债券市场的交易连续性和透明度较低，而国债期货市场属于交易所交易，具有持续性和透明度。因此，国债期货的推出大大提高了整体债券市场的透明度。大多数关于国际和国内现货与期货价格关系的研究得出结论，国债期货提高了价格发现的效率。

在中国市场上，国债期货收益率和国债收益率显然是关联的。图 6.6 和 6.7 显示，对于五年期和十年期国债期货的主力合约，期货收益率的变动反映了标的债券的收益率。五年期期货的关联性为 92.0%，十年期期货的关联性为 97.1%。这种强大的关联性改善了现货和期货市场的价格发现，因为信息导致市场参与者之间发生了连锁反应。虽然现货和期货价格之间存在差异，但整体价格变动趋势大致相同。

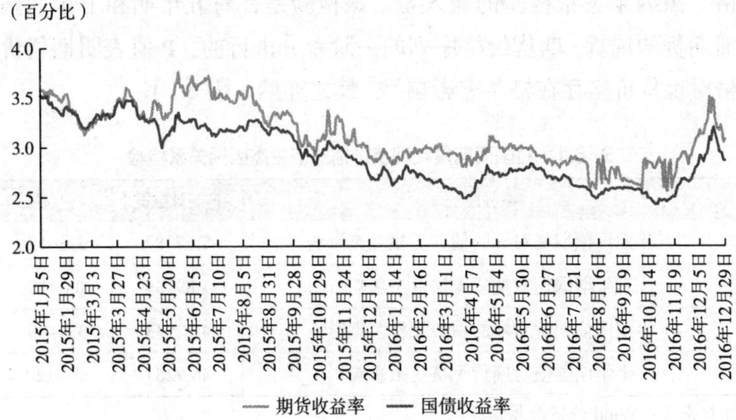

图 6.6　2015—2016 年五年期国债收益率和期货收益率

资料来源：中国金融期货交易所，Wind 经济数据库。

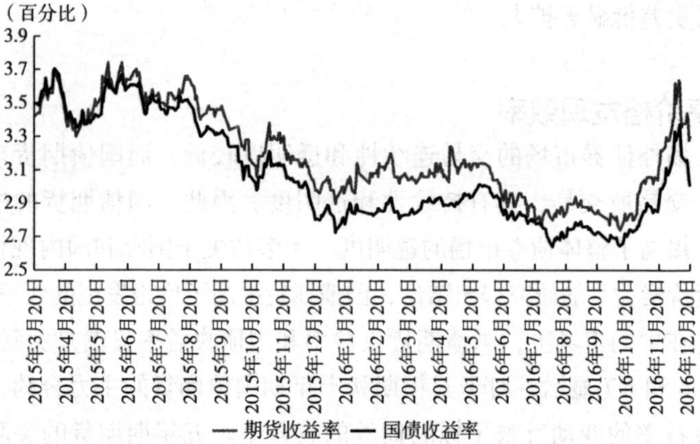

图 6.7 2015—2016 年十年期国债收益率和期货收益率

资料来源：中国金融期货交易所，Wind 经济数据库。

为了进一步检验现货与期货价格的关系，本章使用经过迪基－福勒检验的放大的 5 分钟国债期货价格序列和标的债券作为格兰杰因果关系检验的输入量。该检验是针对五年期和十年期国债期货的现货／期货价格序列的一阶差分进行的。P 值表明期货价格对现货价格存在格兰杰影响①，反之亦然（表 6.1）。

表 6.1 对国债期货和现货价格的格兰杰因果关系检验

零假设	F 统计数据	P 值
五年期国债期货对标的债券无格兰杰影响	7.67387	2.E~12
五年期国债对期货无格兰杰影响	1.89139	0.0415
十年期国债期货对标的债券无格兰杰影响	4.72933	3.E~08
十年期国债对期货无格兰杰影响	46.9287	8E~120

资料来源：Wind 经济数据库。

① 格兰杰因果关系是一种统计技术，用于确定是否可以通过先前对另一个时间序列的观察，在统计上预测某个时间序列。

使机构投资者得以对冲利率风险

国债期货市场具有流动性，因此其价格走势与标的债券的价格走势密切相关。正确使用国债期货可实现高效的期限调整，从而对冲利率风险（表 6.2）。

从宏观角度来看，国债期货增强了现货市场的韧性和稳定性。2016 年年底，中国债券市场经历了相当大的调整。机构债券持有者抛售债券止损，使现货市场的流动性紧张。与此同时，国债期货市场的流动性仍然充裕。鉴于此，投资者大量卖空国债期货以对冲风险。因此，期货成交量和未平仓量大幅增加。以十年期国债期货为例，12 月份日均成交量达到 68 677 份合约，而 10 月份仅为 19 504 份合约，同时期的日均未平仓量则从 50 802 份合约增加至 61 666 份合约。在整个债券市场摆动过程中，国债期货通过提供对冲工具和转移现货市场的抛售压力，在稳定市场方面发挥了关键作用。

表 6.2　市场波动期间最新发行的超长期主权和准主权债券的价格变动

债券（代码）	160205.IB	160008.IB	160019.IB
期限（年）	20	30	30
发行量（十亿元）	134.5	90.1	97.7
收益率增加（基点）	70	61	62
净价变动（百分比）	–8.98	–10.48	–10.88
交易减少（数量）	89	66	68

注：数据收集时间为 2016 年 11 月 28 日至 2016 年 12 月 20 日。

资料来源：中国金融期货交易所，Wind 经济数据库。

从微观角度来看，国债期货使金融机构得以对冲利率风险。例如，代码为 130018、140005 和 140006 的国债分别于 2013 年 8 月 28 日、2014 年 3 月 26 日和 2014 年 4 月 9 日发行，息票利率分别为4.08%、4.42%和4.33%。一名持有价值约6亿元人民币的债券的大型交易商在2016年市场摆动期间卖空国债期货以对冲下行价格风险。同样，在2016年第四季度，一家价值近50亿元人民币的基金持有大量主权和准主权债券。该基金每日卖空450手国债期货以进行套期保值。尽管现货市场出现了剧烈波动，但该基金的净值仍保持稳定，其累积收益甚至有所增加。

促进一级市场的发行活动

国债期货为对冲利率风险提供了重要的价格参考和工具，同时促进了一级市场上的机构参与。在国债期货推出后，新国债发行的认购率有所增加（表6.3）。在五年期国债期货之前3年中（2010年9月6日—2013年9月5日），五年期国债平均超额认购倍数为1.68倍。该期货推出之日起3年中（2013年9月6日—2016年9月5日），标的债券的超额认购倍数为2.44倍，较此前上升了45.18%。同样，在十年期国债期货推出之前2年中（2013年3月20日—2015年3月19日），十年期国债平均超额认购倍数为1.96倍。该期货推出之日起2年中（2015年3月20日—2017年3月19日），标的债券的超额认购倍数为2.8倍，较此前上升了42.86%。可交割国债的认购率明显高于同期发行的不可交割国债。例如，代码为170010的国债（可交割，2017年发行）超额认购倍数为2.2倍，比同期发行的其他付息国债高37.5%。

表6.3　期货发行前后的债券认购情况

	五年期国债期货		十年期国债期货	
	发行之前3年	发行之后3年	发行之前2年	发行之后2年
时间段	2010年9月6日—2013年9月5日	2013年9月6日—2016年9月5日	2013年3月20日—2015年3月19日	2015年3月20日—2017年3月19日

续表

	五年期国债期货		十年期国债期货	
	发行之前3年	发行之后3年	发行之前2年	发行之后2年
认购倍数	1.66	2.44	1.96	2.80
变动（%）	—	+47	—	+42.86

资料来源：中国金融期货交易所，Wind 经济数据库。

关于进一步发展的建议

过去 5 年，中国的国债期货市场取得了显著进展，但挑战仍然存在。为了进一步发展这个市场，必须实现产品供应的多样化、改善投资者构成，扩大外国投资者的市场准入。

产品供应多样化

在美国和德国等发达国家市场，国债期货通常有两年期国库券、五年期国库券、十年期国库券、长期国库券和超长期国库券（三十年期）（表 6.4）。美国还推出了超十年期国库券期货，用以改善国债收益率曲线。芝加哥商业交易所称，2017 年，在交易最活跃的国债期货中，美国十年期国库券期货、五年期国库券期货、两年期国库券期货和长期国库券期货成交量分别排名世界第一、第二、第五和第七。日均成交量分别为 149.5 万、90.0 万、38.7 万和 29.2 万份合约。日均未平仓量分别为 324.5 万、312.0 万、148.7 万和 71.2 万份合约。

相比之下，中国市场提供的国债期货目前包括两年期、五年期和十年期产品。尚未通过推出长期期货产品等来满足市场参与者对风险管理的多样化需求。如今，中国的债券发行和交易高度受市场驱动。根据对于关键期限国债的管理政策，财政部自 2018

年以来已发行9期三十年期国债。这为三十年期国债期货的推出提供了充足的可交割债券。与此同时，多年来五年期和十年期国债期货的有序运作，以及最近在产品套餐中增加两年期国债期货之举，为推出不同期限国债期货提供了丰富的经验。因此，中国可能考虑在下一阶段推出三十年期国债期货以及国债期货期权。

表6.4　全球市场上的国债期货产品

	两年期	五年期	十年期	超十年期	二十年期	三十年期
美国	√	√	√	√	√	√
德国	√	√	√	—	—	√
中国	√	√	√	—	—	—

资料来源：中国金融期货交易所，芝加哥商业交易所，欧洲期货交易所。

改善投资者构成

在全球范围内，国债期货市场的投资者构成类似于现货市场。例如，在美国，机构投资者是现货市场的主要参与者。同样，期货市场主要是由资产管理公司、杠杆基金和交易商等机构投资者推动。资产管理公司包括：养老基金、捐赠基金、保险公司、共同基金以及其他拥有机构客户的资产管理者。交易商是设计并向客户出售产品的机构，主要是大型商业银行。其他参与者包括非金融机构、中央银行和小银行的金融部门。截至2018年8月底，在美国国债期货的多头头寸中，资产管理者和机构持有56%，杠杆基金持有17%，交易商中介机构持有3%。在空头头寸中，资产管理者和机构持有20%，杠杆基金持有40%，交易商中介机构持有12%（图6.8）。[①]

① https://www.cftc.gov/dea/futures/financial_lf.htm.

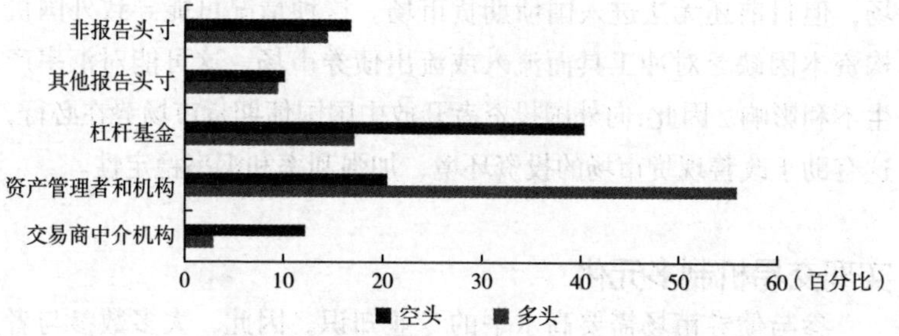

图 6.8　芝加哥商业交易所国债期货空头和多头头寸（按参与者分列）

资料来源：美国商品期货交易委员会。

由于间接融资在中国是主流，商业银行是国债市场的主要参与者。但是，监管者尚未允许商业银行参与国债期货市场。截至 2018 年 8 月底，商业银行持有的国债价值 8.33 万亿元人民币，占总市值的 64%（另见第 3 章关于主权收益率曲线的内容）。随着利率自由化工作不断取得进展，商业银行和保险公司越来越需要对冲利率风险。获取国债期货可以帮助它们对冲利率风险，增强其持有和交易债券的意愿，继而促进现货市场的稳定增长。此外，中国的资产管理行业正在经历重大变革，产品正在转为按照逐日盯市制度估值。商业银行也需要改变其资产管理业务模式。同样，在努力为投资者提供更多元化、更安全的产品的过程中，商业银行也需要运用国债期货来对冲风险。

此外，近年来中国继续推进债券市场开放。国际投资者现在可以通过合格境外机构投资者 / 人民币合格境外机构投资者（QFII/RQFII）制度，以经中国人民银行批准的中国银行间债券市场外国机构投资者身份，或者通过“债券通”进入债券市场。截至 2018 年 8 月底，外国机构持有的国债达 10 343 亿元人民币，比 2017 年末增加了 4 278 亿元人民币，增长率为 71%。如此大的飞跃式发展超过了所有其他类型的投资者。尽管外国机构积极参与现货市场，但目前还无法进入国债期货市场。这种情况可能导致外国机构资本因缺乏对冲工具而流入或流出债券市场，这可能对汇率产生不利影响。因此，向外国投资者开放中国国债期货市场势在必行，这有助于改善现货市场的投资环境，加强利率和汇率稳定性。

实现交易机制多元化

参与债券市场需要高水平的专业知识。因此，大多数参与者都是机构。为迎合参与者对风险管理的巨大需求，全球的国债期货市场除了拍卖以外，还采用了若干替代交易机制，例如，大宗交易[①]、期货转现货[②]、期货转掉期[③]、期货转风险等。这些替代机制对于满足机构对冲和策略性交易的需求来说非常重要，这是国内外期货市场稳定的基础。

相比之下，中国国债期货市场除了拍卖以外，没有其他机制可供选择。随着商业银行和保险公司等主要机构投资者进入市场，对多元化交易机制的需求将会增长。因此，引入期货转现货交易或大宗交易之举将为机构参与者带来更高的灵活性和效率，促进市场稳定和健康发展。

结论

2013 年国债期货的引入增加了流动性，提高了价格发现效率，使投资者能够更好地管理利率风险，从而为现货债券市场的发展做出贡献。到目前为止，中国金融期货交易所推出了两年期、五年期和十年期国债期货，十年期期货在市场上约占 70%，在日常

① 大宗交易是指进行大量证券交易的订单。

② 这是指期货合约与实际现物交换的一种交易。

③ 这是指一种私下协商的交易，将实物期货合约交换为现金结算掉期合约。

交量中占80%。为了最大限度地降低风险（鉴于中国现货市场的流动性相对较低），期货市场需要基于具有特定息票和可交割期限的债券交割篮子进行实物结算。但在到期日强制交割之前，卖方可以选择在自愿期限内交割。2017年，中国针对符合条件的头寸引入了付款交割方式。

未来国债期货市场的进一步发展不仅有利于投资者更好地对冲风险，还可以巩固潜在的现货市场。特别是更加多元化的产品（例如，长期国债期货和不同期限的国债期货期权）的引入将满足市场多元化的风险管理需求，改善债券收益率曲线。另一个改革领域为改善投资者构成。金融部门的进一步自由化需要辅以机构和投资者对冲风险的能力。由于约70%的国债由商业银行持有，所以，允许它们参与国债期货市场有助于优化利率风险管理，继而增加现货市场的流动性。外国投资者也是如此，它们越来越多地通过各种配额计划进入了国内债券市场，以及通过“债券通”进入了中国银行间债券市场，但未能参与国债期货市场。此外，为了更好地满足投资者对于对冲和策略性交易的多样化需求，同时基于国际经验，中国除了采用目前以拍卖为基础的制度外，可以考虑提供替代交易方式，例如，大宗交易、期货转现货、期货转掉期、期货转风险。

附录

国债期货的合约规范

附表1　两年期、五年期、十年期国债期货

	两年期	五年期	十年期
标的债券	名义短期至中期国债，面值为200万元人民币，息票利率为3%	名义中期国债，面值为100万元人民币，息票利率为3%	名义长期国债，面值为100万元人民币，息票利率为3%
可交割债券	记账式付息国债，原始期限不超过5年，在到期月第一天的剩余期限为1.5~2.25年	记账式付息国债，原始期限不超过7年，在到期月第一天的剩余期限为4~5.25年	记账式付息国债，原始期限不超过10年，在到期月第一天的剩余期限不少于6.5年
报价	净价100元人民币		
最小价格变动单位	0.005元人民币		
合同月数	最近三个季度月（3月、6月、9月和12月）		
交易时间	上午9:15—上午11:30；下午1:00—下午3:15 最后交易日：上午9:15—上午11:30		
上限/下限	前一个交易日结算价±0.5%	前一个交易日结算价±1.2%	前一个交易日结算价±2%
最低保证金要求	合约价值的0.5%	合约价值的1%	合约价值的2%
最后交易日	到期月的第二个星期五		
交割方式	实物交割		
最后交割日	最后交易日后的第三个交易日		
交易代码	TS	TF	T

资料来源：中国金融期货交易所。

第7章

绿色债券

马骏　刘嘉龙　陈周阳　谢文泓

在2017年中国共产党第十九次全国代表大会报告中，习近平总书记强调，建设生态文明是“中华民族永续发展的千年大计”，并重点指出，要“构建市场导向的绿色技术创新体系，发展绿色金融，壮大节能环保产业、清洁生产产业、清洁能源产业”。

党代会报告指出，中国政府将绿色金融发展上升至国家战略层面，旨在为绿色部门提供切实支持。

中国绿色债券市场的快速发展体现了强有力的政策支持，以及中国绿色金融体系发展的巨大潜力。尽管绿色债券市场在2015年12月才启动——中国人民银行首次在银行间债券市场推出绿色金融债券，中国金融学会绿色金融专业委员会发布《绿色债券支持项目目录》——但是中国在一年内就成为全球最大的绿色债券市场。近年来，创新的证券化产品如绿色资产担保债券①、绿色资产支持证券等不断涌现，绿色债券市场的监管和服务逐步得到完善，国际交流与合作不断增强。

中国绿色债券的定义

绿色金融产品（如绿色债券和绿色信贷）有效运行的一个重要前提是具有明确的定义，即什么是“绿色”，什么不是“绿色”。

---

① 绿色资产担保债券的募集资金用途和基础资产池都具有绿色特征。募集资金仅用于合格的绿色项目，且基础资产也是绿色资产。

统一的分类系统或分类方法能实现防止“漂绿”[①]的目的，实现对绿色绩效的计量，并对绿色产品实施政策激励。

中国金融学会绿色金融专业委员会（受中国人民银行监督）发布的《绿色债券支持项目目录》以及国家发展和改革委员会发布的《绿色债券发行指引》目前已经生效。中国发行的大多数绿色债券遵守中国人民银行制定的目录。

目前，全球尚未就绿色分类方法达成共识。然而，四种全球认可的绿色债券分类原则和标准已经投入使用。除了中国人民银行的目录，还包括国际资本市场协会的《绿色债券原则》、气候债券倡议组织的《气候债券分类方法》以及多边开发银行和国际开发金融俱乐部联合气候金融小组制定的《减缓气候变化融资追踪共同原则》。

全球绿色债券市场

根据气候债券倡议组织的窄口径定义统计数据[②]，2017 年全球绿色债券发行规模达到 1 555 亿美元，创年度发行规模的最高纪录，比 2016 年的 872 亿美元增长 78%。[③]

---

① “漂绿”这里指一家公司声称募集资金将用于绿色项目，但实际上用于非绿色项目。

② 气候债券倡议组织的窄口径标准侧重于应对气候变化的措施，因此较其他绿色标准更为严格。前者不包括对化石燃料发电站的改造、清洁煤炭和煤炭效率改进、携带化石燃料能源的电网输电基础设施、大型新型水电项目（>50 兆瓦）、垃圾填埋场废物处理和其他没有明确气候效益的项目。此外，标准要求 95% 的募集资金投向绿色项目。

③ 根据气候债券倡议组织数据，按宽口径（即各国根据各自定义统计的绿色债券的总和）统计的 2017 年全球绿债发行量为 1 694 亿美元。

其中，排名前三的经济体是美国、中国和法国。美国的住房贷款担保机构房利美是全球最大的绿色债券发行人，其绿色住房抵押贷款支持证券在2016年的发行规模达到249亿美元，使美国超过中国成为全球最大的绿色债券市场。如果剔除该绿色证券化产品，中国绿色债券发行总规模排名全球第一，美国第二。

在二十国集团和国际组织的推动下，许多国家和地区开始研究或发布本地的绿色金融政策和路线图，部分国家和地区启动了本地的绿色债券市场。根据气候债券倡议组织数据，2017年，全球37个国家的239个发行人发行了绿色债券，其中146个是首次发行，反映了发行人基数逐年扩大的趋势。

特别是在主权绿色债券发行上，2017年法国、斐济和尼日利亚政府相继发行了主权绿色债券。其中，法国政府发行了用于增加环保投资的7亿欧元"绿色债券"，市场反应热烈。在国际上，可再生能源投资继续最受资金追捧。值得注意的是，投放到低碳建筑和能效项目的资金规模年同比增长2.4倍，占总信贷的比例从2016年的21%上升至2017年的29%。

中国绿色债券发行概览

自2016年中国绿色债券市场启动以来，中国累计发行绿色债券184只，发行总量达到4 799.1亿元人民币，约占同期全球绿色债券发行规模的27%[①]。其中，大部分为境内发行（共167只，总量达到4 097.1亿元人民币），其余在离岸金融中心发行，以香港特别行政区为主。

① 分母也基于宽口径定义计算。

2017年，中国发行了123只绿色债券，规模达2 490亿元人民币，包括绿色债券和绿色资产支持证券。其中，境内发行[①]113只，发行规模为2 044.8亿元人民币。根据中国金融信息网绿色债券数据库[②]统计，2017年上半年，由于市场利率波动，中国绿色债券发行规模下降，下半年则快速回升。全年发行同比增长7.6%。2017年中国绿色债券发行规模约占同期全球发行的22%[③]。

2017年，中国绿色债券（不包括绿色资产支持证券）的发行主体类型更加多元（图7.1和图7.2），信用层级更加丰富。一年期和两年期的绿色债券首次出现，同时长期债券发行规模有所增加（图7.2），募集资金方向主要包括清洁能源、污染治理、清洁交通和其他相关领域（图7.3）。

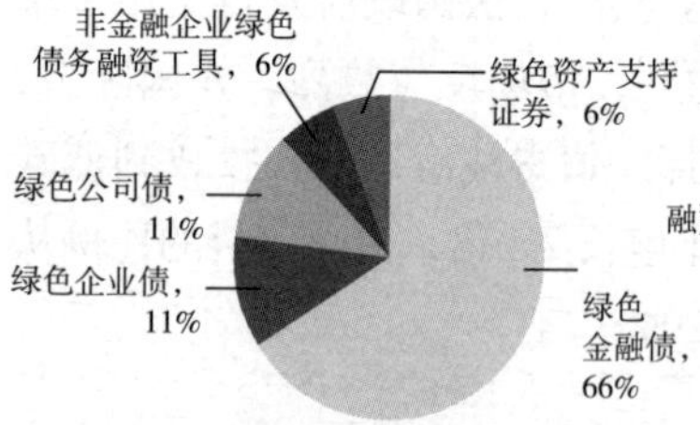

图7.1 2016年以来中国绿色债券发行占比，按筹集资金列示

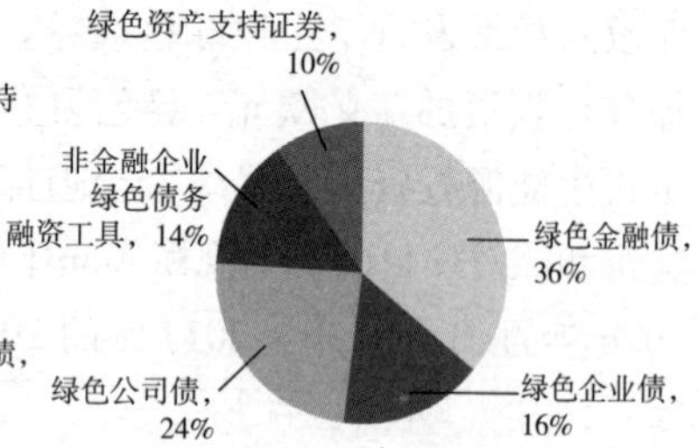

图7.2 2016年以来中国绿色债券发行占比，按债券数量

① 境内发行是指通过中国境内资本市场发行的绿色债券。若非另行说明，该术语在本章均代表上述含义。

② 数据库包括中国“贴标”绿色债券，即按照绿色金融专业委员会编制的《绿色债券支持项目目录》以及国家发展和改革委员会发布的《绿色债券发行指引》为标准认定的绿色债券。

③ 分母为宽口径定义，即包括各市场（国家）按自己定义所报告的绿色债券发行量的总和。

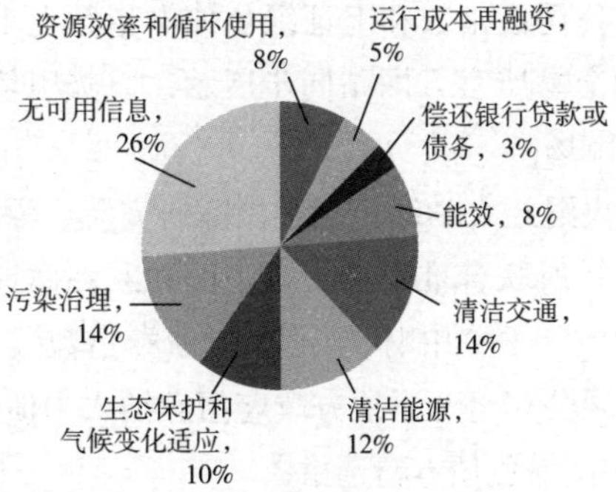

图 7.3　2016 年以来绿色债券募集资金用途

注：循环使用与循环经济相关，循环经济框架在设计上具有可恢复性和可再生性。

资料来源：中国金融信息网绿色债券数据库，2018 年 11 月 12 日。

中国绿色债券市场的趋势

中国绿色债券市场不断向前发展，具体表现为产品创新、监管制度完善和国际合作。

绿色债券指数

绿色债券指数的研发可以多角度反映绿色债券的市场走势，给投资者提供多元化的业绩比较基准和投资标的。这些指数也有助于促进国内和国际投资者投资中国绿色债券市场，进而促进绿色产业发展。2017 年，中国绿色债券市场参与各方加大了绿色债券指数的研发与创新。然而，指数的投资应用仍有提升空间。

2016 年，中央结算公司、中节能咨询有限公司和兴业银行联合发布了中国首批绿色债券指数，中债-中国绿色债券指数系列和中债-兴业绿色债券指数。此外，上海证券交易所和中证指数有限公司于 2017 年 6 月发布了上证绿色公司债指数、上证绿色债券指数和中证交易所绿色债券指数。

上证绿色公司债指数和上证绿色债券指数在上海证券交易所和卢森堡证券交易所官方网站同步展示，以吸引境外投资者关注中国绿色债券市场。

同时，中央财经大学绿色金融国际研究院、深圳证券交易所、卢森堡证券交易所联合推出首支在中国和欧洲两地同步发布行情的绿色债券指数——“中财-国证绿色债券指数”。此外，中债金融估值中心有限公司将9只地方政府债券纳入中债-中国绿色债券指数和中债-中国绿色债券精选指数。

在理财市场，2017年6月，兴业银行“万利宝-绿色金融”绿色债券指数型理财产品正式发布，该产品以中债-兴业绿色债券指数作为投资基准和跟踪标的。它也是中国首只绿色债券指数型理财产品。该产品的本金部分投资于中债-兴业绿色债券指数，动态设定业绩比较基准。

产品创新

中国绿色债券市场虽然起步较晚，但启动后发展迅速。对于绿色债券领域的创新产品，如绿色资产担保债券、绿色资产支持证券，市场反应尤为热烈。

2016年11月，中国银行（一家在全球展业的中国商业银行）伦敦分行发行了5亿美元“绿色资产担保债券”。本次发行以中国银行在境内持有的绿色资产作为担保资产池[①]，为债券项下的支付义务提供担保，债券募集资金用于中国境内的绿色信贷项目。担保资产池中的资产全部为“中债-中国气候相关债券指数”的样本券，在投资资金用途和担保资产层面具有“双重绿色属性”。该发

① 担保资产池是指资产被抵押或实施了任何形式的证券化、担保或交易且无法自由提取。

行实例为国内外绿色债券市场设立了标准，可视为落实“中英经济财金对话”的重要成果之一。

本次发行的债券较中国银行自身评级提升了一档，体现了资产担保结构较好的增信作用。这种担保结构也为中国银行降低了 15 个基点的融资成本。债券票面利率为 1.875%，最终发行利差为 95 个基点，较中国银行同期发行的非绿色高级债券利差进一步收窄，为中资银行开拓低成本融资渠道做出了有益尝试。①

资产证券化以未来的现金流作为基础资产进行结构化融资，非常适合以绿色项目为主业的机构进行融资。2017 年绿色资产证券化产品发行从 2016 年的 6 只扩大至 2017 年的 10 只，规模达到 146 亿元人民币，较 2016 年增加近 60 亿元人民币。绿色资产证券化产品（包括绿色资产支持证券和绿色资产支持票据）目前在中国境内绿色债券市场发行规模占比达到 5%。

在 2016 年以来发行的 12 只绿色资产支持证券中，10 只非金融企业绿色资产证券化产品的原始权益人均属“绿色”相关行业，包括污水处理企业、地铁及公路运输企业、水电和风电企业等。2017 年，中国首单经独立第三方绿色认证的商业房地产抵押贷款支持证券——“嘉实资本中节能绿色建筑资产支持专项计划”也在深圳证券交易所成功发行。

2017 年还有一些其他的创新绿色债券相继发行。中电投融和融资租赁有限公司（中电投资公司下属的投融资公司）发行了中国首单“纯双绿”② 资产支持票据，北控水务（中国）投资有限公司发行了中国首单绿色资产支持票据，浙江泰隆商业银行发行了首单小微企业绿色金融债。此外，绿色金融债券还首次面向个人投资者零售，在国家开发银行发行的 50 亿元人民币“长江经济带

① 获取更多信息，参见中国银行官方网站。

② “双绿”是指资金投向和资产池类型均被分类为“绿色”的投资。

水资源保护”专题绿色金融债券中，首次向社会公众零售不超过6亿元人民币柜台债。

中国政府在发展绿色债券市场中发挥的作用

2015年以来，中国不断完善政策和规章，促进绿色债券发展，为环境解决方案提供融资工具，促进了中国绿色债券市场自2016年以来的快速增长，进一步强化了对债券发行的监管。中国扩大绿色债券规模的关键倡议包括《绿色债券支持项目目录》、《关于构建绿色金融体系的指导意见》以及一系列政策文件、试点项目和配套机制，为信息共享、评估认证、募集资金使用和监督管理确立了标准。

中国地方政府通过实施一系列政策、监管配套以及财政和金融措施，在促进绿色债券发行中发挥了关键作用。例如，江苏省政府宣布对绿色债券和绿色资产支持证券提供30%的贴息，为每批第三方担保的绿色债券发行提供现金奖励（30万元人民币，合4.34万美元），为向中小企业绿色信贷提供担保的第三方机构提供风险补偿机制（覆盖30%的实际损失）。2017年，国务院将五省（区）确定为试点地区，分别为广东、贵州、江西、浙江和新疆，以促进绿色金融的改革和创新。实施试点项目的省份由政府提供补贴，并建立如地方绿色项目信息共享平台等便利设施，鼓励募集资金的使用。

2017年以来，多家监管部门相继推出了指导意见、业务指引等细则，引导和规范绿色债券的发展。例如，2017年3月，证监会发布《关于支持绿色债券发展的指导意见》，对绿色公司债券的发行主体、资金投向、信息披露、相关管理规定和配套政策措施做出了原则性的规定。同时，中国银行间市场交易商协会发布《非金融企业绿色债务融资工具业务指引》以及配套表格，明确了企业在发行绿色债务融资工具时应披露的项目筛选和资金管理等信息；首次要求发行前披露项目环境效益，鼓励第三方认证机构在绿色债务融资工具发行前及存续期进行持续评估认证；采取措施鼓励机构披露项目的绿色程度，明确了绿色债务融资工具可被纳入绿色金融债券募集资金的投资范围；将开辟绿色通道并鼓励建立绿色投资者联盟。

值得注意的是，中国政府还促进第三方绿色认证，作为信息共享的重要方式，这为绿色债券的真实性和可靠性提供了保证。例如，2012 年 12 月，为改进绿色债券认证标准，避免“漂绿”风险，中国人民银行和证监会联合出台了《绿色债券评估认证行为指引（暂行）》。这是全球首个对绿色债券认证机构进行认证的指引文件，阐明了在机构资质、业务承接、业务实施、报告出具和监督管理等方面的要求。

深化国际合作

2017 年，欧洲投资银行和绿色金融专业委员会共同开展中欧绿色债券标准一致化的研究。双方旨在推动跨境绿色资本流动，加强中欧在绿色债券、绿色金融领域的合作。2017 年 11 月，在联合国气候大会举行地德国波恩，绿色金融专业委员会和欧洲投资银行基于双方研究成果，联合发布了题为《探寻绿色金融的共同语言》的白皮书。白皮书对国际上多种绿色债券标准进行了比较，以期为提升中国与欧盟的绿色债券可比性和一致性提供基础。

2017 年 9 月，中英绿色金融工作组发布中期报告，建议向全球投资者开放中国绿色债券数据库。报告还建议香港证券交易所考虑在“债券通”（近年引入的双向市场准入制度）下运用该数据库建立绿色债券板块，即建立“绿色债券通”，使国际投资者可以直接投资中国绿色债券。

中资发行人在国际绿色债券市场上的影响力也进一步提高。多家中资机构在境外发行绿色债券，证明了国内外绿色债券市场的深入衔接和融合。自 2015 年 10 月中国农业银行在英国发行首单中资银行绿色债券以来，中国工商银行、中国银行等多家中资机构在境外发行符合国际标准的绿色债券，有效推动和引领了全球绿色债券的发展。

2017 年，中资发行人继续在国际绿色债券市场上发力。中国银行继发行绿色高级债券和绿色资产担保债券后，在境外发行了第三笔绿色债券。

值得一提的是，2017 年 10 月，中国工商银行通过卢森堡分行发行首只“一带一路”倡议绿色气候债券，在卢森堡证券交易所挂牌上市。国家开发银行成功发行了首笔中国准主权国际绿色债券，获得气候债券倡议组织的气候债券标志。该笔债券在香港联交所和中欧国际交易所上市。

此外，中国银行通过巴黎分行成功发行了约 15 亿等值美元的气候债券，该笔债券不仅遵循《绿色债券原则》（2017 版）的最新标准，还获得了气候债券倡议组织的贴标认证，是该组织贴标认证的首笔三币种绿债。另外，中国长江三峡集团公司发行了中国实体企业首单绿色欧元债券，中国广核集团公司 2017 年首次发行了欧元绿色债券。

投资中国绿色债券市场的风险和不确定性

目前，中国绿色债券的分类方法尚未统一。这可能导致不同金融产品和工具之间的关联性较弱，以及实施激励和惩罚存在难度，尤其是在财政空间方面。市场参与者可能试图在不同监管政策之间寻求套利，并倾向于进行“漂绿”操作。因此，建立统一标准将对强化和改善当前绿色金融体系发挥重要作用。

此外，中国绿色债券产品的二级市场流动性通常较差。绿色债券市场发展的背景是中国加强金融监管，这在一定程度上归因于去杠杆措施的实施和稳健的货币政策取向[①]。然而，这可能对绿色债券影响较小，因为政府提供了强有力的政策支持和监管激励。

进一步发展绿色债券市场的建议

虽然中国绿色债券市场取得了快速发展，但仍面临诸多问题和挑战，包括激励机制不完善、投资者缺乏绿色投资理念、产品工具不足等。中国发行的绿色债券仍只占国内债券发行量的2%。然而，绿色融资需求正在快速增加，从中长期来看，预计年融资需求将到达1万亿美元，这将为绿色债券创造巨大的增长潜力。

针对中国绿色债券市场发展特点和问题，我们就如何进一步扩大中国绿色债券市场提出以下几点建议。

1. 提升潜在发行人对绿色债券的意识

虽然中国已有近百家机构发行了绿色债券，但绝大部分潜在发行人（包括参与中长期绿色项目的银行、实体企业和政府实体等）对绿色债券市场还缺少基本了解。因此，行业协会、承销机构（如银行和券商）和第三方服务机构（如绿色债券认证和评级机构）应该加大对潜在客户的宣传推广力度，尤其要说明绿色债券有助于解决期限错配问题、提高发行人的市场声誉并赢得未来客户。同时，应采取措施培养公司的意识，即成为“绿色企业”有助于解决环境风险，并获得政府的政策支持。

---

① “气候债券倡议组织：中国绿色债券市场（2017年）。” https://www.climatebonds.net/files/reports/china_annual_report_2017_en_final_14_02_2018.pdf。

2. 改进绿色债券标准、认证和评估质量以及信息披露机制

绿色债券的标准应随着产业政策和技术的变化而适时更新。在修订绿色债券分类方法的过程中，中国应考虑强化对此前关注不够的重点领域的支持，包括绿色建筑和绿色农业等。中国还应考虑为有争议的部门（如清洁煤炭）制定更加明确的、有可操作性的标准，遵循鼓励“显著环境效益”和向更清洁能源转型的原则。

在绿色债券的认证评估环节，发行人应严格遵守中国人民银行和证监会发布的《绿色债券评估认证行为指引（暂行）》。金融机构和公司应强化认证证券投资公司和项目环境表现的尽职调查，保证评估认证的质量。发行人（尤其是银行）应充分披露相关的环境信息，尤其是资金投向信息，以避免市场基于不充分或错误的信息做出不良反应。

3. 强化对绿色债券的激励措施

绿色债券的常见问题是，发行绿色债券会涉及认证和披露等额外成本，因此，绿色债券发行人积极性不高。中国七部委联合出台的《关于构建绿色金融体系的指导意见》提出，要用央行宏观审慎评估和再贷款、担保以及地方政府贴息等手段支持和鼓励绿色金融发展。这些激励措施能够降低成本，但同时应积极探索更加切实可行的解决方案。例如，广州花都和浙江湖州、衢州等地推出了对绿色债券的补贴，上海出台了补偿中小绿色债券发行人绿色债券认证成本的措施。这些做法值得推广和借鉴。

4. 鼓励产品创新、扩大绿色资产证券化、支持绿色建筑

金融机构应加大绿色债券产品创新的力度，比如发行中小型企业绿色集合债，促进绿色债券指数的投资应用，进一步发展绿色资产支持证券产品。

绿色资产支持证券以基础资产的现金流为基础进行融资，通

过不同的增信方式为企业提供快速、长期、稳定的资金支持。这不仅符合绿色部门的发展特性，也有利于从源头确保资金被用于指定绿色项目，提高资源配置的有效性和精准性。这可以利用存量资产，提供创新投资产品，匹配投融资双方的多元化需求。绿色资产支持证券产品的基础资产未来可以逐步拓宽，包括可再生能源、污染防治及其他类型的绿色资产。

中国应积极探索绿色债券支持绿色建筑的模式。目前，中国通过绿色债券和其他绿色金融工具募集的大部分资金投放于绿色能源、绿色交通和环保领域，绿色建筑仅占很小的一部分。中国应加快出台绿色建筑的标准细则和实施指引；同时，金融监管当局可联合住建部、发改委，共同探索推动绿色信贷和绿色债券等金融工具支持绿色建筑的具体措施。

5. 培育绿色机构投资者

中国的许多机构投资者刚刚开始接触绿色投资、责任投资等理念，投资于包括绿色债券在内的绿色资产的偏好不强。未来应加大培育中国绿色投资者的力度，为绿色债券市场创造更强的需求，可从以下八个方面入手。

- 建立和完善上市公司和发债机构强制性环境信息披露制度；
- 宣传绿色投资，以提升其长期回报；
- 为长期机构投资者率先开展绿色投资提供政府支持；
- 鼓励绿色金融产品的开发；
- 支持第三方机构对绿色资产进行排名、评级和评估；
- 强化环境风险分析等能力建设；
- 鼓励中国机构投资者披露环境信息；
- 鼓励中国机构投资者采纳责任投资原则。

6. 加强绿色债券领域的国际合作

中国应该进一步鼓励中资机构到国外发行绿色债券，鼓励外国机构到中国发行绿色熊猫债。中资机构到国外发行绿色债券可以为中国引入更多的绿色资金，也为发行人理解和参与国际资本市场、宣传企业品牌提供重要的机会。

外国机构到中国发行绿色熊猫债可以扩大国内绿色市场，有助于推进人民币国际化。中英、中法等财金对话是推进绿色金融合作的切实进展。这不仅可以鼓励所有相关方到对方市场发行绿色债券，也可以吸引英国和法国的机构投资者投资于中国绿色债券市场，合作推动绿色资产证券化发展等。为便利外资进入中国绿色债券市场，相关金融机构和第三方服务机构可以考虑开发在境外交易的中国绿债交易所交易基金（ETF）产品，提供中国绿色债券的英语信息，并开发更多的检索和分析工具。

结论

自 2016 年绿色债券市场启动以来，中国已成为全球最大的绿色债券市场之一，第一年就占据了全球 40% 的市场份额。中国正成为绿色债券发行认证框架制定和机构设置的全球领导者。尤其是中国提出了绿色债券的定义和分类方法，制定了认证指引，推出了认证机构的牌照制度，宣布了发行人的信息披露标准，引入了多个创新产品和机制以促进绿色债券领域的进一步发展。中国的绿色债券生态体系已成为全球的标杆。很多国家（尤其是新兴市场）在发展其市场时都会借鉴中国的经验。

绿色债券未来有巨大的发展潜力。目前，全球不到 1% 的债券为绿色债券。在中国，约 2% 的中国债券为“绿色”。该领域的专家预测，为满足绿色投资的市场需求，绿色债券市场规模将增至中国债券发行总量的 20%。中国绿色债券市场的发展需要注意以下几点。

1. 中国正在进一步统一国内的绿色债券分类方法

为绿色债券支持项目构建统一的分类系统（分类方法），是引导投资进入可持续经济活动的必要步骤。没有明确的绿色债券分类方法，投资者很难区分绿色项目和棕色项目。统一标准的缺失也可能引发混乱，产生额外的交易成本。中国正在进一步促进国内两套绿色债券分类方法的统一，研究设计跨境绿色债券投资的通用标准，并不断取得进展。

2. 中国在发行主权和次主权（地方政府）绿色债券方面不断取得进展

考虑到主权绿色债券在国内债券市场中的基准作用，它能够支持市场的进一步发展，吸引新投资者，并为其他发行人提供战略方向和锚定效应。随着法国、印度尼西亚、波兰和尼日利亚发行主权绿色债券支持国内绿色项目，中国的地方政府（直辖市）目前也在准备绿色主权债券实际发行的指引和规划，以促进绿色投资发展。

3. 预计中国将在扩大"一带一路"沿线国家和地区的绿色投资中发挥主导作用

中国的"一带一路"倡议为绿色基础设施项目提供了巨大的投资机会，尤其是在 2017 年官方首次提出"一带一路"沿线国家和地区的"绿色联盟"以来。未来，绿色债券预计将成为"一带一路"沿线国家和地区基础设施项目开发不可或缺的融资工具。

第8章

资产支持证券

宗军　李波　劳拉·E. 科德雷斯

资产证券化长期以来被认为有助于促进总体金融市场的发展，包括货币市场、信贷市场和债券市场。资产证券化能通过在潜在投资者之间分散风险而提高资源配置效率，进而盘活存量资产，提高金融市场服务实体经济的能力。自20世纪90年代初以来，中国的资产支持证券市场先后经历了探索、试点、停滞、重新启动试点和全面快速发展阶段。20多年来，制度建设不断完善，市场规模大幅增长，基础资产类型不断丰富，资产证券化在服务实体经济、盘活存量资产方面发挥了重要作用。

展望未来，依托规模巨大的银行信贷资产（主要是贷款）和迫切的企业融资需求，受益政策扶持引导，资产证券化发展空间广阔。本章回顾了中国资产支持证券市场的发展历程，探讨了当前面临的挑战，并就改善法律框架、流动性、信息披露、信用评级、市场联通等方面提出了政策建议。

中国资产支持证券市场概览

中国的资产支持证券分为信贷资产支持证券（以下简称信贷ABS）、企业资产支持专项计划（以下简称企业ABS）、非金融企业资产支持票据（以下简称ABN）和保险资产支持计划（以下简称保险ABS）四类。

信贷ABS由银行、汽车金融公司、消费金融公司、金融租赁公司等金融机构在银行间市场上发行，中国人民银行对发行进行监管，银保监会负责主体备案。企业 ABS 由非金融企业或金融机构在沪深交易所市场上发行，由证监会主管，面向合格投资者募集。ABN 由非金融企业在银行间市场上发行，由银行间市场交易商协会主管。① 保险 ABS 通常由保险资产管理公司发行，由银保监会主管，只面向保险公司和少数其他经批准的金融机构。表 8.1 列出了中国的四类资产支持证券市场。

表 8.1　中国的四类资产支持证券市场一览

	信贷ABS	企业ABS	ABN	保险ABS
监管机构	人民银行、银保监会	证监会	银行间市场交易商协会	银保监会
审核方式	银监会备案 + 央行注册	交易所审核 + 基金业协会备案	在银行间市场交易商协会注册	初次申报核准，同类产品事后报告
特殊目的载体（SPV）	特殊目的信托	专项资产管理计划	特殊目的信托 / 特殊目的公司	资产支持计划
发起机构	金融机构	非金融企业或金融机构	非金融企业	非金融企业或金融机构
投资者	银行间债券市场投资者	合格投资者，发行对象不超过200人	银行间债券市场投资者	保险机构以及其他合格投资者
基础资产	信贷资产	负面清单制，各类债权和收益权	与企业ABS类似	负面清单制，与企业ABS类似
流通场所	银行间债券市场	交易所、报价系统、券商柜台等	银行间债券市场	保险资产登记交易平台

① 银行间市场是机构投资者交易债券和其他固定收益证券的场外市场，由中国人民银行监管。交易所市场对更多类型的证券进行交易，面向其他类型的投资者，并公布交易价格等信息。

续表

	信贷ABS	企业ABS	ABN	保险ABS
登记结算	中央国债登记结算公司	中央国债登记结算公司	上海清算所	保交所
相关条例	《信贷资产证券化试点管理办法》	《证券公司资产证券化业务管理规定》	《银行间债券市场非金融企业资产支持票据指引》	《资产支持计划业务管理暂行办法》

注：负面清单制是指这样一种政策，即只要某项业务未被明文禁止，企业就可以利用此公司产生的现金流来发行 ABS 证券，无须主管部门批准；保险 ABS 必须接受穿透审查，即监管部门核实资金根本来源。例如，如果投资者是私募股权基金，那么基金管理人需要在购买保险 ABS 之前必须提供资金来源信息。

资料来源：作者根据各项已颁布条例编制而成。

从市场份额来看，信贷 ABS 和企业 ABS 是最主要的两类资产证券化产品；ABN 份额相对较小，但发展速度快；保险 ABS 发展缓慢，因此没有反映在图 8.1 中。

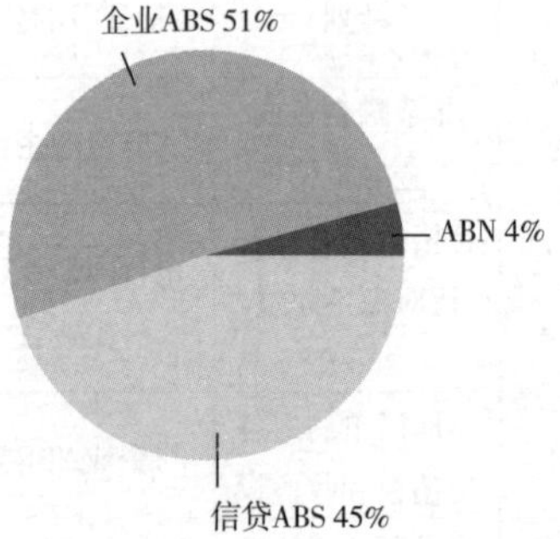

图 8.1　资产支持证券发行存量（截至 2018 年 6 月）

资料来源：中央国债登记结算有限责任公司，Wind 经济数据库。

目前，由于中国的资产支持证券市场仍处于初级阶段，各发起机构出于谨慎考虑，基本都是以所拥有的优质资产作为基础资产来发行资产支持证券，[①] 基础资产的真实违约率较低，且结构设计相对简单，基本无再证券化结构。目前，80% 以上产品的评级为 AA 级以上（图 8.2）。但正如国际金融危机所示，需要密切监控与评级有关的风险（Caprio、Demirgüç-Kunt 和 Kane，2010 年）。

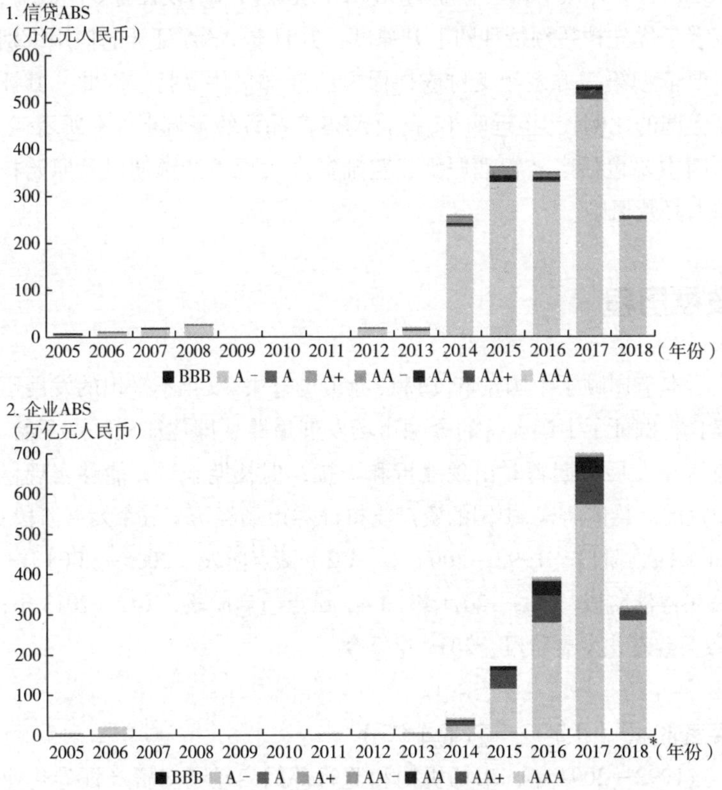

图 8.2　2005—2018 年信贷资产支持证券和企业资产支持证券的信用评级结构

注：*2018 年数据是 1—7 月的数据。

资料来源：中央国债登记结算有限责任公司，Wind 经济数据库。

① 对于某些类型的证券，监管部门需要核实基础资产的真实性和可靠性（所谓的穿透审查）。

从资产支持证券存续期评级的变迁情况看，信贷 ABS 由于标准化程度高，信息披露制度较为完善，基础资产质量良好，加上按照优先级顺序偿还证券本息的现金流偿还方式保证了优先档证券获得越来越高的信用支撑，因此，其评级上调比例高于企业 ABS，且无评级下调。企业 ABS 由于次级档普遍设计有期间收益，减缓了优先档超额抵押的上升速度，并且非 AAA 证券的信用级别主要依赖第三方差额支付或担保方的外部信用支持，因此，其评级上调的比例较少。近两年，企业 ABS 产品评级下调事件有所增多，原因主要包括产品管理瑕疵、基础资产表现不达预期以及原始权益人经营风险。

发展历程

本节回顾了中国资产支持证券市场过去 20 年不平坦的发展历程。它例证了中国独特的金融市场发展道路，即往往从试点开始，随后在发展中期暂时出现挫折和干扰，但长期来看，能够实现稳步发展。总体而言，中国的资产支持证券市场经历了五个发展阶段：（1）探索阶段，1992—2004 年；（2）试点阶段，2005—2008 年；（3）停滞阶段，2009—2011 年；（4）试点重启阶段，2012—2013 年；（5）常态化发展阶段，2014 年至今。

探索阶段（1992—2004 年）

1992—2004 年，市场机构和监管部门启动了对资产证券化业务的探索和研究，为中国资产证券化的起步奠定了前期的实践和法律基础。

市场自主探索

自 20 世纪 90 年代初开始，随着中国经济的快速发展，市场主体的融资需求逐步多元化、个性化，资产证券化这一欧美市场成熟的融资方案逐步进入中国视野，部分市场机构开始了对资产证券化业务的自主探索。

1992 年，三亚市开发建设总公司以三亚单洲小区土地为标的，公开发行了 2 亿元人民币的三年期投资证券，并利用担保条款实现了“破产隔离”，即在合同中增加了担保条款，消除了建设公司破产情况下标的资产的变现风险。[①] 之后几年，市场机构主要选择跨国发行。1996 年，珠海高速公路有限公司以高速公路收费权为基础资产，以私募形式在美国发行了资产担保债券。1997 年，中国远洋运输总公司以其北美分公司的水上航运收入作为基础资产，在美国发行了担保债券。2000 年，中集集团与荷兰银行以中集集团的贸易服务应收款为基础资产，合作发行了资产抵押商业票据等。

2001—2004 年，中国金融机构对资产证券化的探索加快。2002 年，中国工商银行与中国远洋运输总公司启动了 6 000 亿美元的 ABS 融资项目，并在此基础上发行了资产担保证券，这是中国国内银行首次参与境外资产证券化业务。2003—2004 年，中国信达资产管理公司、华融资产管理公司以及工商银行宁波分行先后以资产证券化的方式处置了不良债权资产，这些都是对不良资产证券化的早期尝试。

监管部门筹备试点

20 世纪 90 年代之后，中国金融体系改革、融资结构优化、银行风险防控方面的需求日益迫切。资产证券化作为具有盘活存量资产、优化资源配置、实现风险转移等优势的金融创新工具，不仅引起了市场参与者的兴趣，也受到了中国金融监管部门的关注。监管部门认识到，鉴于证券化的若干特征，他们必须介入以提供法律确定性和适当的基础设施，使私人市场能够安全发展。

1998 年，中国建设银行和国家开发银行相继启动了对资产证

① Ayotte和Caon（2005年）更详细地解释了“破产隔离”的成本和收益。

券化的研究，向中国人民银行提出了住房抵押贷款证券化的试点申请和各自的方案设想。[①] 中国人民银行、银监会等部门开始积极着手对资产证券化的研究、探索和论证。

鉴于特殊目的载体在资产证券化交易结构中的核心地位，是实现破产隔离、税收中性的关键，因此，采用何种类型的 SPV 这一法律问题成为中国资产证券化起步的关键。在中国的法律框架下，特殊目的公司（SPC）的设立受《公司法》限制，存在较大障碍，而 2001—2002 年颁布实施的《中华人民共和国信托法》、《信托投资公司管理办法》和《信托投资公司资金信托管理暂行办法》则明确规定了信托财产破产隔离的原则，因此，特殊目的信托（SPT）成为中国资产证券化设立特殊目的载体的最为可行的选择。

从基础设施看，银行间债券市场自 1997 年诞生后发展迅猛，2012 年之后发行量、托管量、交易量全面超越交易所市场，成为中国债券市场的主要交易平台，也是最接近资产证券化交易国际标准的市场操作平台。在此背景下，形成了标准的资产证券模式——以银行信贷资产为融资基础，由信托公司构建特殊目的信托，在银行间市场发行资产支持证券。这种模式实现了标准资产证券化需要具备的“破产隔离”和“真实出售”（基础资产所有权向特殊目的载体的法律转移），成为中国资产证券化发展的突破口。

2004 年 1 月，国务院出台了《关于推进资本市场改革开放和稳定发展的若干意见》，要求“积极探索并开发资产证券化品种”。当年 4—12 月，中国人民银行和银监会多次联合向国务院报送信贷资产证券化试点申请以及政策设计方案，建议选择国家开发银行和中国建设银行作为首批开展信贷资产证券化业务的试点银行，

① 中国建设银行提出采用“信托模式”在中国启动住房抵押贷款证券化试点，即将资产置入一个“信托”。国家开发银行提出借鉴美国联邦国民抵押贷款协会（房利美）的经验，发行专门的住房抵押贷款支持证券，来购买商业银行住房抵押贷款。

将全国银行间市场作为信贷资产证券化业务试点的发债和流通交易平台。

2005 年 2 月，国家开发银行和中国建设银行获得了试点资格，将分别开展信贷资产证券化（具体为 CLO，即企业信贷资产证券化）和住房抵押贷款证券化试点。国务院明确由中国人民银行牵头成立“信贷资产证券化试点协调小组”，以确保参与此工作的各政府机构协调行动。试点方向明确，准备工作就绪，启动箭在弦上。

此外，证监会于 2004 年开始牵头研究论证以证券公司专项资产管理计划为载体的企业资产证券化业务，发布了《关于证券公司开展资产证券化业务试点有关问题的通知》，规定了证券公司如何发行资产证券化产品。根据证监会的定义，企业资产证券化是指证券公司以专项资产管理计划为特殊目的载体，[①] 以计划管理人身份面向投资者发行资产支持受益凭证，按约定用受托资金购买原始权益人能够产生稳定现金流的基础资产，并将该基础资产的收益分配给受益凭证持有人的专项资产管理业务。

市场基础设施与评级机构

1996年12月，中央国债登记结算有限责任公司（以下简称“中央结算公司”）成立，行使债券中央登记托管结算职能，从此开启了中国债券无纸化时代，建成了使用央行货币的实时全额券款对付（DVP）结算机制，推动了银行间债券市场快速崛起，市场效率、透明度和安全性大幅提升，为资产证券化的探索和启动奠定了坚实基础。

作为在资产证券化业务中发挥重要作用的中介，中国的信用评级机构自 20 世纪 90 年代初正式起步，上海新世纪投资服务公司、中国诚信证券评估有限公司、大公国际资信评估公司等主流评级

① 尽管发布了这一通知，专项资产管理计划作为特殊目的载体的法律效力仍存在不确定性。

机构先后成立，积极引入了国际先进的评级方法和理念，与国际评级机构开展了合作。2004 年 12 月，中国人民银行发布公告《银行间债券市场发行债券信用评级有关事项》，规定“拟在银行间债券市场发行债券的机构和发行的债券，除不需要评级的外，均应经过在中国境内工商注册且具备债券评级能力的评级机构的信用评级”，为信贷资产支持证券的评级工作做好了制度安排。

试点阶段（2005—2008 年）

在监管部门的引导和推动下，中国资产证券化试点于 2005 年启动，2006—2008 年有序扩容，市场建设取得了积极成效。在“试点”与“立法”平行推进的原则下，适合中国国情的资产证券化政策框架初步建立。

监管框架

2005 年 4 月，中国人民银行和原银监会联合颁布《信贷资产证券化试点管理办法》，这是中国第一个正式用于规范有关资产证券化业务的监管文件，标志着中国信贷资产证券化试点工作正式启动。之后，针对信贷资产证券化操作的三份配套规则相继发布，规范了会计处理，细化了监管要求，明确了税收优惠政策（表 8.2）。

表 8.2　2005—2006 年试点启动阶段发布的法规

发布时间	发布部门	名称	主要内容
2005 年 5 月	财政部	《信贷资产证券化试点会计处理规定》	分别规定了发起机构、特定目的信托、受托机构、资金保管机构、贷款服务机构等各个交易主体的会计处理办法
2005 年 11 月	原银监会	《金融机构信贷资产证券化试点监督管理办法》	规定了金融机构作为发起机构的市场准入条件和程序，制定了金融机构参与信贷资产证券化的具体业务规则，提出了相应的风险管理要求

续表

发布时间	发布部门	名称	主要内容
2006 年 2 月	财政部、国家税务总局	《关于信贷资产证券化有关税收政策问题的通知》（简称“5 号文”）	明确了信贷 ABS 产品印花税、营业税、所得税的税收政策，给予信贷资产支持证券一定的税率优惠

资料来源：作者根据各项已颁布条例编制而成。

2007 年 1 月，中国人民银行、原银监会联合向国务院报送《关于稳步扩大信贷资产证券化试点工作的请示》，提出扩大试点机构和发行规模，并得到了国务院批准。随后，监管机构针对首轮试点中出现的问题完善了制度建设，先后发布了三份文件以规范信息披露，调整交易流动规则，加强对基础资产的把关和风险防控（表 8.3），提升了交易结构的严谨性和业务运作的规范性。

表 8.3　2007—2008 年扩大试点阶段发布的法规

发布时间	发布部门	名称	主要内容
2007年8月	中国人民银行	《关于信贷资产证券化基础资产池信息披露有关事项的公告》	强调了资产池信息披露的完整性和信息的易得性
2007年9月	中国人民银行	《资产支持证券质押式回购业务规则》	准许资产支持证券进行质押式回购，以增强资产支持证券的流动性，提高投资者的投资意愿
2008年2月	原银监会	《关于进一步加强信贷资产证券化业务管理工作的通知》	明确证券化资产以好的和比较好的资产为主，确保证券化资产质量；要求各试点金融机构严格资本计提，控制信贷风险，防范操作风险、道德风险和法律风险等，根据自身业务水平及管理能力，循序渐进发展信贷资产证券化业务

资料来源： 作者根据各项已颁布条例编制而成。

市场发展

2005—2008年，共有12家境内银行类金融机构在银行间债券市场成功发行了19只总规模达670亿元人民币的信贷资产支持证券化产品，发行量逐年递增。[①]

基础资产类型从最初的一般对公贷款和个人住房抵押贷款扩展至不良贷款、汽车抵押贷款和中小企业贷款。发行主体也从两家银行扩展到股份制商业银行和汽车金融公司，本已具有资产证券化业务资格的资产管理公司也因试点获得了实践机会。投资主体逐渐扩展到股份制商业银行、城市商业银行、信用合作社、财务公司、外资银行、证券投资基金等。所有产品均足额完成了本息兑付。

在交易所市场，“中国联通CDMA网络租赁费收益计划”于2005年8月设立，正式开启了企业资产证券化的试点。2006年9月之后试点暂停，一年间共发行9单企业资产证券化产品，规模为265亿元人民币。[②]

市场基础设施与评级机构

作为信贷资产支持证券的发行和托管机构，中央结算公司在2005年8月发布了《资产支持证券发行登记与托管结算业务操作规则》，规范了业务操作，保护了投资者利益。全国中央银行间同业拆借中心和中央结算公司设计了适合资产支持证券发行交易的债券综合业务系统，成功支持了首批资产支持证券的发行和交易，为试点扩大创造了有利条件。此外，中央结算公司自2007年起发布中债－资产支持证券收益率曲线，成为资产证券化市场定价和风险管理的计量参考。

---

① 其中，每年的总发行规模为：2005年72亿元人民币，2006年116亿元人民币，2007年178亿元人民币，2008年扩大到302亿元人民币。

② 其中，2005年和2006年的总发行规模分别为100.80亿元人民币和164.21亿元人民币。

在首批证券化产品的信用评级过程中，国家开发银行聘请惠誉国际对评级进行技术支持，中国建设银行聘请穆迪与中诚信进行技术合作，为资产证券化产品的风险评估保驾护航。国内评级市场逐步呈现寡头垄断格局，中诚信、联合资信、大公国际基本占据了市场的主要份额。2006 年，中国人民银行先后印发《中国人民银行信用评级管理指导意见》和《信贷市场和银行间债券市场信用评级规范》，规范了评级机构的业务和管理制度。2007—2008 年，证监会和中国人民银行先后发布《证券市场信用评级业务管理暂行办法》和《关于加强银行间债券市场信用评级作业管理的通知》，并核准了各自市场可从事评级业务的信用评级机构。[①]政策的完善与监管的规范，令信用评级机构的公信力得以增强。

停滞阶段（2009—2011 年）

2008 年，美国次贷危机引发全球金融危机。出于防范中国资产证券化产品可能出现的金融风险的考虑，中国金融监管部门在 2009—2011 年暂停了信贷资产证券化产品和企业资产证券化产品的发行审批，存量证券交易亦不活跃。

在此期间，为加强和提高中国银行体系对抗金融风险的能力，中国银监会于 2010 年 2 月发布了《商业银行资产证券化风险暴露监管资本计量指引》，要求对由于从事资产证券化业务所形成的风险暴露加强审慎监管，同时要求计提相关监管资本，以防范与资产证券化业务相关的风险暴露。

---

① 证监会批准了五家证券信用评级机构：中诚信、上海新世纪、鹏元资信评估、大公国际资信评估、联合资信评估。人民银行批准了银行间债券信用评级机构：中国诚信、大公国际资信评估、上海新世纪、联合资信评估、金诚国际信用评估、中债资信评估。

试点重启阶段（2012—2013 年）

从国外金融市场的发展历史和中国信贷资产支持证券的早期实践看，信贷资产支持证券市场的出现是一个自然的发展结果，应得到鼓励和培育。因此，2012—2013 年，在政策大力推进下，中国信贷资产证券化业务重启并扩大，风险防控加强，市场发展步入正轨。

监管框架

2012 年 5 月，中国人民银行、原银监会和财政部联合下发《关于进一步扩大信贷资产证券化试点有关事项的通知》（以下简称《通知》），就新一轮试点的拓展和推广做了深入细致的原则性规范，沉寂了三年半的信贷资产证券化业务重新启动，进入第二轮试点阶段，发行额度为 500 亿元人民币。

2013 年 7 月，国务院印发《关于金融支持经济结构调整和转型升级的指导意见》，明确要逐步推进信贷资产证券化常规化发展，盘活资金支持小微企业发展和经济结构调整。

2013 年 8 月，国务院决定在严格控制风险的基础上，进一步扩大信贷资产证券化试点。第三轮试点启动，总发行额度达到 4 000 亿元人民币。

值得一提的是，欧美金融监管部门在金融危机后纷纷出台政策，要求资产证券化参与主体进行风险自留，使其利益诉求同投资者趋向一致，从而在一定程度上防范道德风险。这为中国监管部门制定资产证券化风险防范政策提供了参考和借鉴。2013 年 12 月，中国人民银行、原银监会联合下发《关于进一步规范信贷资产证券化发起机构风险自留行为的公告》，规定信贷资产证券化风险自留比例不得低于单只产品发行规模的 5%，同时自留最低档次的比例不得低于最低档次发行规模的 5%。这一规定确立了中国信贷资产证券化的合理风险基准，对《通知》的自留要求起了一定平衡作用。[①] 通过要求持有相当比例的低评级产品,《通知》鼓励认真监测高风险资产的信用质量，从而有效控制风险，同时，也防止因自留要求过高而抑制发行。

对于交易所市场，证监会于 2009 年 5 月发布了《关于通报证券公司企业资产证券化业务试点情况的函》和《证券公司企业资产证券化业务试点指引（试行）》，重启试点。2013 年 3 月，证监会发布《证券公司资产证券化业务管理规定》，企业资产证券化开始由试点转为常规业务。

另外，2012 年 8 月，银行间交易商协会发布了《银行间债券市场非金融企业资产支持票据指引》。中国第三种主要资产证券化产品类型——ANB（ABN）正式推出。

市场发展

2012 年 9 月 7 日，国家开发银行发行了规模为 102 亿元人民币的"开元 2002 年第一期信贷资产支持证券"，宣告信贷资产证券化业务的重启，也成为第一笔百亿人民币规模的信贷资产证券化产品。2012—2013 年，信贷资产证券化产品共发行 350 亿元人民币。银行间市场的新品种 ABN 在此期间共发行 105 亿元人民币。

在交易所市场上，2011 年 9 月中信证券发行"远东二期专项资产管理计划"，标志着企业资产证券化市场重启，至 2013 年年底共发行 11 只企业资产支持专项计划，规模为 118.56 亿元人民币。

市场基础设施与评级机构

2012 年 7 月，上海清算所发布了《关于信贷资产支持证券登记托管、清算结算业务的公告》，开始提供信贷资产支持证券的登

---

① 《通知》要求发起机构对于发行的每一个资产证券化产品持有一定比例的最低评级资产支持证券，原则上这一比例不得低于资产支持证券单笔发行总规模的 5%。

记托管结算服务。从实际操作看，服务品种主要为2015年以来推出的个人住房公积金资产支持证券，以及固定收益、私募房地产投资信托产品（类REIT产品）。

另外，根据《通知》要求，信贷资产支持证券应由两家具有评级资质的资信评级机构进行持续信用评级。“双评级”制度的引入发挥了双重校验的功能，为投资者提供了更多参考，也促进评级机构不断规范评级行为，在充分揭示信用风险、保障投资人利益方面发挥了积极作用。

常态化发展阶段（2014年至今）

2014年年底，随着制度设计的完善、发行程序的简化、信息披露和风险管理的加强，中国资产证券化市场正式进入常态化发展阶段，市场规模持续快速增长。

制度建设与政策发布

2014年3月以后，随着市场利率逐步走低，市场开展资产证券化的积极性不断提高。然而，由于监管部门对金融机构资产证券化产品的风险进行实质性判断，审批时间较长，导致错过了最佳发行窗口并面临更多的发行成本压力。为解决此问题，2014年年底，中国资产证券化业务监管发生了重要转折，完成了从基于交易的逐笔审批制向备案制的转变。

信贷资产证券化实施“备案制+注册制”。原银监会于2014年11月发布了《关于信贷资产证券化备案登记工作流程的通知》，并于2015年1月批准27家商业银行获得信贷资产证券化业务资格。2015年4月，中国人民银行发布2015年第7号公告，明确已取得监管部门相关业务资格、发行过信贷资产支持证券且能够按规定披露信息的受托机构和发起机构，可以向中国人民银行申请注册，在注册有效期内自主分期发行信贷资产支持证券，而无须逐笔审批。

企业资产证券化实施“备案制 + 负面清单管理”。[①]2014 年 11 月，证监会发布《证券公司及基金管理公司子公司资产证券化业务管理规定》（以下简称“49 号文”）及配套指引，[②]正式开启了企业 ABS 备案制，明确了专项计划作为特殊目的实体的法律地位，扩大了业务主体及基础资产范围。

2015 年以来，资产证券化市场的制度建设加速完善。一是信息披露持续强化。为提高信贷资产支持证券注册发行的管理效率和市场透明度，更好地推动信贷资产证券化市场发展，中国银行间市场交易商协会积极推动信贷资产支持证券信息披露制度建设，先后发布了个人住房抵押贷款、个人汽车贷款、棚户区改造项目贷款、个人消费贷款、不良贷款、小微企业贷款等资产支持证券的信息披露指引（试行）以及《信贷资产支持证券信息披露工作评价规程（征求意见稿）》。

二是业务创新加速推进。2015 年，住房公积金资产证券化推出。2016 年，不良资产证券化试点重启，绿色资产证券化获推动。2017 年，不良资产证券化试点参与机构的范围扩大。

同年，财政部、中国人民银行和证监会发布了《关于规范开展政府和社会资本合作项目资产证券化有关事宜的通知》，住建部、发改委、财政部、央行、证监会等九部委联合发布了《关于在人口净流入的大中城市加快发展住房租赁市场的通知》，分别旨在大力推动政府和社会资本合作项目（PPP）资产证券化和房地产投资信托基金（REITs）的发展。

---

① 信贷 ABS 在银行间市场发行。信贷 ABS 发行人首先应在银保监会完成备案手续，然后在人民银行注册，之后才能发行。企业 ABS 在交易所市场发行。企业 ABS 发行人应获得交易所批准，产品不得在中国证券投资基金业协会发布的负面清单之列。

② 这里指的是《证券公司及基金管理公司子公司资产证券化业务信息披露指引》和《证券公司及基金管理公司子公司资产证券化业务尽职调查工作指引》。

三是交易所业务规则持续优化。沪深交易所先后发布了《资产证券化业务指引》《资产支持证券挂牌条件确认业务指引》《资产支持证券存续期信用风险管理指引（试行）》《资产支持证券定期报告内容与格式指引》等，提高了业务运作效率。此外，2015年8月，原保监会印发了《资产支持计划业务管理暂行办法》，明确了保险项目资产支持计划的交易结构和管理规范。

市场发展

在注册制的推动下，信贷资产证券化在2014年井喷，全年共发行66单产品，发行额达到2 820亿元人民币，超过了2005—2013年全部发行额的总和，2015年以来延续了快速扩容势头。企业资产证券化在2015年大幅提速，2016—2017年发行量增长迅猛，2017年的发行量和存量首次超越信贷资产证券化产品。2017年全年，资产证券化产品的发行规模达到1.45万亿元人民币，年底存量突破2万亿元人民币，达到了2.08万亿元人民币（图8.3）。

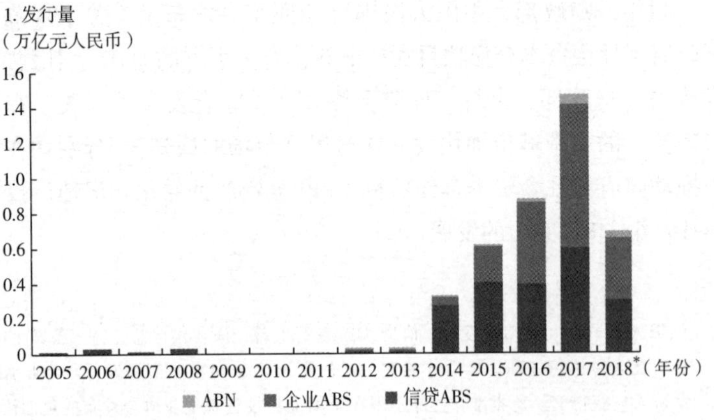

图 8.3 2005—2018 年资产证券化市场发行量和存量

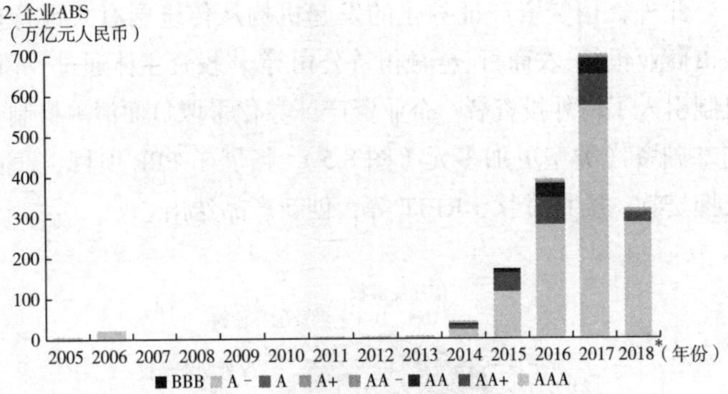

图 8.3　2005—2018 年资产证券化市场发行量和存量（续）

注：*2018 年数据是 1—7 月的数据。

资料来源：中央国债登记结算有限责任公司，Wind 经济数据库。

在市场规模增长的同时，业务创新持续推进，在支持经济结构转型、助力普惠金融方面发挥了重要作用。其中，信贷资产证券化的基础资产类型不断丰富，陆续推出了消费贷款、信用卡贷款、不良贷款等资产证券化品种，2017 年还发行了银行间首单类 REIT 产品；基础资产结构则从担保贷款凭证一支独大走向了均衡，进而演变为个人住房抵押贷款资产证券化强势领跑的格局（图 8.4）。

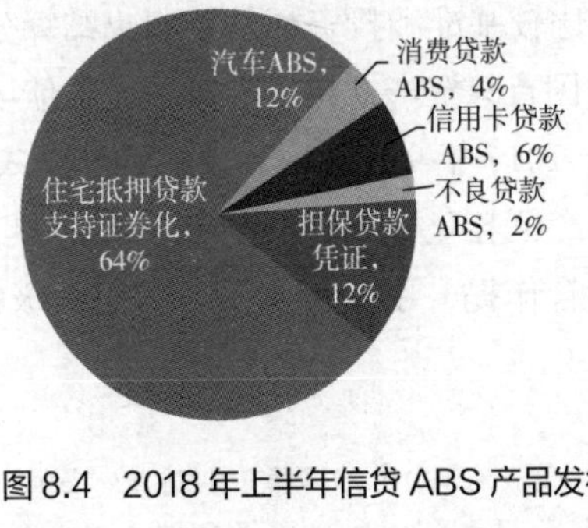

图 8.4　2018 年上半年信贷 ABS 产品发行结构

资料来源：中央国债登记结算有限责任公司；Wind 经济数据库。

此外，信贷资产证券化的发起机构从传统国有大银行扩展至城市商业银行、农商行、金融租赁公司等。[①] 投资主体通过“债券通”机制引入了境外投资者。企业资产证券化采取负面清单机制，因此，其基础资产类型更加多元（图 8.5），拓展了 PPP 项目、商业住房抵押贷款、委托贷款、REIT 等，创新产品迭出。

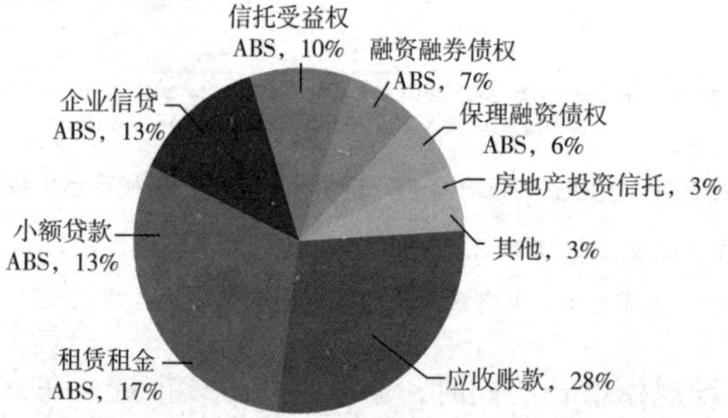

图 8.5　2018 年上半年企业 ABS 产品发行结构

资料来源：中央国债登记结算有限责任公司，Wind 经济数据库。

市场基础设施与中介机构

随着资产证券化再度蓬勃发展，二级市场活动和投资需求显著升温。为客观反映资产支持证券的二级市场价格变化，向投资者提供更多的业绩比较基准和投资标的，中央结算公司于 2016 年 7 月 20 日发布了中国首只资产支持证券指数“中债–银行间资产支持证券指数”，并于 2017 年 9 月 29 日起将 ABN 纳入该指数。

与此同时，资产证券化外部评级机制日益成熟，评级机构通过实践操作和国际合作提升了业务水平，信用评级在风险揭示和

① 包括福特汽车金融（中国）有限公司 2017 年 8 月发行的“福元 2017 年第二期个人汽车抵押贷款支持证券”以及兴业银行 2018 年 4 月发行的“兴元 2018 年第一期个人住房抵押贷款资产支持证券”。

市场约束方面发挥着越来越重要的作用。2017年，中国人民银行发布第7号公告，明确符合条件的外资评级机构可以开展银行间债券市场信用评级业务，这进一步提升了中国信用评级机构的公允性、专业性和国际化程度。

有待改进的领域

法律制度尚不完善

健全的法律体系是市场发展创新的根基。与国际成熟市场相比，中国资产证券化市场缺乏全面专业的顶层法律来统一规范，易引发争议纠纷和法律风险。比如，关于特殊目的实体法律地位的界定不清晰，直接导致税务部门难以认定特殊目的实体的纳税主体地位，影响税收中性原则的落实。

与此同时，企业资产证券化在破产隔离和税收中性方面的制度建设存在缺陷和空白。其一，“49号文”明确了专项计划的破产隔离功能，但仅属于部门规范性文件，效力层级较低，其上位法《证券投资基金法》只明确了证券投资基金具有类似信托的破产隔离效力，未将专项计划纳入立法范围，导致企业资产证券化的破产隔离在法律层面存在不确定性。其二，企业资产证券化没有专门的税收法规，只能参照针对信贷资产证券化业务的“5号文”，且需要与税务机关进行大量的沟通协调工作，增加了业务推进的难度，影响了市场主体参与积极性。

二级市场流动性偏低

自试点启动之后，资产证券化市场就显露出二级市场流动性严重不足的问题。市场步入常态化发展以来，交易活跃度不断提升（表8.4），不过换手率仍明显低于债券市场总体水平。以中央结算公司托管的信贷资产支持证券为例，其2015—2017年的换手率分别为7%、25%和16%，而全部债券换手率分别为173%、188%和

102%。尽管二级市场流动性低在其他国家并非不寻常，特别是对于高度专业化或复杂的产品结构，但流动性不足已经成为制约中国资产证券化市场发展深度的重要问题，迫切需要确定其根本原因，以便消除可能抑制市场流动性的监管障碍。

表 8.4　中央国债登记结算有限责任公司结算的资产支持证券交易量（2014 — 2018 年）

（10 亿元人民币）

年份	交易量
2014	2.10
2015	39.43
2016	143.53
2017	139.10
2018	116.51

注：2018 年的数据是 1—7 月。

资料来源：中央国债登记结算有限责任公司。

信息披露不够充分

目前，信贷资产证券化的信息披露制度较为完善，但交易所市场企业资产证券化的信息披露框架还比较粗放，细分程度不够，无法满足投资者对证券化基础大类资产的信息需求。

此外，中国资产证券化信息披露的严格程度与美国等成熟市场存在不小差距。例如，中国未对基础资产逐笔披露做出明确要求；发行期披露较完善，但存续期披露不够详细；信息披露的标准化程度不足，不便于投资者系统地分析基础资产信息，不利于风险的及时防控。

评级能力需要提升

良好的信用评级是资产支持证券定价的重要参考和投资者投资决策的重要依据。中国评级机构发展时间较短，评级体系尚不健全。[①] 资产证券化业务开展较晚，在管理经验、数据积累、市场影响等方面与国际先进评级机构还存在较大差距，专业性、标准化、透明度有待提高。资产证券化市场的快速发展以及银行间债券市场面向外资信用评级机构的开放，也对中国评级机构的专业水平和服务质量提出了更高的要求。

市场分割和分散登记

中国资产证券化市场分为银行间和交易所两个市场，二者相对独立，产品结构、监管政策、参与主体、交易方式都各不相同。市场分割不仅不利于发挥"分散风险"这一资产证券化的核心优势，还会扭曲市场定价，滋生监管空白和监管套利。

市场分割还衍生出同类产品分散登记的问题。比如，银行信贷资产支持证券在银行间市场发行交易，在中央结算公司登记结算，而基础资产属于信贷范畴的委托贷款、互联网贷款、小额贷款等资产证券化产品却在交易所发行交易，在中证登登记结算，不利于市场监测和风险控制。

企业 ABS 风险事件增多

试点启动以来，信贷 ABS 产品仅出现一只评级下调，评级上调的比例多于企业 ABS 产品。相比之下，企业 ABS 信用事件在增加（表 8.5）。

表 8.5　ABS 发行后的评级变化（2008—2018 年）

	信贷ABS		企业ABS	
年份	上调	下调	上调	下调
2008	1	0	0	0
2009	3	0	0	0

① 中国的评级机构尚未接受根据国际证监会组织的信用评级行为准则（适用于信用评级机构的全球标准）进行的评估。

续表

年份	信贷ABS		企业ABS	
	上调	下调	上调	下调
2010	7	0	0	0
2011	1	0	0	0
2012	3	0	0	0
2013	16	0	0	0
2014	23	0	0	0
2015	113	0	2	5
2016	107	1	16	8
2017	118	0	104	7
2018	128	0	150	26

注：2018 年的数据是 1—7 月。

资料来源： Wind 经济数据库。

2016 年，大成西黄河大桥通行费收入收益权专项资产管理计划发生兑付困难，成为中国首单违约 ABS。2018 年 4 月，庆汇租赁一期资产支持专项计划发生实质性利息违约。从评级下调情况看，2017 年企业 ABS 产品出现了三单评级下调，均不涉及基础资产的严重恶化，而是现金流归集管理、交易结构设计和后续管理等方面出现了瑕疵。2018 年 1 月至 7 月底，企业 ABS 共有 7 个项目，26 只企业 ABS 被下调评级，全部是因为基础资产表现不达预期以及原始权益人经营风险，这表明监管的加强促使 ABS 管理人提高了尽责程度。

由此来看，企业 ABS 风险事件增多主要有两个原因：一是企业 ABS 采取负面清单制，标准化程度低，随着市场步入爆发式增长阶段，基础资产类型多样，原始权益人资质下沉，不同水平的 ABS 管理人涌入市场，出现了基础资产管控能力较弱、现金流归集设计不合理、违规挪用监管账户资金的情况；二是一些收费收益权类产品的基础资产，未来现金流的产生依赖于发起人自身的持续运营能力，破产隔离难度较大，所以，当原始权益人的经营恶化或者出现流动性危机的时候，这些 ABS 产品的风险随之暴露。

展望与建议

随着中国金融改革和经济结构转型的深化，继续推进资产证券化市场发展具有重要的现实意义。预计中国资产证券化市场将面临良好的政策环境，特别是不良资产证券化、政府和社会资本合作项目资产证券化、住房租赁证券化等业务将受益政策利好，迎来大发展。而大量存量资产亟待盘活，银行资产出表和企业融资需求迫切，投资者认可度提升，都成为资产证券化市场持续快速发展的基础。下一步，建议从以下方面加快完善制度设计，解决目前存在的问题，推动资产证券化市场走向成熟。[①]

加强制度和法律体系建设

- 第一，研究推进资产证券化的专门立法，构建全面统一的顶层法律框架，对资产证券化交易的各个环节进行规范、约束和保障。
- 第二，对阻碍证券化发展的现行法规进行修订和完善，特别要明确市场中各类 SPV 的法律地位，以弥补破产隔离、真实出售、税收中性方面的法律漏洞，为资产证券化结构设计提供更多的便利性。
- 第三，研究出台针对企业资产证券化的税收优惠政策，解决重复征税、无法可依的问题。

---

① 见基金组织（2009 年），其中讨论了导致美国证券化败落的一些隐患，以及重启并巩固证券化市场的政策调整。

- 第四，借鉴国外抵押贷款电子登记系统的经验，结合中国实际，由国家金融基础设施建立集中的债权抵押登记机制，对抵押权归属及转让进行登记，从而真正实现证券化中的抵押权变更，降低法律风险，简化操作程序。

提高二级市场流动性

- 第一，通过降低发行成本、优化资产支持证券质押式回购交易机制等方式，提升资产证券化产品对投资者的吸引力。
- 第二，推广做市商机制，出台资产支持证券做市商业务的具体法规和工作指引，提高交易效率，盘活二级市场。
- 第三，健全资产证券化产品估值体系，促进资产证券化收益率曲线的完善和价格发现机制的建立，加强一、二级市场联动。
- 第四，推动投资者主体多元化，鼓励保险公司、资产管理公司、各类基金以及更多交易型金融机构进入资产证券化市场，激发市场活力。

全面加强信息披露

- 第一，全面提升资产证券化产品信息披露的透明度和时效性，包括提高信息披露的频率、制定更细致具体的信息披露要求、加强存续期信息披露等。
- 第二，遵循资产证券化信息披露的大方向，对大类基础资产采取逐笔披露的方式，同时细化创新产品的信息披露要求，为投资者和监管层提供充分有效的决策信息，防范潜在风险。
- 第三，提高信息披露的规范化、标准化和机器可读程度，满足第三方估值机构的查询分析需求，推动信息对称。

提高信用评级水平

- 第一，加强信用评级机构的政府监管和自律监管，规范评级机构业务运作，确保信用评级机构的独立性、评级方法的合理性、评级结果的公允性，并通过建立问责制明确信用评级机构对其提供的评级应承担的责任。鼓励采用国际证监会组织的信用评级机构行为准则（国际证监会组织，2008 年）。

- 第二，引导评级机构学习国外成熟技术，并结合中国国情进行优化，促进评级思想创新和技术进步，提升国内评级机构的国际影响力和认可度。

推进市场互联互通

- 第一，通过完善跨市场发行、转托管、转交易等相关政策，推动资产证券化产品在两个市场的流动，实现两个市场体系的协调发展和优势互补，减弱市场分割带来的弊端。
- 第二，遵循市场发展规律和国际趋势，探索推进托管结算基础设施的统筹整合，通过后台一体化推进银行间市场和交易所市场互联互通，提升资产证券化市场的有效性、透明度和风险可控性。
- 第三，将委托贷款、互联网贷款、小额贷款资产支持证券与银行信贷资产支持证券进行统一集中登记，统一信息披露要求，实现信贷类资产证券化产品的统筹监管和稳健运行。

加强风险识别与控制

- 第一，在积极拓展证券化领域的同时，坚持合规化的发展方向，严守风险底线。明确证券化资产和结构的合格类型，避免因资产“泛证券化”而背离实体经济，引发市场风险；产品结构设计也应能够穿透底层资产，保障市场健康发展和风险可控。
- 第二，加强全流程风险识别管理，包括审慎把控基础资产源头风险，健全内外部增信机制，加强项目信息披露和跟踪管理，监督中介机构尽职履责，落实投资者保障条款，提高投资者风险意识，培育成熟的市场舆论环境。

- 第三，提高资产证券化风险管理技术水平，比如进一步研究和丰富风险对冲工具，不断完善市场风险指标和风险预测模型，加强信用风险识别和动态度量。
- 第四，加强对资产证券化市场的宏观审慎管理。正如全球金融危机所显示的，许多微观审慎监管措施并没有考虑系统性风险。金融部门和实体部门可能更容易受到各市场之间日益增强的相互联系的影响，包括通过资产证券化渠道产生的影响。因此，在监控资产证券化市场风险时，可能需要考虑一些宏观审慎指标。特别是应该建立早期预警机制，以便及早应对资产质量恶化和资金流动性风险问题。

结论

在信用债发展的同时，中国的资产证券化市场逐步兴起。自20世纪90年代以来，中国的金融机构与监管机构积极研究资产证券化，2005年正式启动了试点项目。尽管这一市场在随后的三年间有所增长，但随着全球金融危机的爆发，市场活动自2009年开始停滞。试点直到2012年才得到恢复，健全风险控制的新法规（如双评级要求）也陆续出台。2014年年底，证券化产品的发行由核准制变为注册制。自此，证券化市场进入了崭新发展阶段并迅速增长。

基础资产种类在快速扩充，投资者群体日益多元化。目前，证券化市场在服务实体经济、激活不流动资产、促进金融包容性等方面发挥着重要作用。但是，鉴于银行信贷资产体量巨大、企业融资需求强劲、政策支撑环境有利，中国的证券化市场仍有很大发展空间。

与美国等成熟市场相比，中国的资产支持证券市场起步较晚，许多重要领域尚待发展。除了需要加强法律框架以弥补漏洞外，还需要通过发展做市商机制、健全资产证券化产品估值体系、推动投资者主体多元化来提高市场流动性。此外，还应全面加强信息披露以提高资产证券化产品的透明度和时效性，以及信息披露的规范化和标准化。与此同时，信用评级机构应加强自律，规范业务运作和提高评级能力；应探索推进托管和结算基础设施的统筹整合，以促进有效的市场互联互通。

第三部分

中国债券市场改革

第9章

关于开放中国债券市场的一些思考

郭凯

2016年，人民币正式加入了特别提款权货币篮子，特别提款权是国际货币基金组织定义和维护的补充性外汇储备资产。在满足人民币作为特别提款权篮子货币基本要求的过程中，中国银行间债券市场进一步发展。然而，与主要储备货币发行国相比，中国债券市场的深度和广度仍存在较大差距。中国需要进一步发展、开放债券市场，提高债券市场质量。这不仅是作为新兴市场经济体维护金融稳定、优化资源配置、深化金融市场和促进经济发展的需要，也是满足人民币成为主要储备货币的需要。

本章首先概述了中国债券市场的现状，随后从市场准入、市场流动性及风险对冲、托管与清算体系、便利性与信息可得性、配套制度及法律体系、跨境资本流动等角度入手，分析了人民币债券市场面临的问题。本章结尾提出了若干政策建议。

中国债券市场现状

在经济改革开放过程中，中国债券市场快速发展并不断成熟。债券市场的规模不断扩大，对完善收益率曲线、促进直接融资和维护金融稳定发挥了重要作用。考虑到人民币已成为第三大贸易融资货币、第五大支付货币和特别提款权篮子货币，人民币债券市场将随着人民币国际化进程进一步开放，境外投资者对人民币债券的需求将持续增加。

近年来，几个关键领域的改革促进了中国债券市场的开放。

2005年，熊猫债市场起步。熊猫债是指由境外机构在中国境内发行的人民币计价债券。国际金融公司和亚洲开发银行率先在银行间债券市场上发行了价值20亿元人民币的债券。但早期阶段因发行审批及资金使用限制都十分严格，熊猫债规模较小。2010年，中国人民银行会同财政部、发改委和证监会联合修订了关于熊猫债券的发行办法，拓宽了熊猫债的融资限制和要求，为此后快速发展做了铺垫。2013年，戴姆勒发行人民币债务融资工具5亿元人民币，成为中国首只非金融机构发行的熊猫债。2015年以后，熊猫债市场的发展明显提速。2015年，汇丰银行获准发行熊猫债，国际性商业银行成为继国际开发机构和境外非金融企业后的又一大发行主体。2015—2016年，韩国和加拿大哥伦比亚省分别发行了首只主权和准主权熊猫债，金额为90亿元人民币。2016年8月，世界银行在中国银行间债券市场上成功发行第一期人民币结算的特别提款权计价债券，进一步丰富了中国债券市场的交易品种，扩大了特别提款权的使用。近几年，境外主体在中国发行人民币债券的规模也快速增长。截至2017年年底，中国银行间债券市场熊猫债的累计发行规模已达到1 234亿元人民币。

境外机构投资债券市场的主体范围和投资范围不断扩大，债券市场也因此成为中国金融市场中开放程度最高的子市场。随着人民币跨境使用频率和规模不断提高，境外投资者对人民币计价资产（尤其是固定收益类资产）的需求逐步提高。同时，中国人民银行亦推出了一系列措施，为投资中国债券市场提供了便利。2010年，中国人民银行允许境外央行、港澳人民币清算行[①]、境外参与行在核定额度内投资银行间债券市场。2013年，QFII、RQFII

① 香港特别行政区和澳门特别行政区的人民币清算行分别是中国银行香港分行和澳门分行。

获准在银行间债券市场上开展现券交易。2015年，为满足人民币作为特别提款权篮子货币的要求，中国人民银行为境外央行类机构完全进入债券市场提供了更多便利，措施包括简化开户流程，取消额度限制，由审批制改为备案制，扩展投资和交易范围至债券现券、回购、借贷、远期、利率互换等。2016年，中国人民银行进一步将投资者范围扩大至几乎所有境外机构投资者。至此，债券市场二级市场已事实上向境外机构投资者开放。

2017年5月，"债券通"（连接在岸债券市场和香港特别行政区）正式启动。当前先实施"北向通"（从香港特别行政区到内地），未来适时扩展至"南向通"（从内地至香港特别行政区）。[①]"债券通"为希望投资中国债券市场的境外投资者提供了熟悉、便利的渠道，其无须再探索中国债券市场系统。尤其是"债券通"实施多级托管模式，是中国开放债券市场的另一举措。在当前的单级托管模式下，所有国际投资者必须以自身名义在中央证券托管机构开立账户，这导致进入成本较高、效率低下。多级托管模式的实施是债券通的创新之处，也是其主要目的之一。"债券通"在内地与香港特别行政区之间建立了与国际标准接轨的通道，国际投资者基本不必改变原有托管机构、清算和结算安排、交易做法，就可以从境外购买人民币债券。

随着债券市场开放程度提高，指数供应商开始考虑将人民币债券纳入全球债券指数。2017年3月，彭博发布了涵盖中国政府债券和政策性银行债券的全新指数。花旗集团也宣布，考虑在2017年将中国债券市场纳入新兴市场以及地区政府债券指数（港交所，2017年）。

随着人民币加入SDR的效应逐步显现以及债券市场开放持续推进，境外投资需求将进一步被释放。从将人民币债券作为官方储备的需求来看，若人民币计价储备达到澳元的规模，我们估计将有约650亿美元的资金转移至人民币资产。假设债券市场投资

① Bond Connect, http://www.chinabondconnect.com/en/.

占流入资金的70%，将带来3 000亿元人民币的债券需求。若人民币计价储备达到英镑的水平，流入人民币债券的资金将达到1.5万亿元人民币。私营部门对人民币资产的需求会更大。当前国际投资者对新兴市场经济体的债券投资总规模约为2.8万亿美元。一些分析人士预测，若人民币债券纳入新兴市场经济体债券指数，将享有1/3权重（基金组织，2016年）。因此在较乐观的情况下，加入该指数将带来约6万亿元人民币的资本流入。综上所述，从中长期来看，国际社会对人民币债券的需求为6.3万亿~7.4万亿元人民币，约占中国债券市场规模的11%~13%。

然而，中国债券市场的开放程度仍然低于主要发达市场和许多新兴市场经济体。根据中债登的统计数据，截至2016年年底，境外投资者持有中国债券的比例仅为2.52%，持有中国主权债券的比例仅为3.93%（图9.1）。相比之下，国际投资者持有美国、欧洲等

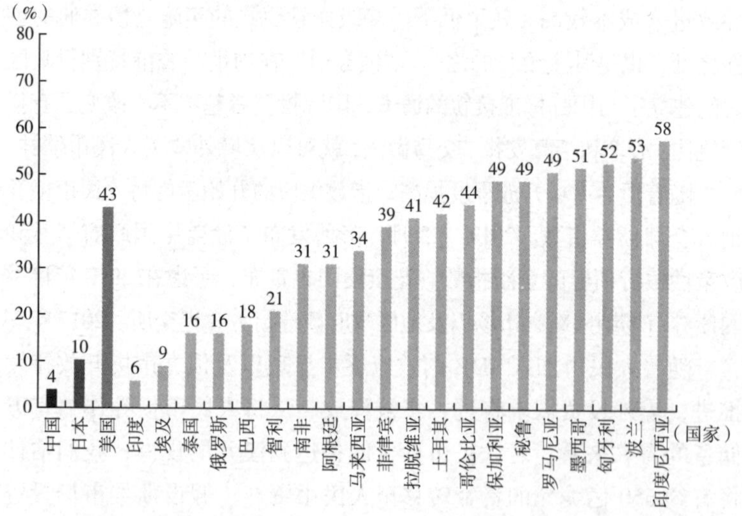

图9.1　境外投资者参与中国、美国、日本和主要新兴市场经济体主权债券市场的情况

资料来源：港交所，2017年。

发达市场债券（包括主权债券和非主权债券）的比例为 30%~40%，而马来西亚、俄罗斯等新兴债券市场的国际投资者持有比例也高于 10%（Huang，2018 年）。

此外，虽然中国债券被考虑纳入全球主要债券指数，但尚未被完全纳入国际投资者普遍使用的核心指数，如花旗集团全球政府债券指数、摩根大通全球债券指数 – 新兴市场等。这反映了全球投资者对中国债券市场仍有担忧。

人民币债券市场面临的问题

进一步发展人民币债券市场，不仅是中国作为新兴市场经济体减少货币错配、尽可能减少无序跨境资本流动、维护金融稳定的需要，更是人民币走向主要储备货币的必由之路。

市场准入

境外主体发行熊猫债以及投资上海证券交易所和深圳证券交易所债券须获得中国证监会批准。另外，虽然投资银行间债券市场只需要备案，但完成备案和开户耗时长、流程烦琐。境外机构需要提供很多文件，且中债登、上清所等部分机构要求客户递交纸质材料；完成全部交易前流程通常耗时数月，部分机构需要 6~9 个月方可开户。备案和开户流程的便利性仍有待提高。

部分债券交易类别仍然对境外投资者设限。第一，尽管境外机构投资者可开展债券借贷、远期及利率互换等交易，但前提是必须证明存在需要管理的潜在风险。虽然该规定的意图是限制套利或者投机，但这些要求严重限制了投资者参与这些交易。第二，虽然债券回购是重要的交易类别和货币市场工具，但仅境外央行类机构、境外结算行及参与行被允许进入回购市场，其他机构投资者无法进入回购市场。第三，境外投资者无法进行国债期货交易，因此无法充分管理投资风险。

市场流动性及风险对冲

与多数亚洲本币债券市场相似，中国债券市场也存在流动性和市场深度不足的问题，表现之一即为债券买卖价差较高。市场流动性集中于新发行债券，中国国债买卖价差仍高于成熟市场。例如，新发国债的买卖价差相对较低，通常为 4 个基点，非新发国债的价差则相对较高，约 7 个基点，而成熟市场价差可以达到 1 个基点。此外，流动性不足也使部分券种难以在市场上找到对手方，导致交易无法实现。形成这种情况的原因可能是：第一，中国债券市场的投资主体以商业银行为主，持有超过 65% 的政府债券和 70% 的政策性金融债，并倾向于持有债券至到期，大量债券未进入交易环节；第二，中国形成了扁平化的交易主体结构，做市商发展不足，未形成做市商之间、做市商与客户之间的分层结构，投资者之间一对一询价交易占比较高。

除市场准入问题以外，中国的衍生品市场发展尚不成熟，一定程度上限制了投资者对冲风险的能力。第一，中国衍生品市场起步较晚，市场规模较小，与发达金融市场相比，成熟的工具较少。境外机构投资者投资人民币债券时，没有足够的工具来对冲利率风险、汇率风险和信用风险。因此，一些复杂的交易策略难以实施。第二，虽然国债期货可用于对冲利率风险，进而提升国债市场流动性，但持有国债现券的最大主体商业银行被禁止参与国债期货市场。

托管与清算体系

首先，中国银行间债券市场实行一级托管模式，而国际主流采用多级托管模式。一级托管模式的好处在于，降低了市场中介挪用客户资产的可能性，更便于收集信息和数据。然而，由于所有交易均需要在中央托管机构进行逐户结算，结算笔数过多会导致总结算成本过高。此外，中央托管机构可能很难为大量投资者提供定制化服务。相比之下，多级托管模式将托管机构划分成多个层级，最终集中到中央登记托管机构。该系统不仅最终环节集中，而且能有效对接全球不同投资者。通常来看，国际投资者可自行选择托管模式和托管机构，各国一般不会提出强制要求。国际投资者进入新市场倾向于借助已有托管体系。在一级托管模式下，中央托管机构独家办理全部业务，兼容性差，也不能较好地对接全球投资者的需求。

其次，中国境内托管机构未实现完全联通，特别是部分业务无法实现电子化操作。中国的中央证券托管机构包括中债登、中证登和上清所，目前仅国债、地方政府债和企业债可在中债登及中证登之间转托管，其他券种并未在托管机构层面实现联通。因此，债券借贷等涉及多个托管机构的交易类型无法实现电子化操作，只能采用人工登记的方式处理，降低了交易效率。

最后，尽管债券结算周期及结算方式不对投资构成限制，但在某些情况下，在为部分投资者提供精细化服务方面仍有改善空间。关于结算周期，中国债券市场现可采用 T+0/1/2 的结算周期（当日结算，或交易日后第一天或第二天结算），实现了各时区境外投资者对结算周期的基本需求。但是，部分境外投资者习惯了结算周期相对较长（如日本结算周期为 T+3），需要适应中国的结算要求。此外，中央结算公司提供实时全额结算，对频繁交易的投资者而言，资金要求和结算成本相对净额结算会比较高。

便利性与信息可得性

境外投资者必须为不同交易或目的开立多个账户，且各账户的资金用途受到了严格限制。例如，境外投资者为投资银行间债券市场开立的账户只能用于与投资银行间债券市场相关的资金往来与结算，不允许一户多用，这给境外投资者带来了不便。

境外投资者可以直接开立账户或通过“债券通”进入银行间债券市场，或借助 QFII、RQFII 渠道。然而，境外投资者不能在不同渠道开立的多个账户间自由转移头寸。因此，境外机构有时不得不出售一个账户的债券，再以另一个账户买入，这增加了不必要的成本。

在债券市场投资备案时，境外投资者需要填写“拟投资额”。虽然该信息无实际法律效应，但会引起境外投资者不必要的担忧。若实际投资低于拟投资额的 50%，有时需要重新申报。这被一些投资者视为法律风险，担心会有惩罚性措施。

信息获取的便利性有待提高。目前，不同机构分管债券市场不同部分的信息，相关信息分散于不同网站。投资者无法获得“一站式”债券信息。此外，能够以多语种同步发布的政策仍比较有限，许多信息境外投资者无法获悉。

配套制度及法律体系

在部分情形中，人民币债券信用评级虚高。这些评级未能真实地反映人民币债券的风险，对债券定价的指导作用有限。中国的评级行业需要重塑公信力。国内和国际信用评级存在较大的错位。一个可能的原因是，显性及隐性担保导致债券实际违约率低。其他原因包括强制评级且债券发行有最低评级要求，评级采用发行人付费模式[①]等。

熊猫债发行的会计、审计政策可进一步简化并与国际接轨。根据中国的现行规定，熊猫债发行人披露的财务报告应按照中国会计准则或财政部认可的与中国会计准则等效的准则编制（目前仅认可欧盟与香港的会计准则）。若发行人采用其他会计准则，应

① 发行人付费模式，即发行人支付评级费用，而非投资人。

披露差异调节表。关于审计事宜，应由具有中国证券期货资格的会计师事务所进行审计，除非所在国或地区与中国财政部签署了审计公共监管等效协议（目前仅有香港）。全球金融危机后，二十国集团倡议建立全球统一的高质量会计准则，中国在与国际财务报告准则（IFRS）实现实质性趋同方面取得了一定进展，但仍有很大差异。发行熊猫债时，多数机构仍须披露差异调节表，实际上相当于重新按照中国会计准则制作会计报表。这成为许多境外机构选择不发行熊猫债的原因之一。

尚未对外发布明确的税收安排。境外机构需要明确的税收政策，以便计算税后收益并合理安排缴税资金，但当前税收安排并不明确，仅有散落的部分文件明确了部分券种的特定税收安排。因此，企业不得不预留部分资金，用于可能产生的税收政策变化，这给境外投资者造成了较大的不确定性和不便。

境外机构投资者无法自主选择衍生品主协议。中国银行间市场交易商协会与位于纽约的国际掉期与衍生品协会的主协议较为类似。[①] 主要区别体现在法律适用、争议解决、合同货币等条款上。总体来看，中国银行间市场交易商协会主协议依托于中国法律；若交易发生纠纷后，默认在中国境内进行仲裁，适用中国仲裁法律和相关司法程序。相比之下，国际掉期与衍生品协会主协议依托于英美法系，默认在英国或美国纽约州法院开展纠纷诉讼，适用英国或美国纽约州的司法程序。由于成熟市场普遍签署国际掉期与衍生品协会主协议，国际投资者希望可自主选择中国银行间市场交易商协会主协议或国际掉期与衍生品协会主协议，以降低法律成本。目前，境外央行类机构可以自主选择两类协议，但普通

② 2007年9月经国务院批准成立，中国银行间市场交易商协会旨在促进中国场外金融市场发展（银行间债券市场、银行间借贷市场、外汇市场、商业票据市场和黄金市场）。

境外机构投资者只能签署中国银行间市场交易商协会主协议。

“终止净额结算”[①]的合法性和有效性仍存在不确定性，会对金融机构的强制保证金缴纳与风险资本计提产生影响。对于场外衍生品的交易而言，是否能有效实现终止净额结算是规避交易方破产风险的关键，因此通常是交易双方关注的重点。中国银行间市场交易商协会主协议和国际掉期与衍生品协会主协议的主要条款均对净额结算机制进行了约定。然而，中国现行的破产法律制度并未考虑到衍生品交易的特殊性，终止净额结算的合法性和有效性仍存在不确定性，在实际操作中存在法律风险，且会对金融机构的强制保证金缴纳与风险资本计提产生影响，提高金融机构的交易成本与资本金要求。

跨境资本流动

资金汇出在金额和比例上仍受到限制，相关政策的可预期性需要提高。现行规定要求境外机构投资者累计汇出外汇和人民币资金的比例应与累计汇入比例基本保持一致，上下波动不超过10%，这限制了境外投资者自由汇出资金的能力。此外，国际投资者对中国的资本管制政策和政策制定透明度等尚有担忧，担心投资资金未来出境会有困难。这些担忧对境外投资者参与中国债券市场的意愿产生了较大影响。

政策建议

为提高债券市场的开放质量和发展水平，进一步提升人民币储备货币的地位，本书提出以下政策建议。

---

① 在合同不能正常履行尤其是一方出现破产情形时，若对手方之间存在双向负债义务，可协商一致对负债头寸进行抵消和净额结算，称为“终止净额结算”。

1. 拓宽债券交易类别，提高境外主体的参与深度

允许境外普通机构投资者进行债券回购交易。债券回购不仅可以作为融资、融券的手段，还可以作为对冲和短期投资的工具。它应用范围广，且作为重要的货币市场工具，无疑是与债券相关的最重要的交易类型。无法参与债券回购在很大程度上限制了普通境外机构投资者的投资能力，降低了投资意愿。建议允许境外普通机构投资者参与债券回购交易。

2. 提高市场流动性，完善风险管理工具

进一步丰富投资者类型，拉动债券交易需求。应稳步提升债券市场对内对外的开放程度，丰富投资者类型，降低以持有到期为主要目的的银行与保险机构等投资者的比重，拉动交易需求。

完善做市商机制，提高市场流动性。做市商发展不足与债券市场微观结构、利率市场化改革尚未完成等深层原因有关，但做市商机制本身也存在较大改进空间，应不断完善做市支持机制，以提高市场的价格发现能力，增加债券的流动性。

进一步发展国债期货和衍生工具市场，为投资者提供丰富的风险管理工具。国债期货具有价格发现功能，还能提升投资者的风险对冲能力、回报率和投资意愿，也有助于提升债券市场的流动性。应继续培育并完善国债期货市场，待时机成熟后对内对外扩大期货和衍生工具的交易主体。此外，应进一步发展利率、汇率方面的衍生工具市场，便于投资者进行风险对冲和组合管理。

3. 建立与国际接轨的托管模式

逐步建立与国际接轨的多级托管模式。多级托管模式是目前国际金融市场通行的主流托管模式。由于一级托管体系与多级托管体系存在明显差异，境外参与者进入中国债券市场面临较高的转换成本。多级托管模式不存在明显风险因素，既能较好地解决

跨境投资涉及的法律合规、市场规则、语言差异等问题，转型至多级托管模式相关的操作风险也完全可控。应逐步建立与国际标准接轨、与国际投资者习惯相适应的托管模式，极大地扩充境外投资的潜在主体。

4. 进一步简化开户流程，提高境外机构投资债券市场的便利性

大幅简化开户流程。目前，开户耗费时间过长，应进一步简化账户开立流程，精简不必要的文件要求，取消“拟投资额”等不必要的申报要求，允许客户提交电子版材料以节约邮寄所需时间，逐步实现开户流程的全流程电子化。

解决不同账户之间的头寸转换问题。应取消不必要的政策限制，允许境外投资者在 QFII、RQFII 和银行间债券市场债券账户之间自由转换头寸，提升资金使用效率。

允许一户多用。明确允许境外主体通过投资银行间债券市场的账户进行隔夜余额管理，未来允许使用账户资金开展其他合理业务。

改善投资者信息可得性。中国应该整合债券市场不同监管部门的信息资源，提高中英文同步发布政策的比重，增强信息透明度，便于获取一站式债券信息，帮助投资者及时了解中国的债券市场政策。

5. 营造友好、便利的制度环境

提供更加便利的会计和审计制度。中国银行间债券市场投资者均为机构投资者，与零售投资者相比，具备理解不同会计标准的能力。应考虑将美国证券交易监督委员会采纳的主要会计准则（包括通用会计准则）纳入中国银行间市场的认可范围；简化熊猫债发行主体的差异说明表编制要求，避免给发行人增加过重的负

担。同时，放宽对审计机构的资质要求，将更多合格审计机构纳入认可范围。

尽快明确投资债券市场的税收政策并对外发布，确保规则明确、操作性强且具备细化的扣缴流程。降低税收政策不确定性对企业投资决策造成的不利影响，营造稳定、友好的税收环境。

允许境外投资者自主选择签署中国银行间市场交易商协会主协议或者国际掉期与衍生品协会衍生品主协议。许多国际投资者都认为不允许签署国际掉期与衍生品协会主协议是其进入银行间债券市场的障碍之一，会带来更高的法律成本。应该允许机构投资者自主选择倾向使用的主协议。

完善破产法，消除法律层面的不确定性。应尽快明确“终止净额结算”的合法性，减轻破产法律因素对金融机构的保证金缴纳与风险资本计提的不利影响，从而大幅降低交易成本。

推动评级行业健康发展，有序引入境外评级机构参与中国债券市场。监管当局应该取消最低评级要求，降低对国内评级行业的过度保护，在此过程中加强监管，进一步规范信用评级机构的行为，提高评级质量。引入境外评级机构参与中国债券市场，这将为国际投资者提供多种选择。目前合格国际信用评级机构进入中国银行间债券市场没有政策障碍，应出台细则和法规落实对外开放政策。此外，在引入国际评级机构的过程中，有必要解决内外评级机构评级差异过大可能导致的问题。

6. 完善跨境资本流动管理，增强境外投资者对中国债券市场的信心

进一步完善跨境资本流动管理，减少不必要的限制。资金能否自由汇入或汇出一直是境外投资者投资中国债券市场的重要考虑因素。如果对资金汇入或汇出的金额和币种设定限制，将对境外投资者造成不便，影响其参与中国债券市场的积极性和信心。

中国应继续实施以市场供求为基础、参考一篮子货币进行调节、有管理的浮动汇率制度，进一步深化汇率体制改革，增强人民币汇率的灵活性。中国还需要取消对资金流动的不必要限制，提升相关政策的连续性和透明度，这有助于降低政策的不确定性，稳定市场预期，增强投资者对中国债券市场的信心。

结论

在中国改革开放的大背景下，中国债券市场迅猛发展，尤其是人民币加入特别提款权货币篮子的过程进一步促进了债券市场的发展。尽管债券市场发展成绩显著，但仍缺乏足够的深度和广度以支撑人民币成为主要储备货币。

中国应当采取全面的政策措施来解决现存问题。第一，拓宽与外资准入相关的债券市场安排，提高市场流动性，发展对冲工具。第二，建立与国际标准接轨的托管模式，简化外资机构投资人民币债券市场的流程，提高便利性，这一点非常重要。第三，提高会计和审计制度的灵活性，进一步明确税收政策。第四，政府应促进评级行业的稳健发展，改进跨境资金流动管理，增强境外投资者对人民币债券市场的信心。

第10章

加强中国债券市场的金融稳定性

缪晖

中国在发展债券市场方面取得了很大进展，例如，简化了债券发行、交易和投资的监管要求。持续的改革创新举措为中国债市的快速发展提供了支持，如今中国已坐拥全球第三大债券市场和全球第二大信用债券市场。但是，在确保债券市场金融稳定性方面，还有可以改进的空间。

通过采取各项积极举措，许多债券类型基本实现了备案制发行，如私募公司债券、可转让存单、商业票据以及中期票据。此外，债券公开发行的审批要求和程序也更加透明。银行间债券市场基本已向海外金融机构开放，外国投资者也可以通过“债券通”计划进入该市场[①]，海外投资者可以通过“合格境外机构投资者”计划和“人民币合格境外机构投资者”计划进入交易所债券市场。

债券市场上出现了更加多样化的债券发行人、投资工具和投资者。尽管公共部门债券（如地方政府债券和中国国家开发银行债券）仍占据主导地位，但信用债券市场也实现了长足发展，目前占总债务存量的40%（中央国债登记结算有限责任公司，2018年）。政策制定者将市场化的直接融资视为以银行为主导的金融体系的有益补充（另见第4章关于信用债券市场的内容）。在有利的政策环境下，2012—2017年信用债的市值每年增长28%，到2017

① “债券通”计划于2017年7月3日推出，该计划允许香港特别行政区投资者购买内地债券。

年年底达到了29.5万亿元人民币，而公共部门债务规模为40.2万亿元人民币（中央国债登记结算有限责任公司，2018年）。

与此同时，相应的监管改革在很大程度上控制了债券市场的金融稳定风险。诚然，债券市场的快速增长可能带来一些风险，但政策制定者已下定决心应对这些风险。近年，流动性、杠杆率和市场风险等潜在风险均有所下降。例如，针对2016年12月债券市场出现的动荡（专栏10.1），监管者收紧了对集合投资工具流动性和杠杆率的风险管理指导（下一节讨论）。

专栏10.1　2016年12月债券市场动荡

经过多年的牛市，中国债券市场于2016年年底走弱。当年12月14日，券商国海证券因在一项金额高达200亿元人民币的债券回购（repo）杠杆投资中遭受巨大亏损而出现违约。国海证券之前通过银行信贷获得了杠杆头寸，并且似乎规避了对回购抵押品折扣的监管限制。

国海证券债券回购违约导致市场对券商普遍丧失信心，为了避免对手方风险，银行开始缩减对非银行金融机构的短期贷款。

因此，尽管中国证券监督管理委员会为防止国海证券破产而出面为其安排了信贷展期，但银行间市场利率依旧大幅上升，回购和债券市场的流动性迅速收缩，货币市场上基金赎回量上升。

直到各家银行按照中国人民银行的指导向非银行金融机构提供信贷之后，市场才逐渐企稳。虽然遏制了风险，但是利用银行向非银行金融机构提供信贷之举引发了道德风险问题，并凸显采取更加协调一致的方法来应对流动性风险的必要性。

总体而言，本章认为，债券市场的波动性可能会上升，因为存在三个主要风险因素：利率和信用风险的市场估值风险、债券投资者面临的流动性和期限错配，以及债券市场投资者和债券发行者的高财务杠杆。本章重点介绍了能够进一步降低金融稳定风险的关键改革措施。

背景和近期进展

2018 年 4 月新发布的资管新规在降低集合投资工具面临的风险方面具有里程碑式的意义[①]（专栏 10.2）。集合投资工具是一种特殊目的的金融企业，它们持有投资，然后将这些投资重新包装成金融产品卖给散户和机构投资者。集合投资工具的形式可能多种多样，其控股的金融企业类型也可能各不相同。常见的集合投资工具包括：银行的理财产品、券商和基金公司提供的共同基金，以及保险公司提供的某些短期储蓄产品。集合投资工具已经成为固定收益投资者的主要投资渠道，因为它们通常承诺能提供有吸引力的固定收益率。中国最近在监管工作中协调统一了适用于银行、券商、共同基金和保险公司（信用债券的主要持有者）提供的各种资产管理产品的监管标准。通过完善估值标准、赎回规则和资产配置限制，可以显著降低这些集合投资工具产品的流动性和期限错配。为了兑现每日赎回承诺，集合投资工具可能必须持有更多的流动性和安全资产，并且可能调整其赎回规则，例如，摆动定价或赎回门槛。

集合投资工具持有的缺乏流动性的非标准化信贷资产（主要是银行贷款）将在 2020 年年底前的宽限期内逐步退出。监管措施收紧将会降低投资者在市场波动加剧时大幅赎回的动机，从而提高债券市场的稳定性。

① 经过 6 个月的公开征求意见之后，中国人民银行联合其他监管机构于 2018 年 4 月 27 日公布了关于资产管理产品的统一规则。新规则大幅收紧了针对投资产品和影子银行部门活动的监管。

针对中小型银行的简化版的流动性覆盖率监管规则，可以抑制其依靠短期银行间市场拆借资金支持的债券投资组合的快速增长，从而减少期限错配。除了资产管理公司外，中小型银行是债券市场的主要投资者，其中一些银行通过发行可转让存单或理财产品在短期批发市场借款，并将收益投资于债券市场。可转让存单的期限通常是3~6个月，而公司债券的期限往往是2~4年。出于对过度冒险行为的担忧，中国银行保险监督管理委员会发布了针对中小型银行的简化版的流动性覆盖率监管规则，以限制流动性错配。之前，小银行不受《巴塞尔协议III》关于流动性覆盖率规定的限制。

更严格的集合投资工具杠杆率限制和更高的回购资格要求可以降低债券投资者的财务杠杆。此前，债券市场的投资者通过回购或结构性融资工具为自己举债。比如，分高级档和初级档的投资分级结构为投资者提供了高杠杆风险敞口。为此，中国证券监督管理委员会为投资基金设置了最高1.4倍的杠杆上限。投资者获准回购的最低资产要求大幅提高，证券交易所针对回购抵押品的折扣规则和信用评级要求也有所收紧。此外，某些低评级的公司债券被排除在交易所回购的资格范围之外。

专栏10.2　2018年新出台的资产管理产品统一规则

经过十多年的金融自由化，许多企业建立了集合投资工具以开展金融资产管理业务。截至2017年年底，集合投资工具的总规模已经超过107万亿元人民币。集合投资工具在其投资组合中持有中国大部分的信用债券。尽管这些企业从事的金融资产管理业务非常相似，但它们的监管者却并不相同，适用的监管规则也不相同，这在过去曾导致监管套利和过度冒险行为。2018年4月27日发布的资管新规旨在建立针对所有集合投资工具的统一标准，降低系统风险（中信，2018年）。

主要措施包括：（1）禁止就投资收益提供隐性担保；（2）施行

更加严格的资产配置要求，以降低流动性和期限错配；(3) 提高对合格投资者的资格要求；(4) 实施更高的披露标准；(5) 对每种投资产品的杠杆率做出更严格的监管限制；(6) 将理财产品与银行业务合法分离，并用可变的盯市净资产估值代替固定净资产估值，以降低道德风险；因为投资产品在可变净资产估值下适用逐日盯市制度，对应资产的投资风险可以传导给终端投资者；(7) 对资产管理业务申请实行严格的许可证要求；(8) 在 2020 年年底以前逐步淘汰非标准信贷资产投资。

这些新规则的成功实施将降低债券市场的风险（中信，2018 年）。

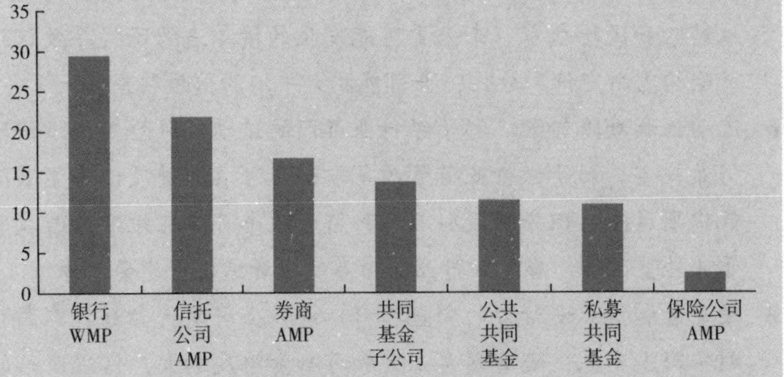

专栏图 1　2017 年管理资产（按金融企业类型分列）（万亿元人民币）

注：AMP= 资产管理产品，WMP= 理财产品。

资料来源：中国证券投资基金业协会，中央国债登记结算有限责任公司。

近来信用债券违约事件不断增加，而投资者对基于市场化的违约处理方式的接受度也不断提高，隐性担保的市场潜规则有所降低。市场将更能够根据公司基本面为信用利差定价，而信用定价也会日益差异化（见第 13 章关于隐性担保的内容）。将理财产品业务作为独立实体从银行分离出来，并用可变净资产估值代替固定净资产估值，可以降低因人们认为理财产品存在隐性担保而产生的道德风险。这样可以鼓励投资者在投资债券市场时多关注利率和信用基本面的风险分析。

但是，债券市场仍可能面临严峻的经济和监管环境。总体而言，本章从三个风险角度来看债券市场的金融稳定性。

- 利率和信用风险的市场估值风险。债券市场对利率和信用风险溢价的估值可能面临全球和地方因素导致的高度不确定性。随着中国债券市场的国际化，美联储货币政策正常化对中国市场利率的溢出效应将逐渐显现（见第2章，中国债券市场与全球金融市场）。从国内看，持续去杠杆可能会导致国内流动性趋紧和风险暴露。未来更可能发生的债券违约还将导致信用风险的重新定价和分化，并可能扩大平均的信用利差。
- 流动性和期限错配。影子银行业部门的流动性风险和期限错配仍然严重。影子银行业监管改革取得了可喜的进展，将显著降低中期风险，但分阶段引入各种监管改革可能在短期内造成资管业转型风险，影子银行业对债券的投资需求可能会下降。
- 投资者和债券发行者的金融杠杆。许多公司发行者杠杆率高而利率覆盖率低，随着利率上升和再融资难度加大，信用违约的可能性会增加。

我们需要严密监测债券市场中下列具体的金融稳定风险：展期风险、信用（违约）风险、流动性风险和杠杆风险。

展期风险

如果对理财产品的需求下降和市场债券融资利率走高，信用债券的展期风险将会上升。2018年，非金融信用债券市场的规模达到了18万亿元人民币，其中2016年发行的债券价值为8.6万亿元人民币（中央国债登记结算有限责任公司，2017 年）。多数信用债券为集合投资工具所持有。根据新出台的资管新规，监管者收紧了关于理财产品和共同基金的规则，因此这些公司债券的投资者规模可能萎缩。由于这些信用债券通常在 2~5 年后到期，2018—2020 年的债券展期规模将会非常大。随着 2016 年发行的信用债券到期，这期间每季度信用债券的到期赎回量将保持在较高水平，接近 4 000 亿元人民币（图 10.1）。

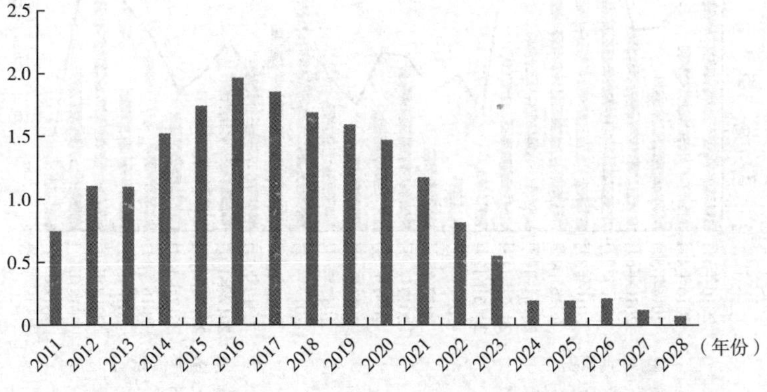

图 10.1　2011—2028 年非金融公司债券的到期情况（万亿元人民币）

资料来源：彭博资讯，Wind 经济数据库，2018 年 5 月 30 日。

然而，发行信用债券的一级市场非常动荡。在发生了几起备受瞩目的违约事件之后，2018 年 5 月公司债券的发行大幅放缓。低评级债券的信用利差扩大至 2016 年以来的最高水平，这影响了公司债券市场融资。2018 年 5 月，信用债券净融资额由前两个月的 3 000 亿~5 000 亿元人民币下降至 750 亿元人民币（图 10.2）。未来，受中国人民银行“宏观审慎评估体系”的影响，银行可能无法为先前由集合投资工具持有的一些地方政府融资平台债券和房地产开发商债券到期进行表内银行贷款再融资。影子银行业部门正在进行的重组所导致的融资渠道缩减可能促成更多信用违约事件的发生。由于再融资需求上升、投资者规模萎缩、信用质量下降和再融资成本上升，低评级借款人可能会出现更多的信用违约。

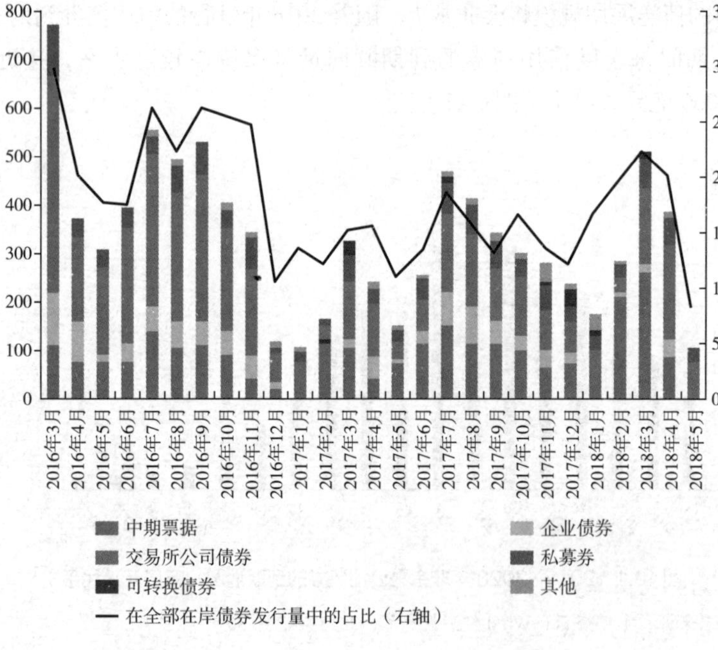

图 10.2　2016—2018 年中国在岸公司信用债券每月发行量（左轴，10 亿元人民币；右轴，百分比）

资料来源：Wind 经济数据库。

违约风险

2018 年，私有企业和地方国有企业的信用违约事件有所增加，但总体违约水平仍然较低。2018 年前 5 个月，更多上市公司和几家大型私有企业发生了债券支付违约[①]（图 10.3）。2018 年，每月债券违约同比增长了 17%，达到 37 亿元人民币。随着更多的大型地方国有企业和私有企业债券违约，每笔债券违约的平均规模从 2014 年的 2 亿元人民币增至 2018 年的 9 亿元人民币。煤炭生产部门的地方国有企业也面临着煤炭价格低的状况和政府去产能的压力。违约事件增加既反映出公司现金流疲弱，也反映出再融资环境较为严峻。一些投资者由于分析信贷质量的能力有限，在违约事件增加后，选择远离信用债券市场。2018 年上半年，私有企业和地方国有企业在以合理价格发债上遭遇了更大的困难（惠誉，2018 年）。在最坏的情况下，信用债券市场可能将实力弱的借款人拒之门外。

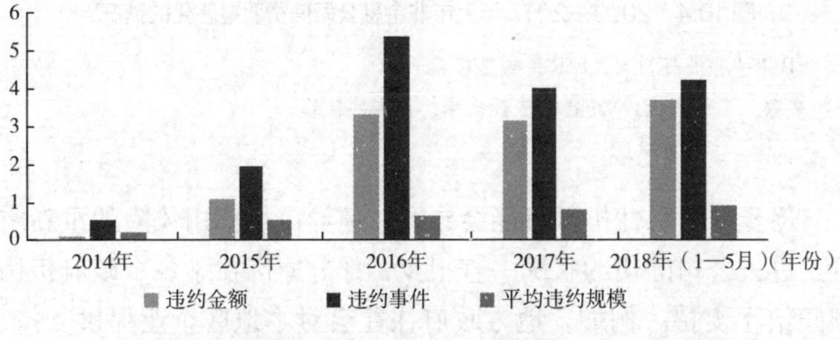

图 10.3　2014 年至 2018 年 5 月违约频率和规模的增长
（10 亿元人民币；事件数量）

资料来源：彭博资讯，Wind 经济数据库，作者的估算。

然而，非金融信用债券的年度违约率仅为 0.3% 左右，这一比例显著低于全球标准。标准普尔公司报告的 2016 年全球公司违约率为 2.06%（标准普尔，2017 年）。预计随着去杠杆化的继续推进，以及重

① 2018 年 5 月，浙江盾安和中国华兴这两家中国 500 强私人企业发生债券支付违约，引发了债券投资者对私有企业的普遍避险情绪。

建市场纪律以淘汰实力弱的借款人，违约率将呈现小幅上升。由于杠杆率高企以及融资利率可能上涨，中国上市企业的总体信贷质量在过去几年已经恶化，但是在2017—2018年又有所改善（图10.4）。

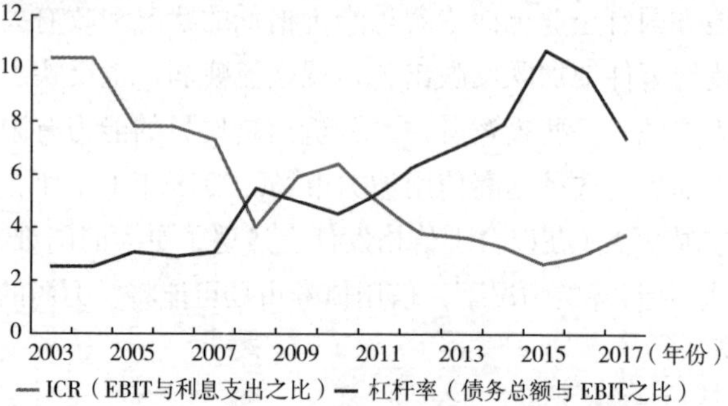

图10.4　2003—2017年上市非金融公司信贷质量恶化的情况

注：EBIT＝息税前利润，ICR＝利息覆盖率。

资料来源：彭博资讯，Wind经济数据库，作者的估算。

逐步取消隐性担保可能会导致对债券市场信用风险的重新定价。过去公司的违约状况一直很少，部分原因在于各个政府机构频频给予支持。例如，地方政府往往会对本地区企业提供支持，目的是保护就业和地方税收收入。随着监管者着手防止救市行为以减少道德风险问题，信用风险溢价将日益清晰地反映发行者的信用基本面。参见图10.5，非金融公司发行者的加权平均信用利差在2018年扩大至1.7%，而其在2017年和2016年分别仅为1.4%和0.95%。目前，各个信用评级机构假设政府将会对许多发行者给予高度支持，因此它们的评级往往集中于AAA级债券（图10.6）。但是，如果评级机构强调单独的发行者信贷质量，信用评级可能会呈现更大的差异性（中国人民银行，2017年）。因此，许多发行者的信用溢价可能会扩大。2018年5月30日在岸债券市场非金融信用债券发行者的加权平均信用风险溢价为 1.5%，显著低于 1999—2017 年美国市场的长期平均值 2.8%（花旗银行，2017 年）。

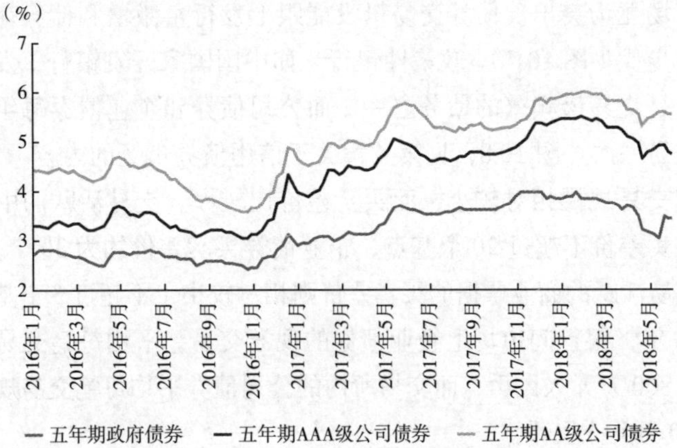

图 10.5　2016—2018 年信用利差不断扩大

资料来源：彭博资讯。

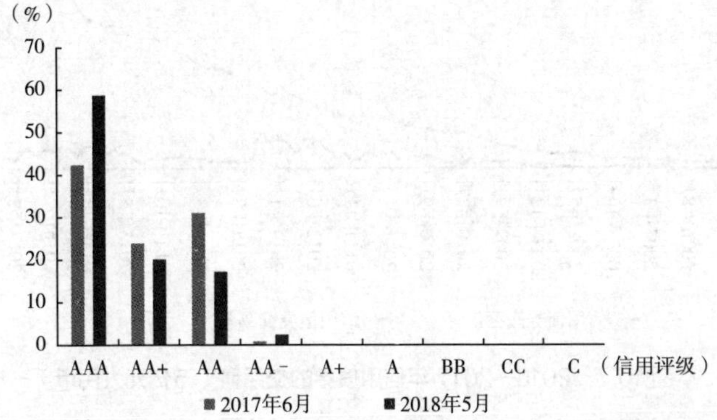

图 10.6　2017 年 6 月和 2018 年 5 月非金融公司发行者的评级分布情况

资料来源：彭博资讯。

流动性风险

种种指标显示，大部分的债券市场的流动性都不高，信用债券市场尤为突出。债券交易量没能跟上发行量激增和债券存量上升的步伐（图 10.7）。政策性银行（如中国国家开发银行）发行的债券是交易最频繁的债务之一，而公司债券和企业债券每年仅平均交易一次（图 10.8，见第 4 章关于信用债券市场的内容）。平均每笔交易规模相对较小，而买卖差价比较大。交易活跃的中期票据买卖差价不超过 20 个基点，企业债券买卖差价约为 30 个基点，而交易活跃的商业票据的买卖差价则相对较小（不超过 5 个基点）。2016 年，银行间市场上企业债券的现券交易，平均每笔交易规模为 5 800 万元人民币，而交易所内的公司债券平均每笔交易规模为 1 000 万元人民币。

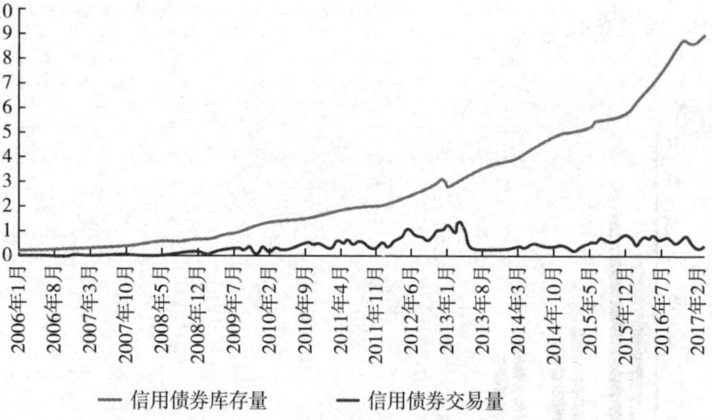

图 10.7　2016—2017 年信用债券的交易量（万亿元人民币）

资料来源：中国外汇交易中心，中国证券登记结算有限责任公司，中央国债登记结算有限责任公司。

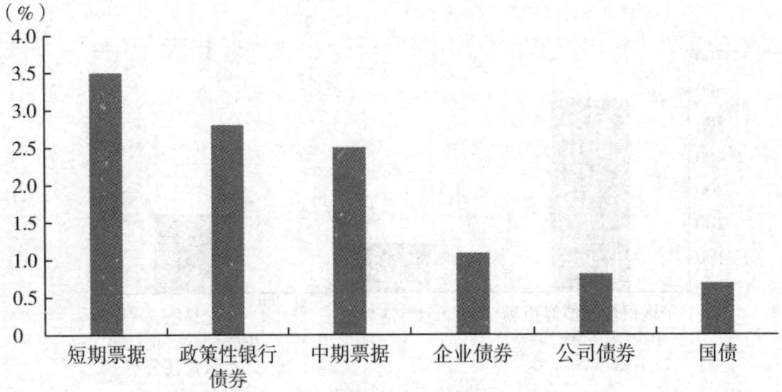

图 10.8　2016 年债务工具的周转率

资料来源：中国外汇交易中心，中国证券登记结算有限责任公司，中央国债登记结算有限责任公司。

信用债券市场缺乏流动性，这在很大程度上源于投资者基础具有同质性，广泛奉行“持有至到期”的投资策略，以及信用风险的感知度低。集合投资工具（信用债券的主要持有者）一般是通过回购来获取用于债券投资的资金，从而在信用和久期风险方面实现杠杆收益。2017 年交易所日均回购价值约为 1.6 万亿元人民币，而公司债券的总规模仅为 4 万亿元人民币（图 10.9），公司债券的平均抵押借款利率为 45%。自 2015 年以来，回购量已经超过了债券市场规模的增长（图 10.10）。交易所的许多公司债券被置于回购抵押品池，而不是交易活跃的账户内。商业银行作为信用债券市场的第二大投资者，通常将其持有的债券登记在“持有至到期”账户内。在需要流动性时，银行或集合投资工具能够轻易地通过回购方式借出其债券，以相对较低的利率获取现金。因此，以抵押回购为主导的投资策略降低了信用债券的交易需求。更重要的是，多数债券投资者往往认为信用风险微不足道，因此缺乏通过债券交易积极管理这些信用风险的动力。

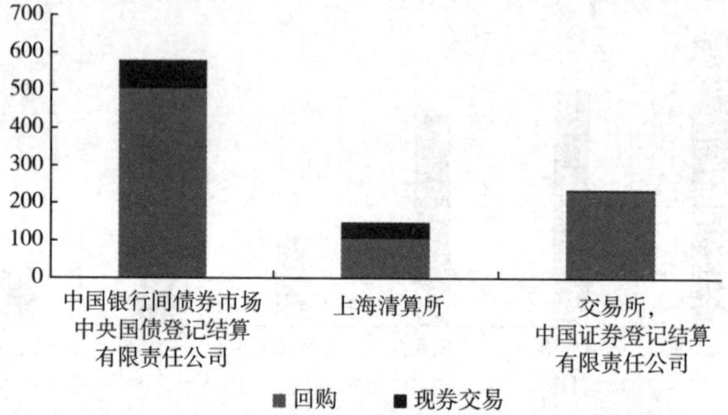

图 10.9　2016 年债券市场周转量（万亿元人民币）

资料来源：中央国债登记结算有限责任公司，上海清算所，中国证券登记结算有限责任公司。

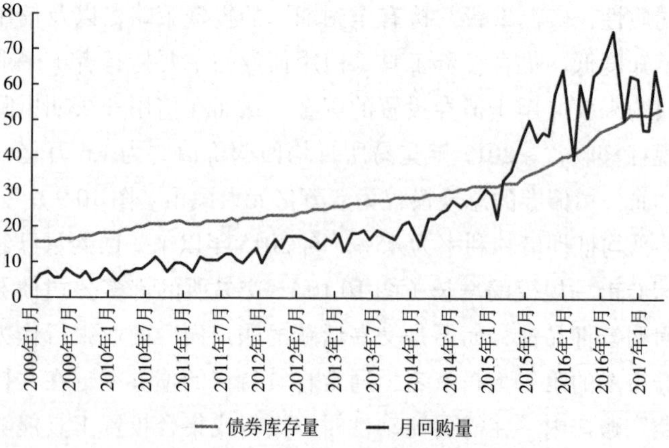

图 10.10　2016—2017 年回购量和债券市场规模（万亿元人民币）

资料来源：中央国债登记结算有限责任公司，中国证券登记结算有限责任公司，上海清算所。

在资管新规实施后，集合投资工具各种产品的赎回压力可能会放大流动性风险。过去，集合投资工具已经成为信用工具的主要持有者（表 10.1）。前几年，影子银行产品采取了类似的套利交易策略，依赖短期融资对信用和久期风险押注，同时，固定净资产估值使其避免遭受按市价计值的影响，而隐性担保又减少了信用风险。如果理财产品的赎回量增加，那么其内含的流动性错配就可能引发市场波动（图 10.11）。

然而，新出台的关于集合投资产品的统一规则可能会引起针对债券投资的制度变革。例如，由固定净资产估值改为可变净资产估值，此举可能会使某些理财产品中的投资损失表面化，导致投资者基于预期而在资管新规宽限期届满前提前进行赎回交易。在缺乏流动性的市场上进行大量出售，可能导致市场波动，造成恶性循环。因此，一旦预期的风险收益状况出现大的变化，就可能触发不确定的投资者赎回情形，并引起资产市场波动。

表 10.1　2016 年信用工具的投资者基础（按类型分列）　（百分比）

	公司债券	企业债券	中期票据	可转让存单	商业银行债券
银行	18	29	31	55	19
证券公司	12	3	2	1	17
集合投资工具	64	62	62	33	59
保险公司	7	5	5	0	5
清算所	0	1	0	0	0
其他非银行金融机构	0	1	0	11	0

资料来源：上海证券交易所，中央国债登记结算有限责任公司，上海清算所。

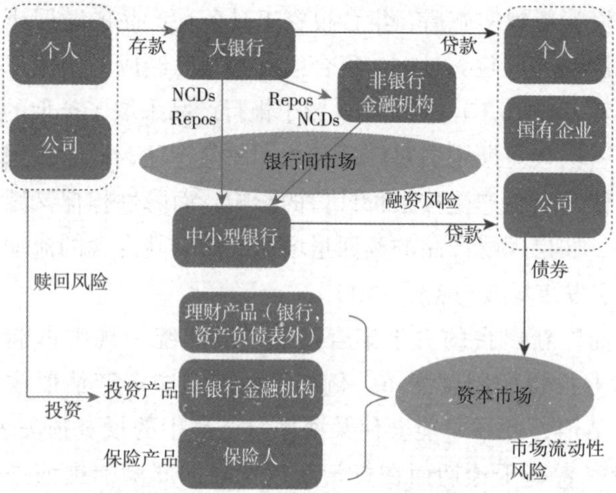

图 10.11　流动性风险互联关系图

注：NCD = 可转让存单；repo = 回购。

资料来源：作者整理。

另外，在信用违约不断增加的情况下，公司债券回购中散户参与率高的状况可能触发公司债券回购融资突然终止。在交易所的公司债券回购市场中，1/4 的资金贷款人是个人投资者，但个人投资者却无法借款（图 10.12）。这些回购多半是隔夜回购，其较高的利率和流动性吸引了投资者。由于中央对手方是中国证券登记结算有限责任公司，投资者往往认为回购的对手信用风险极低。公司债券中的折扣主要以信用评级为依据。鉴于回购市场上个体投资者的贷款规模很大，在可能的信用违约激增的情况下，交易所恐怕难以直接将损失转移给散户。而且，公司债券市场缺乏流动性，当对手方违约时，公司债券就可能难以变现。大多数回购都是抵押回购。一些法律学者对破产法院中抵押品上法定权利的确定性表示关切（基金组织，2017 年）。因此，在回购市场上获得散户投资的大量公司债券回购可能会带来稳定风险。

1. 贷款人

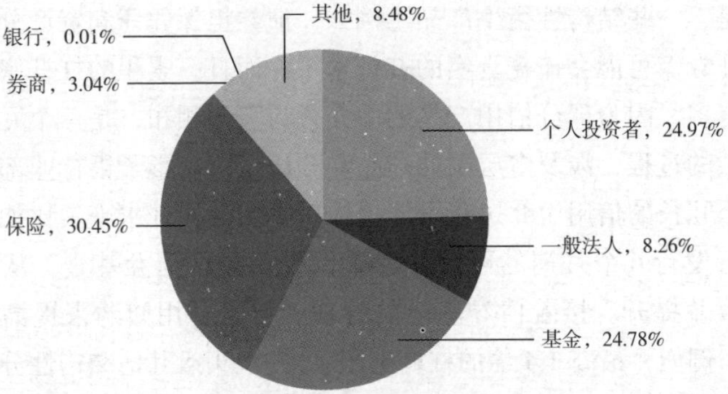

2. 借款人

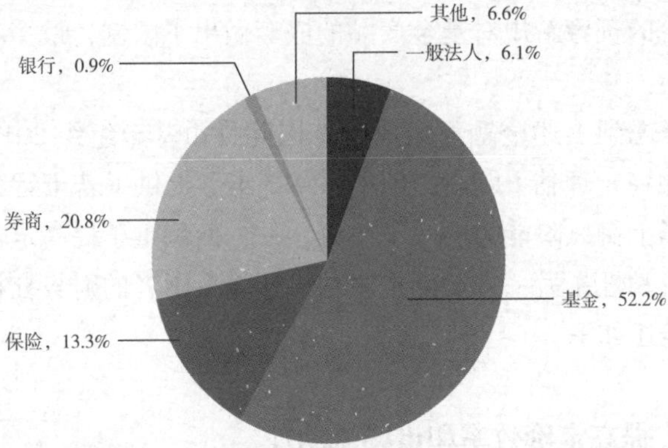

图 10.12　2016 年交易所回购的借贷双方（按企业类型分列）

注：一般法人主要是公司。

资料来源：中国证券监督管理委员会，上海证券交易所。

杠杆风险

多层次的信用中介和结构性产品可能会掩盖杠杆风险。尽管单个产品和实体层面的杠杆率在审慎限制下得到了妥善监管，单个产品层面的杠杆率已经有所降低，并且受到了规章制度的限制，但是，一些结构性衍生产品（例如，债券担保凭证和资产分级支持证券）可能会掩盖真实的杠杆水平。而且，累积的杠杆率可能高得多，因为部分信用产品的中介行为环环相扣，是一个冗长和复杂的过程，涉及多层次的产品和分级融资。影子银行业部门中这个冗长的信用中介过程可能会掩盖真实的杠杆水平。比如，小银行发行 6 个月期的可转让存单以投资公司债券基金，从而实现收益提升。接着债券基金的管理者可以利用回购来提高杠杆率（例如，最高 1.4 倍的杠杆上限），并且买入其他结构性分级产品，而这些产品又因分级和回购提高了杠杆率。对作为最终投资者的小银行而言，真实杠杆率是在冗长的中介过程中累积起来的。新出台的资管新规对基金产品的嵌套做出了限制，最多不得超过两层。

考虑到上述金融稳定风险，国际货币基金组织 2017 年《中国金融稳定评估》（基金组织，2017 年）提供了若干旨在增强债券市场抵御风险能力的政策建议，一方面侧重于提高定价效率和市场流动性，另一方面侧重于减少债券投资者的财务杠杆。重点建议概述如下。

1. 提高定价效率和市场流动性

市场的广度和深度需要随着市场规模的扩大而增加。尤其是债券市场的质量需要随着定价效率和市场流动性的提高而提升。目前细分的银行间和交易所债券市场有待统一，以便促进流动性和价格发现。信用评级的质量有待提高，以便增加透明度。政府和公司债券的交易和发行机制需要完善。必须开发更多的市场投资工具来支持做市，包括由财政部为一级交易商提供国债借贷工具，以及债券期货和利率掉期等更多衍生产品。证券监管者需要鼓励做市，并建立流动性差的公司债券定期拍卖市场。允许专业投资者（包括养老基金、保险公司和外国投资者）发挥更大的作用，可以进一步推动投资者基础多元化。与债券市场工具相关的更多工具（如两年期政府债券期货）可以上市交易（见第 12 章，债券市场的微观结构；见第 6 章，衍生产品市场的发展）。完善货币政策框架（比如，提高货币政策利率基准的代表性和货币政策框架的公开透明度）也将增加短期政府债券市场的流动性。

2. 推动采用有序的市场化办法来应对信用违约

鉴于未来将出现更多的信用事件，眼下必须采用更加市场化的办法来应对信用违约。简化破产流程能够帮助债券投资者开展债务重组。必须发展专项不良债券资产投资基金，以帮助交易不良信贷资产并促进不良信贷资产的市场流动性和价格发现。除此以外，为了应对更多的信用违约，必须改进关于展期和信用风险的数据收集和分析，从而评估在逐步取消隐性担保的过程中实现平稳过渡的适当政策应对措施。对于投资者，必须指导其重点关注各个企业的信用基本面，而不是这些企业获得公共部门援救的可能性。中国人民银行最近接受了更多公司债券作为其中期借贷便利的抵押品，此举可以防止对公司信用的普遍避险情绪并重建投资者对信用市场的信心。[①] 但长期而言，必须依靠成熟的市场来决定公司债券的合理均衡价格。

3. 进一步收紧关于在交易所回购公司债券的规则

应当进一步降低影子银行业产品和公司债券回购中的流动性和杠杆风险。必须从融资和杠杆驱动的抵押式回购转变为现券驱

---

① 2018 年 6 月 1 日，中央银行宣布将扩大合格的中期借贷便利抵押品范围，纳入低评级信用，例如，AA 级及以上的小公司和微型企业债券，以及 AA 级公司信用债券，包括企业债券、中期票据和商业票据。

动的回购（如买断式回购），进一步提高交易所债券市场抵押品和参与者的资格要求。中国证券登记结算有限责任公司需要考虑内部评级和市场流动性（而非外部评级），从而确定针对公司债券回购的适当折扣。此外，回购抵押权和净额结算的相关法律的确定性有待提升。

4. 提供应对关键系统性风险的路线图以减少市场不确定性

主管部门必须采用整体有序的改革措施，并以明确可靠的方式与市场进行沟通，从而减少债券市场的长期不确定性。对于逐步推进金融改革对债券市场的总体影响，需要进行一致评估和管理。至关重要的债券市场改革包括：金融监管改革、利率自由化、地方政府融资改革、不动产市场审慎政策、逐步取消隐性担保，以及完善破产流程。

主管部门在新出台的资管新规中已经纳入了一些重点建议。这些是发展健全债券市场的重要措施。执行工作至关重要，而这些改革需要适当有序和积极沟通，以便减少市场不确定性和确保债券市场有序运作。

结论

过去十几年，债券市场经历了快速扩张的过程，中国的规章条例也迅速调整以控制不断演变的金融稳定风险，新出台的资管新规尤其重要。因此，总体的金融稳定风险未超出可控范围。

考虑到中国金融体系的动态发展，必须始终保持警惕。尤其是市场波动可能和以下一些因素有关：展期风险、取消隐性担保后信用溢价的重新定价、债券投资者中普遍存在的流动性和久期错配、公司债券回购市场的过高杠杆、冗长复杂的信用中介过程，以及潜在的信贷质量恶化。主管部门非常清楚这些风险，正在监测其发展情况，并且准备在必要时采取应对措施。此外，针对新出台的资管新规的执行工作，应当予以谨慎管理，从而避免不稳定的投资者赎回以及批发融资突然中断。

为了进一步加强金融稳定，市场的广度和深度必须与市场规模相当，尤其是定价效率和市场流动性必须随着市场约束和透明度的加强而提升。重点在于进一步协调统一不同细分债券市场的规则和条例、工具、发行者和投资者。与此同时，完善做市和发行机制以及改善公司债券回购规则将增加流动性。上述改革措施应当辅以其他若干改革措施，例如，有效的破产程序、地方政府融资硬约束，以及国有企业改革。为了尽可能减少市场不确定性，应当对这些改革措施进行审慎排序并进行有效沟通。

总之，中国债券市场的前途是光明的，它在提高投资收益和资本分配效率以及支持货币政策传导和金融稳定方面具有巨大潜力。

第 11 章

清除外国投资者市场参与的障碍

刘洁

2017 年下半年以来，随着人民币外汇前景的改善以及市场准入渠道的拓宽，外国投资者开始重拾对人民币资产的兴趣。外资持有的人民币资产头寸还有非常大的上升空间。目前，中国境内债券和相关衍生产品市场的发展情况以及外国投资者（理论上）的准入程度已经达到甚至超过了许多新型债券市场，包括一些已经纳入全球债券指数的亚洲本币债券市场。但是，中国市场上仍然存在不少实际操作上的障碍。把实际操作上的技术障碍考虑进去后，中国市场的实际外资准入程度仍然比较低。这些障碍包括：税收不清晰、与国际不接轨的交易协议文本要求、复杂而不共融的多个外资准入计划，以及境内外汇交易的一些操作问题。

截至 2019 年 3 月底，外国投资者持有的境内资产——股本、债券、贷款和存款——总额达到 5.473 万亿元人民币的历史新高，与 2016 年年底的水平相比升幅达 80%。外国投资者持有的境内债券创下了 1.819 万亿元人民币的新纪录，是 2016 年年底水平的两倍以上。许多国家已开始增加其外汇储备中人民币的占比。截至 2018 年年底，全球央行以人民币计价的储备资产总额达 2 028 亿美元，占全部资产的 1.89%，与 2016 年年底相比升幅达 125%。

不过，外资持有中国境内债券的占比仍处于极低水平。截至 2019 年 5 月，外资持有的境内债券仅占整体市场的 2.1%。境内政府债券的外资所有权占比虽然达到了 7.4%，但也远低于其他特别提款权货币（美元、日元、欧元和英镑）债券的外资所有权占比（10%~60%）。我们曾预测，到 2020 年，外资所有权占比预计将上升至 4%~6%（图 11.1）。全球外汇储备投资人民币资产的比例已超过澳元和加元资产的占比，很可能在接下来的 5~10 年挑战日元和英镑的水平。

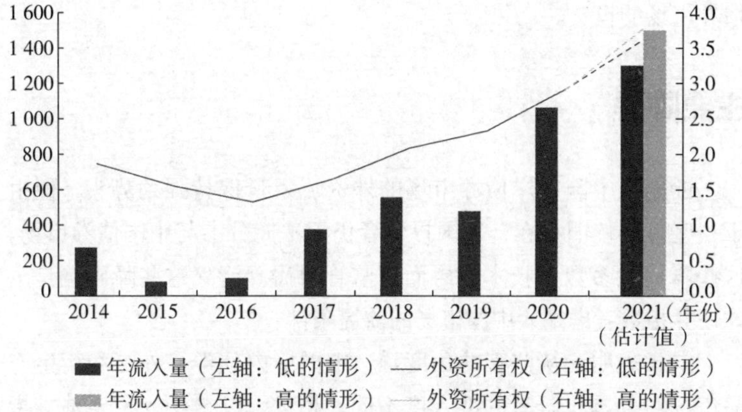

图 11.1　预计到 2020 年中国债券市场的外资所有权状况
（年净购入额，10 亿元人民币；在岸债券的外资所有权，百分比）

资料来源：中国人民银行，渣打银行研究部，Wind 经济数据库。

中国债券被纳入全球债券指数将进一步促进外资投资境内债券市场。2019 年 4 月，彭博巴克莱指数成为第一个宣布纳入中国债券的全球指数。从 2019 年 4 月起，中国境内国债和政策金融债开始分 20 个月逐步纳入旗舰指数——全球综合债券指数（Global Agg）。

2019 年，另外两大指数——摩根大通全球债券指数-新兴市场和花旗全球政府债券指数也宣布将从 2020 年开始纳入中国债券。中国债券被三大指数完全纳入预计将带来超过 2 800 亿美元的被动投资头寸。

本章将探讨目前外国投资者投资中国境内债券市场所面临的主要障碍，并提出解决方案，讨论外国投资者希望进一步改善的方面，包括如何有效地对冲外汇和利率风险、如何改进现券的二级市场流动性、更统一的债券市场、合理的信用风险定价以及债权人保护。这些领域的改善将进一步增加外国投资者在中国境内债券市场的投资。

主要障碍

近期，中国在岸债券市场的外资流入量保持强劲势头，但由于一些障碍依旧存在，外国投资者仍无法充分参与中国债券市场。这些障碍大多数为技术障碍而非监管障碍。清除这些障碍也是全球债券指数考虑纳入中国市场的前提条件。

本章表明，从监管的角度看，中国境内债券、外汇和衍生产品市场对外国投资者的准入度不低，超过了已被纳入主要债券指数的亚洲和新兴市场的一些本币市场，如马来西亚、印度尼西亚和韩国（表 11.1）。在解决了货银对付和交易分仓问题之后，中国债券市场仍存在五个方面的制约因素。

1. 税收法规不明确；
2. 实际进行对冲的能力问题和交易协议的文本问题；
3. 国债二级市场流动性不足；
4. 存在多个不同且不共融的外资准入计划；
5. 非金融公司仍不具备投资的资格。

表 11.1　亚洲部分市场的外汇、利率衍生产品和回购市场外资准入方面的比较

	即期	远期、外汇掉期、期权	货币期货	利率掉期、货币交叉互换、债券远期、远期利率协议	国债期货	回购
中国[①]（已被纳入 Global Agg 指数）[②]	外国投资者可进入境内即期外汇市场进行证券相关投资，但不得在无实需基础上进行境内外汇即期交易	投资者可利用在岸外汇衍生产品来对冲其在岸债券投资相关的外汇风险敞口，但不得超出其所持有的在岸现金债券的期限和金额。该交易无须审批或证明材料，但在岸外汇和衍生产品必须通过指定的代理商进行交易	中国无在岸货币期货市场	外国投资者可利用在岸利率衍生产品来对冲其持有的在岸现金债券，但不得超出其所持有的在岸现金债券的期限和金额	虽然中国有此市场，但外国投资者无法进入	虽然中国有此市场，但外国投资者无法进入（目前只有外国公共部门投资者和人民币结算银行可进入银行间回购市场）
马来西亚（目前已经全部被纳入三大指数）	外国投资者只有在持有基础资产的前提下，方可进入在岸即期市场	非居民机构投资者在中央银行备案登记后，可订立远期合约以出售马来西亚林吉特，最高出售额可达其投资的以马来西亚林吉特计价的基础资产价值（或购买马来西亚林吉特，最高购买额为其投资的以马来西亚林吉特计价的基础资产价值的 25%），另外，远期合约的平仓不需要证明材料	马来西亚无在岸货币期货市场	外国投资者只要与在岸银行订立了国际掉期与衍生工具协会（ISDA）协议，即可利用在岸利率掉期。根据监管者的要求，外国投资者只能使用基础资产订立货币互换安排。远期利率协议市场不具流动性	市场提供债券期货，但整体市场深度不足	外国投资者不能参与，因为在岸银行不能通过回购市场向外国投资者贷款

续表

	即期	远期、外汇掉期、期权	货币期货	利率掉期、货币交叉互换、债券远期、远期利率协议	国债期货	回购
印度尼西亚（目前已经被纳入GBI-EM和Global Agg）	外国投资者只有在持有基础资产的前提下，方可进入在岸即期市场。非居民每月通过即期交易卖出的印度尼西亚卢比价值超出25 000美元的话，需要提供证明材料	非居民开展的所有远期、期权和外汇掉期交易，需要逐笔提交交易证明材料	印度尼西亚无在岸货币期货市场	无此市场	无此市场	无此市场
泰国（目前已经被纳入GBI-EM和Global Agg）	外国投资者可进入在岸即期市场。非居民泰铢（B）账户和非居民泰铢证券账户每日总余额均不得超出3亿泰铢	非居民可购买泰铢，但国内每家银行针对非居民群体的总余额不得超过6亿泰铢。非居民可出售泰铢，但国内每家银行针对非居民群体的总余额不得超过1 000万泰铢	外国投资者可在岸进行美元期货交易	外国人可订立不可交割利率掉期（1~10年）以及美元/泰铢货币互换安排（必须拥有国内证券有效基础头寸）	无此市场	无此市场

续表

	即期	远期、外汇掉期、期权	货币期货	利率掉期、货币交叉互换、债券远期、远期利率协议	国债期货	回购
韩国（目前已经被纳入 Global Agg）	投资者只要开立了非居民账户并进行了备案登记，即使无相关资产也可进行在岸即期交易。若要交易金融资产，投资者还需要开立投资账户 如果资金汇回额超限，投资者必须事先发出通知	非居民为对冲其在岸债券投资相关的外汇风险敞口而开展远期、期权和外汇掉期交易的，必须提交证明材料	外国投资者可进行美元、人民币、日元和欧元期货交易以对冲其在岸债券投资	外国人可订立不可交割利率掉期（1~20 年）、美元/韩元货币互换安排（需要开立在岸韩元账户）和远期利率协议	外国人可开展三年期和十年期的韩元期货交易	可以（只要持有债券）
菲律宾[3]（目前已经被纳入 GBI–EM）	外国投资者可进入在岸即期市场。投资者必须获得中央银行签发的《中央银行备案文件》，方可在即期市场出售菲律宾比索	外国投资者可使用远期、外汇掉期、不可交割远期以及期权来对冲其外汇风险敞口	菲律宾无在岸货币期货市场	不可以。利率掉期市场流动性极差	无此市场	无此市场

注：① 外国公共部门投资者（中央银行、主权财富基金和多边机构）可不受限制地自由进入在岸回购、外汇和外汇衍生产品、利率衍生产品市场（中国政府债券期货市场除外）。

② 三大指数是指：摩根大通全球债券指数 - 新兴市场、花旗全球政府债券指数和彭博巴克莱全球综合债券指数。

③ 菲律宾以美元计价的主权债券被纳入彭博巴克莱全球综合债券指数，但以本币计价的国债未纳入其中。

资料来源：渣打银行研究部。

税收不明确：最大的障碍

外国投资者持有的中国境内债券大部分为中国政府债券（图11.2）。截至2019年5月底，中央政府债券占其总量的59%。外国投资者相当偏好政府债券尤其是中央政府债券，原因可能是公共部门投资者持债比例高（占中国在岸债券外资持有总额的80%左右）、指数纳入方面的考虑因素（三大指数中有两大指数在纳入中国债券之初仅纳入其政府债券），以及非政府债券税收的不明确。

尽管中国财政部于2018年11月7日宣布，境外机构投资者投资中国在岸债券所获利息在三年内免缴预扣税和增值税，但之后一直未发布足够的细节。投资者担心会出现免税规定生效前投资被追征税收的情况，也希望政府相关部门清楚说明在免税期结束后，长期投资未来面临的税收待遇。

- 由于税收对投资人的收益和现金流有切实的影响，税收的不明确大大抑制了外资投资境内非政府债券的能力和兴趣。目前，免征税的境内债券种类、税率、税收计算方法、税收征收方法仍然都不明确。这是当前外资进入中国债券市场最大的障碍。
- 由于税收负债不确定，许多投资者会因内部风险管理团队或合规部门的限制而无法投资这些债券。
- 出于同样的原因，大多数银行无法发售与非政府债券相关的产品，例如，发售在岸可转让存单支持的总收益互换产品。
- 以散户为终端客户的共同基金无法投资非政府债券，因为如果这些基金预扣（或不预扣）税款，那么在实践中就无法向散户进行税收的再分配（追征）。

不确定性主要有以下三个方面。

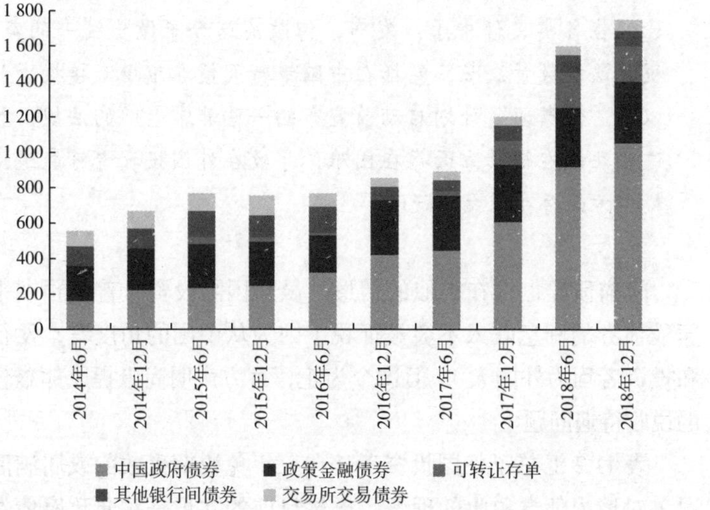

资料来源：中国人民银行，中央国债登记结算有限责任公司，上海清算所，渣打银行研究部。

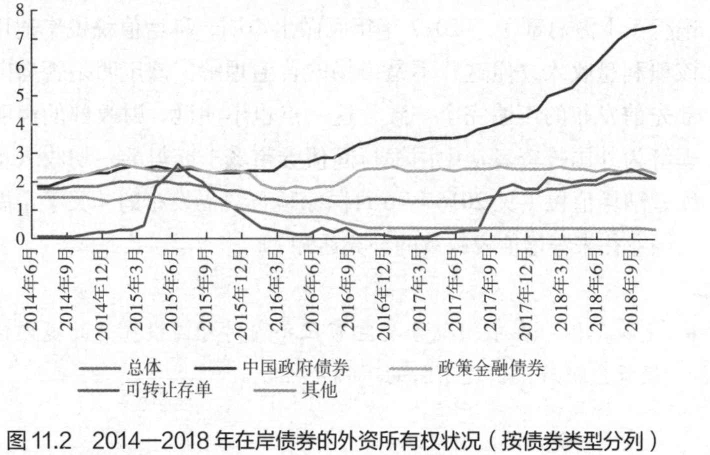

图 11.2　2014—2018 年在岸债券的外资所有权状况（按债券类型分列）

资料来源：中央国债登记结算有限责任公司，中国人民银行，上海清算所，渣打银行研究部，Wind 经济数据库。

- 税率：关于外国投资者的适用税率，虽然人们认为大多数税率已经在各类文件中予以发布，但政府迄今未做出统一的声明。税收法规数量众多，包括在中国银行间债券市场直接投资计划以及“债券通”计划启动前宣布的一些非常老旧的法规，加上这些法规在解读方面存在困难，导致在外国投资者可能适用的税率方面存在很大的疑问。

熊猫债券也存在类似的情形。虽然国际投资者普遍预期来自熊猫债券的利息收入不会被征税（因为从中国的角度看，发行者和投资者均为外国人），但迄今为止，官方声明尚未提及熊猫债券的税收待遇问题。

表 11.2 汇总了外国投资者（在三年免税期生效前或届满后情况）对境内债券税收的理解。虽然目前的共识是对非政府债券利息收入执行 10% 的预扣税率（或基于双重征税条约而执行更低的税率），但官方尚未发表声明以印证这一理解。另外，6% 的增值税率是否适用于利息收入这个问题仍然存在争议。虽然中国人民银行（上海总部）于 2017 年年底做出声明，称增值税税率适用于该项利息收入，但这并不是市场的普遍理解。该声明是否与财政部先前发布的声明完全一致，这一点也不明确。财政部的声明可理解为外国投资者从中国银行间债券市场上获得的一切收入均无须缴纳增值税（见 2016 年 6 月国家税务总局发布的《关于金融机构同业往来等增值税政策的补充通知》）。

- 免税范围：在中国税务局宣布三年内对外国投资者的境内债券投资免税后，出现了新的不确定性。

表 11.2 本国和外国投资者的税收待遇（按债券类型分列）

	本国投资者		外国投资者	
	息票	资本利得	息票	资本利得
债券类型	所得税 + VAT	所得税 + VAT	预扣税 + VAT	VAT
中国政府债券	0% + 0%	银行或基金的自有头寸，税率为 25% + 6.34%；共同基金，税率为 0% + 0%；其他基金，税率为 0% + 3.26%	0% + 0%	0%
地方政府债券	0% + 0%	与中国政府债券相同	0% + 0%	0%
政策性银行债券	银行或基金的自有头寸，税率为 25% + 0%；共同基金和其他基金，税率为 0% + 0%	与中国政府债券相同	10%（根据 DTT 规定可能更低）+ 6.34%	0%
可转让存单	与政策性银行债券相同	与中国政府债券相同	10%（根据 DTT 规定可能更低）+ 6.34%	0%
公司信用债券	银行或基金的自有头寸，税率为 25% + 6.34%；共同基金和其他基金，税率为 0% + 3.26%	与中国政府债券相同	10%（根据 DTT 规定可能更低）+ 6.34%	0%

注：VAT 本身为 6%，但另外还有按 VAT 的 12% 征收的地方附加费。因此，有效税率为 6.34%。计算方法如下：6.34% = 1/(1 + 6%) × 6% × (1 + 12%)。DTT = 双重征税条约；VAT = 增值税。

资料来源：中国财政部，渣打银行研究部。

税收豁免中所谓的“债券”定义不明确。在中国，“债券”是一个广泛的概念，包含在固定收益市场上交易的所有工具（如中国银行间及交易所债券市场交易的所有债务工具类型），这可以从中国人民银行和中央国债登记结算有限责任公司等中国相关管理机构的各类报告和声明中得到证实。不过，“债券”在国际上的解释可能严格得多，国际会计师事务所的税务顾问一般采用狭义的定义。有些税务顾问认为债券只是在国际市场的固定收益市场上买卖的众多“固定收益工具”或“债务工具”中的一类。因为税收豁免仅适用于债券，那些在严格意义上不属于债券的工具就不能享受同样的免税待遇。目前各个监管机构对“债券”的定义并不相同，如中国人民银行认为同业存单和 ABS 属于债券，享受免税待遇；而税务局则认为此类产品不一定属于债券，并不一定能享受免税待遇。这给投资者带来了很大的不确定性，抑制了他们投资相关债务工具的能力。

投资期限不完全三年免税期内的税收政策不确定。投资者不清楚在以下几种情景下享有何种税收待遇：在免税期前购买免税期内到期的债券，例如投资者在 2015 年购买的将于 2020 年到期的五年期债券；在免税期前购买免税期结束后到期的债券，例如投资者在 2015 年购买的将于 2025 年到期的十年期债券；在免税期内购买免税期结束后到期的债券，例如投资者在 2019 年购买的将于 2029 年到期的十年期债券。目前仍不清楚该税收豁免是仅适用于这三年期间的利息收入，还是应依据投资的购买日期或到期日期确定是否适用。这些不确定性严重限制了外国投资者对期限较长的工具进行投资的能力。

- 税收计算和征收：税收的计算和征收方法目前仍不明确，这给外资实际投资的操作带来了不确定性。

在税收计算方面，投资者希望确定利息收入的征税和升值部分在三年免税期届满后应该如何计算。例如，是按现金收付制（即在息票支付时从息票总额中扣除）还是按权责发生制（即在债券持有期间根据实际利息收入扣除）。

在税收征收方面，投资者希望确定负责征税的部门、征税的时间、频率等具体情况。

可采取以下两种措施来解决这些问题。

- 充分厘清当前三年免税期的具体范围及实施方法。由于税收问题牵涉的细节众多，而且很可能不断出现新的情况，政府可考虑在厘清上述主要问题后，进一步采取问答形式公开澄清对于每种情况的税收规定，以应对新出现的情况。这些情况包括免税范围（如类型债券 / 债务工具属于免税范围）、零息债券（如同业存单）的税收规定、三年免税期公布前持有头寸的税收规定（如会否追征之前的税）、在免税期内购买但将在免税期结束后到期的债券的税收待遇（例如，若现在购买十年期非政府债券，在三年免税期后的税收规定）等。
- 尽早宣布免税期是否会延期，以及免税期结束后的税收规定细节，包括税率、计算方法以及征收方法。政府有必要统一以往在各个时间发布的不同文件中与外资投资债券相关的税收政策，并公布一个所有相关监管部门都认可的统一文件，以统一各监管部门之间对税收的不同理解，来消除外国投资者的疑虑。而且，应当远早于免税期结束时发布相关政策，提供足够时间让投资者做适当的调整。这些内容可以让所有相关各方（包括外国投资者、托管银行和结算代理人及其平台）做好准备以适应税收待遇的变化，确保平稳过渡。同时，税收的改变很可能需要金融基础建设的支持（如哪个机构负责税务计算、缴纳、代扣等，只有改进现有系统才能进行）。澄清未来的税收待遇对于消除投资者对投资那些在当前免税期后到期的长期债券的疑虑非常重要。

实际进行对冲的能力以及交易协议文本的障碍

尽管中国境内外汇和利率衍生产品市场在规定上已经对外国投资者开放，但他们实际参与这些产品的能力仍然很低。理论上，外国公共部门投资者可以不受限制地进入中国的银行间外汇和利率衍生产品市场；外国私人部门投资者可以通过境内的外汇及利率衍生产品对冲外汇和利率风险敞口，只要其对冲的头寸不超出其持有的境内债券头寸即可。不过实际上，目前只有少部分外国投资者能够交易境内外汇产品，而基本上没有外国投资者能够交易境内利率衍生产品。

在各类外国投资者中，全球资产管理人——全球债券指数的主要使用人——目前面临的障碍最大。能够在境内外汇市场上进行交易，包括美元兑人民币的即期、远期、掉期、期权等产品，对他们在境内债券市场上的投资至关重要。这是因为境内与离岸人民币外汇市场存在不可忽略的价差，对投资者的外汇收益与对冲成本都有很大的影响。与参与境内外汇市场的重要性相比，外资对投资境内利率衍生产品的需求仍然较小。现阶段，外资对境内利率掉期（IRS）等利率衍生产品的交易能力被认为“能够锦上添花，但非必不可少”。这是因为这些产品并不能很好地对冲现券的表现，尤其与国债期货的对冲能力存在很大的差别。而且，离岸市场已经有一个与境内利率掉期表现相似的不可交割利率掉期市场，而外资早已开始非交割利率掉期的交易了。因此，目前迫切需要解决的问题是如何让外国投资者能够参与境内外汇及其衍生产品市场。这影响外资投资境内债券的规模以及中国债券被更多全球指数纳入。

外汇对冲

当前，境外投资者在境内进行外汇对冲交易仍然存在以下障碍。

- 全球托管银行缺乏提供境内外汇交易的能力。全球资产管理人普遍使用一个或多个全球托管银行进行各个市场投资的资金及证券托管。当进入中国市场的时候，它们也难以脱离已有的托管系统来进行与中国债券相关的投资。这个制约在“债券通”计划下尤其突出，不利于投资者对冲境内债券头寸的需要。但截至撰稿之时，大多数全球托管银行仍未具备提供境内外汇交易的能力，且在未来一两年内，很多全球托管银行不太可能完备此服务。若全球托管银行不能提供有效的外汇交易服务，使用它们的全球资产管理人就只能通过离岸人民币市场进行债券投资相关的换汇和对冲操作。而离岸即期市场资金规模小，流动性不稳定，这增加了对冲的难度和成本。
- 需要签署新的国际掉期与衍生品协会主协议。大多数全球资产管理人需要与其债券结算代理人签署新的国际掉期与衍生品协会协议，才能进行境内外汇市场交易。这是一个漫长的过程，也因此严重拖延了这些管理人投资中国债券的时机。大多数投资者和他们的结算代理银行之间已经签了国际掉期与衍生品协会协议，但所签协议的主体往往和提供结算代理的主体是两家不同的关联公司。这种情况就需要与提供结算代理的分公司签订一个新的协议，才能交易境内外汇。例如，在直接投资计划下，投资者必须与结算代理银行的中国境内子 / 分公司签订一个新的协议，以进行外汇交易；与此类似，在“债券通”计划下，投资者需要与结算代理银行的香港子 / 分公司签订新的协议，以进行外汇交易，即使此投资者与同一银行的其他机构（例如，英国或新加坡子 / 分公司）已经签署了协议。
- 不允许与多个外汇对手方进行交易。投资者迫切需要具备与多个外汇对手方进行交易以确保最佳做法以及更高效定价的能力。有些投资者甚至会因此在获得投资于中国在岸债券的内部批准方面面临障碍。虽然这不是全球资产管理人开始投资中国在岸债券的决定因素，但它无疑是这一投资能否随时间推移而形成规模的决定因素。

- 未明确解释风险敞口的限额。在现行规定下，外国私人部门投资者在境内外汇和利率衍生产品的风险敞口不得大于其持有的境内债券头寸。这项准则虽然看似简单明了，但在实务上却因为存在多种解释而变得相当复杂。多种解释导致了许多不确定性，例如，外汇风险敞口是指净敞口还是总敞口，是否允许外汇远期－远期交易（Forward-forward transactions），期限限制是相对于整个债券组合还是相对于特定债券。在缺乏明确的监管指引下，市场参与者通常不得不以最严格的方式对规则进行解释，这就大大增加了实践上的障碍。

例如，投资债券的指数基金（ETF）通常需要事先对货币风险敞口的预期变化进行对冲（例如，来自即将收取的债券票息收入相关的外汇风险敞口变化）。这类操作在目前的规定下是不允许的，因为投资者不能超出当前持有的债券头寸进行外汇对冲。但是，相关部门如果允许投资者进行一定的超额外汇对冲，那么也可能违背只能进行对冲而抑制投机交易的政策初衷，让那些只想交易境内外汇但不愿意持有债券的投资者有机可乘。因此，监管机构有必要提供更清晰的指引。例如，提供一份正面清单，罗列出允许超额对冲的具体情形，以解决操作层面的实际问题而不产生政策漏洞。

利率对冲

境外投资者在境内市场上进行利率对冲的能力现在较低。这是由于外国投资者往往难以签订境内的衍生产品协议来进行利率衍生产品交易，在不同外资准入计划下，我国对利率对冲有不同的政策规定，而且外国投资者还不允许交易更有效的利率对冲工具（国债期货）。除外国公共部门投资者外，其他外国投资者需要先签署中国银行间市场交易商协会主协议，才能进行境内利率衍生产品的交易。而绝大多数全球资产管理人都难以签署中国银行间市场交易商协会主协议，因为该协议有可能与他们现有的国际掉期与衍生协会协议存在冲突。从外资准入计划的角度看，除了直接投资计划外，其他准入计划包括债券通、QFII、RQFII，目前均能在境内利率衍生产品市场上进行交易。从可投资工具的角度看，可交易的利率衍生工具一般局限于利息掉期和货币交叉掉期。现阶段，几乎没有人可以交易其他利率衍生产品，如远期利率协议和债券借贷等。当前所有准入计划均未向外国投资者开放最有效的利率对冲工具——境内国债期货。而从以往经验来看，利率掉期并不是一个很好的对冲境内债券的衍生产品工具。

与外汇对冲的情形相似，怎样计算可对冲的利率风险敞口也不明确。在规定不明确的情况下，相关机构只能以最严格的方式来计算可对冲的限额。例如，市场惯常的做法是针对一个投资组合进行利率对冲，而不是通过逐个债券进行对冲。但是，目前相关的政策并没有明确利率对冲的方式，这导致投资者用最严格的方法来计算可对冲的头寸，即针对每一只持有的债券分别进行对冲，而与之对应的利率衍生产品的头寸不大于此债券的头寸，其期限不长于对应债券的期限。这样的做法（对投资组合里面每一只债券分别进行对冲）在实际操作上几乎不可能进行。

为解决这些问题，以下举措可以有所帮助。

- 建立一个集中系统来记录各个外国投资者持有的债券头寸及其境内外汇市场的风险敞口。这样一个系统能够综合管理外国投资者外汇与其持有债券的头寸，使外国投资者能够与多个外汇对手方进行境内外汇交易。这可以绕过目前的主要技术障碍，包括全球托管银行缺乏对冲头寸管理和进行境内外汇交易的能力，以及避免与新的指定单个外汇对手方签署新的衍生工具协会协议的需要。

- 合并各类准入计划下的允许对冲头寸的规定，尽量在投资者或产品层面对整个投资组合做出关于对冲头寸的总体规定，而不要逐个对准入计划或者证券做出关于对冲头寸的规定。例如，如果某个基金产品可以通过直接投资计划和“债券通”计划交易投资境内债券，那么可根据其在这两个计划下持有的合并现金债券现券头寸对这个产品计算对冲风险敞口的限额，而不是针对每项计划下的头寸分别设置限额。
- 针对外汇和利率风险敞口限额的计算方法发布“正面清单”，详细说明各类情形下允许对冲的头寸其及交易类型。这样的清单可以大幅提高政策的确定性，让投资者更加清楚被允许的投资行为。这样可大幅减少不同市场主体自行对各类规定进行解释的需要，避免行业内出现多种标准以及过度严格的对冲做法。相关机构应定期评估该清单，并针对实践中出现的实际案例增加新的内容。
- 在中国银行间市场交易商协会协议外，接受国际掉期与衍生品协会协议作为外国私营部门投资人进行境内衍生产品交易的协议文本。
- 对外资开放境内国债期货市场，对债券进行对冲操作。
- 加快在“债券通”计划下允许境内利率衍生产品的交易。

国债流动性不足

足够的二级市场流动性是中国国债能有效反映市场对经济活动预期的一个重要前提。虽然新发行的国债与政策金融债的基准债券（on-the-run）已具备不错的流动性，但它们与非基准债券（off-the-run）之间的流动性差距很大（图 11.3）。与其他市场相比，中国境内债券的周转率仍然比较低（图 11.4）。

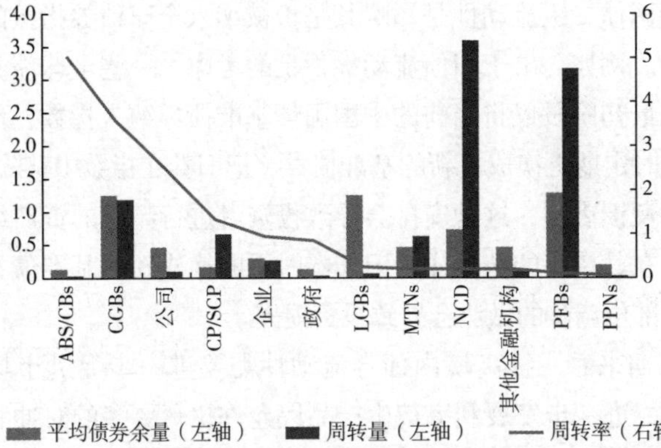

图 11.3　2017 年中国在岸债券周转量、债券余量以及周转率（按债券类型分列）（万亿元人民币；百分比）

注：ABS/CB = 资产支持证券 / 可转换债券，CP/SCP = 商业票据 / 短期商业票据，LGB = 地方政府债券，MTN = 中期票据，NCD = 可转让存单，PFB = 政策金融债券，PPN = 私募券。
资料来源：渣打银行研究部，Wind 经济数据库。

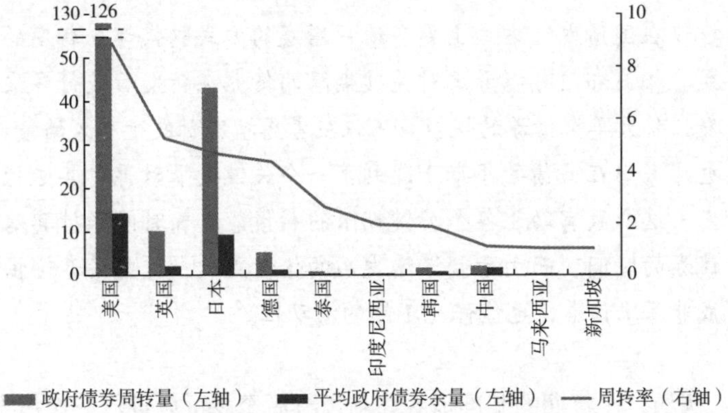

图 11.4　2017 年全球及亚洲同类市场的全球政府债券周转量、债券余量及周转率（左轴：万亿美元；右轴：百分比）

资料来源：亚洲债券在线官方网站（AsianBondsOnline），中央国债登记结算有限责任公司，德国财政代理公司（Deutsche Finanza-gentur），美国证券业和金融市场协会，渣打银行研究部，英国债务管理办公室。

中国国债二级流动性是影响其是否被纳入全球债券指数的一个考虑因素。例如，出于旧债流动性不足的考虑，一些全球债券指数曾建议在最初阶段仅将当前的中国国债基准债券纳入指数，而当其变成旧债时定期更换成更新的基准债券（把旧券在指数中移除）。但投资者的反馈表明，这种安排会导致投资者进行频繁的资产组合头寸调整，在其持有的债券成为旧债券时不断换成新的基准债券，这种频繁的部位调整的做法会导致投资损失。

从长期来看，提高境内债券流动性需要进一步促进市场参与者多元化；进一步发展利率衍生产品以允许执行更多的对冲和交易策略，如发展一个活跃的互换价差交易市场；需要更广泛参与的债券回购市场；降低境内各个债券市场之间的分割程度等。这些大多为长期问题，需要长时间和多方面进展才能解决。但是，也有一些短期有效的方法可以改善市场流动性。这包括对一级市场的发行机制进行两项技术性调整。

- 建议在国债发行方式上更多地用增发的方式取代部分新发的方式。相关部门可以考虑对关键期限的债券在新发后进行多次增发，扩大单个债券的规模。不仅应考虑增发新发行不久的债券，也应考虑在旧债的年期下降到下一个关键期限时再对其进行增发。这样做有助于各个关键期限的新债能更长时间保持其基准债券的时间，而由于频繁增发后的体量更大，这些债券哪怕变成非基准债券，也能保持不错的流动性。

例如，一年期的基准债券在新发行后至少可以进行三次增发，如在其期限变为9个月、6个月和3个月时进行增发（这也是美国国债发行的运作方式）。对于长期债券，如十年期基准债券，应在发行后多次进行增发，以在更长时间内保持其作为十年期基准债券的地位以及增加其最终规模。这样，即使最终成为非基准债券，仍然能保持不错的流动性。

- 减少关键期限的数量。与美国国债等成熟市场相比，中国国债的关键期限太多。在中国，中短期关键期限包括一年期、三年期、五年期、七年期和十年期；而在美国只有两年期、五年期和十年期（尽管美国也发行三年期和七年期国债）。类似地，长期的中国政府债券产品包含十五年期、二十年期、三十年期和五十年期；而美国市场只有一个关键期限（三十年期）。关键期限太多会降低每个期限受到的关注度，也令曲线交易（如十年期/两年期曲线陡峭化或平坦化交易）、息差掉期交易（如中国五年期国债相对五年期利率掉期息差）以及债券对期货等交易策略复杂化（因为此类交易通常集中在有限的几个关键期限）。

相关部门可以考虑逐渐发行更多两年期债券而减少三年期产品的发行，同时将一些七年期债券移至五年期和十年期债券中，以逐步使中国的关键期限与全球惯例相一致。就长期产品而言，相关部门可只发行三十年期债券并取消十五年期、二十年期和五十年期产品，以与全球惯例一致。减少关键期限的个数可以使剩余期限的债券更加活跃，使这些基准利率更具代表性。投资者在估值时，仍然可以通过插值法来衡量曲线上的其他非关键期限的利率水平。

需要协调统一各个外资准入计划

根据国际投资者的反馈，其投资中国境内市场的一个困扰因素是外资准入计划——中国存在大量既复杂又相互独立，且有不同准入标准的外资准入计划，而且不断推出新的而又独立于现有计划的新计划。多重准入计划的存在不仅造成混乱，也会令先行者处于不利地位——新计划通常比旧计划更灵活，但都没有建立在旧计划的基础上（没有从旧计划转移至新计划的机制）。因此，很多投资者更愿意推迟投资，直到认为相关部门在可预见的未来不会再推出更多新计划。

目前允许境外投资者进入中国境内债券市场的计划有四项：合格境外机构投资者计划、人民币合格境外机构投资者计划、中国银行间债券市场直接投资计划（CIBM）和“债券通”计划（Bond Connect）（表 11.3）。这些计划在允许投资证券的范围、资金汇回规则以及对冲能力方面均有明显差别。新的市场开放基本上都是通过新的准入途径进行的，而不是建立在已有的计划基础上。这导致投资者必须重新设立新计划才能进行新开放市场的投资。由于各个计划之间不互通，它们主要存在以下问题。

表 11.3　中国境内债券市场四项准入计划的比较

		QFII/RQFII ①	CIBM 直投	债券通
要求	审批制与备案制	审批	备案	备案
	额度	是	否	否
	禁售要求	否	否	否
产品权限	现金债券			
	银行间	√	√	√
	交易所	√	×	×
	债券回购	×	②	×
	债券借贷	×	√	×
	债券远期	×	√	×
	境内外汇			
	即期	√	√	√
	远期	√	√	√
	掉期	√	√	√
	期权	√	√	√
	境内利率衍生产品			

续表

		QFII/RQFII ①	CIBM 直投	债券通
要求	审批制与备案制	审批	备案	备案
	额度	是	否	否
	禁售要求	否	否	否
产品权限	利率掉期	×	√	×
	货币互换安排	×	√	×
	远期利率协议	×	√	×
	国债期货	×	×	×

注：

① QFII 和 RQFII 是两个独立的计划，有关资格与设置并不相同。但就上述几个方面的要求而言，两个计划并无差别。

② 境外公共部门投资者、境外参与银行和人民币清算银行在中国银行间债券市场计划下可进入在岸回购市场；私人部门投资者目前无法进入。

资料来源：渣打银行研究部。

- 不同计划下持有的债券无法互换。同一个投资人在其各个准入通道下的投资部位不能合并或转换。
    - 境外投资者如欲将其 QFII 或 RQFII 账户下持有的债券头寸转移至中国银行间债券市场或“债券通”账户，一般需要先卖出旧账户中的债券，然后再使用新账户买入（近期政府已做出一些改变，允许直接投资计划和 QFII/RQFII 账户之间部位的相互转换）。
    - 投资者即使同时加入了直接投资计划和“债券通”计划，其在这两项计划下持有的债券也不能互换。特别是外汇和利率对冲风险敞口的限额需要根据各计划下持有的债券确定，这增加了在不同账户间转移债券的难度。
    - 这样的交易除了增加操作负担外，还会产生真实的经济成本。
- 各计划在资金跨境汇回规则、账户设置以及境内债券、外汇和利率衍生产品市场的准入方面存在重大差别。

- » 投资者在 QFII 和 RQFII 计划下可同时进入银行间和交易所债券市场，但在中国银行间债券市场和“债券通”计划下只能进入银行间债券市场。
- » 在头寸限额内，投资者在中国银行间债券市场计划下可以进行所有银行间交易的外汇和利率衍生产品交易，但目前在“债券通”计划下只能进入外汇市场。加入 QFII 和 RQFII 计划的投资者刚获准进入境内外汇市场，但仍不能进入利率衍生产品市场。QFII 和 RQFII 计划下投资者可以交易更多的境内产品（如股指期货），但直接投资计划和“债券通”计划下的投资者无法进行。

建议逐步整合现有计划，并在现有准入计划下进行开放，而不是推出更多独立的准入计划。

- ♦ 整合各个计划，统一各个计划下对各类证券和衍生品准入的规定，统一跨境资金划转规定，统一各个计划下外国投资者资格的标准。
- ♦ 建立一种机制以允许轻松转移不同计划下持有的证券，特别是从 QFII 和 RQFII 计划下转入中国银行间债券市场和“债券通”计划下。
- ♦ 当境内市场进一步对外资开放时，应以现有计划为基础，尽可能避免推出完全独立于现有计划的新计划。这样的话，哪怕投资者认为当前的市场开放水平不足，他们仍然会更愿意提早设立中国市场的投资机制。这是因为一旦市场进一步开放，这些投资者就可以享受到先行者优势，以利用已经设立的途径 / 计划来进行中国市场投资。

允许非金融机构进入中国在岸市场

目前的准入计划——包括合格境外机构投资者计划、人民币合格境外机构投资者计划、中国银行间债券市场直接投资计划和“债券通”计划——只允许外国金融机构投资中国的境内债券。外资非金融机构的反馈表明，这些企业热切希望可以直接投资中国境内债券，以增加其投资和现金管理的渠道。其中有些企业已开始寻求间接途径投资境内债券，例如，于资产管理者处设置独立账户或通过结构性产品，如总收益互换产品（total return swap）等。

另外，限制非金融机构进入市场也不必要地增加了对金融机构申请人的证明材料要求。外国投资者的反馈表明，很多申请人提供其为金融机构的证明材料存在一定困难。这些材料的要求大幅延迟了一些投资者申请进入境内债券市场的申请流程，增加了复杂性。

建议扩大符合条件的外国投资者范围，将非金融公司机构纳入其中。这将向这些公司提供一个有效渠道来进行人民币现金管理和投资，增加其保留经营所获得的人民币资金头寸的意愿，而无须马上将此头寸兑换为其他货币。这不仅有助于增加外资流入，而且随着时间推移，还将扩大人民币的使用。与金融机构相比，公司一般投机性较低而投资期限较长。

其他有待完善的领域

本节探讨了中国境内债券和衍生产品市场有待进一步完善的领域。我们相信这些方面的改进将促使境内外主体在中国的资本市场上进行投资和融资，也有助于外资在中长期内进一步增加其中国债券的资产分配。

有待完善的重点领域如下：

- 降低各个境内债券市场的分割程度；
- 有效地进行信用违约风险定价，加强债权人保护；
- 进一步发展利率掉期市场；
- 提升信用违约风险的可对冲性。

降低债券市场的分割程度

长期以来，市场的分割是影响外国投资者参与中国在岸债券市场的一项主要障碍。实现银行间和交易所债券市场各项规则和准入的协调统一，对境内市场的发展和吸引更多外资投资有很大帮助。在市场规则和参与者方面，银行间和交易所市场存在显著差异。市场的分割大幅增加了市场的复杂性，为监管套利创造了空间，也削弱了基准收益率曲线的定价能力。

- 当前中国存在多个不同监管机构推出的不同的债券发行计划。这些不同计划下的信用债券发行标准和方式各不相同，其二级交易场所也不同。
- 银行间和交易所市场上并行运行着两个回购市场，它们在交易机制、对手方风险、合格参与者以及扣减方面均不相同。
- 两个市场上交易的债券之间互换性不足。只有政府和企业债券可以同时在这两个市场上交易，而目前并无直接方法将债券从一个市场转移到另一个市场。
- 这两个市场的供需动态完全不同，导致同一债券在这两个市场上出现了不同的定价，进而产生了不同的中国政府债券收益率曲线。

政府可以协调统一现有各项机制下的各种信用债券发行计划，并允许所有债券在银行间和交易所市场上交易。现有信用债券有多个不同的发行计划，包括：发展和改革委员会的企业债券计划，中国银行间市场交易商协会的超短融、短融和中期票据计划，中国证券监督管理委员会的公司债券计划。同时，监管机构可以改善两个市场间的可互换性，允许债券在两个市场间相互转移。最后，可以考虑合并若干个不同市场上的中国国债收益率曲线（如剔除流动性差的中国政府债券收益率曲线），仅发布一个国债基准收益率曲线以提高其代表性并减少混淆。

更有效地对信用违约风险进行定价，加强债权人保护

一个成熟的信用债市场不代表完全消除违约现象，而表现为对违约风险进行有效定价的能力以及对违约的有效处理。成熟的信用债市场需要一个有效的框架，使其能够进行有效的信用违约风险定价，提供有效的债权人保护，以及具备在违约情形下合理处理债务的机制。尽管近年来中国也出现了越来越多的信用事件，但目前仍没有完善的机制对违约发行人的债务进行有效的债务重组或清盘。此外，对投资人的保护还不足。虽然一些限制性条款（如交叉违约条款）已经被纳入部分新发行产品之中，但这些条款相对于国际同类债券产品中的规定而言仍不严格，以其目前的形式无法充分保护债权人。

此外，境内信用评级系统的可信度一直受到国际投资者质疑。国内的信用等级严重虚高，导致基本面相差很大的发行人的信用评级和定价都缺乏相应的差异。评级机构在实际违约之前没有提供应有的预警信号。例如，有些发行人在宣布未能按时支付之前，其本地信用等级仍为 AA 级。中国目前的几家国内信用评级机构见表 11.4 所示。

表 11.4　中国国内的信用评级机构

机构	市场份额（%）		监管批准			
	按债券余量	按发行者数量	NAFMII	CSRC	NDRC	CIRC
中诚信证券评估有限公司	30	24		√		√
中诚信国际信用评级有限责任公司			√		√	√
联合信用评级有限公司	28	21		√		√
联合资信评估股份有限公司			√		√	√
大公国际资信评估有限公司	23	14	√	√	√	√
上海新世纪资信评估投资服务有限公司	8	14	√	√	√	√
鹏元资信评估有限公司	8	20		√	√	√
东方金诚国际信用评估有限公司	3	6	√	√	√	√
中债资信评估有限责任公司	NA			NA		

注：NA= 不可用。

资料来源：渣打银行研究部，Wind 经济数据库。

除了历史上违约率偏低外，以下问题的出现也与目前的市场和监管框架有关：

- 信用评级行业竞争过度：中国的信用评级机构太多。在中国，至少有八家国内评级机构得到一个或多个监管者的认可。相比之下，在国际上得到普遍认可的评级机构只有三家。投资者认为这些评级机构在可信度方面基本没有差别；发行者对这些机构也不加区分，只要它们有资格在发行者的目标债券发行计划下提供评级以达到债券发行的要求即可（表 11.5）。

表 11.5　对发行者的评级要求

监管者	债券类型	债券发行的评级要求
银行间市场交易商协会	超短期融资券	为备案登记以发行债券，公司必须提供由不同评级机构出具的两份发行者信用评级报告，其中至少一份的评级达到 AA 级或以上
	短期融资券	发行者的评级必须达到 AA- 级或以上
	中期票据	发行者的评级必须达到 AA- 级或以上
	特殊情况	房地产部门的发行者必须在 A 股上市且评级必须达到 AA 级或以上
国家发展和改革委员会	企业债券	地方政府融资平台的发行者如果资产负债率达到 65% 甚至更高，则必须提供明确的担保，但资产负债率低于 75% 的 AAA 级发行者以及资产负债率低于 70% 的 AA+ 级发行者除外
		一般公司发行者如果资产负债率达到 75%，则必须提供明确的担保，但资产负债率低于 85% 的 AAA 级发行者以及资产负债率低于 80% 的 AA+ 级发行者除外
		符合以下条件的债券发行可适用“快速通道”计划：（1）发行者或发行产品评级为 AAA 级；（2）得到了评级为 AA+ 级或以上的公司的担保；（3）债券评级为 AA+ 级或以上，且以有效资产担保或抵押；（4）发行者评级为 AA+ 级且资产负债率低于 20%
中国证券监督管理委员会	公司债券	只有 AAA 级债券才能向所有投资者（包括散户）发行
	特殊情况	房地产部门的发行者必须具有 AA 级或以上的评级

资料来源：中国银行间市场交易商协会，中国国家发展和改革委员会，中国证券监督管理委员会，渣打银行研究部。

由于合格的评级机构数量众多，且市场采取发行者付费的信用评级模式，发行人通常选取给最高评级的机构进行评级，这造成总体信用评级较高。

- 监管对信用债券发行的评级要求高：许多信用债券的发行计划都对发行人的最低信用评级有要求。低评级发行者在大多数现有债券发行计划下无法发行债券，这导致发行人只有获得高评级时对其债券发行才有用（如获得低评级，发行人可能难以发债）。例如，中国证券监督管理委员会要求，若要发行大公募债券，发行人评级应为 AAA 级；中国银行间市场交易商协会要求短期融资券发行者评级至少应达到 AA- 级（图 11.5）。

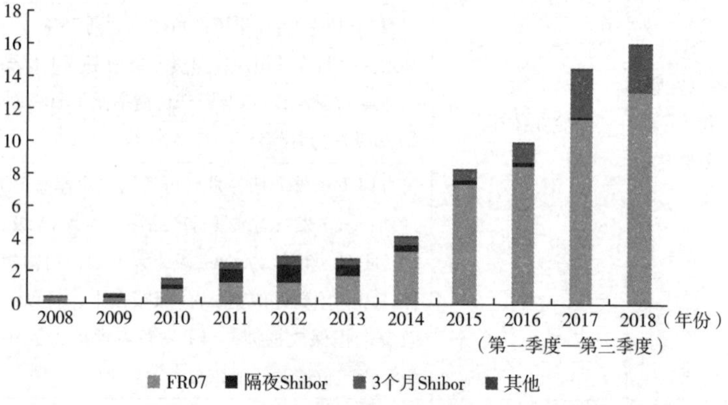

图 11.5　2008—2018 年中国利率掉期周转量分解（按浮动利率端类型分列）（万亿元人民币）

注：FR07 = 所有金融机构间交易的 7 天回购定盘利率，Shibor = 上海银行间同业拆放利率。

资料来源：渣打银行研究部，Wind 经济数据库。

这表明很少有发行人会接受 AA- 级以下的信用评级，因此，可接受的信用评级范围限制在至多四个级别——AAA 级、AA+ 级、AA 级和 AA- 级。相比之下，国际市场上信用评级分为 16 级，大多数发行者的评级在 AAA 级至 B- 级（极少数发行者的初始评级为 CCC 级）之间。

建议政府可以规范各监管机构对于评级机构的资格标准，减少合格评级机构的数量，取消所有发行计划对于发行人的信用评级要求。这些举措将减少由于评级机构过度竞争而给出过高评级的问题，实现更大程度的信用差别化，逐步提高信用评级机构的可信度。取消发行的评级要求，将为信用差别化提供更大空间。本章认为，应允许所有资质的发行人发行债券。至于这些债券发行是否能够成功，则取决于发行价格是否充分反映了信用风险，借款条款是否对投资者提供了充分的债权人保护以及发行人是否进行了足够的信息披露等。这些问题应该由投资者而非监管部门决定。

进一步发展利率掉期市场

利率掉期是中国利率衍生品最活跃且外资参与度最高的产品（通过境外的非交割利率掉期）。这是由于投资人可以通过利率掉期表达其对中国宏观经济及利率水平的看法，进行投资或者管理利率风险。不过，中国利率掉期产品的浮动利率端数量过多以及与实体经济的融资成本缺乏直接联系，阻碍了这一市场的发展。

与大多数成熟市场相比，中国的利率掉期市场浮动利率端太多。美元利率掉期的浮动基准利率通常只有 3 个月 Libor（伦敦同业市场拆放利率）或 6 个月 Libor。与之相比，中国的利率掉期有下列多个浮动基准利率：

- FR07：所有金融机构间交易的 7 天回购定盘利率；
- DR07：接受存款机构间交易的 7 天回购定盘利率；

- 3M Shibor：3 个月上海银行间同业拆放利率；
- ON Shibor：隔夜上海银行间同业拆放利率；
- 中国人民银行基准存款利率；
- 中国人民银行基准贷款利率；
- LPR：贷款优惠利率。

尽管浮动基准利率众多，但其中活跃品种的浮动利率与中国实体经济的融资基准利率不同。目前，中国金融体系中资产和负债的定价并不以银行间利率（如 FR07，Shibor）为定价基准。在负债端，银行的负债成本与中国人民银行基准存款利率和银行间利率（中国人民银行公开市场操作利率、中期借贷便利利率以及二级市场 7 天回购利率）相关。在资产端，公司的负债大多基于中国人民银行基准贷款利率；目前极少贷款是以 7 天回购利率、Shibor，或贷款优惠利率进行定价。

尽管存在大量浮动利率端，但银行并无将固定利率资产转换成浮动利率资产的自然需求，公司也无将浮动利率贷款转换成固定利率贷款的自然需求，而这是利率掉期在实体经济中的关键功能。

政府可以专注于发展两个利率掉期市场，即基于 7 天回购利率和 3 个月 Shibor 的利率掉期，逐步取消其他曲线。进一步放开利率可能会使银行的融资成本逐步从政策存款利率转向银行间利率。这有可能使银行贷款定价逐步从目前的中国人民银行基准贷款利率转向银行间利率（最有可能的是 3 个月上海银行间同业拆放利率）。如果资产（如贷款）定价将来转换为某银行间浮动利率的话，一个活跃的基于这些浮动基准的利率互换市场将能够更好地对实体经济的需要进行利率风险管理。

提升信用违约风险对冲的有效性

活跃的信用违约掉期市场不仅能提供有效的信用风险管理工具，还能够促进信用价格发现。2010 年以来，中国境内市场推出了多种信用衍生产品，但这些产品的发展一直较差。信用违约缓释工具于 2010 年推出，中国的信用违约掉期市场于 2016 年 9 月启动。以下为制约这个市场发展的主要因素：

- 缺乏标准化合约。目前，只有一级交易商能够发行“凭证式”信用衍生产品，包括信用风险缓释凭证和信用联结票据。其他市场参与者只能购买该凭证式信用保护，或订立非标准的双边协议以获取无法在二级市场交易的“合约式”信用保护（如信用违约掉期和信用风险缓释合约）。此外，中国的多数信用违约掉期合约以单个债券而非发行人为标的，表示此信用掉期仅在此债券违约时触发信用事件，而发行人其他债券违约时并不触发信用事件。目前也不存在标准化合约。相比之下，国际信用违约掉期合约通常为标准化产品。它们以发行人为标的，具有标准化基准年期（例如，五年期中国主权信用违约掉期）。由于以单个债券为标的，加上缺乏标准化合约，此类产品通常不存在二级市场的可交易性（只有持有同只债券的投资人才有交易需求，数量稀少）。这种情况也导致无效的信用定价，制约了信用衍生产品的需求和供应。
- 信用事件定义模糊。现有准则并未明确信用事件的触发因素。缺乏债券限制性条款以及缺乏成熟的违约和清盘程序，造成了信用事件触发的条件不清晰。这些不确定性进一步降低了市场参与者购买信用保护的积极性。

建议开发标准化的、以发行人为标的（而不是以单个债券为标的）、具有清晰信用事件触发条件的信用违约掉期，比如类似国际市场上最活跃的五年期信用违约掉期合约的。应当建立一种机制来确保新合约的定期及持续发行（例如每半年发行新的五年期合约），并为旧合约向新合约的转变提供便利（例如，通过支付利差的方式把旧的四年半合约换成新的五年期合约）。

基于发行人的标准化合约能够提高市场的参与度，更容易保持二级市场流动性，提供不同发行人违约风险的可比性。活跃的二级市场对价格发现至关重要，也是中国信用衍生产品供应和需求大幅增加的基础。它将极大地提高银行和投资者开展信用保护交易的积极性。这种产品的出现可以使投资人即使在近期违约风险不高的情况下也会积极参与信用衍生产品的投资，以表达其对某发行人信用基本面转变的观点。

结论

影响外国投资者投资中国境内债券的主要障碍来自对政策解读的困难和实际操作层面的问题，而非监管层面的准入障碍。在资本市场进一步开放的过程中及时解决这些问题，同时避免引入新的不确定性和实践障碍，对于进一步吸引外国投资人投资中国资本市场而言至关重要。

本章建议政府在未来制定政策的过程中，除了重视资本市场和监管问题外，更多地重视实务和操作问题。政府的目标应当是确保在资本市场进一步开放之后，及时提供在实践上可行的解决方案。政府在进一步开放国内资本市场时，需要考虑扩大与各类市场参与者的交流，特别是对外资投资提供中介服务的各类商业银行和全球托管银行的沟通，以在进一步开放时在机制上确保可操作性。

监管部门在相关规定上要提供更清晰的指引，增加明确性，减少相关机构不得不进行自行解释的空间。在全球日趋严格的监管环境下，笼统的指导性意见会迫使市场参与者以最严格的标准进行解读，从而造成各机构之间的不同解读，大幅度降低已经在政策上开放的产品交易的可交易性，即使不会完全阻止投资和对冲活动的开展，也会给这些活动造成种种困难。为了解决这些问题，监管部门可以基于各种情况给出统一的指导意见，针对每种情形发布一个正面清单以罗列不同情况下的具体处理方案，并随着新案例的出现而定期更新该清单。这将有助于厘清市场上的不同解读，对各个产品的可交易性有所裨益。另外，政府也可以发布案例研究，以示例的方式说明申请、投资、资金汇回和对冲的具体流程。经验表明，案例研究是澄清规则和程序的最有效工具之一，有助于加快行业的理解，大大增加申请投资效率。为了有效降低启动成本，政府在进一步开放国内市场时，需要尽量基于现有准入计划，避免提出需要重新申请 / 设立的准入计划。

第12章

中国债券市场的交易模式

托比亚斯·阿德里安　亨利·霍伊尔　法比奥·M. 纳塔卢奇

由于中国金融体系的特殊性，中国货币政策和融资条件的紧缩往往与债券市场成交量的下降密切相关。债券市场深度的周期性变化可能会放大负面冲击，给债券市场交易和融资市场条件带来较强顺周期性。央行往往会注入流动性以减小这种风险，避免恶性流动性紧缩周期。这种流动性的注入虽然有助于稳定市场，但也强化了人们对隐性担保的预期（见第13章关于隐性担保的内容）。出台措施增加债券市场流动性将有助于缓解这种“两害相权”的局面，这些措施也应成为消除金融脆弱性工作的重要组成部分。随着国际投资者在中国债券市场的比例扩大，中国债券市场流动性预计将会改善。

以债券周转率为衡量标准，中国债券市场的交易流动性低，这也是该市场一个众所周知的特点。[①] 本章将详细阐述这一观点，为此，我们将分析中国债券市场流动性的显著周期性，阐释其与中国独特金融体系的关系，尤其是与银行理财产品等表外投资工具的大量使用的关系（基金组织，2018年a）。本章还将讨论相关的金融稳定风险（见第10章关于金融稳定性的内容），并提出一些政策建议。

---

① 周转率是指成交量与未偿债券总量之比。

中国债券市场的流动性和融资条件

2018年中国债券市场规模将近80万亿元人民币（12万亿美元），是世界第三大债券市场。按照国际标准衡量，该市场的交易活动波动非常剧烈。2013年，中国政府债券及政策性银行债券（统称为“利率债”）和公司债券（“信用债”）成交量急剧下降，之后，在2016年年底成交量再次急剧下降。[①] 成交量急剧下降期间都出现了债券价格急剧下跌（图12.1）。[②] 债券成交量的下降最近因银行发行的短期债务工具——同业存单——成交量的上升而得到缓和（本章后面部分将作讨论）。尽管债券市场流动性的许多指标显示出近年来市场状况有所好转，但成交量的迅速变化表明，市场流动性并不像部分指标所显示的那样稳固。

特别是债市成交量突然变化可能会带来金融稳定风险。债券交易与中国债券回购市场的融资活动密切相关；债券回购市场的成交量占比很高，主要由各类投资基金和理财产品的融资需求主导。另外，一些较小的银行的投资也起到重要作用（图12.2）。该回购市场上的大多数借款期限为1天和7天，表明大多数债券交易都使用短期杠杆进行融资。这就意味着投资交易活动面临期限错配和流动性转换的风险，并可能对融资市场的条件的变化较为敏感。正如本章后面部分所探讨的那样，债券和回购市场活动之间的联系可能形成一个反馈循环，并放大更广泛的金融条件的变化。

---

① 利率债大约占中国债券市场未偿债券的1/3，主要在银行间市场交易。尽管这个市场名为“银行间市场”，但是它对大多数非银行金融机构开放。信用债占债券市场未偿债券的1/3，主要包括中期票据、公司债券和企业债券，在银行间市场和交易所市场均有交易。债券市场存量的另外1/3包括地方政府债券（其交易量微不足道）以及金融机构发行的金融工具，包括同业存单等短期银行工具。

② 这两个时期也是主要的债券市场压力期：2013年6月被广泛报道的银行间回购市场钱荒，以及2016年12月国海证券欺诈事件。

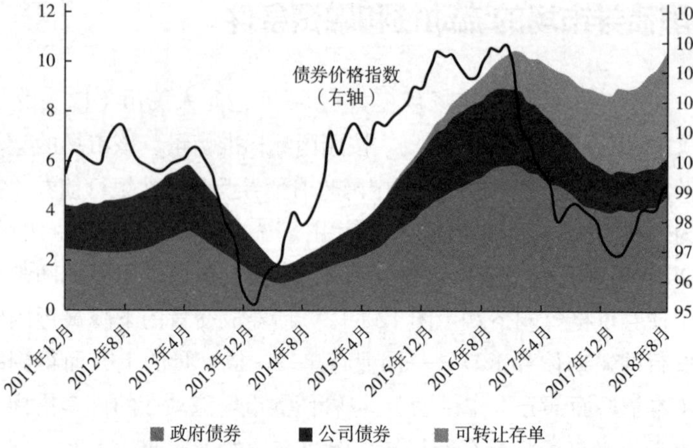

图 12.1 2011—2018 年债券市场交易周转量与债券价格
（万亿元人民币；2011 年 12 月价格指数 =100）

注：周转量为 12 个月移动平均值。政府债券包括政策性银行发行的债券。
资料来源：CEIC，中国债券信息网，作者的计算。

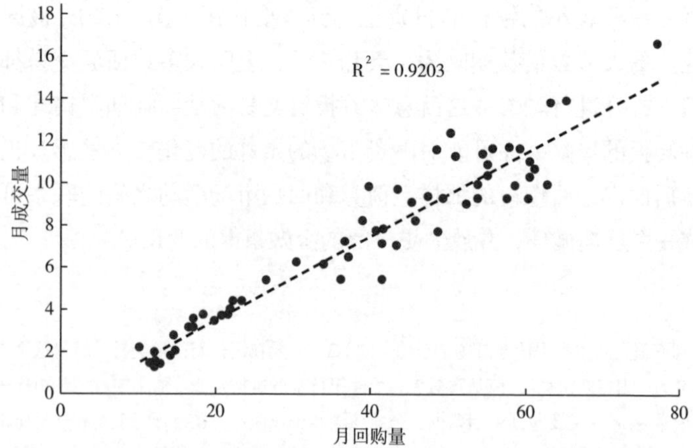

图 12.2 2013—2018 年银行间债券回购市场和交易周转量（万亿元人民币）

注：时间跨度为 2013 年 6 月至 2018 年 7 月。
资料来源：彭博资讯，CEIC，中国外汇交易中心。

国际视角下的成交量变化

通过与其他国际债券市场比较可以看出，中国市场的交易状况存在一些不同寻常的特征。具体来说，中国市场的周转率波动幅度大，债券价格与成交量呈现明显的正相关。

与其他债券市场相比，中国债市的成交量变化快得多，也更持久。过去 5 年，中国政府债券月成交量的四分位距是同期月平均成交量的 80%。这几乎是仅次于中国的新兴市场债券市场四分位距的 2 倍，是美国国债市场成交量变动范围的 8 倍（图 12.3）。

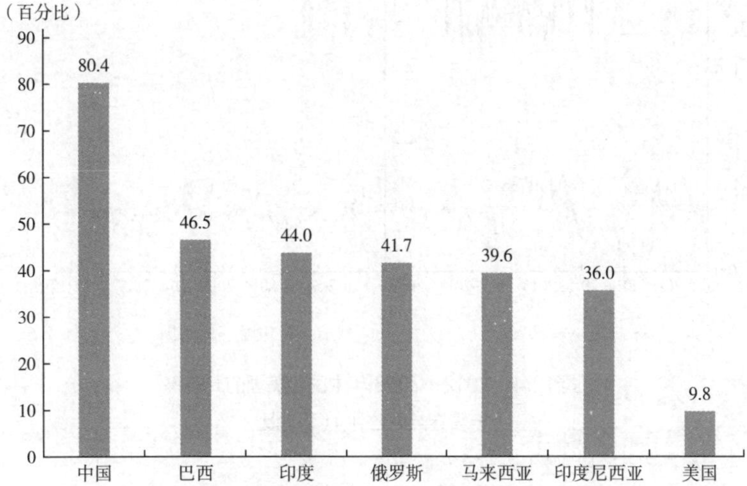

图 12.3　政府债券成交量：五年期四分位距

注：显示数据为政府债券月成交量的五年期四分位距（至 2018 年 6 月，或最近的数据时间），以期间平均成交量的百分比表示。

资料来源：彭博资讯，巴西国家财政部，CEIC，Haver Analytics。

中国债券市场交易活动的较大波动性也可以从周转率窥见一斑。中国政府债券市场的周转率远低于美国，但波动性比美国大得多（图 12.4）。[①] 例如，2013 年以及 2016 年年底，周转率下降了一半以上（图 12.4，小图 1）。在 2013 年银行间流动性短缺事件发生之前，中国公司债券市场的周转率较高，但目前已大幅下降，这既反映了成交量的下滑，也反映了公司债务存量的持续快速增长（图 12.4，小图 2）。[②]

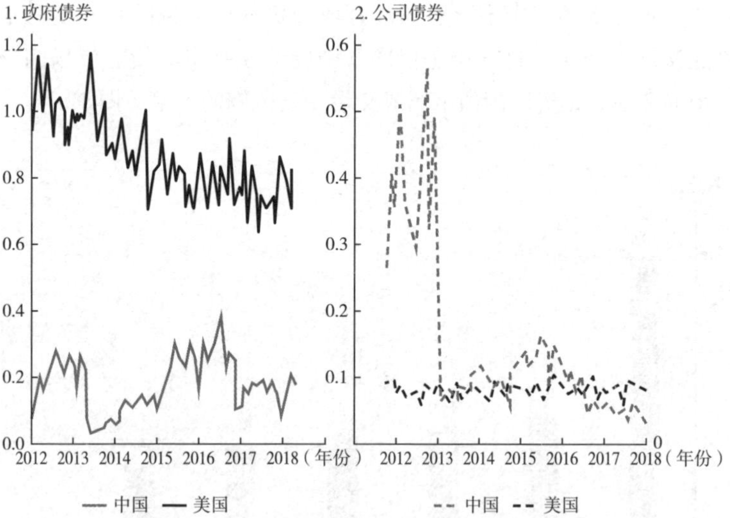

图 12.4　2012—2018 年中国和美国的周转率（按债券类型分列）（百分比）

注：数据显示了月成交量除以未债券总量。

资料来源：CEIC，Haver Analytics。

① 美国政府债券周转率下降主要反映了债券存量上涨。从趋势来看，一级交易商报告的成交量在这段时期保持相对稳定，但市场观察人士指出，其中可能未体现高频做市商成交量不断上升。

② 与其他许多规模较小的新兴市场本币政府债券市场相比，中国政府债券市场周转率低的现象并不罕见。但是，如果只考虑中央政府发行的债券，中国政府债券市场的周转率属于全球最低之一。

另一个不同寻常的方面是成交量与债券价格（收益率）之间总体呈正（负）相关。在中国，债券成交量通常与债券价格（以债券价格指数衡量）同步上升，其中公司债券尤其明显，其回归曲线斜率更加陡峭（图 12.5 和图 12.6）。相比之下，这种价格与成交量关系在美国似乎不显著。

中国出现这种情况的一种可能解释是，当债券收益率上升时，大概是由于融资或流动性限制，多数市场参与者无法或不愿购买收益率较高的债券。另一种可能的解释是，很少有市场参与者愿意在这个水平上出售债券，这或许是为了避免亏损确认。下一节将要讨论的中国债券市场的结构和制度特征表明，这两个因素可能都在发挥作用。

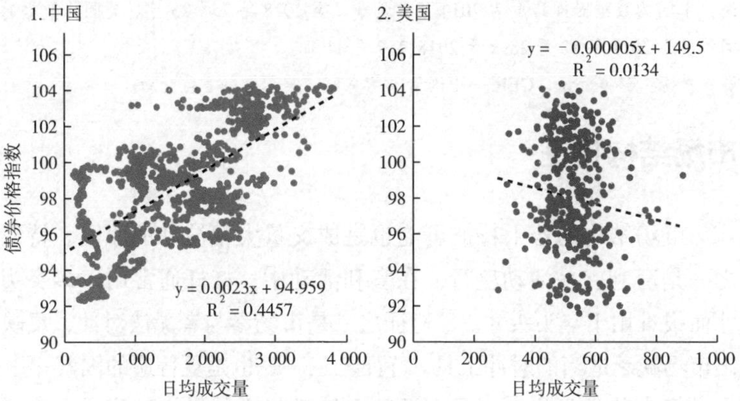

图 12.5　中国和美国政府债券成交量和价格指数（价格指数；成交量单位为亿元人民币和 10 亿美元）

注：中国的价格指数和成交量数据包括政策性银行债券，成交量为 5 天平均水平。美国的政府债券成交量是 2010 年 7 月 14 日至 2018 年 7 月 11 日的每周平均日交易量。

资料来源：美银美林，彭博资讯，CEIC，中国债券信息网。

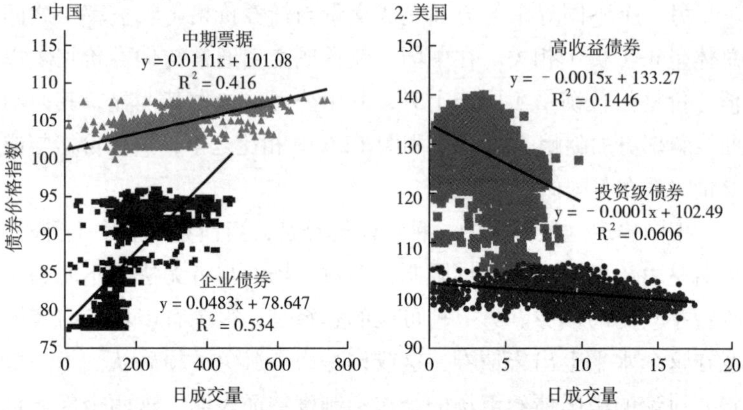

图 12.6　中国和美国公司债券成交量和价格指数（价格指数：成交量单位为亿元人民币和 10 亿美元）

注：中国的数据时间跨度为 2014 年 1 月 6 日至 2018 年 7 月 25 日。美国的数据时间跨度为 2011 年 12 月 28 日至 2018 年 7 月 11 日。

资料来源：彭博资讯，CEIC，中国债券信息网，美国金融业监管局。

市场结构特征

市场结构的若干特征可能也是成交量大幅波动的原因。特征之一是套利交易活动盛行，在套利活动中，杠杆通常用于多头头寸而很难用于空头头寸。① 特征之二是市场参与者无法对冲，反映出市场缺乏适当的对冲工具。特征之三——也是更普遍的因素——是市场定价的可靠性不足，反映出缺乏集中的做市行为。由于上述因素，在银行间利率稳定或下降期间，中国债券市场通常会出

① 套利交易是投资者按较低利率（期限通常是短期）借入资金，用以购买预期将产生更高收益的资产的一种策略。多头头寸是指投资者拥有一项资产（或者以一定价格购买一项资产的权利或义务），因该资产价值的增加而获益。空头头寸是指投资者亏欠第三方一项资产（或者拥有以一定的价格出售一项资产的权利或义务），因该资产价值的减少而获益。

现单向多头趋势。然而,当银行间利率收紧或债券价格波动加剧时,成交量往往会大幅下降（图 12.7）。

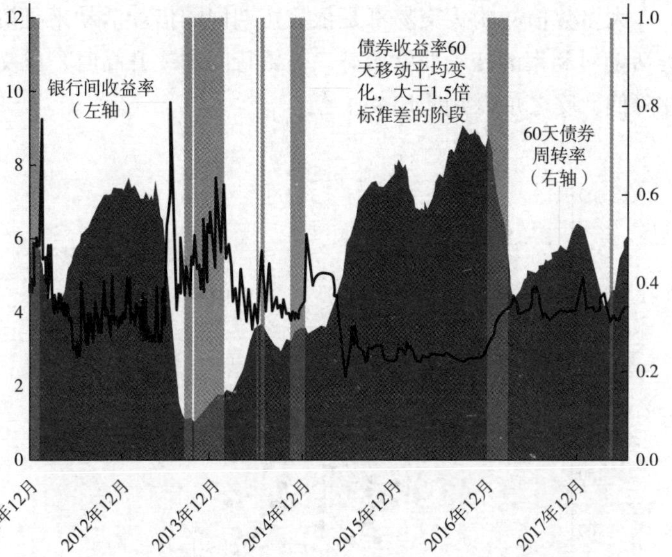

图 12.7　2011—2018 年债券周转率和银行间收益率（百分比；60 天周转率）

注：银行间收益率为 1 月期 Shibor。债券周转率为 60 天的债券日周转率之和。债券周转率和收益率数据以政府债券和政策性银行债券为基础。

资料来源：Wind 经济数据库，作者的计算。

投机套利交易活动的证据

成交量的变化在一定程度上是因为许多交易活动似乎呈现套利交易的周期性，而在套利交易中，最常见的杠杆形式可用来融资购买债券。如前所述，银行间成交量与回购市场成交量密切相关（图 12.2）。这不大可能反映做市活动，因为回购成交量比现货交易成交量高几十倍，而且大多数回购抵押品都是质押的，因此不能用于再销售。[①] 此外，鉴于大多数回购交易都是质押性质的，只有债券买方才能以较低的成本借入现金以购买更多债券。相比之下，卖方不能轻易借入债券用来做空。

大多数债券购买交易都是依靠短期回购借款活动来融资，此类活动对利率的变动非常敏感。当银行间利率升高时，成交量往往降低，反之亦然（图 12.8）。[②]

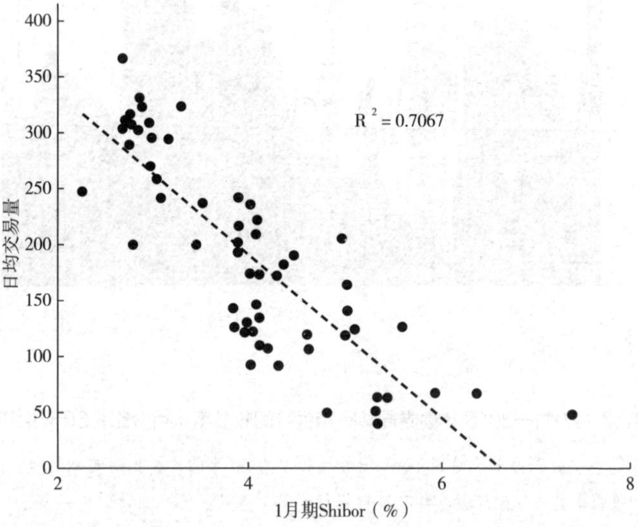

图 12.8　2013—2018 年日均交易量及银行间回购利率（万亿元人民币；百分比）

注：数据为月数据。交易数据不包括一年期或更短期限的债券。

资料来源：彭博资讯，CEIC，中国外汇交易中心。

① 在排除证券公司的债券购买和回购借款成交量后，该关联性仍然存在，这也表明了该关系并非因做市活动而产生。

② 值得注意的是，与全部债券交易（R^2= 0.45，图中未显示）相比，期限不满一年的债券（R^2 = 0.71，如图所示）中这种关系更为明显。银行发行的同业存单的交易占一年期以上债券交易的很大部分，与银行间利率呈正相关关系（R^2 = 0.28）。

几年前，导致政府债券和公司债券市场交易走弱的一个因素是同业存单交易走强。从交易活动的期限构成中一年期以上债券比例的迅速下降可以清楚看出这一点（图 12.9）。这一变化可能反映了货币市场基金成交量的增加——2015 年以来，货币市场基金增长迅速。但可能还有一个原因：在利率较高的时期，同业存单因其期限较短、周转率较高而受到喜欢使用杠杆的债券市场买方的青睐，这样，他们的套利交易所承担的期限和流动性错配风险就比较低。由于同业存单的交易规模已增长至同等期限政府工具交易规模的多倍，这种现象可能正在削弱无风险收益率曲线短端的价格发现功能。

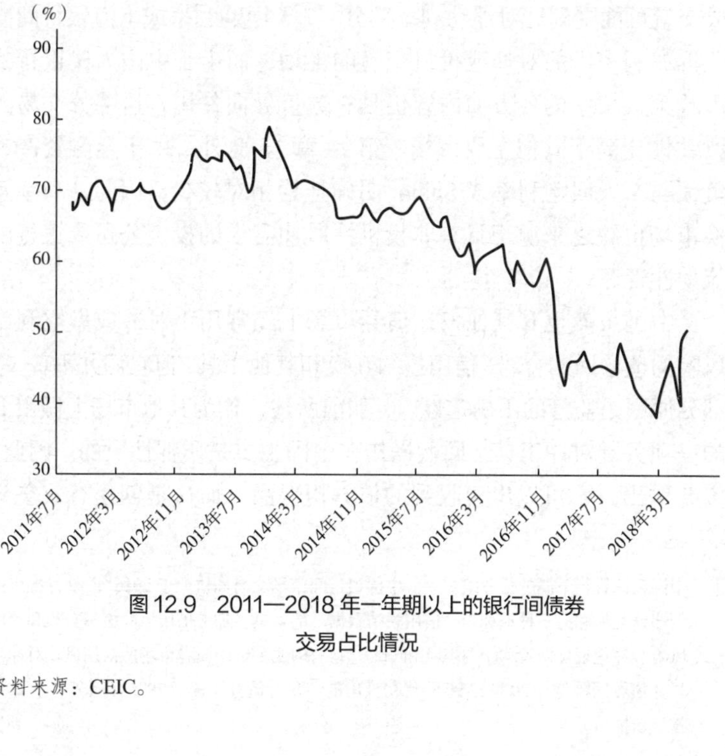

图 12.9　2011—2018 年一年期以上的银行间债券交易占比情况

资料来源：CEIC。

市场参与者无法对冲

尽管中国已成功建立了若干流动性较好的对冲市场，但对市场参与者而言，这些市场的有效性面临几个重大制约。第 8 章详细讨论了中国政府债券期货市场在 2018 年 8 月之前缺乏短期工具。同时，它不允许银行参与，而银行是现券市场的主要参与者，约占中国政府债券持有量和净购买量的 80%。中国政府债券期货市场投资者主要由投资基金和其他非银行机构组成，而它们大多持有期限较短的信用债。

利率互换市场为债券投资者提供的对冲作用也很有限。大部分互换的期限为 1 年以下，而债券市场中信用债券的平均期限为 2~3 年，政府债券的平均期限为 6 年。利率互换市场的很大一部分成交量可能受到针对浮动利率部分（7 天回购利率或上海银行间同业拆放利率）的对冲或投机交易的推动，而由于中国人民银行货币政策框架中的各方面内容仍具有数量导向作用，这部分交易的波动性要高于其他主要市场（第 14 章）。此外，由于金融资产或负债与 7 天回购利率或 Shibor 明确挂钩相对较少，因此，利率互换市场也缺乏来源于具有非投机性对冲需求的投资公司或银行的流动性管理。

中国虽然也有其他发达债券市场上经常用于对冲或做空利率风险的债券回购合约、信用违约互换和其他工具，但它们并不普及，部分原因是监管的不确定性。[①] 如前所述，作为其他市场上做市商的一项关键对冲工具，回购操作在中国主要是质押性质的。因此，资金融出方不可以出售收到的债券担保品，而这是创建有效空头

① 中国人民银行下属的行业组织——中国银行间市场交易商协会于 2016 年 10 月推出信用违约互换和另一种被称为“信用联结票据”的工具。加上信用风险缓释合约和信用风险缓释凭证（两者均于 2010 年推出），它们构成了中国债券市场的信用风险对冲工具。债券回购是在 20 世纪 90 年代初推出的。政府债券期货于 1995 年暂停，于 2013 年重新推出。

头寸的必要环节。买断式回购市场（在该市场上，可以对担保品进行再使用）的规模相对较小。远期合约、证券借贷和信用违约互换合约都已推出，但使用率一直很低。市场参与者经常提到的一个原因是，在破产制度和银行监管中的"终止净额结算"（close-out netting）缺乏法律确定性。这意味着，两个对手方之间的敞口不能以净额来确认，而必须以总额来核算，这限制了金融机构使用担保品来弥补信用风险敞口、降低对手方信用风险相关资本要求的能力。

导致成交量波动的其他原因

作为债券市场上最大的投资者，银行和投资基金缺乏积极进行对冲的动力，因为它们往往持有债券至到期，而不按市场价格对其持有的债券进行盯市计价。中国的商业银行有大约 60% 的债券投资属于持有至到期类别（图 12.10），相比之下，大多数发达经济体的银行这一比例不足 10%。银行理财产品和其他投资基金是信用债券市场的主要投资者，也是政府债券市场的第二大投资者，它们一般不公布资产盯市净值。[①] 有证据表明，这些资管产品主要通过短期抵押借款来应对兑付压力，而不是通过公开市场上的资产出售。以其在银行间市场上的总成交量与持有量比率来衡量，资管产品似乎是利率债券市场上最不活跃的交易商之一（图 12.11；注意，资管产品列于"基金"项下，它们占了资产持有的大部分）。[②]

鉴于对冲市场的种种缺陷，中国还未形成一个集中的做市商结构。而集中做市商结构在其他发达市场是非常普遍的，由交易

---

① 关于投资实体及其债券市场持有状况的更多信息，见基金组织（2018 年 a）。

② 这项评估基于在中央国债登记结算有限责任公司登记的银行间市场部分，包括政府债券和政策性银行债券的全部交易。

商间市场联系起来的经纪—交易商主导着交易活动。在中国，证券公司只占债券交易的24%，相比之下，经纪—交易商在美国债券交易中所占的份额为62%（图12.12）。稳健的交易商间市场能鼓励交易商提供准确反映更广泛市场定价的报价，有力支持二级市场的流动性和持续定价功能（Viswanathan 和 Wang，2004 年）。

中国缺乏具有深度的、流动性充分的基准收益率曲线，这也削弱了债券市场的价格发现能力。部分由于银行在中国政府债券市场上的主导地位，其他一些实际意义上的无风险收益率曲线得到了更广泛的应用。政策性银行债券成交量比中国政府债券成交量高3倍，买卖差价更小，市场参与者也更广泛。短期债券方面，

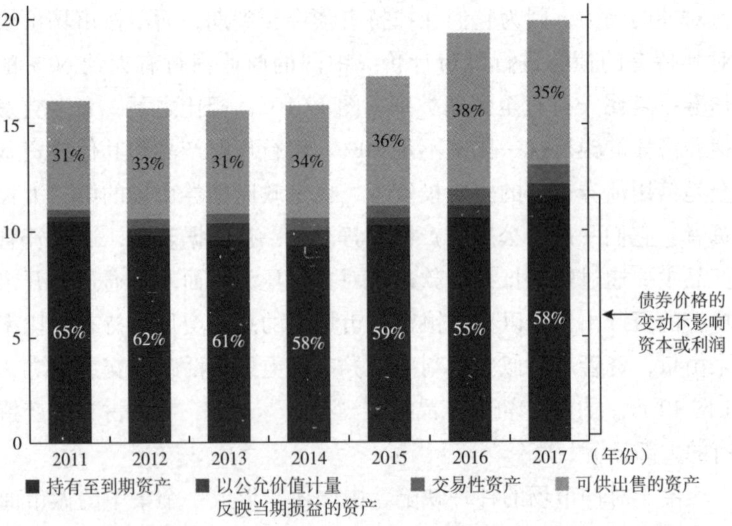

图12.10　2011—2017年银行的债券持有量（按会计科目分类分列）
（样本银行资产的百分比）

注：主要依据一份样本的年度报告数据，该样本包含中国61家商业银行，截至2017年年底，这些银行的资产为165万亿元人民币（占商业银行资产总额的84%）。

资料来源：标普全球市场财智，作者的计算。

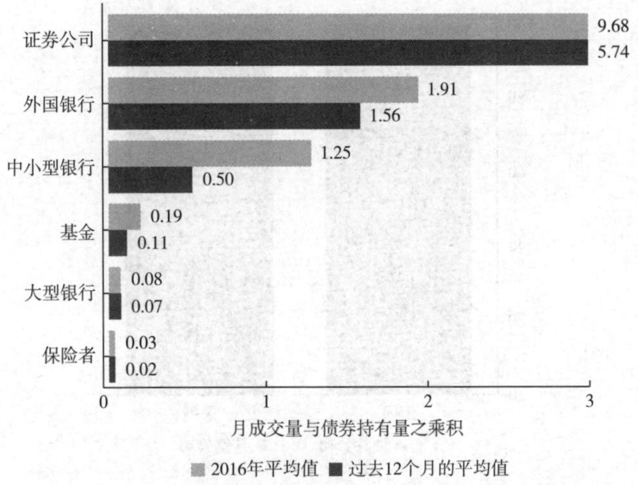

图 12.11 2016 年和截至 2018 年 8 月的 12 个月的月周转率，（按市场参与者类型分列）（乘积）

注：显示数据为每个类型市场参与者月成交量除以月末债券资产的比率的平均值。数据所依据的是在中央国债登记结算有限责任公司登记的债券持有量和交易活动。“基金”包括投资实体。过去 12 个月的平均值是从 2017 年 9 月至 2018 年 8 月。

资料来源：CEIC，中央国债登记结算有限责任公司。

银行发行的同业存单的成交量比其他所有短期工具加起来的成交总额高 3~4 倍，而大型国有银行发行的同业存单由于被认为附带隐性担保而被视为属于实际意义上的无风险产品。[①] 由于缺乏单一而稳定的基准收益率曲线，市场参与者难以准确评估债券价值，或利用现有的对冲工具对冲其投资组合风险。这种情况还阻碍了货币政策的传导，因为无风险收益率往往受到同业存单发行或其他影响银行间流动性状况的因素的严重影响。

① 更糟糕的是，还存在替代性的中国政府债券和政策性银行交易所收益率曲线。

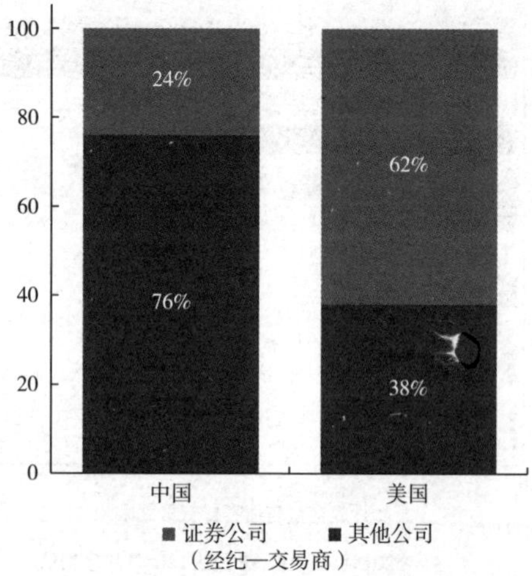

图 12.12　2017 年美国和中国的债券交易（按公司类型分列）

注：显示数据是 2017 年的平均水平，计算时考虑了每笔交易的对手方。中国的数据依据的是在中央国债登记结算有限责任公司登记的交易。美国的数据依据的是美国联邦储备体系的 FR2004 一级交易商数据序列。

资料来源：CEIC，中央国债登记结算有限责任公司，Haver Analytics。

对金融稳定的影响

在债券成交量和市场流动性萎缩的时期，金融稳定风险也会加剧。具体而言，在压力时期，由于债市流动性和融资条件同时恶化，面临融资压力的市场参与者在最需要流动性的时候可能更加难以卖出债券以获得流动性。这有可能导致交易和融资流动性的顺周期性恶化，从而导致违约事件。

中国的债券市场与融资市场流动性之间的联系是非常独特的。投资基金和其他市场参与者往往依赖银行间拆借来弥补流动性短缺，而这些借款往往是由关联的金融集团提供的隐性担保促成的。在市场流动性越来越差的情况下，这种隐性担保使得债券不必出售，但会导致债务增加，并对借款利率造成上行压力。而这将进一步减少那些利率敏感性的交易，从而形成一个负反馈循环。这种情况导致短期借款和交易之间的巨大不平衡。2017 年，中国债市的短期借款存量约为 9 万亿元人民币，是日均成交量的 20 倍左右（图 12.13）。这几乎是 2008 年 9 月美国回购市场达到的峰值（7 倍）的 3 倍。

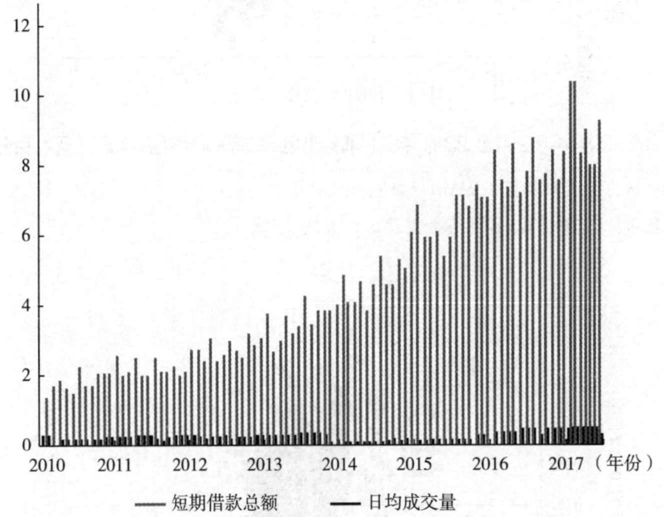

图 12.13　2010—2018 年日均成交量及回购市场借款总额（万亿元人民币）

资料来源：CEIC，Wind 经济数据库，作者的计算。

债市交易流动性的下降似乎恶化了融资市场状况，这与更长期限回购债务的需求不断增长密切相关（图 12.14）。当成交量下降时，每日回购借款的加权平均期限往往从 2 天左右增加到 3~4 天。这可能是因为借款人预计需要更长时间出售由回购借款建立的头寸，或为该头寸寻找到稳定的融资来源。因此，随着成交量减少，短期债务总额存量往往会上升（图 12.15）。

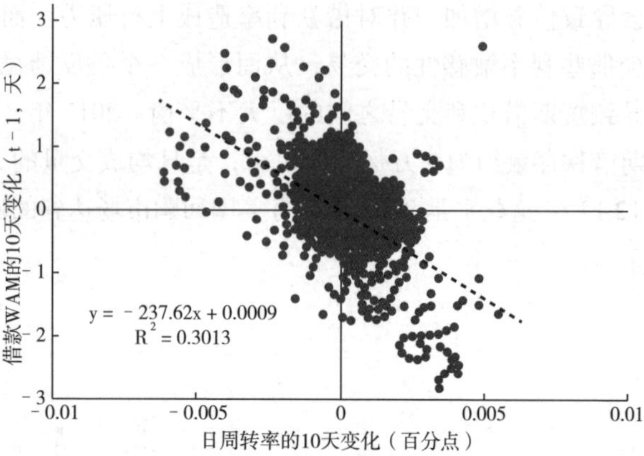

图12.14　2014年12月至2018年7月债券市场周转率和回购借款期限（天；百分点）

注：数据为5天平均值。WAM = 加权平均期限。

资料来源：CEIC，Wind经济数据库，作者的计算。

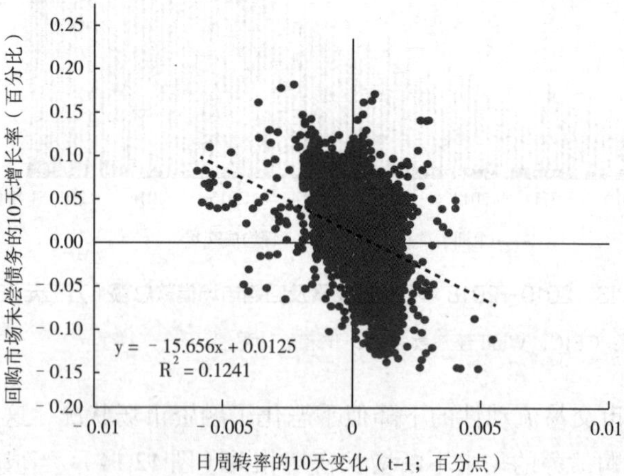

图12.15　2014年12月至2018年7月债券市场周转率和回购债务增长率（百分比；百分点）

注：数据为5天平均值。

资料来源：彭博资讯，中国外汇交易中心。

债市成交量与融资市场之间的联系也可能反映借款存量与日成交量之间的失衡，这种失衡可能会限制市场满足更多流动性需求的能力。这种失衡意味着，每天到期的回购借款中绝大部分必须展期或者通过存款等工具来融资。当成交量下降时，会出现更高比例的到期借款必须展期或者用存款偿还，这加大了可用流动性的压力。如图 12.16 所示，货币市场利率的变化往往反映出回购未偿债券与日均成交量之比的变化趋势。

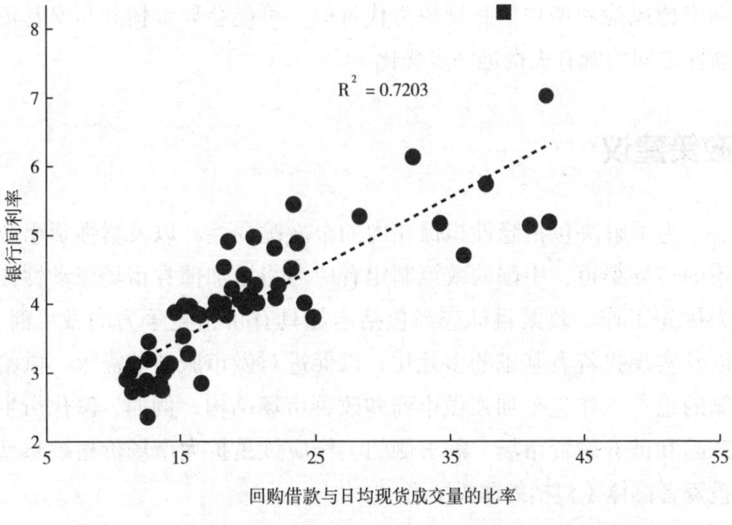

图 12.16　2013 年 6 月至 2018 年 6 月银行间利率及回购借款与日均现货成交量的比率

资料来源：CEIC，Wind 经济数据库，作者的计算。

债市成交量与融资市场之间的顺周期联系带来了两种相互关联的风险。首先，不断恶化的融资条件可能引发银行间拆借市场违约，导致市场参与者在同一时期减少对手方的风险敞口，从而造成市场不稳定。其次，面临融资压力的投资基金试图在一个日渐萎缩的债券市场上出售流动性总体较差的公司债券。在不断下降的债券（担保品）价值、不断弱化的资产负债表和变差的银行间市场融资条件之间可能也会形成一种同样不稳定的负反馈循环。[①]

债券交易流动性与融资条件之间的这种顺周期关联反映出中国金融市场存在一种严重的脆弱性，并凸显出隐性担保的重要性。实际上，政府会通过注入流动性以稳定银行间流动性成本，这体现出中国正在努力将货币政策转向利率目标制框架。这种措施的确遏制了与融资条件顺周期恶化有关的不稳定情况。但这是以加剧道德风险和增加借款规模为代价的，可能会导致债务与交易流动性之间的既有失衡进一步恶化。

政策建议

为了解决包括隐性担保在内的金融脆弱性，以及增强货币政策的传导渠道，中国的政策制定者应当将增加债券市场流动性作为优先工作。政策目标应当包括增加具有价格竞争力的做市商，以及实现投资者基础的多元化，以促进对做市服务的需求。供给侧的重点工作包括加强做市商和改善市场结构，例如，深化衍生产品和证券融资市场。需求侧的工作应该是扩大市场价格敏感型投资者群体（包括外国投资者）。[②]

---

① 第二种风险类似 Brunnermeier 和 Pedersen 发现的“流动性螺旋”动态关系（2007 年）。在这种情况下，债券贱卖会导致价格大幅下降，这会影响资产负债表（通过“损失螺旋”）和提高保证金（“保证金螺旋”），从而削弱资金流动性。第一种风险表现为交易活动持续减少和债券价格小幅下跌，2013 年 6 月的银行间钱荒事件的最初阶段就是这种情况。

② 有关基金组织及其他国际金融机构对发展本币债券市场所提建议的更多细节，见基金组织（2013 年）。关于国际金融机构近期的本币债券市场发展技术援助项目概述，见基金组织（2018 年 b）。

旨在加强交易流动性供给的政策：做市与市场结构

提高流动性韧性的第一套政策应当侧重于加强对冲工具和改善市场结构，以扩大具有价格竞争力的持续的交易流动性的供给。众所周知，稳健的固定收益衍生产品市场和证券融资市场能够有力支持债券市场的交易流动性。[①] 证券融资市场主要是买断式回购市场[②]，能够为债券库存融资，并且以更低廉的成本获得特定债券，从而提高做市的效率。债券期货和利率互换市场等衍生产品市场有助于做市商抵消利率和信用风险，并鼓励更平衡的双向头寸持有。另外，衍生产品的做市行为会使其对基础债券产生对冲需求，给二级市场带来更多交易。衍生产品和证券融资的使用也促进了套利和基差交易策略，这些策略促进了市场价格发现，减少了错误定价情况。然而，这些工具的大量使用也会增加对更复杂的风险和流动性管理的需求。[③]

这一领域的关键政策重点包括：允许银行进入中国政府债券期货市场，鼓励发展买断式回购市场，以及减少市场分割现象。

- 拓宽投资者进入中国政府债券期货市场的渠道。允许商业银行——主要的政府债券投资者和现券市场交易商——进入中国政府债券期货市场，将有利于政府债券市场的发展。特别是中小型银行，尽管它们将大多数债券归入持有至到期类别，但在交易方面已经非常活跃（图 12.11），而随着《国际财务报告准则》的更新，它们越来越有动力管理债券风险。此外，还应当给予外国银行和投资者进入市场的权利，以鼓励它们参与市场

① 见全球金融体系委员会（1999 年、2014 年）及 Fontaine、Garriott 和 Gray（2016 年）。

② 买断式回购是指以直接出售而非质押的方式交换担保品，从而使担保证券可以出售或再次借出的交易。

③ 这些活动可能会增加金融市场的复杂性，但在危机后的资本和流动性监管框架内，总体风险是可控的。

并推动流动性供给来源多样化。

- 发展买断式回购市场。为了促进买断式回购和信用违约互换市场的发展，政府需要进一步加强对债权人权利的维护，消除存在监管不确定的方面。重要措施包括明确保护债权人在对手方违约时的担保品变现权利，以及消除在使用终止净额结算方面的余下的法律和监管障碍。必须通过这些措施允许金融机构使用它们的证券担保品或购买的信用保护（例如信用违约互换）来抵消对手方的信用和流动性风险敞口，这有助于实现这些交易的可营利性。[①]
- 集中做市，促进价格发现。为促进价格发现和提高市场效率，政府应当努力为做市商之间开展更多交易提供便利。为此，可以发展专门服务于活跃的做市商间市场的基础设施，强化官方一级交易商的做市义务，以及减少跨市场交易的障碍。这些措施应当成为统一债券市场监管以及减少不同交易场所之间流动性、发行和投资者准入规定的分割情况的重要组成部分。
- 加强基准利率和收益率曲线。政府还应当设法最大限度地减少和稳定各种事实上的无风险收益率曲线之间的差异。这一努力将使投资者能够平等地参与所有类型和场所的债券市场并对其参与行为提供监管激励。例如，可以协调商业银行就中国政府债券和政策性银行债券息票收入纳税的税率，目前该税率有利于商业银行持有中国政府债券。更加统一的、交易更深化的无风险收益率曲线还有助于增强政府对实体经济中借款和储蓄决定的影响力，从而促进货币政策传导。

其他重要的流动性供给政策优先事项包括进一步发展利率互

① 最近宣布的三方回购计划如果提高了证券融入方对担保品的再利用，就可能有助于买断式回购市场的发展。

换市场和信用违约互换市场。

- 加强利率互换市场。政府应当鼓励市场参与者将交易集中在中国政府债券收益率曲线上的少数几个关键基准期限，以及被银行和公司接受的、用于贷款和其他金融产品定价的少数浮动利率产品（从而消除与银行贷款优惠利率、基准政策性贷款利率、存款利率等相关利率的多余的互换）。政府还应在向利率目标制货币政策框架过渡方面取得其他进展，从而最大限度减少互换的浮动利率部分的波动。
- 发展信用违约互换市场。通过减少在记录和债权人权利方面剩余的监管不确定性，可以使信用违约互换更加符合国际惯例，从而使购买的信用保护工具可以被纳入风险管理框架（见上文）。深化信用违约互换市场将提高回购交易的信用风险管理水平，并为信用债券市场的做市提供支撑。

旨在提升流动性需求的政策

旨在提升投资者对交易流动性需求的政策重点应当放在推动投资者基础多元化，以及在适当情况下加大对按逐日盯市制度进行证券估值做法的激励。关键措施包括：鼓励外国和长期投资者（例如保险公司和养老基金）更多参与，修正资产管理规则，更严格地限制对投资产品使用资产净值核算[①]方法的例外情况。

- 增加外国投资者和外国经纪—交易商的业务。正如第 11 章关于清除外国投资者市场参与的障碍部分所详细指出的，一些技术障碍仍在阻碍外国投资者参与中国债券市场。外国投资者将为

① 资产净值核算是确定可归属于权益持有人（基金份额持有人）的投资基金价值的一种方法。计算方法为基金资产组合总值减去应计负债。

投资者基础的投资策略和时间属性增添多样性，并将提升对对冲产品的需求。外国经纪—交易商将提高做市和交易的复杂性，有助于提高做市服务的竞争力。[①]

- 增加本地市场买方参与者的多样性。境内养老基金、保险公司、共同基金、对冲基金和其他投资者的更多参与同样能增加市场上的投资策略和风险责任的多样性，这可能会在投机驱动资金流动的时期减少市场上的单向头寸风险。扩大这些实体对债券市场的参与的一种方法是，通过减少投资（实体）工具的隐性担保以及其他优势，降低其相对于直接持有债券的吸引力。目前，与典型的债券投资组合相比，这些投资产品为机构投资者提供的收益更高、信贷风险更低、会计波动性更小（见下文）。
- 要求对投资产品更多地使用逐日盯市的会计方法。除极少数情况外，资管新规会逐步取消对资管产品（例如，理财产品和货币市场基金）的摊销成本计值的方法。这对于增强基金管理人之间的竞争非常重要，他们有更大动力积极管理债券投资组合，在风险一定的情况下实现收益最大化，这应该会增加二级市场交易。缺乏准确、透明的估值方法是投资（实体）产品得以实现低风险、高收益、短期限的一个重要原因，而这会挤出直接投资债券市场的需求。
- 进一步提高金融体系的价格导向，逐步停止银行和地方政府的硬性增长目标，提高货币政策的价格导向，将稳定短期市场利率。这有助于避免因估值和期限溢价的不确定性而导致的交易活动波动。取消商业银行对存款定价的实际意义上的限制，也有助于提高它们的政府债券投标价格的竞争性。

---

① 鉴于外资参与度较低以及中国债券市场的绝对规模较大，当下市场深化的边际效益有可能超过任何（小的）波动性增加或外部溢出效应的风险。

结论

中国债券市场的交易往往与市场回购利率和债券市场周期同步波动。这反映了中国债券市场的一些制度和结构特征，包括投资者套利交易活动盛行、对冲活动相对较少，以及价格发现和估值方面的挑战。

债券市场流动性波动可能带来金融稳定风险，因为它们往往会导致融资市场条件同时恶化。此外，政府和市场参与者不得不注入流动性，以避免导致不稳定的去杠杆化周期，但这将破坏市场纪律。因此，增加债券市场流动性应当成为减少中国金融脆弱性的更广泛努力中的重要组成部分。

正如全球金融危机前发达国家债券市场滥用衍生产品和担保品再使用所带来的后果，减少相关障碍、促进衍生产品的广泛使用和担保品再使用，也许会给中国债券市场带来更大的风险和复杂性。然而，这些风险可以通过监管措施来有效管理，在金融危机期间，许多国家成功管理了这些风险，而在另一些危机阶段，这方面风险突出的国家也能做得很好。

第13章

减少债券市场的隐性担保

朱宁　丁鼎　张驰

中国政府长期以来高度重视建设现代化、多层次的资本市场。然而，即使中国的A股市场已上市3 000多只股票，近年来一些首次公开发行的交易规模甚至达到世界最高水平，中国的债券市场看起来仍旧落后，这体现为市场和监管各自分割、缺乏成熟的评级机构、机构投资者数量有限（第1章）。

尽管如此，中国与其他国家的迥异之处在于，中国的金融体系中普遍存在隐性担保的预期。在大多数债券市场上，债权人和债务人对某些违约和破产风险有心理准备；而在中国的债券市场上，投资者往往认为某些公司的负债在必要时会由母公司或政府机构承担。由于中国政府通过土地储备和国有企业股权掌握着大量资源，投资者认为只要中国政府愿意，就没有其无力偿还的债务。

中国人讳言违约和破产，除了违约和破产常常会招来名誉损失外，其原因还在于经济中的信任很大程度上以个人关系为基础，而在个人关系方面，法律和执法常常含糊不清，无法有效约束债务人的行为。另外，政府也担心违约和破产可能引发社会问题，特别是那些会影响大量散户的违约和破产事件。就国有企业而言，政府既是股东也是监管者，由于两个角色之间的利益冲突，国有企业的破产退出相当罕见。

中国的债券市场需要彻底改革才能实现建设现代化、多层次资本市场的目标，而要理解这一点，我们首先必须正确认识隐性担保的起源和影响。本章首先叙述了两个公司违约案例，接着探讨了隐性担保的市场影响，然后提出了有关行动的建议。

公司违约案例研究

以下两个案例研究凸显了中国普遍存在的一种观念，即某些公司最终会获得庇护，从而免受违约风险的影响。虽然它们只是个别情况，必须有保留地接受，但我们仍然可以从中获得一些见解，特别是关于政府管理信用风险的方式的见解。

中诚信托有限责任公司违约

2014 年 1 月，中诚信托有限责任公司出售的一款信托产品出现了偿付困难。支持这款产品的资产来自山西振富能源集团（从事矿业经营，曾经非常成功），到 2014 年 1 月 31 日投资红利和本金双双到期时，该产品既无足够现金流来支付红利，也无足够资产来偿还本金。

最初，为扩大生产能力，山西振富能源集团从中诚信托有限责任公司以及中国工商银行处获得了一笔 30 亿元（约 5 亿美元）的贷款。不过，由于当时全球大宗商品价格下跌，加上全球经济表现黯淡，山西振富能源集团最终陷入了财务困境。

山西振富能源集团的问题被报道之后，中诚信托有限责任公司声称自己只是一个“分销渠道”。的确，该产品的真正持有人和担保人是中国工商银行山西分行；就资产和收入而言，中国工商银行不仅是中国也是世界上最大的银行。然而，中国工商银行宣布其并未也不会负责偿还该产品的本金或利息。

尽管新闻没有报道这次违约事件的最终解决方式，但据信，中诚信托有限责任公司、中国工商银行和山西省政府合作提供了资金，使该信托产品的所有投资者足额收回了本金。

超日公司债务违约

中诚信托有限责任公司信托产品发生准违约事件之后不久，2014 年 3 月，上海超日太阳能科技股份有限公司（超日公司）债券违约成为中国在岸债券市场的第一起违约事件。2013 财年，该公司的收入下滑 66.3%。3 月，该公司已濒临违约边缘，但在最后时刻，中国资本市场的中央对手方清算所——中国证券登记结算有限责任公司向该公司伸出了援手。

超日公司违约事件的解决方案包含对个人投资者和机构投资者的不同的偿还计划。不过，面向机构投资者的解决办法在违约事件发生若干年之后仍有待法院裁决，而个人债券投资者早已得到了关于足额收回本金的保证。

公司债券市场中的隐性担保

中国的投资者为何相信公司债券甚至影子银行业产品投资基本没有违约风险，以上两个案例揭示了原因。考虑到国有企业在中国经济中的独特角色，投资者更不需要担心国有企业的违约风险。一方面，国有企业承担着政府的一些责任，例如，提供基础设施、社会福利和教育，特别是在过去，还代表地方政府进行借款（通过地方政府融资平台）。另一方面，国有企业因为与政府关系密切而享受到很多好处，特别是在银行贷款等融资渠道方面。

政府鼓励国有企业“做大做强”。过去几十年，国有企业的资产负债规模稳步扩大，其中负债的形式不仅包括银行贷款，还包括资本市场产品。国有企业资产总额与 GDP 的比率自 2006 年以来增长超过 50 个百分点，到 2016 年超过了 200%。对高杠杆率国有企业而言，事实证明，政府担保是解决再融资难题的最有价值的工具。有时候，对于发放给这些公司的贷款，政府使用财政收入来保证其安全，从而将隐性担保转变为显性担保。政府也可以向这些公司提供其迫切需要的政府订单，以此来提振这些公司的短期财务表现，或允许这些公司免缴地方政府税收。

由于这类政府担保的存在，投资者常常忽略国有企业的信用风险。国有企业的预算软约束导致国有企业给整个经济带来了大量累积债务，助长了道德风险的蔓延以及投资者、公司、地方政府和金融机构的过度冒险倾向。这样的风险认知也破坏了竞争的公平性，扭曲了融资的分配，让更多资金流向了国有企业，给私人部门造成了挤出效应，并降低了生产率增长水平。

国有企业债券中有一类特别的债券，称为城投债券，由地方政府融资平台发行，在建筑部门较为常见。虽然早在 1992 年第一只城投债券便已诞生，但直到 2009 年，城投债券在中国在岸债券市场中所占份额一直微不足道。2009 年随着 4 万亿元人民币的经济刺激方案的出台，地方政府因为直接借款受到诸多限制，从而大量依赖地方政府融资平台来筹集资金供大型投资项目使用，于是城投债券的未偿余额迅速增加。即使城投债券是地方企业而非地方政府的负债，很多市场参与者仍将其视为得到了地方政府的担保。

2014 年年底新《预算法》的通过是中国财政管理领域的一个重要里程碑。它为地方政府借款构建了一个亟须的框架，主要目标是将所有财政性支出纳入预算并以透明方式筹集资金，明确其他的地方政府商业性投资项目，如城投债券，并不附带显性或隐性的政府担保。①

在制定新《预算法》之后，国务院于 2015 年启动了地方政府债务置换计划，旨在将地方政府的非债券债务转换成地方政府债

① 2018 年 8 月 13 日，新疆维吾尔自治区的地方国有企业——新疆生产建设兵团第六师国有资产经营有限责任公司出现短期融资券违约。尽管三天后获得了全额偿付，但很多市场参与者将其视为公募城投债券的首次技术性违约。

券。全国开展了一项“排查、识别和清理”运动。未偿还的城投债券与排查中确认的地方政府其他债务一起被承认为政府负债。经投资者同意，这些债券可置换成政府债券。[①] 如无法达成协议，发行城投债券的企业仍会被承认为债务承担人，而地方政府以其最初对于地方政府融资平台的投资为限承担有限责任。2015 年至 2017 年年底，约有价值 10 万亿元人民币的地方政府债务完成置换。不过，在启动置换计划之后，城投债券收益率并未出现重大变化。这表明市场参与者尚未将政府担保取消这一情况内化反映在城投债券的定价中。

值得注意的是，隐性政府担保也适用于一些私人公司，特别是那些对于地方经济和劳动力市场而言“太大而不能倒闭”的公司。因此，私人公司债券的定价有时也会反映出投资者对相关政府机构会在公司陷入困境的情况下给予救助的预期程度（与超日公司在最终债券偿付违约前的情况相同）。投资者的这种观念会产生负面激励，鼓励这类私人公司为扩张而进一步举债。

地方政府债务的隐性担保

中国债券市场和金融体系的另一个显著特征是，投资者不仅坚定认为国有企业没有违约风险，而且对国有企业背后的政府机构更有信心。

中国地方政府债券市场自 1993 年起长期暂停运行，一直到 2009 年才重新开放。2013—2017 年，地方政府债务存量增幅占 GDP 的 20 个百分点，在 2017 年超过了未偿主权债务存量的水平（见第 5 章关于地方政府债券市场的内容）。地方政府融资方面的财政风险的累积，促使中央政府收紧了地方政府借款的框架。2014

① 地方政府可发行政府债券来偿付之前的城投债券。具体偿付条款由地方政府与城投债券投资者协商确定。

年《预算法》采取了“开前门、堵后门”的策略，一方面限制地方政府的预算外借款和其他不受监管的资金来源，另一方面允许省级政府发行自己的债券，但不得超出全国人民代表大会确定的年度限额。

《预算法》规定，中央政府不为地方政府债务提供担保。不过事实上，市场参与者普遍认为地方政府债务附带中央政府的担保。市场参与者之所以有这样的观念，部分是因为中央政府拥有相对稳健的资产负债表。

正如基金组织开展的 2018 年债务可持续性分析所指出的那样，中国官方预算内政府债务仍较低并具有可持续性。根据政府债务的狭义定义，即包括中央政府债务以及政府确定的“预算内”地方政府债务。截至 2017 年年底，政府债务总额占 GDP 的 37%，到 2023 年预计将上升至 GDP 的 43%。

不过，正如基金组织所指出的那样，在“增扩”政府债务的概念下，长期财政可持续性风险大得多。这一概念将地方政府的其他类型借款（包括地方政府融资平台通过银行贷款、债券、信托贷款和其他资金来源借款形成的预算外负债，以及被认为具有准财政性质的政府引导基金和专项建设基金的债务）也归入了政府的官方债务。据基金组织工作人员估算，中国的增扩口径下的债务将从 2017 年占 GDP 的 68% 升至 2023 年占 GDP 的 92% 左右；按国际标准衡量，这属于高负债水平。

只要政府的官方债务处于受控状态，并且建立一个强大的政府间转移支付制度以进行财政收入共享，则任何地方政府出现债券偿付违约的风险都可以忽略不计。另外，地方政府控制着土地供应，土地销售收入占地方政府财政收入的 1/3，而且中国的房地产市场自 20 世纪 90 年代住房市场商品化以来，多年总体呈现持续上升趋势，这进一步强化了关于存在隐性担保的观念。

隐性担保的市场影响

债券市场定价

中国债券市场中的风险定价显示出国有企业隐性担保的明显迹象。投资者认为最安全的是中央政府监管的国有企业（中央国有企业），这类企业的债券总体上在所有信用债券中收益率最低。与非国有企业相比，地方政府监管的国有企业的债券收益率一般较低（图 13.1）。①

最近的债券收益率有所上扬，且非国有企业的债券收益率增幅比国有企业的更加明显，这与 2016 年以来政府执行监管收紧措施有关。2017 年 11 月之前，中央国有企业债券与非国有企业债券之间的利差总体稳定，但在 2017 年年底有关资产管理业务的法规草案发布之后迅速扩大，并在 2018 年该法规获得批准后再次扩大（图 13.2）。如果中央国有企业的平均盈利能力或效率低于私人公司的盈利能力或效率，那么这种利差不断扩大的原因很大程度上就在于投资者对隐性担保预期的风险差异化。②

---

① 此处的信用利差是兴业证券所计算的兴业信用利差。计算样本涵盖短期融资券、中期票据、企业债券和公募公司债券。其中不包括六个月后到期的债券；浮动利率债券；以及具有特别条款、含权或特别增信措施的债券。对于每只债券，信用利差的计算以中国国家开发银行同样期限债券的收益率为基准。然后，我们依据债券未偿余额计算了加权平均值。

② 正如基金组织（2018 年）所述，国有企业的平均资产回报率在结构上一直低于私人公司的水平。2017 年，国有企业的平均资产回报率约为 2%，而私人公司达到了 10%。

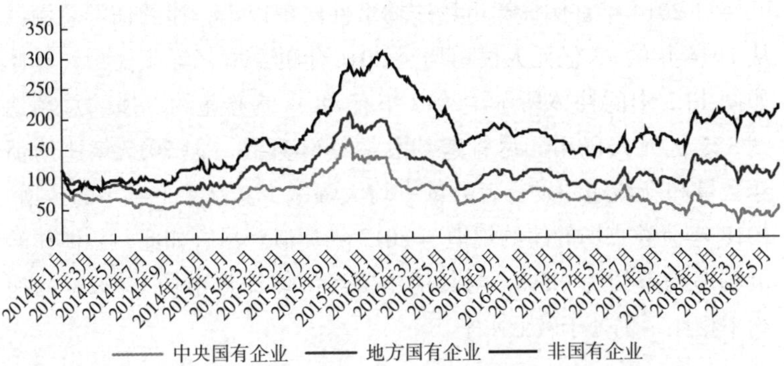

图 13.1　2014 年 1 月至 2018 年 5 月国有企业和非国有企业的信用利差（基点）

注：各类型公司的债券使用未偿余额加权平均进行汇总。中央国有企业 = 中央政府监管的国有企业；地方国有企业 = 地方政府监管的国有企业。

资料来源：Wind 经济数据库。

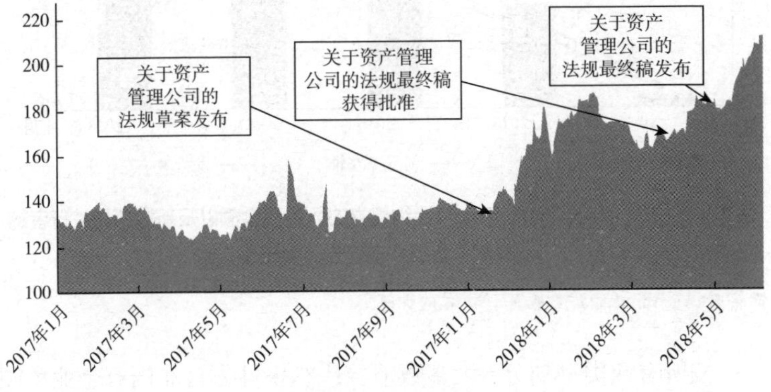

图 13.2　2017—2018 年非国有企业与中央国有企业之间的信用利差差异（基点）

注：各类型公司的债券使用未偿余额的加权平均余额进行汇总。

资料来源：Wind 经济数据库，作者的计算。

债券市场违约

自2014年首例债券市场违约事件出现以来，违约债券总额已从2014年的13亿元人民币增至2016年的290亿元人民币，具体如图13.3中的柱体所示。2017年有38只债券违约，违约总额达到325亿元人民币。尽管违约总额继续升高，但2017年违约债券数量和新增违约发行者数量[①]均大幅减少。基于上半年的数据，2018年债券市场的违约规模与2017年类似。尽管如此，总体债券市场违约率约为0.5%，与其他主要经济体债券市场1%~2%的违约率相比，仍处于较低水平。

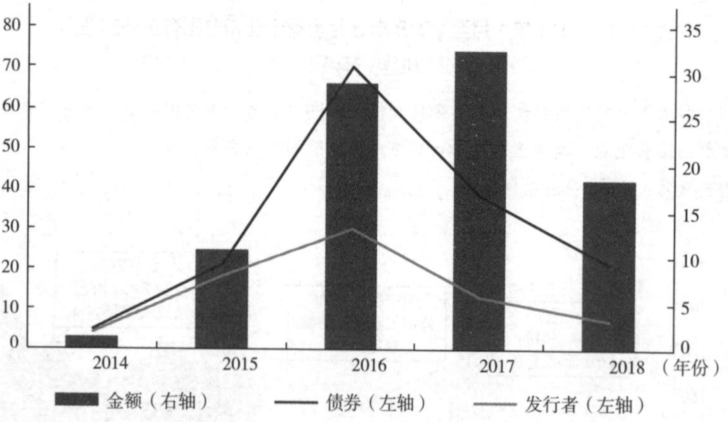

图13.3　2014年至2018年6月违约债券的数量和金额以及新增违约发行者的数量（数量；十亿元人民币）

资料来源：Wind经济数据库，作者的计算。

按所有权类型划分，大多数债券违约事件来自非国有企业（图

② 如果债券发行者有多只未偿债券，则其中一只出现违约后，其他各只债券也可能出现违约。鉴于这种情况，如果发行者的债券在2014年和2015年均出现违约，则在计算绿线时仅将违约计为2014年的违约。

13.4）。第一例国有企业违约事件发生在2015年，2016年国有企业新增违约事件数量是前一年的两倍以上，但此后于2017年降至零。迄今为止，共发生4起中央国有企业违约事件以及7起地方国有企业违约事件。与此同时，2014年以来，非国有企业新增违约事件数量迅速上升。

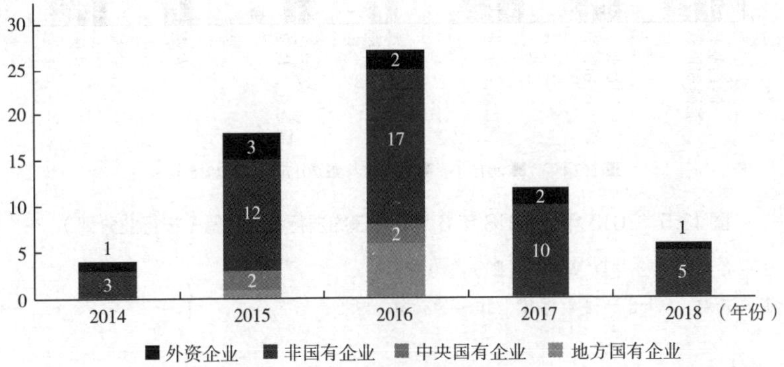

图13.4　2014年至2018年6月新增违约发行者的数量（按所有权类型分列）

注：中央国有企业＝中央政府监管的国有企业，外资企业＝合资企业、外商独资企业以及股东包含外资参股国有企业的企业，地方国有企业＝地方政府监管的国有企业。

资料来源：Wind经济数据库，作者的计算。

按行业分类，制造业部门违约事件占比最大（在数据样本中共有35起）。煤炭和钢铁等产能过剩行业也有9起违约事件。2016年的违约事件多集中于工业部门，而在2017年和2018年上半年，违约事件在行业间的分布更为均衡（图13.5）。

2014年至2018年6月，155只违约债券中有80只为中期债券（1~3年）。2016年，一年内到期的短期债券的违约事件数量与前几年相比迅速增加，而在2017年则大幅减少。长期债券（期限大于3年）的违约事件在2017年增加，基于2018年上半年的数据，在2018年可能还会继续增加（图13.6）。

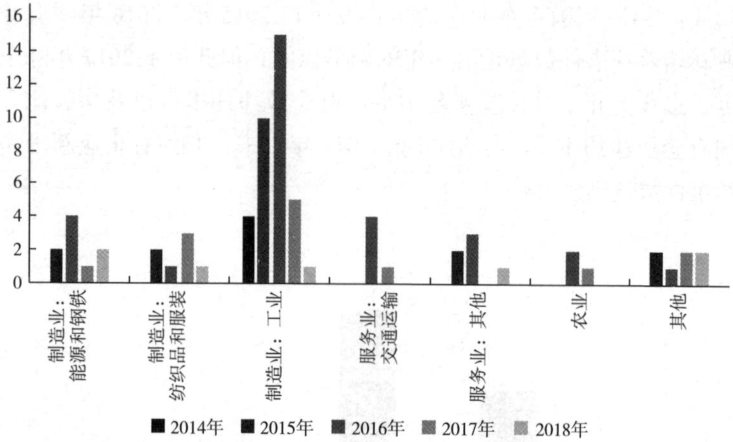

图 13.5　2015 年至 2018 年 6 月新增违约发行者的数量（按行业分列）

注：各类别的合并以 Wind 行业分类为基础。

资料来源：Wind 经济数据库，作者的计算。

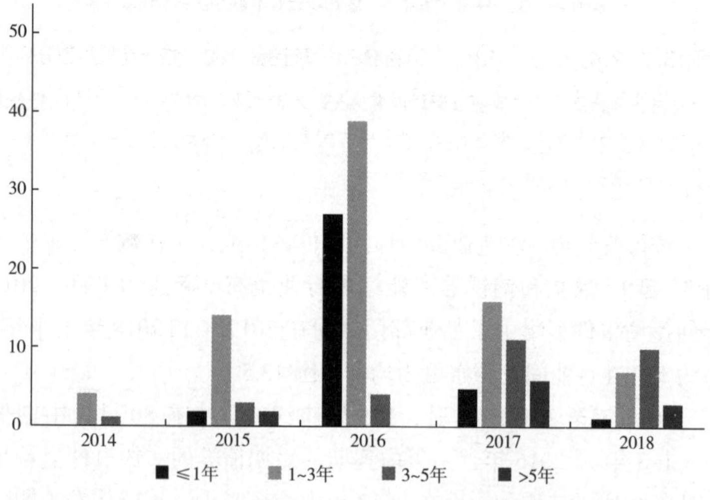

图 13.6　2014 年至 2018 年 6 月违约债券的数量（按期限分列）

注：没有评级信息的观测值已被排除。

资料来源：Wind 经济数据库，作者的计算。

在评级信息可用的违约案例中，有半数债券在发行时获得了AA评级，占比第二位的是AA-评级。2018年出现了首例AAA级债券违约事件（图13.7）。在155只违约债券中，有11只最终偿还了本金，其中7只为足额偿付。违约与足额偿付的间隔时间从几天到4个月不等。

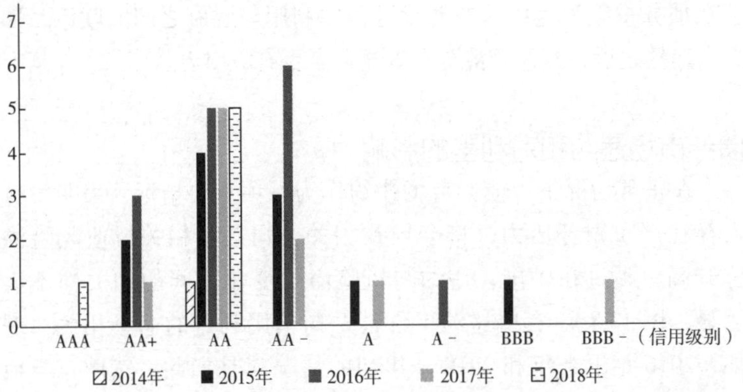

图13.7　2014年至2018年6月新增违约发行者的数量（按发行时的信用评级分列）

资料来源：Wind经济数据库，作者的计算。

在债券违约事件的处置方面，国有企业和非国有企业之间有一些值得注意的差异。国有企业违约后，政府机构或控股股东经常会试图帮助违约企业偿还债务；而非国有企业违约后，则无法从政府那里获得这样的支持。例如，四川省煤炭产业集团2016年首次违约之后，获得了10亿元人民币信托贷款用以偿还债权人。据报道，这笔信托贷款是由相关政府机构协调安排的（Li和He，2016年）。另一个例子是2015年从事机床制造的中国第二重型机械集团公司的债券违约事件。该公司的债务后来由控股股东——中国机械工业集团有限公司完全承担。

除了提供资金支持，地方政府还在债权人委员会中发挥着主导作用，以此来影响国有企业的债务重组。2015 年以来发生的 11 起国有企业违约事件中，有 2 起最终是由控股股东承担债务，有 2 起是由国有企业本身偿还债务，另有 2 起最终采用了债转股的处置办法。在这 11 起违约事件中，地方政府积极参与了其中 6 起违约事件处理。从这方面看，国有企业违约事件数量的上升并未表明隐性担保有任何实质上的减少。事实上，一家国有企业如果能够在债务重组和违约债务清盘过程中利用与政府之间的联系，那么在违约之后，其债券甚至会对投资者更有吸引力。

债券市场违约和对利差的影响

在正常情况下，债券市场违约作为一项重要指标，表明发行人存在严重财务压力，将会导致相关公司乃至相关行业风险溢价升高。不过在中国，违约与风险溢价变化之间的相关性不太明显（图 13.8）。有些违约事件甚至与信用利差的缩小相关，例如，2016 年下半年和 2018 年年初的情况就是如此。然而，与地方国有企业相比，非国有企业利差升幅一般较大，表明其贝塔值更大。

为更好地理解利差变化与债券市场违约之间的关系，我们计算了违约事件后中央国有企业、地方国有企业和非国有企业的利差变化，然后估计了利差变化的分布情况（图 13.9）。大多数分布，特别是非国有企业违约后的分布集中在零附近，这表明违约事件后利差增加的实证概率与利差减少的实证概率相同。另外，在中央国有企业违约后，中央国有企业利差的变化与非国有企业利差的变化相比，更多集中在零以下的位置。也就是说，即使是在中央国有企业违约之后，非国有企业相对于中央国有企业而言，仍然会面临投资者更多的风险回避情绪。

以上分析证实了中国债券市场中的违约事件总体上未在信用风险的定价中得到反映。不过，对于该分析结论，有三点需要注意。首先，Wind 经济数据库中记录的违约日期指关于违约事件的官方声明中的日期。此前，市场参与者有可能已经通过非官方渠道得知了违约的消息或发现了违约的迹象。其次，由于国有企业违约事件数量有限，分布估算（图 13.9）可能并不准确。最后，正如之前几章所讨论的那样，中国境内很多公司债券的周转率低。因此，债券的报价可能没有反映所有可获得的信息和风险。

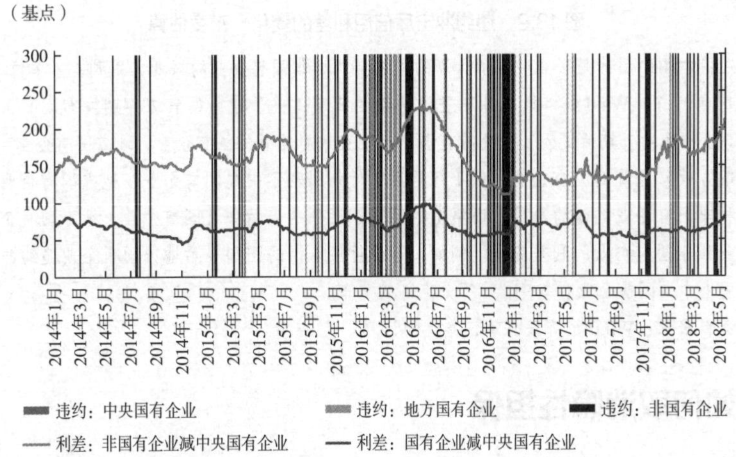

图 13.8　2014 年 1 月 2 日至 2018 年 5 月 2 日不同类型企业的违约事件和信用利差差异

注：本图使用的是兴业证券所计算的国有企业和非国有企业的兴业信用利差（单位：基点）。中央国有企业 = 中央政府监管的国有企业；地方国有企业 = 地方政府监管的国有企业。

资料来源：Wind 经济数据库，作者的计算。

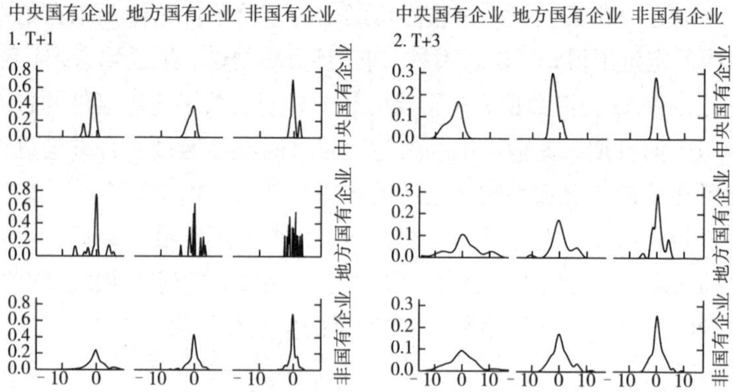

图 13.9 违约冲击后信用利差的变化：密度估算

注：本图使用的是兴业证券所计算的国有企业和非国有企业的兴业信用利差（单位：基点）。T = Wind 经济数据库中登记的违约日期（关于违约的官方声明发布之日），T+1 指违约日期后 1 天。中央国有企业 = 中央政府监管的国有企业，地方国有企业 = 地方政府监管的国有企业。第 1 行至第 3 行分别表示中央国有企业、地方国有企业和非国有企业的违约事件，而第 1 栏至第 3 栏分别表示中央国有企业、地方国有企业和非国有企业的利差变化。例如，第 2 行第 1 栏的图形表示地方国有企业违约冲击下中央国有企业利差变化（百分点）的分布。

资料来源：Wind 经济数据库，作者的计算。

如何取消隐性担保

隐性担保普遍存在于中国的金融体系内，导致了对风险的错误定价以及对资源的不当分配。取消这张隐性担保网不可避免会给金融体系带来更大的不确定性，因此不可一蹴而就。然而，取消隐性担保的过程必须启动，而且必须提高对违约、信用事件和破产的接受度。这一点尤其适用于国有企业——正是由于投资者认为国有企业的负债得到了国家支持，国有企业才能够优先获得融资。

收紧宏观金融环境

在中国，人们对于隐性担保的观念根深蒂固，一个根本原因是政府追求不可持续的高增长目标，导致持续以信贷快速扩张来实现增长目标（而信贷效率不断下滑），以及通过不断展期贷款来隐藏损失。在这方面，有关当局需要共同努力，将不可持续的信贷驱动型增长模式转向更具可持续性的发展道路。

要实现这一转变，关键是不再强调量化的年度增长目标，并收紧宏观经济政策态势。正如 2017 年《金融体系稳定性评估》（基金组织，2017 年）在对中国的金融体系进行广泛而深入的分析后得出的结论，中国旨在支持就业和经济增长的宏观经济政策长期以来具有扩张性，导致必须使无法生存的公司维持经营而不致倒闭，特别是在地方政府层面，因为在这个层面上支持就业和经济增长的目标常常与金融稳定的目标发生冲突。

中国政府认识到金融体系中各类脆弱性逐步累积后，开始着手开展一场金融部门的降风险运动。中国政府在这方面取得了有益的进展（基金组织，2018 年）。降风险工作的关键要素包括执行更严格的贷款分类规定、落实“穿透”原则（着眼于基础资产的质量）以及强化金融机构市场纪律，这些措施有助于打消关于存在隐性担保的观念。这些监管改革措施应该继续推行。尽管这些改革措施在短期内可能会对信贷和 GDP 增长产生不利影响，但如果不能消除根本上的脆弱性，那么长期而言，信贷和 GDP 必然会出现大幅调整。

国有企业改革的步伐也应该加快。严格执行国有企业的预算限制，有助于减少通过金融创新（包括在资本市场的创新）为缺乏经济活力的国有企业提供资金的动机。为实现上述目标，可采取的措施包括：逐步取消对生产要素投入的隐性补贴，迫使无法生存的公司和金融机构违约，并在市场力量的作用下退出（对受影响的劳动者给予财政支持），以及解决地方政府收入与支出之间的不匹配问题，以减少地方政府在经济和社会支出方面对地方国有企业的依赖。

法治和遵守市场纪律

众所周知，有效的公司破产框架是处理公司过度负债以及处置不良贷款的重要政策工具，可以作为投资者的退出渠道。这样的框架可以促使可生存公司及时重组，同时确保那些无法生存的（僵尸）公司快速有效退出。

中国在制定破产法律和制度框架方面已经取得了一定进展。其中重要的一项举措是2006年通过的一部现代公司破产法律。虽然2006年《企业破产法》看起来与最佳国际做法并无太大差异，但它是一部非常精简的法律，并未针对破产实务中很多复杂的问题做出规定。随着实践的发展，这个问题将变得更加明显。

最近，政府采取了进一步举措，通过基于市场的方法（包括利用债权人委员会以及债转股重组公司债务等）来促进公司的去杠杆行动。政府还在采取措施构建必要的制度框架，以有效落实公司破产框架，包括提高司法机构处理破产案件的能力。尽管2016年以前破产案件极少，但这一趋势已经发生了变化，破产案件数量大幅增加。

虽然取得了进步，但仍有很多工作有待开展。制度能力建设是一个过程，政府应继续努力以确保有效落实公司破产框架。正如Daniel、Garrido和Moretti（2016年）指出的那样，该框架还应包含基于市场纪律来重组陷入困境的公司，并特别侧重于以下几点。

债权人价值最大化。这是破产框架应包含的基本债权人原则：债权人在专家协助下，以基于市场的方法评估企业的生存能力，并确定债转股或其他工具是否重组可生存的企业的最佳做法。在对各个企业进行处理时，应能识别出那些有待清盘的无法生存的企业，也应能灵活地使用最适合的技术来重组可生存的企业，包括进行债转股。

损失的分配。债务重组通常需要承认相应贷款出现了价值损失，债权人和投资者需要接受损失以让债务人公司继续生存。需要讨论的一个关键问题是如何在不同参与者之间分配损失以及如何弥补损失。首先，假定股权可能需要以很大折扣出售以吸引投资者，则银行在股权转让阶段需要承担重大损失。其次，在转让价格一定的情况下，如果相关的重组公司表现不如预期，则执行重组的机构和投资者将蒙受损失。

重组策略。采用基于市场的方法，即意味着重组决定完全依据公司的可生存性,而不是其与政府的关系。对于较为健康的公司，延长债务偿还期限便足以让其摆脱困境。实力薄弱的公司往往也可能是政界关系良好的公司，并因此能够阻止基于市场的重组。如果要让执行重组的机构和其他债权人行使自己的权利，并按市场方法重组实力薄弱的公司，那么这些政治问题必须首先得到解决。

最近发布的资管新规的一个重要特点便是，要求金融机构取消向投资者提供关于避免投资损失的隐性担保。这可能会将那些回避风险的投资引向更安全的工具，减少对于非流动性公司债券和非标准化信用资产的需求。

为强化市场纪律，监管者需要增加对违约事件的忍耐度。只有基于市场的违约和处置才能让投资者在不受隐性担保影响的情况下适当定价信用风险，而政府在此过程中也可以建立允许市场力量发挥作用的声誉。

为银行和具有系统重要性的保险公司制定一个特别的处置制度也很重要。破产法虽然适用于金融机构，但在实践中很少使用。目前的方法旨在将实力薄弱的金融机构转变成实力强大的金融机构，由地方政府主导，与股东、债权人和潜在的新投资者就此类金融机构的重组进行谈判，有时也需要公共部门资源的支持。相比之下，国际上较好的做法是让股东和无保护的债权人承担损失，促使无法生存的公司有序退出，在保障限度内依靠存款保险来保护存款人，并尽量不使用公共资金。

谨慎确定改革顺序

为安全地取消隐性担保，必须谨慎确定改革顺序（基金组织，2017 年）。因为一旦关于存在担保的观念发生急剧变化，就可能导致投资者突然撤回投资的情况——例如，散户撤回对投资产品的投资，或短期债券回购的资金融出方撤回投资，而且可能会迅速损害金融机构和公司的清偿能力，而循序渐进地实施改革之后再取消隐性担保则可以减少风险。

改革举措应包括加强市场纪律和进一步制定破产法律和制度框架，以促进可生存公司的及时重组，同时确保无法生存的（僵尸）公司有效和快速退出。更具体的说明见基金组织（2017 年）。

其他改革包括提高数据质量、增加资本、收紧对资产质量的监管、加强对集团的监管、减少对短期融资的依赖以及增强投资者的风险意识。在采取这些措施的同时，应加强社会保障体系，以在消除无法维持生存的公司经营状态时，尽可能减少困难。为降低市场混乱的风险，可使用“祖父”条款来稳定对于当前产品库存的市场情绪，同时所有新发行的产品应附带完全由市场确定的利率，且债务人应当对潜在损失承担完全责任。

另外，如果取消隐性担保需要的时间太长，则市场参与者可能有充分理由怀疑政府的决心。考虑到这种情况，应有序、坚决推动相关改革。这意味着坚持推行金融监管改革，即使更适当的风险定价将增加一些实力较薄弱的借款人在金融市场上的融资成本。

结论

在中国的金融体系中，关于存在隐性担保的观念根深蒂固，这导致广泛的道德风险，以及投资者、公司、地方政府和金融机构的过度冒险行为。

在公司债券市场中，债券违约率极低、信用评级宽松、风险溢价受到抑制，这些现象均表明隐性担保的存在。尽管中央政府三令五申禁止地方政府为公司债务提供担保，但国有企业和地方政府融资平台仍在很大程度上得到了保护，可免受违约风险的影响。地方政府依赖中央政府的财政支持来实现年度增长目标，这样的事实更凸显了在取消隐性担保方面的挑战。

在公司债券市场中，尽管近年来违约事件有所增加，但总体违约率仍处于较低水平，另外，债券利差与违约事件之间的关联依旧较弱，也就是说，债券市场上违约事件增加并未导致风险差别化增大。为安全取消隐性担保，需要谨慎确定改革顺序，这些改革包括进一步强化市场纪律以及制定破产法律和制度框架，以促进可生存公司的及时重组以及不可生存的（僵尸）公司快速退出。

第14章

货币政策沟通：框架与市场影响

迈克尔·麦克马洪 席睿德 李想

债券市场是货币政策信号向经济传导的重要渠道。因此，改善债券市场运作的改革能提高宏观经济管理的有效性。在这方面，政策沟通发挥着越来越重要的作用。良好的货币政策沟通不仅对于提高货币政策的有效性非常重要，而且能通过降低不确定性来增加债券市场对投资者的吸引力，从而进一步改善货币传导。

中央银行越来越多地将政策沟通作为货币政策的关键手段。英格兰银行行长蒙塔古·诺曼（1920—1944年）所提出的“永不解释，永不道歉”的日子已经一去不复返了。[①] 如今的中央银行，尤其是拥有发达金融体系的国家的中央银行，都会定期开展政策沟通。这包括就其政策框架和目标开展较低频率的沟通，以及就其对当前宏观经济形势的看法、产出和通胀的预测、政策决定的理由开展较高频率的沟通。[②] 自2008年全球金融危机以来，非常规货币政策的实施以及对金融部门稳定的更多关注，让政策沟通变得更加重要，当其与前瞻性指引相关时尤其如此。

---

① 参见Bernanke（2007年）。

② 关于发达经济体通胀—预期目标制的原则与实践，参见Adrian、Laxton和Obstfeld（2018年）。

与其他公共机构相比，中央银行往往处于政策沟通的最前沿。中国人民银行也不例外，过去几年中，中国人民银行加强了政策沟通，也敏锐地意识到全球对中国货币政策信息的兴趣日益高涨。新闻发布会和讲话数量的增加，正好与 2015 年和 2016 年股市大幅调整、汇率框架变化、利率自由化以及金融市场的波动加剧同时发生。[①] 尽管如此，中国的政策沟通尚未像许多发达经济体（如美联储或英格兰银行）和一些重要的新兴市场那样，成为一种有力的政策工具。

从许多方面看，在国内和日益增长的国外因素的驱动下，中国正处于政策沟通的十字路口。同样，金融和对外部门开放以及更多地依据价格和利率进行资源配置，也使政策沟通更加重要。鉴于中国的全球影响力和不断增加的金融部门联系（包括通过各种债市通、股市通项目形成的联系），中国的政策沟通对国际社会也越发重要。随着中国提高汇率的灵活性并转向更多依赖短期利率的货币政策框架，完善政策沟通将对提高货币政策有效性、减少过度波动和促进金融部门稳定至关重要。

本章将探讨中国独特的制度安排，提供中国人民银行主要政策沟通渠道的背景。本章还将回顾相关的文献，通过实证方式分析中国人民银行政策沟通对金融市场的影响。本章最后将提出提高货币政策有效性和减少波动性的政策措施。

---

① 2015 年 5 月 11 日，中国人民银行将存款利率的浮动上限从基准利率的 1.3 倍扩大到 1.5 倍；2015 年 8 月 26 日，中国人民银行完全放开一年期以上定期存款利率的上限；2015 年 10 月 24 日，取消了商业银行和农村合作金融机构的存款利率上限。2015 年 8 月 11 日，中国人民银行宣布人民币对美元汇率应参考前一天的收盘价。当年 12 月 11 日，CFETS 人民币指数首次发布，加强了对一篮子货币的参考。自 2016 年 2 月起，包含了收盘价和一篮子货币的人民币对美元定盘机制逐步形成，机制的透明度有所提高。

中国独特的制度安排

与发达经济体和具有现代政策框架的新兴市场的中央银行相比，中国中央银行的政策沟通受到的限制更多，原因在于其独特的制度安排，特别是中国各个部门拥有相互重叠的多重目标。关键的限制包括以下几点。

首先，中国人民银行在货币供应目标和利率政策上没有完全的决策权，在货币政策工具层面也只具备有限的操作独立性。因此，中央银行在其可传达的信息和前瞻性指引中受到了限制。与此同时，中国人民银行起草并执行货币政策，具有一定的操作独立性，如通过公开市场操作、短期流动性操作或常设及中期借贷便利来设定短期利率。但关键的决策需要得到国务院批准。①例如，要改变基准利率、准备金要求或是设定年度货币总量，都需要得到批准。②对于这些关键的政策工具，中国人民银行通常会在GDP增速和通胀等关键经济指标偏离国务院年初确定的目标时提出政策计划；随后，国务院审核计划，并做出最终决定；国务院还定期批准有关货币政策立场的措辞。

其次，货币政策决策是各个利益相关方达成共识的结果。国务院的成员机构有广泛的经济金融部门目标，不仅中国人民银行，其他部委或机构也可以提请国务院改变货币政策。因此，从中央银行的角度来看，重要货币政策决策的结果和时机都不确定，这对中国人民银行提供前瞻性指引构成了限制。作为执行机构，中国人民银行公布所有的货币政策决定。此外，中国人民银行在人事和预算方面的重要决定也不属于其职权范围。中国人民银行行长由国务院总理提名，经全国人民代表大会（在非会议期间则由人大常

① 参见《中华人民共和国中国人民银行法》总则第2条。

② 参见《中华人民共和国中国人民银行法》总则第5条。

务委员会）批准，最后由国家主席任免。[①] 因此，中国人民银行的预算是中央政府预算的一部分，由国务院财政部门监督。

最后，中国的货币政策有很多目标。根据《中华人民共和国中国人民银行法》，货币政策目标是保持货币币值的稳定，并以此促进经济增长。中国人民银行不是采用通胀目标制的中央银行，其目标实际上超出了价格稳定。正如中国人民银行前行长所说，"中国政府赋予中央银行的年度目标是维护价格稳定、促进经济增长、促进就业、保持国际收支大体平衡"（Zhou，2016 年 a）。此外，2017 年中国人民银行工作会议上呼吁货币政策在经济增长、经济改革、经济结构、家庭福利、金融稳定之间取得平衡。这些多重目标通常涉及权衡取舍并降低了透明度。[②]

随着中国的货币政策框架从数量型目标向价格型目标转变，有效的中央银行政策沟通越发重要。正如 Huang、Ge 和 Wang（2018 年）所总结的那样，中国人民银行的中间目标有三：数量型的货币供应量、银行信贷规模以及价格型的市场利率。利率自由化最早始于放开货币市场利率，并最终在 2015 年正式取消了银行存款利率上限，这促进了向现代化价格型货币政策框架的转变。虽然这一进程尚未完成，但政府在 2018 年重申将继续深化改革，提高利率和汇率的市场化程度（Li，2018 年）。

对数量型目标的强调已经减少。中国自 1994 年以来就有数量型货币目标。然而，其数量型中间货币目标与通胀和增长的关系越来越弱，这体现了金融创新和金融体系结构的快速变化（Ma，2017 年）。此外，过去几年中数量型中间货币目标的结果都偏离了目标（图 14.1）。2018 年政府的年度工作报告并未给出具体的货币总量或信贷总量（如社会融资总额）的目标 / 预测值，这进一步表

---

① 副行长由国务院总理任免。

② 关于透明度，参见 Dincer 和 Eichengreen（2014 年）。

明对数量型目标的强调程度已经下降。与之前的年度工作报告相比，这是向前迈出的重要一步。其措辞也更加模糊："稳健的货币政策保持中性，要松紧适度。管好货币供给总闸门，确保广义货币总量、信贷和社会融资规模合理增长，维护流动性合理稳定"（Li, 2018 年）。

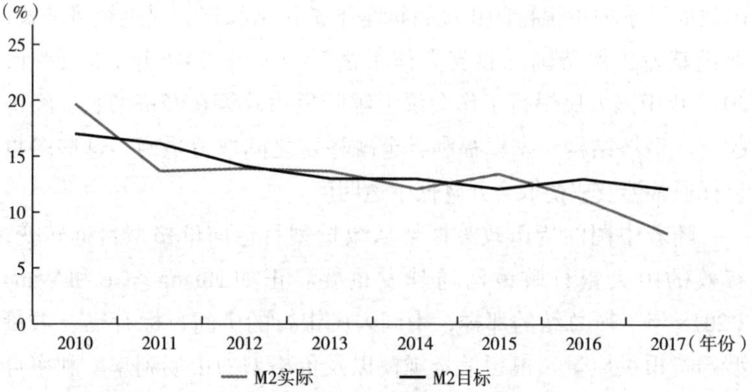

图 14.1　2010—2017 年货币总量 M2 增速

注：M2= 数量型中间货币目标。

资料来源：政府工作报告，2010—2017 年；CEIC。

利率的放开和其他改革使中国人民银行能够改进其政策框架。对短期货币市场利率（银行间市场 7 天质押式回购利率，DR007）的关注在增加。[①] 在 2016 年第三季度的《货币政策执行报告》中，中国人民银行表示，"DR007 贴近公开市场 7 天期逆回购操作利率平稳运行。DR007 能够更好地反映银行体系流动性松紧状况，对于培育市场基准利率有积极作用"。虽然中国人民银行还没有将

① 另一个 7 天回购利率则包含了银行和非金融机构（R007）。与其相比，DR007 是参与行的加权平均数。

DR007 认定为政策利率，但其已得到市场的密切关注。中国人民银行使用公开市场操作和相应的 7 天公开市场操作回购 / 逆回购利率来发出政策变化的信号。例如，从 2014 年 12 月到 2018 年 10 月，美联储上调了 8 次利率，其中 3 次中国人民银行同时调整了公开市场操作利率。结合常备借贷便利和有息的一般 / 超额准备金利率（表 14.1），货币政策框架实际提供了一个利率走廊，也即设定了利率的上下边界（图 14.2 和图 14.3）。

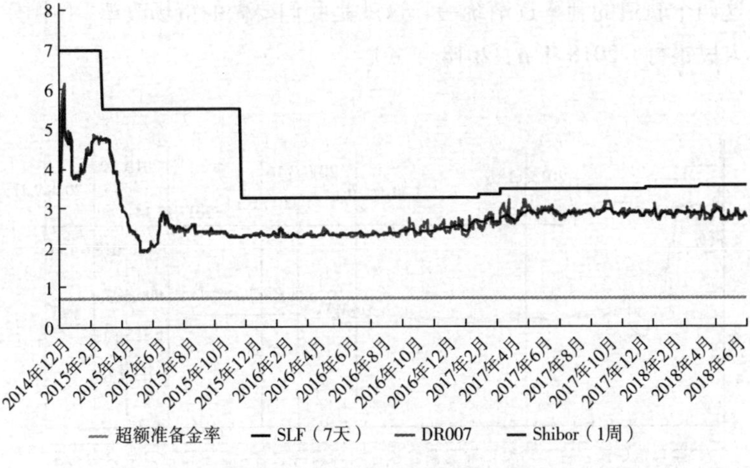

图 14.2　2014—2018 年利率走廊（百分比）

注：Shibor（1 周）=1 周上海银行间同业拆放利率；SLF（7 天）=7 天短期借贷便利利率。

资料来源：CEIC，Wind 经济数据库。

中国的货币政策框架仍处于转型中，目前是一种混合型（Ma 和 Guan，2018 年）。一方面，虽然已经正式放开了利率，但银行仍然受相应存贷款基准利率的指导，而改变基准利率则超出了中国人民银行的权限，需要得到国务院的批准。另一方面，其他政策利率（如中期借贷便利和抵押补充贷款的利率）以及其他工具（如改变存款储备金率）的使用降低了透明度并使政策沟通更加复杂（图 14.4、图 14.5、表 14.1）。

2018 年 4 月，中国人民银行表示有意转向统一的利率框架。“中国仍存在一些利率‘双轨制’，一是在存贷款方面仍有基准利率，二是货币市场利率完全是由市场决定的。目前我们已放开了存贷款利率的限制，商业银行存贷款利率可根据基准利率上浮和下浮，以及商业银行自身情况来决定。其实我们的最佳策略是让这两个轨道的利率逐渐统一，这就是我们要做的市场改革”（中国人民银行，2018 年 a、2018 年 b）。

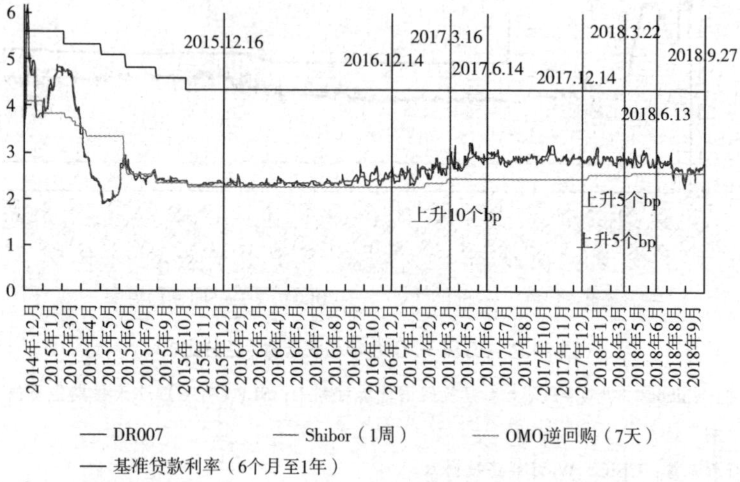

图 14.3　2014—2018 年人民银行政策和目标利率（百分比）

注：垂直黑色线条显示美联储联邦基金利率的近期变化；垂直灰色线条显示人民银行公开市场操作利率的变化。基准贷款利率是 6 个月至 1 年的利率。bp= 基点，OMO= 公开市场操作。

资料来源：CEIC，Wind 经济数据库。

表 14.1　中国人民银行的政策和资产利率

政策工具	含义	期限
基准利率	中国人民银行将基准利率设定为存贷款的参考利率，这是官方的政策利率。自 2015 年 10 月起未变化	6 个月以下、6 个月至 1 年、1 至 3 年、3 至 5 年、5 年以上
公开市场操作回购与逆回购	短期的抵押贷款 / 借款，对银行间流动性状况产生直接影响。在目前的实践中，7 天逆回购较为频繁，有时也会使用 14 天、28 天和 63 天逆回购；2013 年以来，未再使用 91 天和 182 天的回购；21 天的回购也很少使用	7、14、21、28、91、182 天
公开市场操作央票收益率	通过发行央票来改变货币供应量。2013 年 11 月以来未使用	3 个月、6 个月、1 年、3 年
中期借贷便利工具	一种向符合宏观审慎管理要求的商业银行或政策性银行提供中期资金的工具。旨在调整金融机构的中期融资成本，进而调整实体经济的融资成本。于 2014 年 9 月创立	3 个月、6 个月、1 年
常备借贷便利工具	中国人民银行提供流动性的一种渠道，用以满足商业银行和农村合作金融机构的临时流动性需求，被视为利率走廊的上限。于 2013 年初创立	隔夜、7 天、1 个月
抵押补充贷款工具	用于提供大规模长期融资，以支持国民经济的关键领域和薄弱环节。于 2014 年 4 月创立	长期
定向中期借贷便利	根据金融机构对小微企业、民营企业贷款的增长情况，向其提供稳定资金来源	长期
短期流动性调节工具	在银行体系的流动性出现暂时性波动时使用，以稳定市场预期和防范金融风险。于 2013 年 1 月创立	超短期
存款准备金率	银行必须在中国人民银行持有存款的比例。存款准备金率的调整会给流动性带来长期的大规模影响	

续表

政策工具	含义	期限
超额准备金率	超额准备金的利率，被视为利率走廊的下限	
货币市场利率		
Shibor	上海银行间同业拆放利率。上海批发融资货币市场上的银行为其他银行提供无担保资金利率的参考利率	隔夜、1周、2周、1个月、3个月、6个月、9个月、1年
R007	所有金融市场机构（包括银行间市场的所有质押式回购交易）的加权平均7天回购利率	7天
DR007	加权平均7天回购利率，存款机构使用利率债作为银行间市场质押物开展融资的利率	7天
FR007	一种银行间7天回购利率的定盘利率，这种基准利率是以银行间市场回购交易利率为基础的	7天
大额存单利率	存款类金融机构在银行间市场发行大额存单的利率	
债券市场		
短期商业票据	非金融公司在银行间债券市场发行的无担保短期债务工具，通常用于为应收账款、存货和短期负债开展的融资	1个月、3个月、6个月、1年
中期票据	非金融公司在银行间债券市场发行的债务融资工具	1个月、3个月、6个月、1年、5年
国债	政府发行的用来筹集财政资金的债券	3个月、6个月、1年、3年、5年、7年、10年、30年
股市收益率		
上证综合指数收益率	上证综合指数的每日收益率，该指数是上海交易所交易的所有股票的一种指数	

资料来源：中国人民银行。

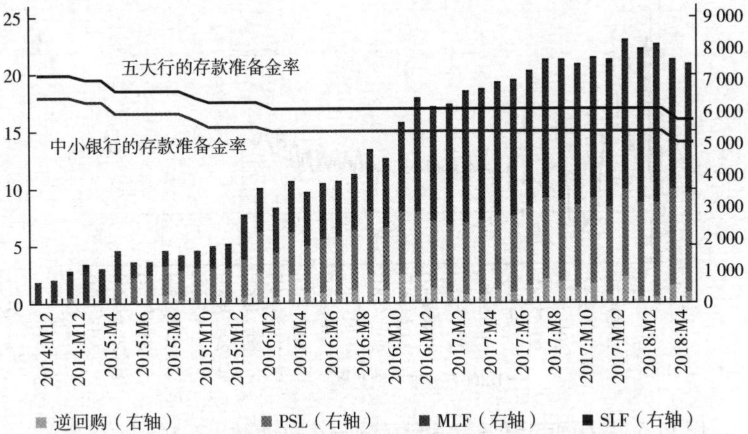

图 14.4　中国人民银行的混合型货币政策框架（百分比，右轴为 10 亿元人民币）

注：MLF = 中期借贷便利，PSL = 抵押补充贷款，RRR = 存款准备金率，SLF = 短期借贷便利利率。

资料来源：CEIC。

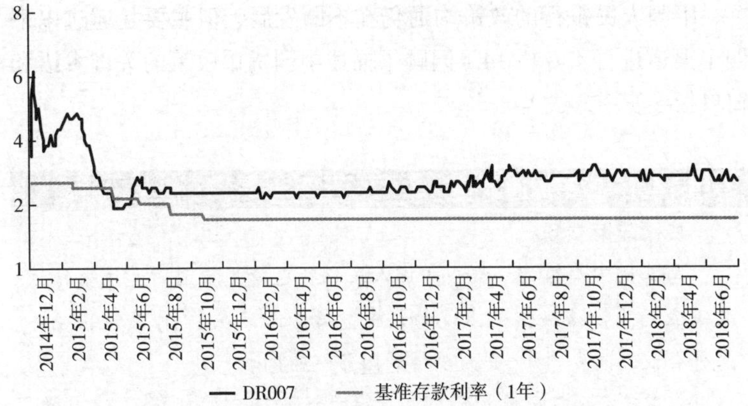

图 14.5　银行间市场利率与传统存款利率差距在扩大（2014—2018 年）利率（百分比）

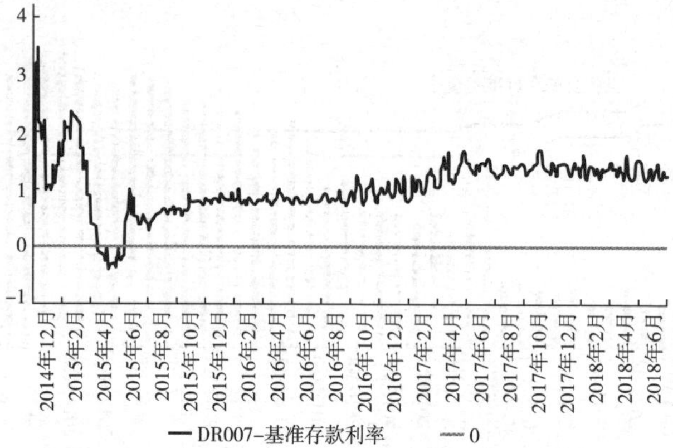

图 14.5 银行间市场利率与传统存款利率差距在扩大（2014—2018 年）

利率（百分比）

资料来源：CEIC，Wind 经济数据库。

不断演变的政策沟通渠道

中国人民银行的政策沟通仍在不断发展，但主要是通过以下四个渠道进行（专栏 14.1 回顾了描述中国货币政策的关键术语和窗口指导使用方法）。

专栏 14.1 政策沟通术语

货币政策立场

与其他中央银行一样，中国人民银行也使用特定的术语来传达政策立场。但这种信号出现的频率很低（通常在 12 月召开的经济工作会议期间发出），并需要得到国务院的批准。

可以确定存在五类立场：（1）适度宽松；（2）适度从紧；（3）从紧；（4）稳健；（5）稳健中性。[①] 第（1）至（3）类是一目了然的，不过

① 关于分类情况，参见 Zhou（2016 年 a）。“稳健中性”一词最早在 2017 年初出现。

“稳健”和“稳健中性”之间的区别就更微妙。后者被认定为比“中性”更加从紧。为了使用可视化方法表达各种货币政策立场及其与政策利率之间的潜在关系（DR007 是重要的基准利率之一，虽然尚未被确认为政策利率），这里使用以下评分：−1 表示“适度宽松”，0 表示“稳健”，+0.5 表示“稳健中性”，+1 表示“适度从紧”，+2 表示“从紧”。在专栏图 1 中，黑色线表示货币政策立场，虚线表示 6 个月至 1 年到期的基准贷款利率的变化，灰色线是公开市场操作 7 天逆回购利率。

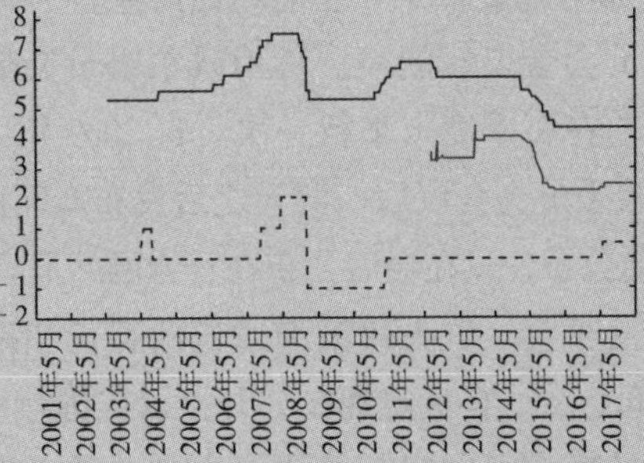

专栏图 1　2001—2017 年货币政策立场和政策利率（百分比）

资料来源：CEIC。

《货币政策执行报告》中关于货币政策立场的表述的变化，往往与基准利率有关；得分上升（反映政策收紧）与（下一季度）基准利率的上升有关，反之亦然。然而，如专栏图 1 所示，有时政策沟通滞后于基准利率变化的实际决策。

这些术语为中国人民银行提供了极大的灵活性，这体现在一个事实上，即在“稳健”货币政策立场中，基准利率既有过上调，也有过下调。

窗口指导

除了公开发布的书面和口头政策沟通外，中国人民银行还向金融机构提供“指导”，从而影响它们的行为。这种“窗口指导”可能涉及信贷增长、向重点部门发放贷款等内容。它可以是一种有效的工具，但它会降低透明度，并会损害利率作为货币政策环境主要信号的作用。

货币政策执行报告。中国人民银行于2001年首次发布该报告，目前按季度发布。其内容包含：最新的货币政策决定；对产出、价格和货币供应量状况的分析；重要经济部门的信息；中国宏观经济形势的前景评估等。一般来看，报告更多是对先前情况的回顾，不过也在越来越多地提供有用的技术和操作信息（通常是在专栏内提供），甚至在最近还提供了一些前瞻性信息。

货币政策委员会会议新闻稿。货币政策委员会的首次会议于1997年召开，目前在每季度末举行一次。自2009年以来，中国人民银行在货币政策委员会会议后一两天之后发布新闻稿。但实际的会议日期并不提前公布，只在会后公布在官方网站上。

讲话和新闻发布会。口头政策沟通包括行长和副行长的公开讲话以及新闻发布会。[①] 官员定期在公开会议或国际中央银行行长会上发表讲话。虽然讲话内容围绕会议主题并重申中国人民银行的政策立场，但有时发言者会谈及特定领域的未来发展。新闻发布会通常安排在政策公布之后，以进一步阐释决策理由。

公开市场操作公告。为了更好地阐释公开市场操作的原理，自2016年1月起，每日公告已成为一种标准做法。[②] 这些公告越

① 行长、副行长和/或相关的中国人民银行工作人员都可以参与记者访谈。2007年中国人民银行的行长/副行长发表的讲话次数占86次讲话总数的63%。同一时期的140次新闻发布会中，行长对约20%的问题进行了答复（或是接受了采访）。2015—2016年，当出现重要的政策变化（如利率自由化、汇率制度的变化）以及股票价格急剧调整时，口头政策沟通的数量激增。政策沟通往往更多是事后性的，侧重于解释而不是指导预期。这反映的一个问题是中国独特的制度安排和中国人民银行缺乏操作独立性。

② 自2003年起，中国人民银行开始每周开展公开市场操作。自2004年起，频率变为每周两次。

来越多地通过加入诸如“鉴于流动性充足，中国人民银行展开干预以维持流动性稳定”等语句来提供背景信息。[①]

中国人民银行致力于提供更加及时的信息。2018 年，中国人民银行重申将致力于“不断提升中国人民银行的公信力与透明度”，“强化政策发布解读和信息主动公开，及时传递中央银行政策意图，合理引导市场预期”（中国人民银行，2018 年 a）。人们对即时信息的需求日益增长，作为对此回应的一部分，中国人民银行目前还通过社交媒体（如微博，即中国的推特）开展定期政策沟通。如图 14.6 所示，与主要中央银行相比，中国人民银行在短短几年内就拥有了大量的社交媒体关注度（绝对数量和人均值都是如此）。

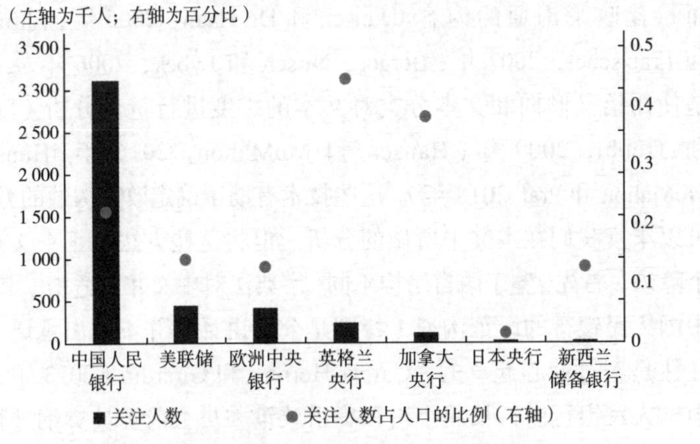

图 14.6　2018 年中央银行对社交媒体的使用情况

资料来源：中国人民银行微博账户，美联储、欧洲中央银行、英格兰银行、加拿大央行、日本央行和新西兰储备银行的推特账户，世界发展指标。

① 从 2017 年到 2018 年 6 月 30 日，中国人民银行发布了 179 个这种“小纸条”，其中 122 次是在开展公开市场操作时发布的。

文献回顾

已有越来越多的文献研究了中央银行政策沟通的效果。现有的研究主要关注了发达经济体的中央银行，包括美联储、欧洲中央银行和英格兰银行。一般来说，这些分析考察了货币政策公告、货币政策委员会会议记录、定期发布的报告、访谈和演讲、国会证词或议会委员会听证会等的效果。Blinder 等人（2008 年）在早期对文献进行了回顾。本文遵循了主要方法，并依据基于市场的事件进行研究。[①] 具体而言，我们研究了中国人民银行的政策沟通是否会影响中国金融市场的资产价格，从而表明这种政策沟通是否传递了相关信息。

一些研究通过对文本进行“鹰派”或“鸽派”的主观赋值而量化政策沟通的内容（Jansen 和 De Haan，2005 年；Ehrmann 和 Fratzscher，2007 年；Berger、Nitsch 和 Lybek，2006 年），或是使用语义倾向和文本分类对文本的维度进行量化分析（Lucca 和 Trebbi，2009 年；Hansen 和 McMahon，2016 年；Hansen、McMahon 和 Prat，2018 年）。这些技术有助于确定政策沟通的方向，可以丰富我们在本文中所做的分析。但将这些方法用于中文有两个障碍。首先，鉴于语言结构不同，字典法对中文并不适用。其次，中国人民银行的政策沟通（特别是公开讲话）并不做出承诺，且往往是经过精心起草的。Garcia-Herrero 和 Girardin（2013 年）对中国人民银行前行长周小川和货币政策委员会前委员樊纲进行了主观的“鹰派”和“鸽派”分数打分。但这种手动打分的方法只

① 事件研究分析方面的一篇著名论文是 Gürkaynak、Sack 和 Swanson（2005 年），重点关注了美联储的货币政策公告。Kohn 和 Sack（2003 年）研究了更广泛的美联储政策沟通的影响。Reeves 和 Sawicki（2007 年）对英格兰银行的通胀报告进行了类似的分析。最近，Hansen、McMahon 和 Tong（2018 年）指出，中央银行在风险和不确定性方面的政策沟通是长期收益率的重要信息来源。另见 Tobback、Nardelli 和 Martens（2017 年）。

适用于少量的政策沟通，且限制分析的样板覆盖范围可能会出现偏差。因此，比起讲话内容，我们更关注中国人民银行官员发表讲话这一事实本身。但我们相信，进一步开展文本分析是未来研究中国人民银行政策沟通的重要方向。

新兴经济体中央银行的政策沟通是最近才引起较多关注的。例如，Luangaram 和 Wongwachara（2017 年）将先前用于发达经济体的文本分析技术用来分析泰国中央银行的政策沟通。对于中国，Garcia-Herrero 和 Girardin（2013 年）使用了上文所述的“鹰派”或“鸽派”分类法，以此检验中国人民银行的政策沟通对回购市场波动性和交易量的影响。Shu 和 Ng（2010 年）根据每季度的货币政策执行报告和货币政策委员会会议记录编制了反映中国人民银行货币政策立场和强度的指数。Sun（2013 年）研究了中国人民银行的政策沟通对宏观经济（包括 GDP、通胀和工业产出）的影响。

本章在以下方面对现有文献做出了贡献：首先，本文全面回顾了中国独特的制度环境，这对理解其不断发展的政策沟通渠道至关重要。其次，除了在其他地方已经有过分析的政策沟通工具（每季度货币政策执行报告、每季度货币政策委员会会议记录、讲话和访谈）外，本研究还新增了公开市场操作公告。如前所述，中国人民银行认为这些于 2016 年起开始发布的传达信息的公告（所谓的“小纸条”）是一种重要的政策沟通工具。最后，我们分析了政策沟通向不同市场的传导。

实证分析

实证事件研究关注中国人民银行的政策沟通是否包含了有关金融市场变量的消息。与中央银行政策沟通的文献一致，这种分析感兴趣的是政策沟通对货币政策中介目标（短期利率）的影响。第一步是构建反映中国人民银行政策沟通事件的变量。如上节概述，中国人民银行主要以四种方式与市场开展政策沟通：(1) 每季度的《货币政策执行报告》;(2) 货币政策委员会会议记录（会议记录）;(3) 中国人民银行行长、副行长、研究局时任首席经济学家的新闻发布会和讲话（口头）;(4) 信息性的公开市场操作公告。我们搜索了中国人民银行网站，收集了《货币政策执行报告》、会议记录、新闻发布会实录、讲话文本或公开市场操作公告的发布日期和时间。这些信息让我们可以为每种政策沟通形式创建一个交易日的虚拟变量[①]：D（MPER）、D（会议记录）、D（口头）和 D（OMO 公告）。值为 1 则表示中国人民银行与市场开展了某种形式的政策沟通，值为 0 则表示没有开展该种形式的沟通。我们还构造了一个加总的虚拟变量 D（PBC 政策沟通），如果中国人民银行开展了至少一种形式的政策沟通，则其值为 1，否则为 0。对于口头政策沟通，我们感兴趣的是来自行长的政策沟通效果是否与其他人的政策沟通效果不同，为此我们也记录了出席新闻发布会或发表讲话的人员信息。因而，可以将 D（口头）分解为 D（口头 -PBC 行长）和 D（口头 - 其他）。

短期货币市场利率是中国人民银行关注的重点。因此，我们分析了政策沟通对 Shibor、存款类金融机构之间的银行间抵押回购利率（DR007）以及所有金融机构之间的银行间抵押回购利率（R007）的影响。此外，我们还关注了中国人民银行政策沟通对短期和中期商业票据（STN 和 MTN）、国债以及股市的影响。表 14.1 列出了这些市场利率的详细信息。

为了控制可能影响市场利率变动的其他因素，我们加入了：(1) 虚拟变量 D（宏观发布），用来表示主要宏观经济指标的发布，包括消费者价格指数、GDP、官方采购制造业指数和财新采购制造业指数、外贸和外汇储备；(2) 虚拟变量 D（CEWC），用来表

① 当发布时间在下午 3 时至次日早上 9 时之间时，我们将日期调整为下一交易日。

示政府年度中央经济工作会议的日期，该会议确定了下一年经济政策的方向；[①]（3）虚拟变量 D（利率变动），用来表示中国人民银行货币政策工具的变动。D（利率变动）包括基准利率、准备金率、公开市场操作和其他工具利率（即常备借贷便利工具、短期流动性调节工具、中期借贷便利工具和抵押补充贷款工具）的变化。

事件研究分析涵盖 2013—2017 年的交易日。我们在后文报告了解释变量的汇总统计量，包括政策沟通、控制变量以及各种市场利率。平均而言，中国人民银行在 25% 的交易日中与市场进行沟通。讲话或新闻发布会是最常见的政策沟通形式，接近每 6 个交易日一次（样本中的 16.1%）。公开市场操作公告发生的频率居于第二位，在 7.8% 的交易日里发生，不过自 2017 年 2 月以来已变得非常频繁。《货币政策执行报告》占 1.6%，货币政策委员会会议记录占 1.5%。[②] 在开展政策沟通的日子里，长期资产（六个月以上）的平均利率较高，短期资产的平均利率较低，这体现了政策沟通对期限结构末端影响更大。在未开展政策沟通的日子里，各种利率的标准差都较大。

我们首先针对各种政策沟通类型绘制了 DR007（图 14.7）和 3 个月短期票据（图 14.8）日变化绝对值的核密度分布。这些图显示，

① 其他定期召开的中央一级会议（如政治局会议）对货币政策可能也有影响。通过增加一个虚拟变量，表示召开讨论经济问题的政治局会议的日期，可以发现，政治局会议不对金融市场利率产生显著影响，这一新增变量不影响中国人民银行政策沟通的结果（结果应要求提供）。因此，在下面的讨论中不对政治局会议这一因素进行控制，以保持简洁形式。

② 2018 年以来，中国人民银行已采取更多措施，通过及时回应公众关切、引导市场预期等方式，进一步提高了政策透明度并改善了政策沟通。例如，为了更好地解释公开市场操作的原因，中国人民银行在 2018 年上半年的 123 个交易日中发布了 85 条公告。此外，中国人民银行还改进了传统的渠道，如增加新闻发布会的次数（在 2018 年前 6 个月共有 17 场新闻发布会访谈）、提供更深入的分析、增加《货币政策执行报告》的信息量等。

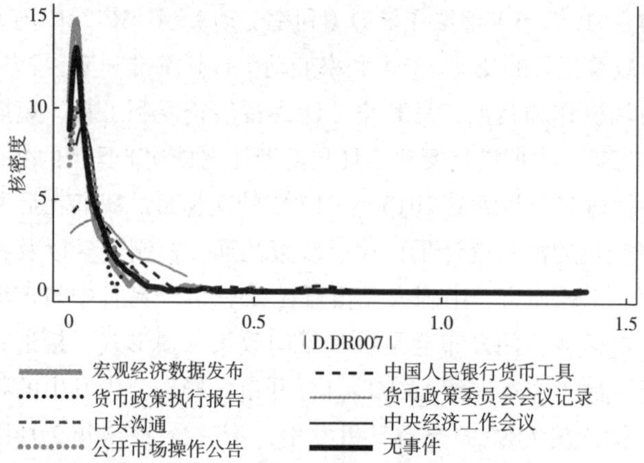

图 14.7 DR007 日变动绝对值的核密度

资料来源：作者的计算。

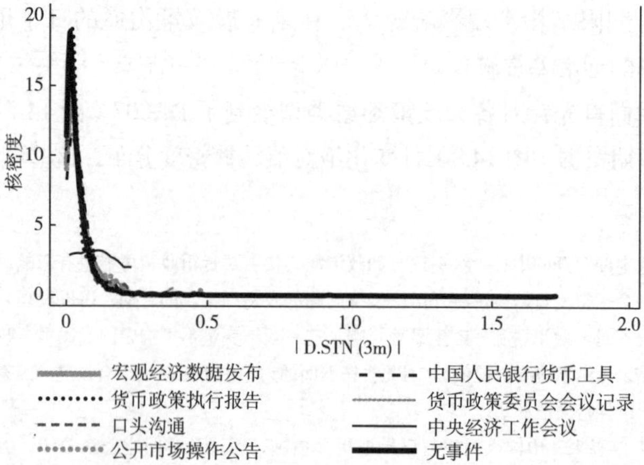

图 14.8 3 个月短期票据日变动绝对值的核密度

注：D.STN（3m）=3 个月短期票据的日变化。

资料来源：作者的计算。

政策沟通和控制变量确实都会对市场价格产生一定影响。令人惊讶的是，货币政策会议记录的发布与回购利率（DR007）的消息是相关的，但这种影响并未出现在短期票据中。口头政策沟通、中国人民银行调整利率和公开市场操作公告都与两种资产相对较高的市场反应相关。

基线结果：政策沟通消息的普通最小二乘法分析

首先，我们通过估计以下等式来开展普通最小二乘法分析：

$$\begin{aligned}|\Delta r_t| = {} & \alpha + \beta D(\text{PBC政策沟通})_t + \gamma_1 D(\text{宏观发布})_t \\ & + \gamma_2 D(CEWC)_t + \gamma_3 D(\text{利率变动})_t + \varepsilon_t \end{aligned} \tag{14.1}$$

$$\begin{aligned}|\Delta r_t| = {} & \alpha + \beta_1 D(MPER)_t + \beta_2 D(\text{会议记录})_t + \beta_3 D(\text{口头—PBC行长})_t \\ & + \beta_3 D(\text{口头—其他}_t) + \beta_4 D(OMO\text{公告}_t) + \gamma_1 D(\text{宏观发布}_t) \\ & + \gamma_2 D(CEWC)_t + \gamma_3 D(\text{利率变动})_t + \varepsilon_t \end{aligned} \tag{14.2}$$

与其他事件研究一样，这些回归识别出了市场价格对不同类型的政策沟通事件的平均反应。识别的假设是：开展政策沟通的日子的所有系统性反应，都是由政策沟通事件驱动的。在核密度分析中，因变量是市场利率日变化的绝对值。使用绝对值的好处在于，我们能够衡量市场对政策沟通的反应，而不用考虑反应的方向如何。关键性的检验涉及政策沟通事件虚拟变量的符号。当政策沟通包含消息时，这将导致市场调整，从而得出正向的 β 系数。然而，如果政策沟通事件系统性地降低了市场中的噪声，则与市场调整的联系要小于在其他交易日的情况，那么我们的 β 系数估计值为负。

用胡贝尔–怀特夹心估计量校正了标准误的关键估计结果见图 14.9 和图 14.10。完整的回归结果见附表 3 和附表 4。

图 14.10 显示，中国人民银行的政策沟通主要影响短期资产，而货币政策工具和政策沟通均未能系统性地影响较长期限的市场，至少在日度的时间框架内是如此。具体来看，主要结果如下。

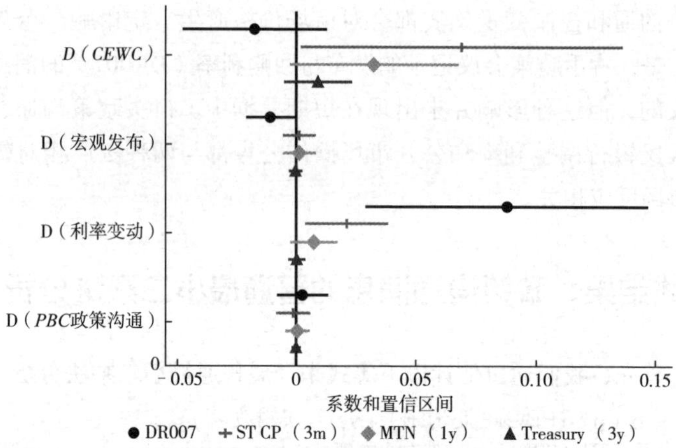

图 14.9　加总政策沟通事件的系数估计值

注：CEWC= 中央经济工作会议，MTN（1y）= 一年期中期票据，ST CP（3m）=3 个月短期商业票据，Treasury（3y）= 三年期国债。

资料来源：作者的计算。

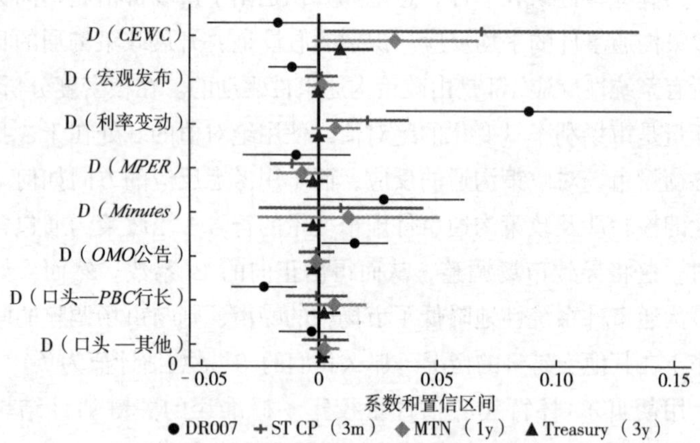

图 14.10　分解政策沟通事件的系数估计值

注：Minutes= 货币政策委员会会议记录，MPER= 货币政策执行报告，MTN（1y）= 一年期中期票据。

资料来源：作者的计算。

正如预期所料，政策工具的变动向市场传递了消息。然而，总体来说，中国人民银行的政策沟通并未对市场造成很大影响，这表明中国人民银行政策沟通的有效性有限。如附表 3 所示，D（利率变动）的系数对于期限短于 3 个月的所有资产都显著为正，但 D（PBC 政策沟通）的系数仅对 1 个星期 Shibor 和 1 个月短期票据的波动性有显著影响。政策沟通略微平抑了市场波动，但未对市场产生很大影响。

每季度发布的《货币政策执行报告》往往会降低短期票据的波动性。该报告是中国人民银行与市场沟通的重要渠道，因为其包含大量的操作细节，有时（但并不很常见）也包含前瞻性指引。从附表 3 和附表 4 可以看出，《货币政策执行报告》与 1 个月期短期票据的变化绝对值下降 0.03 个百分点有关，与 3 个月期短期票据下降 0.01 个百分点有关。

公开讲话和新闻发布会的口头政策沟通似乎能平抑市场。如附表 3 所示，口头政策沟通与 1 个星期 Shibor 和 1 个月期短期票据的市场消息减少有关。附表 4 显示，对于中国人民银行的 DR007 目标利率，行长的政策沟通（无论是演讲还是新闻发布会）与市场变动下降 0.023 个百分点有关。但口头政策沟通并不规律，且口头政策沟通的时点通常取决于市场状况。

对波动性的影响和政策沟通时点

即使政策沟通事件对市场平均价格没有系统性的影响，另一种可能性是较大的市场波动触发了政策沟通。普通最小二乘法回归并不单独对残差的波动性进行建模；上文讨论的回归分析纠正了异方差性和自相关系数的标准误。一般自回归条件异方差模型（GARCH）让我们能够解决时间序列模型可能违反同方差性（误差的方差恒定）的可能性。这些模型广泛用于金融计量经济学，因为较高频率的数据往往在一些时期波动较高，而在另一些时期波动较低。

具体来说，我们使用 Nelson（1991 年）提出的 EGARCH 模型（GARCH 模型中的一种）来分析政策沟通对波动性的影响。EGARCH 模型优于 GARCH 模型的地方在于，能确保条件方差为正，并允许波动性对好消息和坏消息做出不对称的反应。我们的 EGARCH（1，1）设定的特点包括了一个条件均值方程，这能有必要地控制影响均值的所有相关变量，以最小化残差的大小和方差：

$$\Delta r_t = \gamma_0 + \gamma_1 x + \varepsilon_t \tag{14.3}$$

其中，$\varepsilon_t \sim N(0, \sigma_t^2)$和$x_t$包括条件均值等式中的所有控制变量。条件波动性等式（其衡量了σ_t^2的驱动因素）为：

$$\log\sigma_t^2 = \alpha_0 + \sum_k \theta_k D(Comms_k)_t + \alpha_1\left(\frac{\varepsilon_{t-1}}{\sigma_{t-1}}\right) + \lambda\left[\left|\left(\frac{\varepsilon_{t-1}}{\sigma_{t-1}}\right)\right| - \sqrt{\frac{2}{\pi}}\right] + \phi\log\sigma_{t-1}^2 \tag{14.4}$$

其中，$D(Comms_k)_t$代表了被包括的 k 个政策沟通虚拟变量中的 1 个，虚拟变量见前文。

为了研究对波动性的影响并同时确保因变量是平稳的，我们使用每日利率变化（Δr_t）作为主要因变量（之前我们关注的是由利率变化的绝对值引起的市场新闻）。鉴于政策沟通变量是虚拟变量，其可能对利率水平产生正面或负面影响（取决于政策沟通中的信息），因而，在均值方程中，我们控制因变量的滞后项（Δr_{t-1}）和 7 天回购利率的变化，但不控制政策沟通事件的虚拟变量。

相反，我们允许政策沟通事件对波动性产生影响。但由于 EGARCH 模型是非线性模型，并不总具有易于求最大值的平滑似然函数。为了确保估计数的收敛性，我们在这部分采用了更简约的模型。具体来说，我们首先探讨 14.1 式中使用的 4 个主要政策沟通事件中的每一个对波动性的影响。随后，我们探讨了一种更具分解性的方法，但重点关注 D（MPER）和 D（口头 - PBC 行长）的边际效应（与平均政策沟通事件相比）。

平均而言，中国人民银行的政策沟通与短期市场利率（R007）的较高波动性相关。EGARCH 的结果见附表 5 和附表 6。当进一步分解这种影响时，我们发现，中国人民银行行长讲话这种沟通方式与高波动性密切相关。但是，需要谨慎解读这一发现。特别是特定的活动（如不寻常的新闻发布会或讲话），可能是中国人民银行认为由于市场出现了波动所以需要发表评论。即使这种评论起到了平抑市场的作用，波动性仍然可能高于平时，这一事件因而会与高波动性有关。EGARCH 模型试图通过将波动性建模作为依赖于前一个交易日的波动性以及其他协变量，从而对这一点进行控制。

对这些结果的另一种解释是：该事件导致了波动性上升。当中国人民银行开展临时的政策沟通时，市场会得到政策沟通的信号，认为形势严峻或令人担忧到了需要开展政策沟通的程度。常规的政策沟通则让市场可以关注所传递的信息，因为信息的日期是预先确定的，如英格兰银行的通胀报告或美联储公开市场委员会会议。

EGARCH 模型的一个优点是，它提供了对每个资产市场的条件方差（$\hat{\sigma}_t^2$）的估计。图 14.11 和图 14.12 显示了 7 天回购市场和三年期国债市场的条件方差估计值。这些图（加上中国人民银行行长的发言指标）表明，数据中可能同时存在上述两种解释。特别是，讲话往往是不定期的，且通常在波动性较高时发表（以及 2016 年利率市场放开之后）。在某些情况下，演讲是在波动性增加后发表，而在其他情况下，波动性从高位下降了。

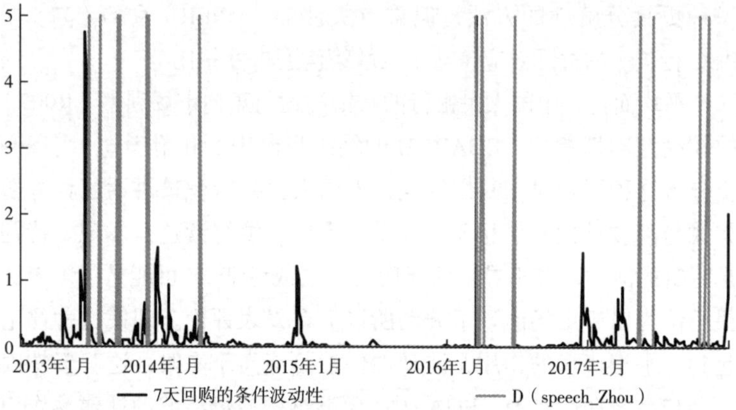

图 14.11　7 天回购的波动性（2013—2017 年）

注：D（speech _Zhou）= 代表中国人民银行时任行长周小川讲话的虚拟变量。
资料来源：作者的计算。

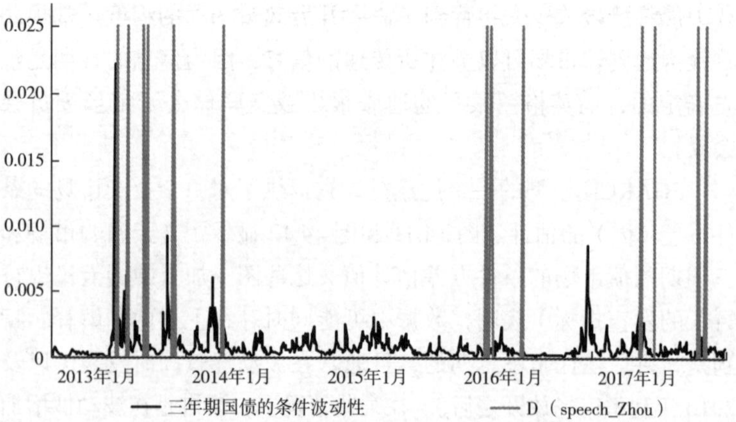

图 14.12　三年期国债的波动性（2013—2017 年）

资料来源：作者的计算。

公开市场操作公告的使用与影响

公开市场操作是中国人民银行干预市场的重要方式。从公开市场操作利率到目标市场利率的传导效率，在很大程度上决定了货币政策的表现。与其他中央银行一样，中国人民银行经常开展公开市场操作，并在网站上发布公开市场操作公告。公开市场操作公告通常会简单描述中国人民银行按照某一利率和规模开展了公开市场操作。公开市场操作的频率见图 14.13 所示。在我们的 1 249 个交易日的样本中，中国人民银行在 639 天中进行了公开市场操作干预。

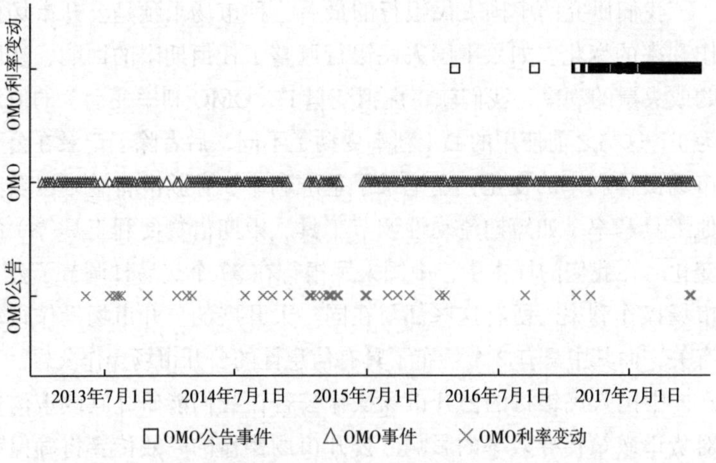

图 14.13 中国人民银行的市场干预（2013—2017 年）

资料来源：中国人民银行。

但自 2016 年 3 月以来，中国人民银行有时会增加一些关于市场表现（即流动性和波动性）的短句，来解释公开市场操作背后的原因，包括注入或撤回流动性的信息，甚至不干预市场的原因。[①] 与标准的公告相比，这些信息性公开市场操作公告被认为是人民银行传递给市场的“小纸条”，我们将其认定为中国人民银行政策沟通的一种形式。当中国人民银行发布信息性公告（包括中国人民银行开展公开市场操作决定的简要理由）时，虚拟变量 D（OMO 公告）的取值为 1，否则为 0。我们的样本中包括了 98 条信息性公告。最早的两条发布于 2016 年 3 月，之后的一条发布于 2016 年 10 月；从 2017 年 2 月开始，这种公告的发布变得规律了。许多公告（68 份）是在中国人民银行没有开展公开市场操作的日子中发出的，这些公告解释了未开展操作的原因。

我们研究的中国人民银行的最后一种市场干预是公开市场操作利率的变化。如果中国人民银行调整了任何期限的回购、逆回购或央票的利率，我们就将虚拟变量 D（OMO 利率变动）的值定为 1。这与之前使用的 D（利率变动）不同，后者除了记录在公开市场操作利率的变化，还记录了基准利率、存款准备金率以及其他工具利率（如短期流动性调节工具、中期借贷便利工具等）的变化。在我们的样本中，中国人民银行在 37 个交易日调节了公开市场操作利率。所有这些都与在同一天开展的公开市场操作行动有关，而其中只有 2 个发布了具有信息性的公开市场操作公告。

中国人民银行的公开市场操作公告让我们能研究其政策沟通对货币政策传导效率的影响。公开市场操作的高效传导将确保市场利率与中央银行通过市场操作设定的利率能够相对同步地变动。为了探讨这一问题，我们研究了市场利率（Δr_t^{mkt}）与公开市场操作利率的联动，并探讨了在中国人民银行发布信息性公告期间联

① 最早一次公告可追溯至 2004 年 1 月。在 2004 年 5 月之前，中国人民银行每周开展一次公开市场操作，之后将频率调整为每周 2 次，直到 2016 年 1 月。从 2016 年到 2017 年，中国人民银行每天都会发布公开市场操作公告，在未开展公开市场操作的日子里也是如此。信息性的公开市场操作公告则始于 2016 年 3 月。

动情况是否有所不同。我们定义了一个虚拟变量 D（公告期），在中国人民银行开始定期发布信息性公告时（2017 年 2 月以后）值为 1。关注定期发布公告时期的原因是，一旦市场期待并理解这种政策沟通，那么那些没有发布公告的交易日也能提供信息。我们使用的设定是：

$$\Delta r_t^{mkt}=\alpha_1+\alpha_2 D(\text{公告期})_t+\beta_1\Delta r_t^{OMO}+\beta_2 D(\text{公告期})_t\times\Delta_t^{OMO}+\varepsilon_t \quad (14.5)$$

没有设置交互项时，系数β_1的估计值表示：当公开市场操作利率上升 1 个百分点（所有利率均以百分点表示）时，货币市场利率将增加β_1个百分点；公开市场操作利率的较强传导可以表现为市场利率的较大变化，不过当值超过 1 时，则表明反应过度。交互项的系数β_2的估计值则反映了中国人民银行发布信息性公告时期这种关系的边际变化。如果β_2的值为正且具有统计显著性，则表明中国人民银行通过信息性公开市场操作公告这种政策沟通方式提高了公开市场操作利率向市场利率的传导效率。

结果见附表 7。发布信息性公告的时期与公开市场操作利率向其他市场利率的更强传导有关。不出意料的是，鉴于我们将 7 天逆回购利率视为公开市场操作利率，估计结果表明，信息性的公告对市场利率的传导在收益率曲线的短端最有力。尽管如此，自公开市场操作公告发布以来，即使是 1 年的 Shibor 利率也出现了更强劲的联动。

第一个问题是：信息性公告的时期与利率放开后的时期吻合。但这种重叠并不完整，中国人民银行于 2015 年 10 月正式放开利率，而信息性公告是在 2017 年 2 月才变得有规律的。我们考查了两种其他方法。方法一，我们检查发布信息性公告的日期的相关性。我们用D（OMO公告）代替了14.5式中的D（公告期）。[①] 其结果是相似的，

---

① 另一个等式是：$\Delta r_t^{mkt}=\alpha_1+\alpha_2 D(\text{OMO公告})_t+\beta_1\Delta r_t^{OMO}+\beta_2 D(\text{OMO公告})_t\times\Delta r_t^{OMO}+\varepsilon_t$。

但为简洁起见，此处未报告结果。方法二，我们对 14.5 式的回归进行了估计，但将样本限制在 2015 年 10 月以后的时期。

另一个问题可能是：公告没有增强传导，而是加快了公开市场操作利率向其他市场利率的传导。上述回归分析仅考虑了市场与公开市场操作利率之间的同期相关性。为了探索动态效应，我们允许公开市场操作利率的滞后项对市场利率产生影响。为了限制交互项的数量，我们需要估计以下设定，并分别估计定期公告发布之前和之后的情况：

$$\Delta r_t^{mkt} = \alpha_1 + \sum_{j=0}^{T} \beta_j \Delta r_{t-j}^{OMO} + \varepsilon_t。 \quad (14.6)$$

附表 8 列出了相关的估计结果。我们发现，利率变化的传导不仅是传导变得更快了。相反，我们得出结论，使用信息性公开市场操作公告所带来的透明度加强了中国人民银行干预市场的传导渠道。我们认为，市场对中国人民银行调整公开市场操作利率或不开展市场干预的原因的理解，往往有助于市场更好地理解政策并降低噪声。

政策建议

我们的实证分析表明，尽管中国人民银行对其政策沟通进行了多项重要改进，但进一步完善政策沟通（以及相关的制度改革）仍是有益的。

变革制度需要时间，也需要资源和政治资本。但随着中国金融体系（特别是市场化融资）的发展，中国对透明、清晰、及时、全面的政策沟通的需求将不断增加。如果不能弥补现有制度的缺陷，可能会减少自由化的好处并使经济发展减速。

虽然推动制度的较大变革需要时间，但可以提前采取可行的措施来改善沟通。事实上，相对于赋予中央银行更大的操作独立性而言，如果提前（或至少同时）采纳这些建议，将会取得更好的效果。例如，英格兰银行于 1993 年 2 月首次发布了通胀报告，当时它还没有掌控英国的货币政策。当英格兰银行于 1997 年 6 月获得操作独立性时，市场已能够很好地理解中央银行的理念和分析工具了。因此，缺乏独立性不应成为停滞不前的理由。事实上，有些容易实现的目标可尽快实施。

- 通过同一渠道以英语及时提供信息。这将是一个很大的进展，与提高资本市场吸引力的意图、人民币国际化战略以及中国参与全球市场也是一致的。
- 扩大中国人民银行的经济预测能力，定期发布预测，并提供相关框架和模型的信息。这将减少意外变动，提高货币政策的可预见性。虽然中国人民银行研究局在 2015 年和 2016 年发布过经济预测且年中皆有更新，但这一做法在 2017 年停止了。当然，加强预测需要适当的资源和专业知识。在这方面，中国人民银行可以借鉴现代中央银行的经验并与国际货币基金组织开展技术合作。
- 定期举行新闻发布会。定期的政策沟通机制可以降低中央银行与市场的信息不对称，让市场更好地解读决策，从而减少不确定性。与预测一样，即便是在中央银行获得更大的操作独立性之前，开始这项工作也是有用的。如果中国人民银行要提高操作独立性（这是必要的），这个过程将帮助中国人民银行学习如何与市场开展直接沟通，并提升其公信力（这将对中央银行十分有用）。[①]

---

① 参见国际货币基金组织（2018 年）。

结论

中央银行正越来越多地将政策沟通作为货币政策的一种手段，且往往处于政策沟通的最前沿。中国人民银行也是如此，其已采取了重要措施来改善政策沟通。考虑到中国的全球影响力以及已宣布的进一步放开金融体系并继续向价格型货币政策转变的政策，进一步改善政策沟通至关重要。

我们评估了中国人民银行政策沟通对金融市场的影响，涉及四种政策沟通类型：每季度发布的《货币政策执行报告》、每季度发布的货币政策委员会会议记录、行长和副行长的新闻发布会和讲话以及第四个较为新颖的渠道——信息性的公开市场操作公告。我们计算了货币市场和债券市场中几种市场利率的每日变化绝对值以及股票市场价格，用它们代表市场的反应。我们用它们对中国人民银行政策沟通和控制变量进行了回归分析，以估计中国人民银行的政策沟通是否会影响市场的反应和波动性。

实证分析突出显示，政策沟通可以带来重要的益处，提高中央银行的透明度和独立性将有助于进一步提高中国人民银行的效率，包括通过前瞻性指引。例如，信息性的公开市场操作公告减少了波动性并提高了货币政策的有效性。虽然一些制度上的变革可能需要时间，但一些容易实现的目标可以在短期内实施。例如，通过一个渠道及时提供信息（中英文信息），拓展和提升中国人民银行开展预测的资源和能力，定期召开新闻发布会等，不仅有利于货币政策，还可以提高中国资本市场的吸引力，促进人民币国际化。

2018 年，中国人民银行重申承诺将进一步改善政策沟通并提高透明度，其也已采取了很多措施，包括增加召开新闻发布会和接受媒体采访的次数，提供更深入的分析，增加《货币政策执行报告》的信息等，以引导市场的预期。此外，2018 年年底，中央银行成立了一个新的工作组，为的是将政策声明和新闻发布稿译成英文，以更好地向国际投资者提供信息（彭博，2018 年）。

附录

统计表格

附表 1 政策沟通和控制变量的统计量概览

虚拟变量	平均值	标准差
D（*CEWC*）	0.001	0.001
D（*MPER*）	0.015	0.015
D（会议记录）	0.015	0.015
D（*OMO* 公告）	0.038	0.038
D（宏观发布）	0.088	0.088
D（利率变动）	0.116	0.116
D（口头 – *PBC* 行长）	0.015	0.015
D（口头政策沟通）	0.059	0.059
D（*PBC* 政策沟通）	0.119	0.119
D（口头 – 其他）	0.044	0.044

资料来源：作者的计算。

附表 2 市场利率的统计量概览

	政策沟通 =0		政策沟通 =1	
变量	平均值	标准差	平均值	标准差
R007	2.641	2.641	3.046	3.046
DR007	2.722	2.722	2.746	2.746
Shibor（1d）	2.353	2.353	2.460	2.460

续表

	政策沟通 =0		政策沟通 =1	
变量	平均值	标准差	平均值	标准差
Shibor（1w）	2.925	2.925	2.908	2.908
MTN（1y）	4.064	4.064	4.164	4.164
MTN（3m）	4.138	4.138	4.080	4.080
MTN（6m）	4.206	4.206	4.153	4.153
ST CP（1m）	4.016	4.016	3.935	3.935
ST CP（3m）	3.860	3.860	3.980	3.980
ST CP（6m）	3.954	3.954	4.063	4.063
Treasury（1y）	2.635	2.635	2.919	2.919
Treasury（5y）	3.228	3.228	3.346	3.346
Treasury（10y）	3.567	3.567	3.559	3.559
SSE Return	0.013	0.013	0.096	0.096

注：SSE= 误差平方和，ST CP= 短期商业票据，1d=1 天，1w=1 周，1m=1 个月，3m=3 个月，6m=6 个月，5y=5 年，10y=10 年。

资料来源：作者的计算。

附表 3　加总政策沟通的普通最小二乘估计值

	（1）	（2）	（3）	（4）	（5）	（6）	（7）	（8）	（9）
	|D.Repo（7d）- DR007|	|D.Shibor 1w）|	|D.ST CP（1m）|	|D.ST CP（3m）|	|D.ST CP（6m）|	|D.MTN（1y）|	|D.Treasury（3y）|	|D.Treasury（5y）|	|D.SSE Return|
D（CEWC）	–0.018	–0.062**	0.053	0.069*	0.052**	0.033	0.009 2	–0.009 3***	–0.35*
	[0.338]	[0.011]	[0.340]	[0.089]	[0.044]	[0.128]	[0.280]	[0.004]	[0.082]
D（宏观发布）	–0.011*	–0.026*	–0.014	0.001 4	0.000 60	0.001 5	–0.000 46	0.001 6	0.17
	[0.076]	[0.051]	[0.131]	[0.734]	[0.863]	[0.724]	[0.754]	[0.310]	[0.224]
D（利率变动）	0.088**	0.13**	0.035*	0.021**	0.010 0	0.007 4	0.000 42	0.001 0	0.83***
	[0.014]	[0.011]	[0.095]	[0.039]	[0.110]	[0.221]	[0.837]	[0.667]	[0.001]
D（PBC 政策沟通）	0.002 6	–0.058***	–0.020**	–0.001 1	–0.003 3	0.000 69	–0.000 11	0.000 88	–0.15
	[0.682]	[0.000]	[0.023]	[0.797]	[0.261]	[0.814]	[0.931]	[0.494]	[0.147]
常数项	0.055***	0.11***	0.079***	0.044***	0.039***	0.036***	0.021***	0.021***	1.32***
	[0.000]	[0.000]	[0.000]	[0.000]	[0.000]	[0.000]	[0.000]	[0.000]	[0.000]
R^2	0.063	0.031	0.004	0.007	0.006	0.003	0.001	0.002	0.019

注：3y=3 年，7d=7 天。p 值列在括号中。

*p < .1；**p < .05；***p < .01。

资料来源：作者的计算。

附表 4　政策沟通的普通最小二乘估计值（按类别划分）

	（1）	（2）	（3）	（4）	（5）	（6）	（7）	（8）	（9）
	|D.Repo（7d）-DR007|	|D.Shibor（1w）|	|D.ST CP（1m）|	|D.ST CP（3m）|	|D.ST CP（6m）|	|D.MTN（1y）|	|D.Treasury（3y）|	|D.Treasury（5y）|	|D.SSE Return|
D（CEWC）	–0.017	–0.061**	0.054	0.069*	0.052**	0.033	0.008 9	–0.009 4***	–0.40**
	[0.348]	[0.014]	[0.330]	[0.089]	[0.043]	[0.126]	[0.293]	[0.003]	[0.048]
D（宏观发布）	–0.011*	–0.027**	–0.014	0.001 5	0.000 84	0.001 6	–0.000 32	0.001 7	0.19
	[0.073]	[0.045]	[0.126]	[0.721]	[0.810]	[0.708]	[0.828]	[0.282]	[0.176]
D（利率变动）	0.089**	0.13**	0.036*	0.021**	0.011*	0.007 3	0.000 13	0.000 98	0.77***
	[0.015]	[0.011]	[0.092]	[0.050]	[0.087]	[0.242]	[0.949]	[0.688]	[0.002]
D（MPER）	–0.009 6	–0.012	–0.030***	–0.011*	–0.011	–0.006 8	–0.002 3	0.003 7	–0.26
	[0.492]	[0.637]	[0.000]	[0.057]	[0.123]	[0.369]	[0.535]	[0.362]	[0.191]
D（会议记录）	0.028	0.15*	0.032	0.009 6	–0.001 9	0.013	–0.002 1	–0.008 2**	0.29
	[0.184]	[0.083]	[0.421]	[0.653]	[0.766]	[0.590]	[0.456]	[0.017]	[0.406]
D（OMO 公告）	0.015*	–0.088***	–0.009 8	–0.000 78	0.000 12	–0.000 74	–0.002 4	–0.000 62	–0.74***

续表

	（1）	（2）	（3）	（4）	（5）	（6）	（7）	（8）	（9）
	|D.Repo（7d）–DR007|	|D.Shibor（1w）|	|D.ST CP（1m）|	|D.ST CP（3m）|	|D.ST CP（6m）|	|D.MTN（1y）|	|D.Treasury（3y）|	|D.Treasury（5y）|	|D.SSE Return|
	[0.065]	[0.000]	[0.334]	[0.863]	[0.975]	[0.821]	[0.160]	[0.707]	[0.000]
D（口头—PBC 行长）	–0.023***	–0.023	–0.0074	–0.00088	0.011	0.0066	0.0022	0.0036	0.19
	[0.006]	[0.263]	[0.577]	[0.911]	[0.206]	[0.423]	[0.583]	[0.401]	[0.456]
D（口头—其他）	–0.0029	–0.061***	–0.019*	0.0029	–0.0051	0.0023	0.0017	0.0013	0.13
	[0.744]	[0.000]	[0.053]	[0.637]	[0.174]	[0.544]	[0.332]	[0.426]	[0.375]
常数项	0.055***	0.10***	0.078***	0.044***	0.039***	0.035***	0.021***	0.021***	1.31***
	[0.000]	[0.000]	[0.000]	[0.000]	[0.000]	[0.000]	[0.000]	[0.000]	[0.000]
R^2	0.071	0.041	0.004	0.008	0.008	0.005	0.003	0.007	0.036

资料来源：作者的计算。

附表 5　加总政策沟通的 EGARCH 模型结果

	D.R007（1）	D.ST CP（3m）（2）	D.MTN（1y）（3）	D.Treasury（3y）（4）	SSE Return（5）
条件平均值					
因变量（t–1）	0.14***	0.18***	0.13***	0.07***	0.02
	（0.000）	（0.000）	（0.000）	（0.023）	（0.447）
逆回购利率	0.38***	–0.00	0.02	–0.02	0.36
	（0.024）	（0.971）	（0.772）	（0.490）	（0.873）
常数项	0.01***	0.00	–0.00	0.00	0.03
	（0.000）	（0.492）	（0.305）	（0.969）	（0.274）
条件波动性					
D（CEWC）	2.44***	–0.43	–0.26	–0.87	0.46***
	（0.000）	（0.422）	（0.603）	（0.146）	（0.009）
D（宏观发布）	–0.43***	0.11*	0.04	–0.06	–0.02
	（0.000）	（0.076）	（0.432）	（0.406）	（0.514）
D（利率变动）	0.06	0.28***	0.04	0.03	0.03
	（0.302）	（0.000）	（0.461）	（0.743）	（0.580）
D（PBC 政策沟通）	0.08***	–0.01	–0.01	–0.00	–0.03
	（0.000）	（0.873）	（0.812）	（0.949）	（0.251）
常数项	–0.08***	–0.36***	–0.35***	–0.74***	0.02*
	（0.000）	（0.000）	（0.000）	（0.000）	（0.070）
观察数量					
L.earch	0.25***	0.17***	0.08***	0.11***	0.01
	（0.000）	（0.000）	（0.000）	（0.000）	（0.384）
|L.earch|	0.36***	0.58***	0.30***	0.47***	0.20***
	（0.000）	（0.000）	（0.000）	（0.000）	（0.000）

续表

	D.R007（1）	D.ST CP（3m）（2）	D.MTN（1y）（3）	D.Treasury（3y）（4）	SSE Return（5）
L.egarch	0.96***	0.93***	0.94***	0.90***	1.00***
	（0.000）	（0.000）	（0.000）	（0.000）	（0.000）
观察数量	1 246	1 246	1 246	1 246	1 159

注：该表根据 Nelson（1991 年）的研究，使用 EGARCH 方法，即一般自回归条件异方差（GARCH）模型的特定一类，检验政策沟通的波动效应（见术语）。p 值列在括号中。

*p < .1； **p < .05； ***p < .01。

资料来源：作者的计算。

附表 6　加总政策沟通的 EGARCH 模型结果（按类别和人群划分）

	D.R007（1）	D.ST CP（3m）（2）	D.MTN（1y）（3）	D.Treasury（3y）（4）	SSE Return（5）
条件平均值					
因变量（t-1）	0.14***	0.13***	0.14***	0.07***	0.03
	（0.000）	（0.000）	（0.000）	（0.023）	（0.431）
逆回购利率	0.36**	0.00	0.02	–0.02	0.33
	（0.039）	（0.983）	（0.798）	（0.512）	（0.882）
常数项	0.01***	0.00	–0.00	0.00	0.03
	（0.000）	（0.225）	（0.209）	（0.992）	（0.245）
条件波动性					
D（CEWC）	2.40***	–0.54	–0.13	–0.93	0.37*
	（0.000）	（0.354）	（0.834）	（0.130）	（0.055）
D（宏观发布）	–0.43***	0.06	0.06	–0.07	–0.03
	（0.000）	（0.414）	（0.342）	（0.342）	（0.485）

续表

	D.R007 （1）	D.ST CP （3m） （2）	D.MTN （1y） （3）	D.Treasury （3y） （4）	SSE Return （5）
D（利率变动）	0.06	0.45***	0.13*	0.02	0.03
	（0.271）	（0.000）	（0.057）	（0.858）	（0.542）
D（PBC 政策沟通）	0.06***	0.09**	–0.03	0.02	–0.02
	（0.009）	（0.026）	（0.405）	（0.745）	（0.450）
D（口头—PBC 行长）	0.17*	–0.15	0.74***	–0.24	–0.16**
	（0.095）	（0.343）	（0.000）	（0.172）	（0.026）
D（MPER）	–0.19	0.33**	0.16	–0.07	–0.12
	（0.251）	（0.028）	（0.345）	（0.751）	（0.359）
常数项	–0.07***	–0.88***	–0.56***	–0.73***	0.02**
	（0.000）	（0.000）	（0.000）	（0.000）	（0.033）
观察数量					
L.earch	0.24***	0.19***	0.09***	0.11***	0.01
	（0.000）	（0.000）	（0.000）	（0.000）	（0.424）
|L.earch|	0.36***	0.77***	0.37***	0.47***	0.20***
	（0.000）	（0.000）	（0.000）	（0.000）	（0.000）
L.egarch	0.96***	0.84***	0.91***	0.90***	1.00***
	（0.000）	（0.000）	（0.000）	（0.000）	（0.000）
观察数量	1 246	1 246	1 246	1 246	1 159

注：该表根据 Nelson（1991 年）的研究，使用 EGARCH 方法，即一般自回归条件异方差（GARCH）模型的特定一类，检验政策沟通的波动效应。p 值列在括号中。*p < .1；**p < .05；***p < .01。

资料来源：作者的计算。

附表 7　公开市场操作公告和传导效率

	(1)	(2)	(3)	(4)	(5)	(6)	(7)	(8)	(9)	(10)	(11)	(12)
变量	D.R001	D.R007	D.DR007	D.R014	D.Shibor (1d)	D.Shibor (1w)	D.Shibor (2w)	D.Shibor (1m)	D.Shibor (3m)	D.Shibor (6m)	D.Shibor (9m)	D.Shibor (1y)
D. 逆回购利率	−0.063	−0.009 7	−0.003 8	−0.11	−0.045*	0.027	−0.15***	−0.12***	−0.006 9	0.003 7	0.001 9	0.002 1
	[0.179]	[0.897]	[0.962]	[0.130]	[0.091]	[0.772]	[0.008]	[0.002]	[0.582]	[0.292]	[0.512]	[0.455]
公告期	0.007 1	0.008 9	0.003 4	0.017	0.003 8	0.002 3	0.005 0	0.005 3	0.004 2**	0.004 4***	0.004 5***	0.004 7***
	[0.573]	[0.714]	[0.659]	[0.456]	[0.730]	[0.792]	[0.557]	[0.414]	[0.011]	[0.000]	[0.000]	[0.000]
D. 逆回购利率 × 公告期	1.09***	6.12**	1.36**	0.84***	0.51***	0.33***	0.38***	0.74***	0.27***	0.30***	0.20***	0.19***
	[0.001]	[0.011]	[0.040]	[0.003]	[0.000]	[0.001]	[0.000]	[0.000]	[0.000]	[0.000]	[0.000]	[0.000]
常数项	−0.001 7	−0.001 0	−0.002 0	−0.000 23	−0.001 4	−0.001 2	−0.001 1	−0.001 1	−0.000 002 3	−0.000 23	−0.000 49	−0.000 61
	[0.860]	[0.913]	[0.678]	[0.981]	[0.895]	[0.888]	[0.895]	[0.861]	[0.999]	[0.634]	[0.245]	[0.115]
R^2	0.000	0.004	0.003	0.001	0.000	0.000	0.001	0.001	0.003	0.019	0.023	0.029
分位数	OLS	OLS	OLS	OLS	OLS	OLS	OLS	OLS	OLS	OLS	OLS	OLS

注：DR007=7 天银行间质押式回购利率；OLS= 普通最小二乘；R001= 非金融机构 1 天回购利率；R007= 非金融机构 7 天回购利率；R014= 非金融机构 14 天回购利率；Shibor= 上海银行间同业拆放利率；1d=1 天；1w=1 周；2w=2 周；1m=1 个月；3m=3 个月；6m=6 个月；9m=9 个月；1y=1 年。p 值列在括号中。

*p < .1；**p < .05；***p < .01。

资料来源：作者的计算。

附表 8　公开市场操作公告和传导效率：动态结果

	(1)	(2)	(3)	(4)	(5)	(6)	(7)	(8)	(9)	(10)	(11)	(12)
变量	D.R001	D.R001	D.R007	D.R007	D.DR007	D.DR007	D.R014	D.R014	D.Shibor（1d）	D.Shibor（1d）	D.Shibor（1w）	D.Shibor（1w）
公告期	否	是	否	是	否	是	否	是	否	是	否	是
D. 逆回购利率	−0.058	1.07***	−0.001 6	6.18**	−0.026	1.37**	−0.084	0.83***	−0.038	0.48***	0.031	0.36***
	[0.245]	[0.001]	[0.984]	[0.011]	[0.732]	[0.039]	[0.296]	[0.005]	[0.199]	[0.000]	[0.744]	[0.000]
L. D. 逆回购利率	0.11	1.13	0.12	−2.10***	0.024	0.52	0.12**	0.53	0.12	0.84	0.088	0.12
	[0.181]	[0.240]	[0.351]	[0.000]	[0.860]	[0.471]	[0.033]	[0.436]	[0.191]	[0.158]	[0.371]	[0.298]
L2. D. 逆回购利率	−0.17**	0.67***	−0.16	2.10***	0.26***	−0.28*	0.026	0.70***	−0.14*	0.074	−0.24	−0.000 19
	[0.043]	[0.000]	[0.463]	[0.004]	[0.007]	[0.061]	[0.870]	[0.008]	[0.065]	[0.350]	[0.105]	[0.999]
L3. D. 逆回购利率	−0.081	1.65	−0.12	5.40	0.12**	0.67	−0.33	6.18***	−0.096	0.11*	−0.061	0.089
	[0.633]	[0.188]	[0.222]	[0.122]	[0.035]	[0.259]	[0.216]	[0.000]	[0.481]	[0.086]	[0.633]	[0.188]
常数项	−0.001 8	0.001 6	−0.001 2	0.001 9	−0.000 64	0.000 47	−0.000 41	0.008 1	−0.001 5	0.001 3	−0.001 4	0.000 86
	[0.849]	[0.845]	[0.899]	[0.933]	[0.895]	[0.941]	[0.966]	[0.690]	[0.887]	[0.696]	[0.868]	[0.466]
R^2	0.001	0.031	0.001	0.050	0.008	0.020	0.003	0.042	0.001	0.033	0.002	0.030

续表

变量	（13）D.Shibor（2w）	（14）D.Shibor（2w）	（15）D.Shibor（1m）	（16）D.Shibor（1m）	（17）D.Shibor（3m）	（18）D.Shibor（3m）	（19）D.Shibor（6m）	（20）D.Shibor（6m）	（21）D.Shibor（9m）	（22）D.Shibor（9m）	（23）D.Shibor（1y）	（24）D.Shibor（1y）
公告期	否	是	否	是	否	是	否	是	否	是	否	是
D. 逆回购利率	−0.13*	0.24***	−0.12***	0.63***	−0.007 2	0.27***	0.003 6	0.31***	0.002 0	0.21***	0.002 2	0.20***
	[0.065]	[0.000]	[0.004]	[0.000]	[0.561]	[0.000]	[0.302]	[0.000]	[0.500]	[0.000]	[0.450]	[0.000]
L. D. 逆回购利率	0.11**	−0.045	−0.33**	0.34**	−0.005 3	0.15***	0.001 3	0.24***	−0.000 027	0.26***	0.000 62	0.23***
	[0.012]	[0.763]	[0.013]	[0.012]	[0.540]	[0.000]	[0.438]	[0.000]	[0.983]	[0.000]	[0.528]	[0.000]
L2. D. 逆回购利率	−0.12	0.19***	−0.30**	0.32**	0.013	0.16***	0.005 9	0.12***	0.004 4	0.21***	0.002 6	0.18***
	[0.268]	[0.004]	[0.036]	[0.018]	[0.235]	[0.000]	[0.268]	[0.000]	[0.392]	[0.005]	[0.263]	[0.003]
L3. D. 逆回购利率	−0.32	0.20**	−0.079	0.37***	0.005 5	0.32*	0.001 8	0.12***	−0.001 3	0.16***	−0.000 57	0.14***
	[0.320]	[0.027]	[0.342]	[0.000]	[0.449]	[0.064]	[0.221]	[0.002]	[0.621]	[0.004]	[0.525]	[0.010]
常数项	−0.001 4	0.003 5***	−0.001 9	0.003 1*	0.000 016	0.003 5***	−0.000 22	0.003 7***	−0.000 49	0.003 3***	−0.000 61	0.003 5***
	[0.864]	[0.000]	[0.767]	[0.085]	[0.990]	[0.001]	[0.649]	[0.000]	[0.249]	[0.000]	[0.118]	[0.000]
R^2	0.004	0.063	0.010	0.075	0.000	0.069	0.000	0.140	0.000	0.330	0.000	0.256

注：DR007=7 天银行间质押式回购利率；OLS= 普通最小二乘；R001= 非金融机构 1 天回购利率；R007= 非金融机构 7 天回购利率；R014= 非金融机构 14 天回购利率；Shibor= 上海银行间同业拆放利率；1d=1 天；1w=1 周；2w=2 周；1m=1 个月；3m=3 个月；6m=6 个月；9m=9 个月；1y=1 年。p 值列在括号中。

*p < .1；**p < .05；***p < .01。

资料来源：作者的计算。

第四部分

离岸债券市场

第15章

离岸人民币点心债券

周锦华　罗德恩

在促进人民币境外使用的政策以及放开在岸和离岸市场间人民币资金双向流动的政策支持下，香港特别行政区的点心债券（在中国境外发行的、以人民币计价的债券）市场自2011年起规模不断扩大，并于2015年达到顶峰。

点心债券市场如此具有吸引力，背后的关键驱动因素包括：外国公司需要离岸人民币资金来支持其在岸市场上的业务经营，以及中国境内公司需要境外融资来支持其通过香港特别行政区开展的对外直接投资。点心债券市场作为一个面向国际和中国境内发行人的替代性人民币融资平台，由于市场准入度高，有助于促进全球公司和投资者在境外使用人民币。该市场在价格发现与在岸和离岸市场间人民币资金融通方面发挥了重要作用。[①]

相应地，政策制定者必须了解点心债券市场的主要驱动因素，以制定适当的政策，促进该离岸人民币债券市场的发展。基于以上考虑，本章审视了点心债券市场的结构，包括发行人的基本情况以及点心债券的主要特征，分析了债券发行的各项驱动因素，并指出，经济增长、离岸－在岸收益率差异、筹集人民币资金的用途、人民币有效汇率和远期汇率以及中国境内的政策是决定离

① 关于离岸市场的作用及离岸市场与货币境外使用之间的关系的详细讨论，见He和McCauley（2012年）。

岸市场上点心债券净发行量的关键因素。

点心债券市场的结构

自 2007 年中国国家开发银行首次在香港特别行政区发行离岸人民币债券以来，点心债券市场得到了快速发展。①2009 年 10 月，财政部在香港特别行政区发行了 60 亿元人民币国债，这是中央政府首次在离岸市场上发行人民币债券。② 财政部持续发行离岸人民币债券，有助于建立基准收益率曲线，促进在香港特别行政区发行点心债券的定价。由于人民币升值的预期，以及离岸市场人民币计价资产相对于人民币存款的快速增长而言供应有限，强劲的需求推动公司点心债券市场规模在 5 年内增加了 9 倍，于 2015 年年底达到了 5 800 亿元人民币的顶峰（图 15.1）。与香港特别行政区人民币资金池的规模相比，未偿点心债券的存量规模相对较小，在 2017 年 2 月达到离岸人民币存款的 1.3% 这一峰值后，于 2018 年 3 月降至离岸人民币存款的 0.9%。由于人民币波动性增大以及中国经济增长放缓等因素，近年来点心债券的总发行量呈下滑趋势，不过，在中国内地企业的外部融资需求以及外国公司为支持其在中国的经营和投资而产生的人民币资金需求的驱动下，2018 年年初，点心债券发行活动趋于稳定（图 15.2）。③

---

① 2007 年 7 月，中国国家开发银行在香港特别行政区发行了两年期离岸人民币债券，票面利率为 3.0%，面值 50 亿元人民币。

② 财政部在香港特别行政区首次发行的离岸人民币债券包括两年期、三年期和五年期债券。

③ 关于点心债券市场发展的详细讨论，见 Fung、Tzau 和 Yau（2013 年）。

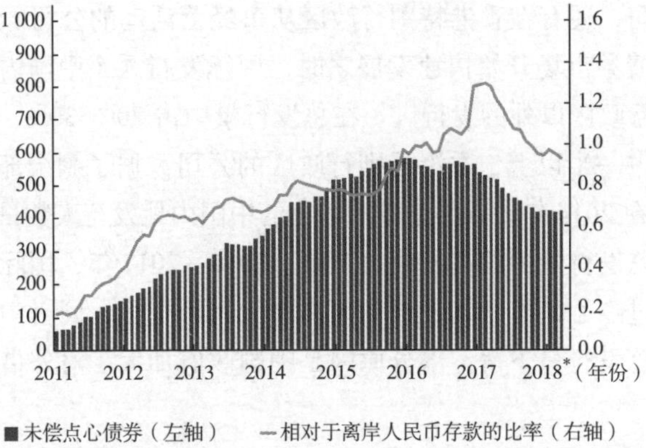

图 15.1　2011—2018 年未偿点心债券（左轴：10 亿元人民币；右轴：百分比）

注：离岸人民币存款指香港特别行政区的离岸人民币存款。

*2018 年的数据截至 3 月。

资料来源：彭博资讯，CEIC，作者的计算。

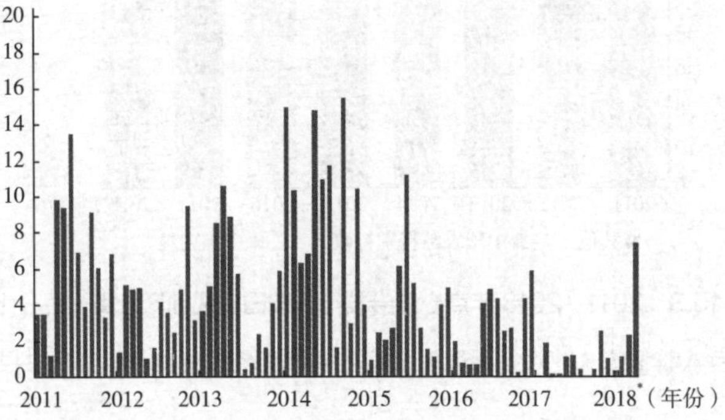

图 15.2　2011—2018 年点心债券总发行量（10 亿元人民币）

注：*2018 年的数据截至 3 月。

资料来源：彭博资讯，作者的计算。

由于点心债券发行人类型以及发行人筹得人民币资金的用途均不受限制，发行人的类别较为多元化，既有跨国公司，又有中国内地公司，还有在香港特别行政区从事经营活动的公司。在2011年点心债券市场开始快速发展之时，国际发行人（中国内地和香港特别行政区以外的发行人）在总发行量中占20%~30%，中国内地公司占一半以上，香港特别行政区的公司占据了剩余部分（图15.3）。在2014年，点心债券市场上的中国内地发行人数量显著增长，在总发行量中的占比超过70%。2016—2017年，国际发行人开始通过点心债券市场积极利用离岸人民币资金，同时中国内地公司的总发行量下滑，部分原因是中国政府加大了对外借款的审查力度。

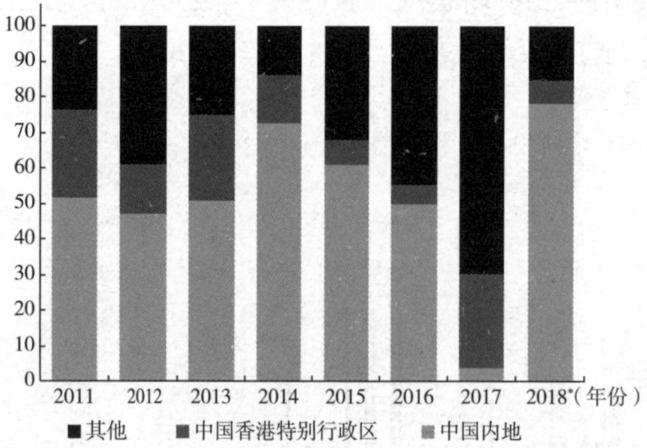

图15.3　2011—2018年点心债券发行人按国家或地区分类（百分比）

注："发行人按国家或地区分类"的依据是彭博所定义的债券风险所在国家[①]或地区。

*2018年的数据截至第一季度。

资料来源：彭博资讯，作者的计算。

① "发行人按国家或地区分类"的依据是彭博所定义的风险所在国家，一般指公司实际所有权所在国家。例如，中国内地企业在香港特别行政区组建的子公司归类为内地公司。

点心债券发行人的行业分布多种多样（图 15.4）。非银行金融公司和房地产开发商是离岸人民币债券市场上活跃的发行人。[①] 为便于发行点心债券，中国公司通常会设立子公司或特殊目的机构，以便在离岸市场上筹集人民币资金。这解释了非银行金融公司，包括特殊目的机构的债券发行量占比相对较大的原因。中国内地公司通常通过特殊目的机构进行海外投资或在离岸市场上筹集资金，是因为这类机构较为灵活且容易设立，尤其是中国内地公司无须为此设立海外子公司。[②]

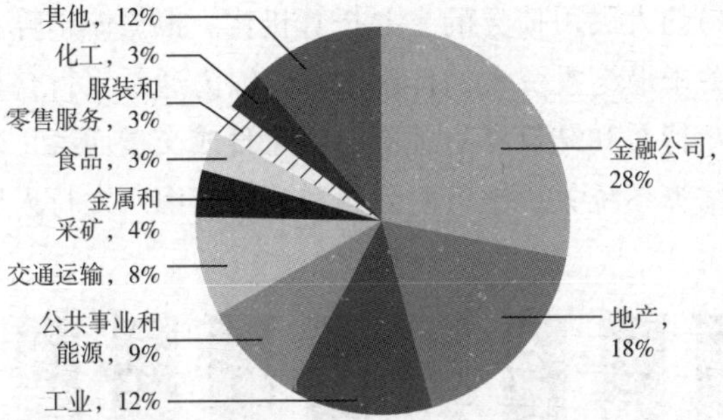

图 15.4　点心债券发行人的行业分布情况

注："金融公司"类别中的发行人包括非银行非保险金融机构，例如证券公司、财务公司和特殊目的机构。"其他"类别中的发行人包括其他服务部门和具有多元化业务的投资控股公司。

资料来源：彭博资讯，作者的计算。

房地产开发商（包括香港特别行政区和内地的房地产开发商）

① 非银行金融公司不包括国际金融机构、政策性银行、银行和保险公司，但包括证券公司。

② 针对中国内地公司出于海外投资和境外融资目的而对特殊目的机构的普遍使用，国家外汇管理局 2014 年 7 月发布通知，对通过特殊目的机构进行境外投融资的问题做出了规定。

同样是活跃的点心债券发行人。香港特别行政区的房地产开发商通过离岸市场筹集人民币资金用于其在岸市场的建设项目。对中国内地的房地产开发商而言，当在岸市场流动性收紧时，点心债券市场是一个替代性的筹资渠道。

大多数点心债券发行人筹集人民币资金用于支持投资项目或作为营运资本。因此，大多数点心债券的期限为1~3年（图15.5）。按投资者类别看，散户和机构投资者（例如共同基金管理者）是点心债券的主要买方，原因是在离岸市场上，点心债券收益率高于人民币存款利率。债务工具中央结算系统是在香港特别行政区交易的人民币债券的主要托管机构。根据该结算系统的数据，尚无关于最终投资者的详细信息，因为通常银行会作为受托人代表客户持有和结算点心债券。就每日成交量而言，来自债务工具中央结算系统关于银行、公司和政府组织所发行人民币债券

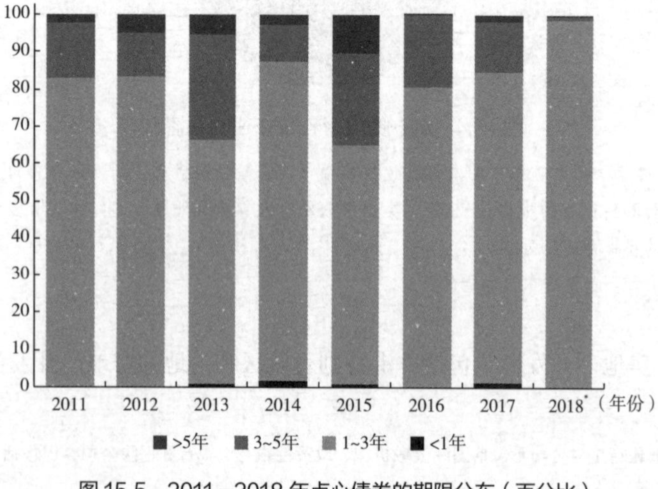

图15.5 2011—2018年点心债券的期限分布（百分比）

注：*2018年的数据截至第一季度。

资料来源：彭博资讯，作者的计算。

的数据显示，一年期或以下的债券交易最活跃，原因可能是机构投资者通常会持有点心债券至到期（图 15.6）。[①]

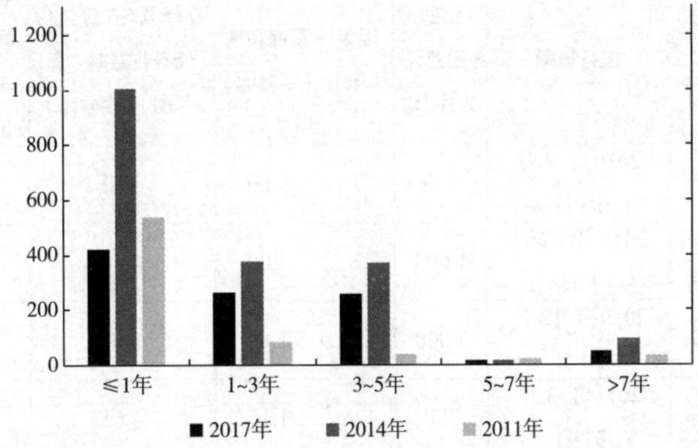

图 15.6　债务工具中央结算系统托管的人民币债券日均成交量（百万元人民币）

注：包括银行、公司和政府组织发行的离岸人民币债券。

资料来源：债务工具中央结算系统，作者的计算。

点心债券市场作为离岸人民币资金筹集平台

2011 年离岸人民币债券市场开始快速发展之时，麦当劳、联合利华和卡特彼勒在香港特别行政区发行了点心债券，以利用人民币资金来支持其在岸市场上的业务经营，例如购买设备或建造生产工厂。发行的债券期限一般为 2~3 年。因为信用状况良好，加上市场对人民币资产的需求旺盛，跨国公司发行的离岸人民币债券票面利率一般低于在岸市场上发行的同等 AAA 级企业债券的收益率（表 15.1）。主权发行人（如财政部）在离岸市场上的债券

① 在债务工具中央结算系统登记的人民币债券成交量包括政府、政策性银行、超国家机构、银行和非银行公司发行的点心债券。

融资成本也较低。

表 15.1 2010 年 9 月至 2011 年 9 月跨国公司和财政部发行的点心债券

发行人	发行日期	金额（百万元人民币）	期限（年）	票面利率（百分比）	在岸 AAA 级企业债券收益率（三年期）（百分比）	收益率差异：离岸减去在岸（基点）
麦当劳	2010 年 9 月 16 日	200	3	3.00	3.32	–32
卡特彼勒金融服务	2010 年 12 月 1 日	1 000	2	2.00	4.38	–238
财政部	2010 年 12 月 20 日	3 000	2	1.60	3.30[1]	–170
联合利华	2011 年 3 月 31 日	300	3	1.15	4.65	–350
卡特彼勒金融服务	2011 年 7 月 12 日	2 300	2	1.35	5.11	–376
乐购公司	2011 年 9 月 1 日	725	3	1.75	5.82	–407
BP 公司	2011 年 9 月 14 日	700	3	1.70	5.82	–412

注：[1] 财政部在在岸市场上发行的三年期人民币债券收益率。BP 公司 = 英国石油公司

资料来源：彭博资讯，媒体报道。

受具有竞争力的定价吸引，越来越多的中国内地公司进入点心债券市场以利用该市场的人民币资金。对国有企业而言，筹得的资金可用于支持其对外直接投资，如海外并购。对民营企业而言，发行点心债券的动机是实现资金来源的多样化，特别是当在岸市场流动性趋紧时。例如 2013—2014 年在岸融资成本上升，中国内地各个部门（包括采矿、金融和房地产业）的公司普遍增加了点心债券的发行量（表 15.2）。一直以来，在岸—离岸收益率差异与离岸市场点心债券总发行量之间存在较强的联动性

表 15.2　2010—2014 年境内发行人在在岸市场和离岸市场进行债券融资的成本比较

国有或民营企业[1]	发行年月	离岸市场	票面利率（每年 %）	收益率差异离岸减去在岸（基点）		发行年月	在岸市场	票面利率（每年 %）
		期限（年）					期限（年）	
中国石油财务（香港）有限公司	2011 年 10 月	3	2.95	–102	中国石油天然气股份有限公司	2010 年 5 月	5	3.97
上海宝钢集团	2012 年 2 月	3	3.675	–144	上海梅山钢铁	2012 年 4 月	3	5.11
华能国际电力股份有限公司	2013 年 2 月	3	3.85	–130	中国华能集团	2013 年 3 月	5	5.15
万科	2013 年 4 月	5	4.5	–20	万科	2014 年 12 月	3	4.7
云南省能源投资集团	2014 年 10 月	3	5.5	–65	云南省能源投资集团	2014 年 10 月	3	6.15

注：1 部分在香港特别行政区的点心债券发行人为中国内地母公司的子公司。

资料来源：中国银行，中银国际（香港）有限公司。

（图 15.7）。①

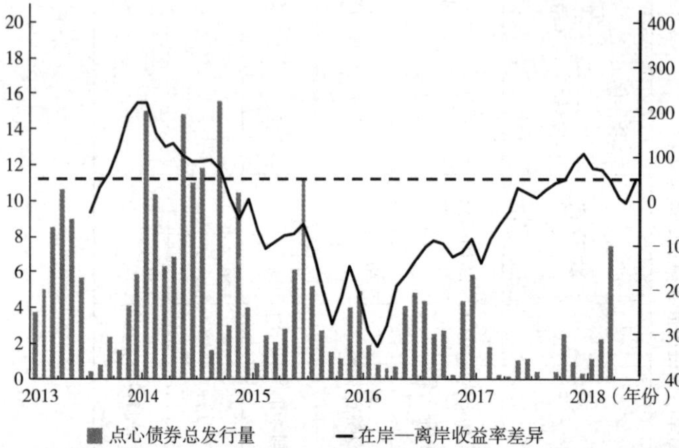

图 15.7　2013—2018 年 3 月在岸—离岸收益率差异与点心债券总发行量（左轴：10 亿元人民币；右轴：基点）

资料来源：中国银行，彭博资讯。

初期点心债券市场快速扩张的动力源自一系列的政策和市场因素。其中，支持以人民币进行直接投资的放开措施是一项重要因素。2011 年 1 月，中国人民银行宣布开展一项试点计划，允许中国境内企业使用人民币进行对外直接投资，正如导言部分所述。2011 年 10 月，商务部和中国人民银行分别发出通知，允许外国投资者使用离岸人民币资金，包括在离岸债券市场上筹集的人民币资金，为中国境内的外商直接投资（FDI）提供资金。这些放开措施促使外国公司和中国境内公司加大了在离岸市场上发行点心债

① 在岸—离岸收益率差异是依据中国银行和中银国际（香港）编制的指数，该指数选择符合条件的三年期（离岸人民币债券的最常见期限）离岸和在岸人民币公司债券作为成分债券。该指数及其细分指数计算了经加权平均后在岸和离岸市场的到期收益率之间的差值。

券的力度。详细的放开措施见附录中的附表 1。

收益率差异的大幅摆动表明在岸市场和离岸市场相互分割，供需条件各不相同，同时，由于中国仍实行资本管制，无风险套利的空间有限。市场流动性和货币条件的差异也是在岸和离岸债券收益率存在差异的部分原因。例如，2015 年，A 股市场动荡增强了对债券的避险需求，同时提升了对中国人民银行放松银根的预期。强劲的需求将公司债券收益率压至异常低的水平，信用利差收窄至历史低位，在很大程度上，在岸—离岸收益率差异从 2013—2014 年的正值转变为 2015—2016 年的负值，主要也是这个原因（图 15.7）。2017 年以来，影子银行业务受到了更严格的监管，债券违约数量也有所增加，这促使债券定价中的风险溢价扩大，推高了在岸债券收益率（相对于离岸债券收益率而言）。

为解释离岸人民币债券市场的发行活动，我们使用点心债券净发行量来研究发行活动在不同驱动因素作用下的变动情况。企业筹集离岸人民币资金的一项动机是为其在海外或中国的直接投资提供资金。过去的发展状况显示，点心债券的净发行量与中国的对外直接投资而非境内的外商直接投资有更大的联动性（图 15.8 和图 15.9）。中国公司比外国公司更积极地通过点心债券市场来筹集人民币资金，这一现象呼应了上文提及的发展状况（图 15.3）。考虑到中国境内公司开展的对外直接投资中有很大一部分为海外并购，而此类交易常以美元或其他外币结算，因此，较常使用人民币的是那些与中国境内经济联系更紧密的发展中经济体，因为它们可以用人民币支付从中国进口的货物和服务。① 这一点可见于中国以人民币结算的对外直接投资金额从 2011 年的 270 亿元人民

① 中国以人民币结算的对外直接投资持续增长。例如，中国石油公司对文莱一项油田的投资中，因为大约 80% 的石油开采和提炼设施将由中国的承包商建设，投资者同意使用人民币支付对该油田的投资，以减少汇率风险和汇兑成本。

币快速增至2016年的1.062万亿元人民币，以及之后于2017年减少至4 570亿元人民币。[①]

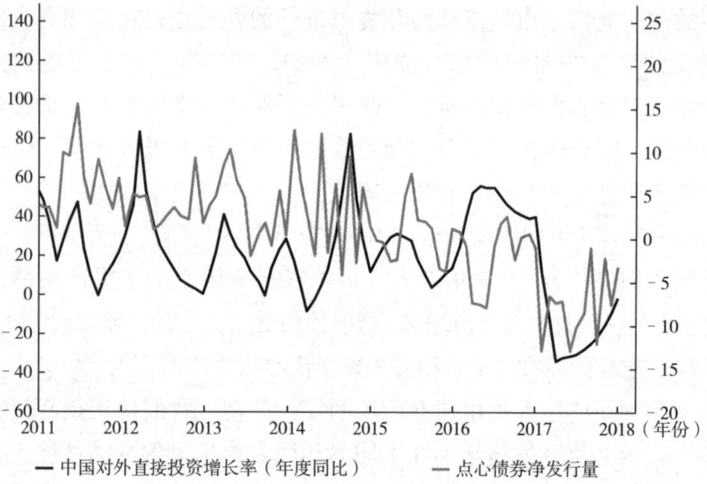

图15.8　2011—2017年中国对外直接投资与点心债券净发行量（左轴：百分比；右轴：10亿元人民币）

资料来源：彭博资讯，CEIC，作者的计算。

政策措施也可能是促进离岸市场点心债券发行的因素。当中国境内公司寻求境外融资时，中国人民银行与国家外汇管理局会根据该公司的净资产和监管机构制定的宏观审慎因素（风险因素）设定一个融资上限。一般而言，以外币计价的境外借款风险因素大于人民币借款的风险因素，因此，这些公司发行人民币债券受到的限制较小。同时，中国政府提出的"走出去"战略也促进了2015—2016年对外直接投资。这可能也在一定程度上解释了同期

① 由于以人民币结算的对外直接投资的汇编同时使用了贷方交易和借方交易的数据，因此这些数字无法直接与商务部和国家统计局发布的对外直接投资数值比较。

点心债券净发行量的提升。[①]

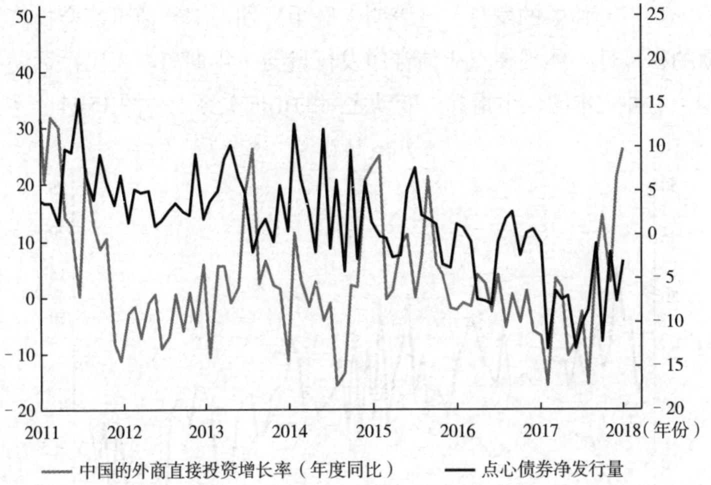

图 15.9　2011—2017 年在中国的外商直接投资与点心债券净发行量（左轴：百分比；右轴：10 亿元人民币）

资料来源：彭博资讯，CEIC，作者的计算。

为避免资金来源和用途之间的币种错配，一些点心债券发行人可能会在离岸市场中进行人民币和美元的互换交易，为海外投资提供资金。中国境内发行人收到境外投资产生的美元收入时，可将美元收益兑换为人民币，以偿还到期的点心债券。这表明人民币汇率和对冲成本有可能影响债券发行，因为它们会改变总体融资成本。一直以来，人民币有效汇率升值往往支持使用点心债券进行境外融资，而人民币有效汇率贬值则会抑制发行活动（图

① “走出去”战略是指中国政府促进和鼓励中国境内企业开展境外投资的举措。这些措施包括鼓励通过并购或设立境外子公司的方式扩大境外业务规模，以促进对外直接投资。

15.10）。[①] 除了汇率方面的考虑，如果发行人计划将海外投资产生的美元收益兑换成人民币以支付到期的人民币债券，则对冲成本也可能影响点心债券的发行。这表明人民币远期汇率贬值可能会提高发债的积极性，体现在点心债券净发行量与一年期离岸人民币远期汇率（对冲成本的一个指标）变动之间的正向关系上（图 15.11）。

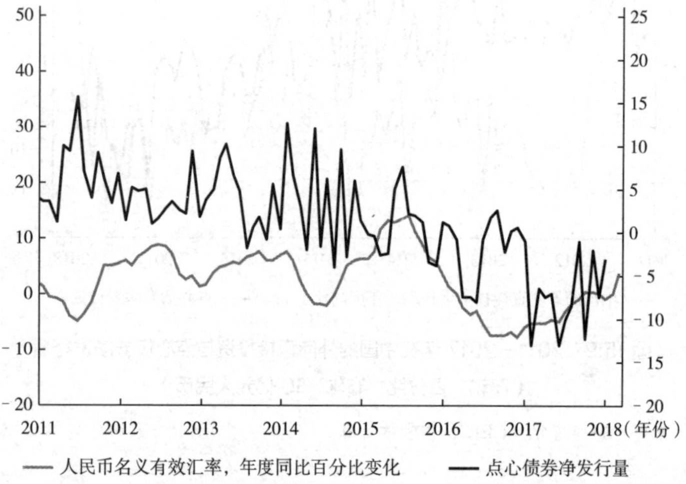

图 15.10　2011—2017 年人民币名义有效汇率与点心债券净发行量（左轴：百分比；右轴：10 亿元人民币）

资料来源：彭博资讯，CEIC，作者的计算。

除了将资金用于海外投资，点心债券发行人也可将筹得的人民币资金用于支持其在岸业务。如上所述，如果借入离岸人民币具有成本优势，则国际和中国境内发行人便会有很强烈的动机这样做。He、Luk 和 Zhang（2015 年）的研究表明，利率差异是驱动国际对人民币资产和负债需求的关键因素。针对离岸和在岸市

① 基于国际清算银行估算的人民币名义有效汇率。

场上发行的人民币主权债券收益率进行的研究发现，收益率差异与点心债券净发行量呈逆向关系（图 15.12）。[①]

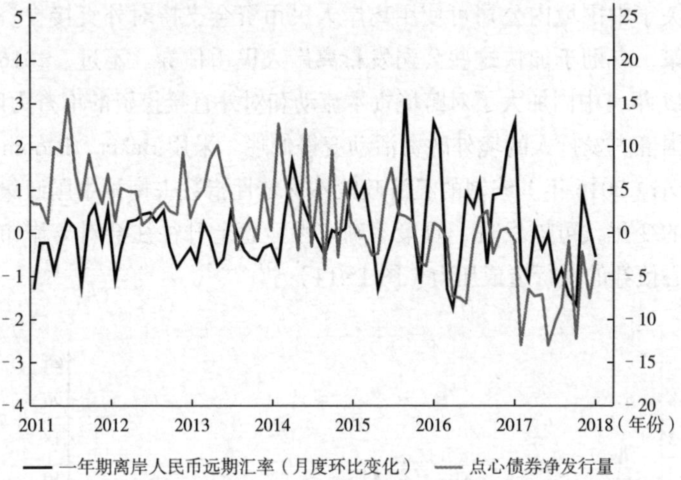

图 15.11　2011—2017 年离岸人民币远期汇率与点心债券净发行量（左轴：百分比；右轴：10 亿元人民币）

注：离岸人民币远期汇率 = 离岸人民币 / 美元远期汇率。

资料来源：彭博资讯，作者的计算。

过去的一些研究表明，在公司层面上，筹集资金成本、汇率波动、对冲成本以及资金用途等因素有助于解释点心债券市场发行活动的变化。[②] 在宏观层面上，实体经济活动和政策变化也会影响公司的筹资决定。衡量实体经济活动的一个指标是中国工业生产增加值的增长率，因为它与 GDP 的关联度高，数据频率也高。图 15.13

① 自 2011 年后，中国境内允许将离岸人民币资金调回在岸作为直接投资用途，令这类跨境资金流动变得更为常见。

② 关于影响公司在离岸人民币债券市场的投融资决定的分析，见 Mizen 和 Tsoukas（2015 年）。

显示点心债券市场净发行量与中国工业生产增长率的趋势近似。

由于仍然实行资本管制政策，金融放开措施方面的任何变化均会对离岸市场上的人民币筹资活动产生重要影响。例如，2011年关于中国境内公司可使用离岸人民币资金支持对外直接投资的政策，有助于加快这些公司发行离岸人民币债券。不过，2016—2017年，中国加大了对跨境资本流动和对外直接投资的审查力度，中国境内发行人的境外融资活动变得低迷。采用Baker、Bloom和Davis（2016年）编制的经济政策不确定性指数去衡量中国政策取向的变化，可以发现，政策不确定性显著上升往往会对离岸市场点心债券的发行造成压力（图15.14）。[①]

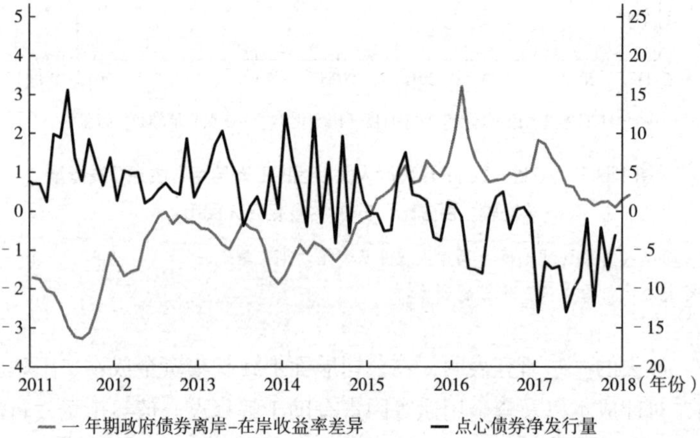

图15.12　2011—2017年收益率差异与点心债券净发行量

（左轴：百分点；右轴：10亿元人民币）

资料来源：彭博资讯，CEIC，作者的计算。

① 该方法的详细说明见Baker、Bloom和Davis（2016年）。

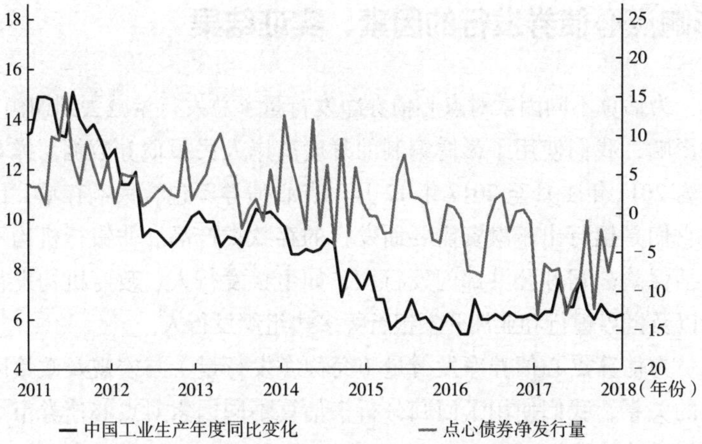

图 15.13　2011—2017 年工业生产增长率与点心债券净发行量
（左轴：百分比；右轴：10 亿元人民币）

资料来源：彭博资讯，CEIC，作者的计算。

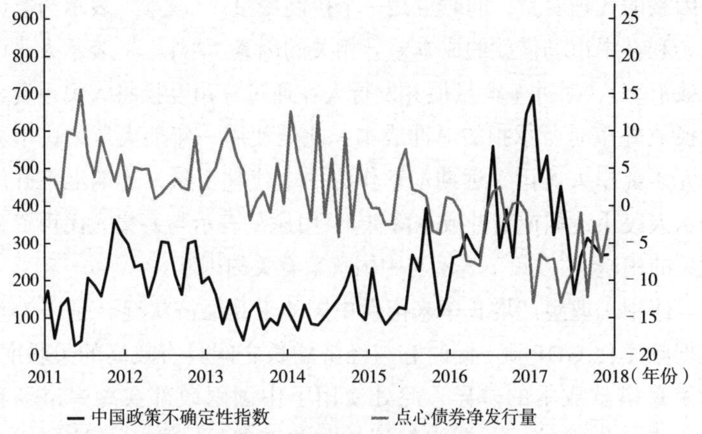

图 15.14　2011—2017 年政策不确定性指数与点心债券净发行量
（左轴：指数；右轴：10 亿元人民币）

资料来源：彭博资讯，CEIC，作者的计算。

影响点心债券发行的因素：实证结果

为估算不同因素对点心债券净发行量（总发行量减去到期额）的影响，我们使用了彭博编制的月度离岸人民币债券数据。样本期为 2011 年 1 月至 2017 年 12 月。点心债券不包含大额存单，因为它们是银行出于融资需要而发行的存款类产品。非银行机构不包括保险公司和公共部门发行人，如主权发行人、政府机构发行人以及世界银行和亚洲开发银行等多边组织发行人。

为估算点心债券净发行量（简称净发行量）与宏观及政策因素的关系，我们使用了回归分析来估算不同因素对点心债券市场发行活动的影响。

$$\text{净发行量}_t = \alpha + \beta_1 \text{工业生产}_t + \beta_2 \text{成本}_t + \beta_3 \text{外汇}_t + \beta_4 \text{对冲}_t + \beta_5 \text{用途}_t + \beta_6 \text{政策}_t + \varepsilon_t \quad (15.1)$$

其中“工业生产”表示中国的工业生产增长率，它是宏观经济因素的代理变量，同时也是一个控制变量。“成本”表示与离岸市场和在岸市场借款的成本差异相关的因素。“外汇”表示人民币有效汇率。“对冲”衡量债券发行人在通过货币互换将人民币资金转换成外币时所承担的对冲成本。此处使用一年期离岸人民币兑美元（离岸人民币）远期汇率作为一个代理变量，远期汇率升值表示人民币走弱或对冲成本降低。“用途”表示与筹集人民币资金相关的用途，“政策”表示与中国政策有关的因素。

使用工业生产增长率来衡量中国的宏观经济状况，是因为其数据频率比 GDP 高，同时它与经济增长之间具有较高的关联度。为衡量借款成本的差异，此处使用了中国财政部在离岸市场和在岸市场发行的一年期主权债券收益率差异，原因是这些债券在二级市场的流动性高，而且假定相同发行人在两个市场上的信用利差相似。

这里使用了人民币名义有效汇率和一年期离岸人民币远期

汇率来衡量汇率波动和对冲成本变化对点心债券净发行量的影响。一般而言，人民币走强往往会提振市场情绪，有利于发行人通过货币互换将人民币转换成外币并在海外使用。同时，离岸市场上人民币远期汇率走弱表明，在未来的特定时点将外币兑换成人民币的成本较低。这两个因素均会鼓励点心债券发行人将筹得的人民币兑换成外币，待债券到期时再将外币兑换成人民币，为其海外投资提供资金。这表明人民币名义有效汇率和离岸人民币远期汇率应与点心债券净发行量呈正向关系，具体情况可见表 15.3。

表 15.3　点心债券净发行量与其决定因素之间的关联度

	1	2	3	4	5	6	7	8
1. 净发行量								
2. 工业生产增长率	0.56							
3. 收益率差异	–0.60	–0.86						
4. 人民币名义有效汇率	0.28	0.03	–0.12					
5. 离岸人民币远期汇率	0.12	–0.19	0.12	0.01				
6. 对外直接投资增长率	0.36	0.12	–0.13	0.03	0.11			
7. 外商直接投资增长率	0.13	0.23	–0.22	0.15	–0.03	–0.05		
8. 政策不确定性	–0.50	–0.36	0.50	–0.46	0.10	–0.10	–0.34	

注：离岸人民币远期汇率 = 离岸人民币 / 美元远期汇率。

资料来源：彭博资讯，CEIC，作者的计算。

有关筹集人民币资金的用途，中国的外商直接投资和对外直接投资增长加快往往会促进点心债券的发行，但净发行量与外商直接投资的关联度为 0.13，远低于与对外直接投资的关联度 0.36。这可能表明国际发行人在点心债券市场上的主导作用较弱（图 15.3）。因此，我们选用了中国对外直接投资作为点心债券发行人资金用途的代理变量。

为体现政策变化对点心债券市场上发行活动的影响，我们采用了政治不确定性指数，该指数由经济政策不确定性研究小组的 Baker、Bloom 和 Davis（2016 年）编制。[①]

表 15.4 将 6 个解释变量集合在一起，通过回归分析列出了估算这些变量对点心债券净发行量的影响。[②] 考虑到参数估算的稳健性，我们采用了逐一将解释变量纳入回归模型的方法。首先纳入的是工业生产增长率。它是一个控制变量，用于体现中国宏观经济状况变化的影响。其次纳入的是滞后一个月的离岸 – 在岸收益率差异。使用滞后值的目的是减低该变量与其他解释变量的共线性。[③] 再次纳入的是滞后一个月的人民币名义有效汇率同比增长率和一年期离岸人民币远期汇率按月环比增长率。又次纳入的是中国对外直接投资和外商直接投资增长率，但结果表明只有前者具有显著性。最后纳入模型的是经济政策不确定性指数。

---

① 经济政策不确定性研究小组编制中国的政治不确定性指数的方法与编制英国和美国的该指数的方法类似。

② 关于解释变量的基本统计见本章附录的附表 2。

③ 如表 15.3 所示，收益率差异与工业生产增长率之间关联度高，为 –0.86，故此处使用滞后一个月的收益率差异作为工具变量，因为它与点心债券净发行量之间的关联度高，且与其他回归自变量的共线性低。

表 15.4 点心债券净发行量的多元回归分析结果

设定	A	B	C	D	全模型
常数	−9.19 ***	−1.49	−4.67	−5.30 **	−3.30
	(1.80)	(2.87)	(2.87)	(2.71)	(2.85)
工业生产增长率（年度同比，百分比）	1.21 ***	0.23	0.55	0.53	0.54 *
	(0.20)	(0.35)	(0.34)	(0.32)	(0.32)
离岸–在岸收益率差异（滞后一个月，百分点）		−2.46 ***	−1.83 ***	−1.73 ***	−1.37 **
		(0.69)	(0.68)	(0.64)	(0.66)
人民币名义有效汇率变化（滞后一个月，年度同比，百分比）			0.25 ***	0.25 ***	0.17 *
			(0.09)	(0.08)	(0.09)
一年期离岸人民币远期汇率变化（月度环比，百分比）			0.99 *	0.76	0.90 *
			(0.52)	(0.49)	(0.49)
对外直接投资增长率（经过季节性调整，年度同比，百分比）				0.05 ***	0.05 ***
				(0.02)	(0.02)
外商直接投资增长率（经过季节性调整，年度同比，百分比）				−0.01	
				(0.04)	
中国政治不确定性指数（除以 100）					−0.78 *
					(0.42)
N	84	83	83	83	83
R^2	31.1%	41.3%	49.1%	56.0%	57.9%
经调整的 R^2	30.2%	39.8%	46.4%	52.5%	54.6%
德宾–沃森统计量	1.37	1.53	1.74	1.91	1.94

注：括号中的数字表示系数估计的标准差。离岸人民币远期汇率 = 离岸人民币 / 美元远期汇率。

*p < .1；**p < .5；***p <.01。

资料来源：作者的计算。

全模型估算显示，所有回归系数具有显著性且符号正确，R^2为 57.9%（表 15.4 最后一栏）。中国的外商直接投资因为不具显著性，所以未纳入全模型中。从每个解释变量来看，工业生产增长率每提高 1 个百分点，平均会促使点心债券的净发行量（因变量）增加 5.4 亿元人民币，占 2017 年年底未偿点心债券的 0.13%。就借款成本而言，如果离岸债券收益率相对于在岸债券收益率下滑 1 个百分点，净发行量会增加 13.7 亿元人民币，占未偿债券存量的 0.32%。关于汇率的效应，人民币对一篮子货币按年升值 1%，会使点心债券的净发行量增加 1.7 亿元人民币，占未偿存量的 0.04%。就对冲成本来说，如果人民币远期汇率按月贬值 1%，净发行量将增加 9 亿元人民币，占未偿债券存量的 0.21%。就资金用途而言，如果中国的对外直接投资增长率升高 1 个百分点，净发行量就会增加 0.5 亿元人民币，占未偿存量的 0.012%。政策变化方面，政治不确定性指数每提高 100 点，点心债券的净发行量就会减少 7.8 亿元人民币，相当于未偿存量的 0.18%。

为比较各解释变量对于点心债券净发行量变化的相对贡献，可将等式（15.1）转化为方差分解形式，即等式（15.2）：[①]

$$\begin{aligned} Var（净发行量）=&\beta_1^2 Var（X_1）+\beta_2^2 Var（X_2）+\beta_3^2 Var（X_3）\\ &+\beta_4^2 Var（X_4）+\beta_5^2 Var（X_5）+\beta_6^2 Var（X_6）\\ &+Var（\varepsilon）+\Sigma_{i\neq j}\beta_i\beta_j Cov（X_i, X_j） \end{aligned} \qquad (15.2)$$

其中 *Var*（净发行量）是点心债券净发行量的方差。如 R^2 的数值所示，6 个回归自变量共解释了净发行量方差约 58%，剩余部分未得到解释，并被纳入误差项的方差 $Var（\varepsilon）$中。考虑到交互项 $\sum_{i\neq j}\beta_i\beta_j Cov（X_i, X_j）$无法以个别解释变量被拆解，且回归自变量独立于误差项 ε，各个回归自变量对净发行量方差或模型方差

① 因变量方差的分解方法类似 Altman、Fargher 和 Kalotay（2011 年）为研究各个因素在解释借款人违约概率方面的相对重要性而使用的方法。

的贡献可以简化为以下等式：

$$Var（净发行量^{\wedge}）=\beta_1^2 Var(X_1)+\beta_2^2 Var(X_2)+\beta_3^2 Var(X_3)+\beta_4^2 Var(X_4)+\beta_5^2 Var(X_5)+\beta_6^2 Var(X_6) \quad (15.3)$$

等式中的净发行量 ^ 是指基于回归估计的点心债券净发行量，而不是观测的或实际的点心债券净发行量。在等式（15.3）中，β_1^2 *Var*（*X*1）这一项表示工业生产增长率对估计的净发行量方差的贡献。同样的解释也可适用于其他解释变量。单个回归自变量对估计净发行量方差的贡献可用以下等式表示：

$$占比_i=\frac{\beta_i^2\sigma_i^2}{\sum_i \beta_i^2\sigma_i^2} \quad (15.4)$$

其中占比 $_i$ 为模型方差中可归因于解释变量 i 的部分，β_i 为回归系数，σ_i^2 为解释变量 i 的方差。

图 15.15 比较了各回归自变量对于估计的点心债券净发行量方差的贡献。在样本期内，收益率差异解释了估计的点心债券净发行量的大部分变化，对模型方差的贡献率达 31%。这表明公司拥有人选择在在岸市场或离岸市场上发行人民币债券，关键的考虑因素可能是借款成本的差异。对外直接投资和工业生产增长率均大约解释了模型估计的净发行量变化的 1/5，表明发行点心债券受公司投资需要以及宏观经济条件的驱动，这两者是公司融资需求的关键决定因素。[①] 人民币有效汇率和对冲成本的变化解释了模型估计的净发行量变化的 15%，而政策不确定性因素对模型方差的贡献率为 11%。虽然模型方差的分解表明离岸–在岸借款成本差异、公司投资需要以及宏观经济环境是点心债券发行的关键驱动力量，但应谨慎解读这些结果，因为它们只是粗略的估算，且可能易受

① 基金组织经济学家 Ayala、Nedeljkovic 和 Saborowski（2015 年）开展的研究表明，在新兴市场经济体中，宏观经济基本面是债券市场发展的重要驱动力量。

样本规模的影响。样本只包含约80个观测量，规模相对较小，这表明回归结果在参数估计方面可能受到忽略变量导致的偏差和内生性影响。

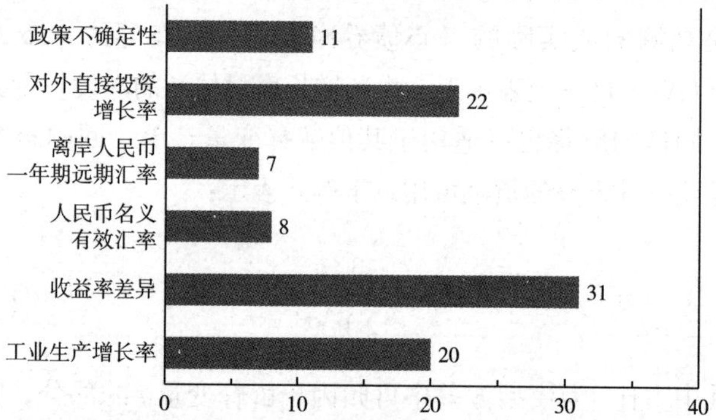

图 15.15 解释变量对模型方差的贡献（百分比）

注：离岸人民币远期汇率 = 离岸人民币 / 美元远期汇率。

资料来源：作者的计算。

点心债券市场的近期前景

点心债券市场作为一个可供选择的人民币融资平台，其近期的前景取决于中国的经济展望、公司投资需求以及借款成本，因为这些是国际和中国境内发行人在离岸市场发行人民币债券的关键考虑因素。[①] 实证分析的结果表明，近年点心债券发行量下滑可归因于中国GDP增长放缓以及对外直接投资减速（图15.16）。同时，离岸市场人民币存款减少也推高了点心债券市场的借款成本（相对于在岸市场而言）。

① 关于点心债券市场作用的详细讨论，见Fung和Yau（2012年）。

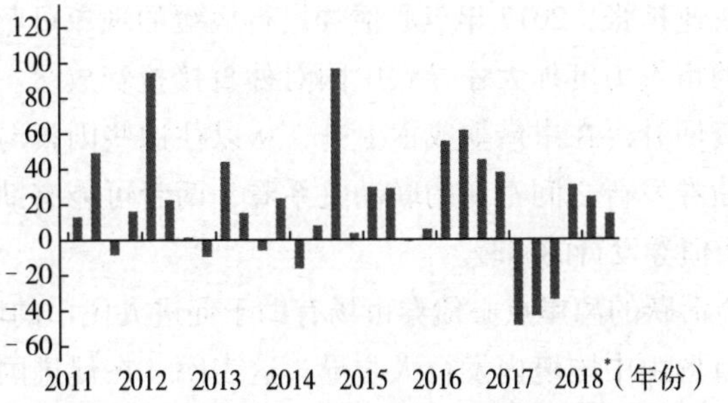

图 15.16　2011—2018 年中国非金融对外直接投资的增长率（年度同比，百分比）

注：*2018 年的数据截至第二季度。

资料来源：作者的计算。

随着中国经济由投资转向消费的再平衡，可以合理预计，在可预见的未来，GDP 增长会出现一定程度的放缓。假定 GDP 增长逐步放缓，比如从近年的接近 7% 降至未来几年的 6%~6.5%，则其对于通过点心债券市场进行境外借款的影响应该是可控的。相比之下，在中国"走出去"战略和"一带一路"倡议的支持下，离岸借款成本和对外直接投资的趋势会成为驱动点心债券发行的更重要的因素。人民币汇率波动和政策不确定性等因素可能影响市场情绪，进而对点心债券市场带来短期影响。例如，人民币贬值以及中国政府加大对海外投资的审查力度等因素可能会对点心债券的发行产生压力，而在岸流动性收紧则会增加中国境内发行人在境外借款的诱因。

结论

2011 年以来，在放开人民币境外使用限制以及放开在岸和离岸市场间人民币资金跨境流动限制的措施支持下，点心债券市场经历了快速扩张。2017 年点心债券发行放缓的现象可归因于对资本外流的审查力度加大才导致中国对外直接投资放缓。近期对外直接投资回升，在岸借款成本上升，从以往这些因素与离岸市场人民币债券发行之间密切的联动关系看，两者可能有助于离岸市场人民币债券发行的回暖。

一个活跃的离岸点心债券市场有助于促进人民币的境外使用。目前该市场由中国境内发行人主导，这表明，在促进国际发行人参与该市场以利用离岸人民币资金来支持其在岸业务和投资方面仍有空间。考虑到债券发行人需要管理汇率风险，培育一个流动性较高的对冲工具市场也有助于促进在点心债券市场上进行的人民币融资。

随着中国内地和香港特别行政区资本市场一体化的程度不断加深（例如“债券通”计划的启动），可供离岸投资者选择的人民币资产范围进一步扩大。尽管如此，鉴于外国投资者在在岸市场上筹集人民币资金的限制较大，点心债券的融资功能不会受到太大影响。考虑到资本流动自由、市场准入度高、法律和法规框架稳健并得到国际认可等因素，点心债券市场仍是国际和中国境内发行人在中国境外筹集人民币资金的一个具有吸引力的平台。对全球投资者而言，点心债券增加了国际投资者在人民币资产方面的选择，促进了人民币在境外证券交易中的使用。[①] 尽管在岸金融市场不断开放，点心债券市场仍会在以上各方面继续发挥作用。

---

① 关于人民币作为投资和融资货币的讨论，见 He、Luk 和 Zhang（2015 年）。

附录

附表 1　2007—2015 年与点心债券市场有关的政策公告

年月	政策	发布机构	影响
2007 年 6 月	《境内金融机构赴香港特别行政区发行人民币债券管理暂行办法》	中国国家发展和改革委员会	境内金融机构赴香港特别行政区发行人民币债券
2010 年 2 月	《香港人民币业务的监管原则及操作安排的诠释》	香港金融管理局	跨国公司和国际金融机构
2011 年 10 月	《外商直接投资人民币结算业务管理办法》《关于跨境人民币直接投资有关问题的通知》	中国人民银行、商务部	简化了非中国境内组建的发行人将人民币债券收益汇回中国的审批流程。商务部《通知》允许外国投资者使用离岸人民币，包括通过债券发行筹得的人民币资金，在中国境内开展直接投资或偿还贷款
2012 年 5 月	《关于境内非金融机构赴香港特别行政区发行人民币债券有关事项的通知》	中国国家发展和改革委员会	中国国家发展和改革委员会《通知》就中国境内非金融机构赴香港特别行政区发行人民币债券正式规定了审批流程和监管框架，而在此之前，这些事项由发改委酌情办理
2014 年 5 月	《跨境担保外汇管理规定》《跨境担保外汇管理操作指引》	国家外汇管理局	对于将从离岸债券市场筹得的资金用于海外投资的跨境担保，取消审批而采用备案登记形式
2015 年 9 月	《关于推进企业发行外债备案登记制管理改革的通知》	中国国家发展和改革委员会	按全国年度限额对中国境内发行人实行备案登记制发行监管，取消审批制监管

资料来源：媒体报道，中国有关管理部门的网站。

附表 2　多元回归中解释变量的主要统计数字

自变量	平均值	标准差	最小值	最大值
工业生产增长率（年度同比，百分比）	8.7	2.7	5.4	15.1
离岸 – 在岸收益率差异（百分点）	–0.3	1.3	–3.3	3.2
人民币名义有效汇率（年度同比，百分比变化）	2.4	5.5	–7.6	14.3
一年期离岸人民币远期汇率（月度环比，百分比变化）	0.03	1.0	–1.7	3.1
对外直接投资增长率（经季节性调整，年度同比，百分比变化）	16.1	29.3	–48.7	92.1

注：离岸人民币远期汇率 = 离岸人民币 / 美元远期汇率。

资料来源：彭博资讯，CEIC，作者的计算。

第16章

中国的离岸公司美元债券

丁鼎　黄毅　周越

近年来，新兴市场经济体大幅增加了在全球资本市场上的公司债券发行量。根据国际清算银行的数据，截至2016年年底，这些经济体发行的海外非政府证券总量（按发行人所属国家或地区），从2010年不到1万亿美元增长至接近2.5万亿美元。无论资金融出和融入方处于何地，大多数离岸新兴市场公司债券都以美元计价，而对上述大多数发行人而言，非金融公司发行的债券在美元债券总量中占绝大部分（McCauley、McGuire和Sushko，2015年）。

近期的研究表明，新兴市场离岸公司债券快速增长的主要驱动因素与开展套利交易（carry trade）的公司财务决策有关（Bruno和Shin，2017年；Huang、Panizza和Portes，2018年）。通过发行美元债务并将收益用于购买国内金融资产，这些公司可因本币对美元的升值而受益。套利交易活动增加的原因还在于全球金融危机之后发达经济体投资者对高收益率固定收益资产的需求激增。在全球金融危机期间，发达经济体的收益率因非常规货币政策而压缩，从而拉大了发达经济体与新兴市场之间的利差。

中国是离岸公司债券市场不断发展的主要贡献者之一。到2016年，中国的非金融公司已经在离岸市场上发行了约5 000亿美元债券——约占新兴市场经济体公司债券总量的20%，而21世纪头10年中期，这一发行量还几乎为零。起初，这一发展反映了过去10年中国资本账户放开的过程，包括放宽对公司进入离岸金融市场的限制（Tang和Zhu，2016年）。更具体地说，中国国家发展和改革委员会，即中国在岸企业债券市场的监管者（第1章），于2015年9月实施了一项政策，该政策以交易前备案登记制取代了此前离岸公司债券发行的逐案审批制。① 2016年，中国人民银行还引入了针对跨境融资的宏观审慎评估框架，取代了此前的临时逐案审批制和定额分配制。这个新框架旨在运用审慎参数（包括关于过度杠杆化的参数），以反周期方式影响资本流动的总量和构成，从而管理资本流动的相关风险（基金组织，2018年b）。这一框架可用于进行海外融资的单一、多个或全部金融或非金融机构。"2017年，财政部发行了十多年来第一笔美元主权债券，一定程度上是为了给不断增长的中国企业的美元公司债券立下基准。"

考虑到资本账户放开意味着对中国公司境外融资渠道放松管制的制度变更，一个相关问题是，中国离岸公司债券发行的激增是否会像其他新兴市场经济体那样与套利交易有关，抑或它是否由推动资本账户放开的政策变革所驱动。在后一种情况下，这可以促进中国非金融公司享受离岸债务市场的传统功能——贸易融资，以及为满足未来融资需求而进行的预防性借款。

了解公司离岸债券发行的驱动因素也是解释过去几年来中国资本账户余额出现重大转变的关键。2013—2015年，中国滚动年度资本账户流量减少约9 000亿美元。一半以上（约5 000亿美元）的减少源于本国居民对外部负债净获得的逆转，即偿还债务。具体而言，中国对外负债下降主要反映了此前由外国提供的贷款减

① 发改外资2044号《国家发展改革委关于推进企业发行外债备案登记制管理改革的通知》规定："稳步推进企业发行外债备案登记制管理改革。"根据这一政策，离岸债券发行人和离岸贷款的借款者应当符合以下基本要求：信用记录良好，已发行债券或其他债务工具没有违约记录，具有良好的公司治理和外债风险防控机制、资信情况良好，具有较强的偿债能力。这一交易前备案登记制也适用于在岸中国公司控股的离岸子公司以及分支机构的离岸债券发行和借款。

少以及外国存款汇回。按年度统计，外国资产增长加快在 2014 年占资本账户变差总幅度的 70% 左右，而在 2015 年只占 15% 左右，也就是说，非居民持有的中国债权的迅速减少是 2015 年资本外流的主导因素（基金组织，2017 年）。

为应对资本外流压力，中国政府采取了一系列措施，包括外汇市场干预和资本流动管理措施。在这些措施的作用下，加上国内经济增长势头加强，资本外流大幅下降，从 2015—2016 年约 6 400 亿美元降至 2017 年不到 1 000 亿美元。此外，中国公司的海外债券市场借款在 2015 年出现短暂收缩后已经逐渐恢复，至 2017 年第三季度，非金融公司债券在未偿债券总量中几乎占一半（图 16.1）。

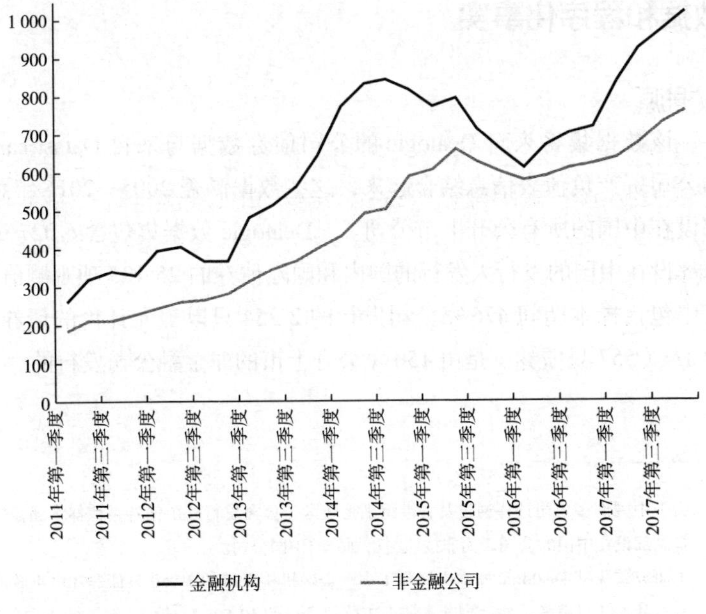

图 16.1　2011 年第一季度至 2017 年第三季度未偿离岸债券（10 亿美元）

资料来源：国际清算银行。

为了阐明中国非金融公司发行离岸债券的决定因素，本章针对总部设在中国的所有公开上市的非金融公司构建了公司层面的数据集。公司层面的证据表明，这些公司的美元债券发行（与兑付）与全球金融周期（见第2章关于中国债券市场与全球金融市场的内容）和中国经济政策的不确定性高度关联，这是存在套利交易的明显特征。此外，离岸债券融资对公司投资的影响因企业部门而异。通常来说，较易获得国内融资（银行和债券市场）的国有企业在离岸债券市场上筹集的资金似乎投向了其他国内实体，国有企业只是作为金融中介机构。对房地产开发商而言，离岸美元债务发行与公司的国内投资呈正相关。

数据和程序化事实

数据源

该数据集将来自 Dealogic 的公司债券数据与来自 Datastream 的公司资产负债表信息结合起来，这些数据涵盖 2005—2016 年总部设在中国的所有公开上市公司。① Dealogic 数据集包含 6 027 个总部设在中国的发行人发行的国内和国际债券的 25 123 项观测值，其中包括样本期间 476 家公司发行的 2 254 只以美元计价的债券。约 1/4（557 只债券）是由 150 家公开上市的非金融公司发行的。②

---

① 由于中国许多公司选择通过其香港特别行政区子公司发行外币债券，该样本涵盖的是总部设在中国的公司，而非按照国籍划分的中国公司。

② 本研究首先从 Dealogic 样本中剔除了中国金融机构发行的 7 760 只债券和中央政府发行的 634 只债券。然后剔除了非上市公司发行的 12 508 只债券。剩下的 4 671 只债券是由 871 家上市公司控股的 1 370 个发行人发行的，其中 557 只债券是由 238 家公司（由 150 家母公司控股）以美元计价发行的。这构成了美元债券发行人的最终样本。然后，该研究手动将 2005—2016 年美元债券样本与上市公司进行了匹配。

Datastream 数据集包含总部位于中国的 2 827 家公开上市公司的数据。其中，2 365 家在上海和深圳证券交易所上市，462 家在香港特别行政区证券交易所上市。将 Dealogic 数据集中的债券发行人和 Datastream 数据集中的公开上市公司进行匹配，进而实现手动合并。2005—2016 年，合并样本中约有 1/3 的公司发行了至少一只债券，合并样本中 6% 的公司发行了以美元计价的债券。

程序化事实

综合数据集显示，与其他新兴市场经济体类似，中国非金融公司发行的大部分离岸债券均以美元计价。中国离岸公司债券总量中只有不到 10% 是以其他币种发行的（图 16.2）。接下来的分析侧重于以美元计价的债券，所有这些债券均在离岸市场上发行。

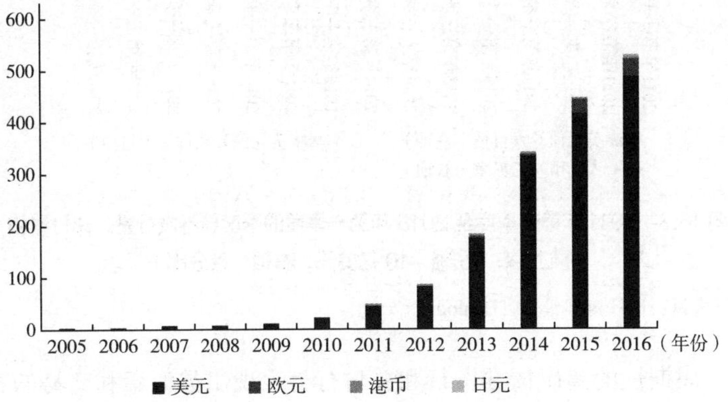

图 16.2　2005—2016 年所有部门的外国债券构成（10 亿美元）

资料来源：国际清算银行，Dealogic。

此类债券的季度发行量于 2014 年第二季度接近 1 000 亿美元，

在2015年市场动荡之后出现明显下降，然后在2016年年底再次回升。另一方面，2015年，人民币兑美元汇率大幅走低，打破了之前几年的稳定升值趋势，美元计价债券的兑付随之出现了大幅增加。鉴于2013—2015年发行的以美元计价的债券平均期限约为6年，2015—2016年兑付的债券中很大一部分属于未到期提前偿还（图16.3）。

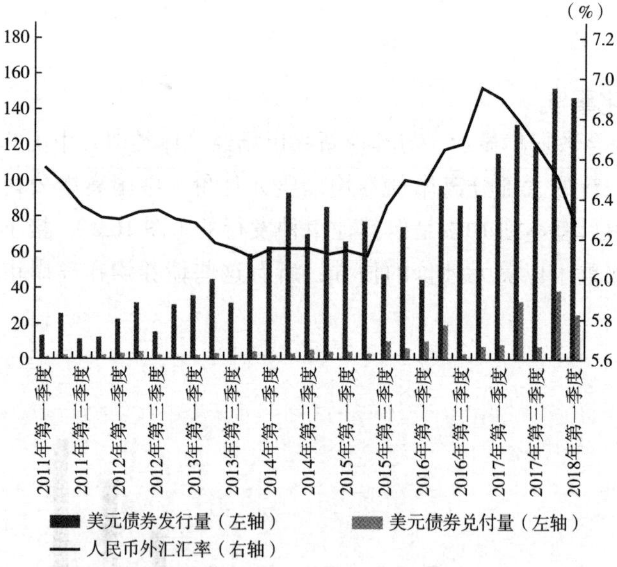

图16.3　2011年第一季度至2018年第一季度的季度债券发行量、兑付量和外汇汇率（左轴：10亿美元；右轴：百分比）

资料来源：国际清算银行，Dealogic。

周期性的离岸债券发行和兑付行为表现出类似套利交易的特征。在全球金融危机爆发之前，美国五年期国库券的平均收益率几乎是中国五年期政府债券的平均收益率的两倍。然而，到了2008年，这一利差已转为正值，中国五年期政府债券的收益率超过了美国五年期国库券的收益率。到2015年，这一利差稳步上升至2%左右。与此类似，在 2008 年之前，中国公司发行的美元债券的平均收益率约为 10%，是人民币计价的中国公司债券平均收益率的两倍。2013 年，中国在岸公司债券市场的融资成本比离岸美元债券市场的高将近 100 个基点（图 16.4）。

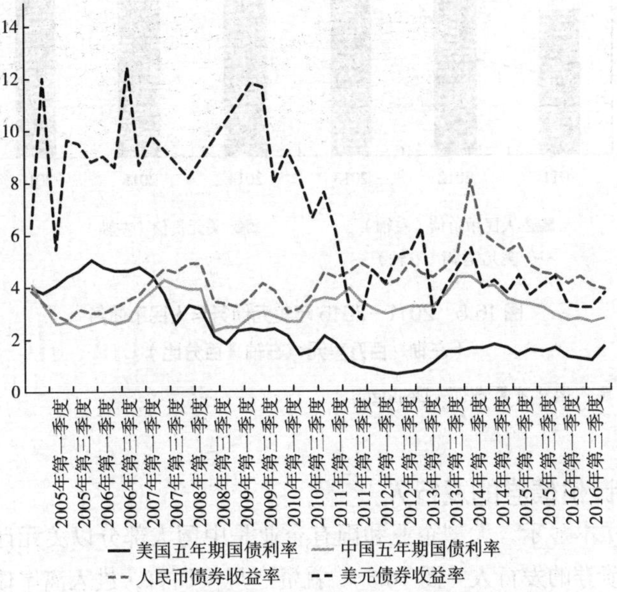

图 16.4　2005 年第一季度至 2016 年第三季度中国与美国之间的利差（基点）

资料来源：国际清算银行，Dealogic。

随着各个公司增加离岸融资以利用离岸市场相对较低的融资成本，美元计价的负债在公司负债总额中的比重迅速上升，并在 2014 年达到 9% 的峰值（图 16.5）。该比率在随后几年下降，主要是因为在岸公司债券市场经历了牛市（第 1 章），国内负债增加。

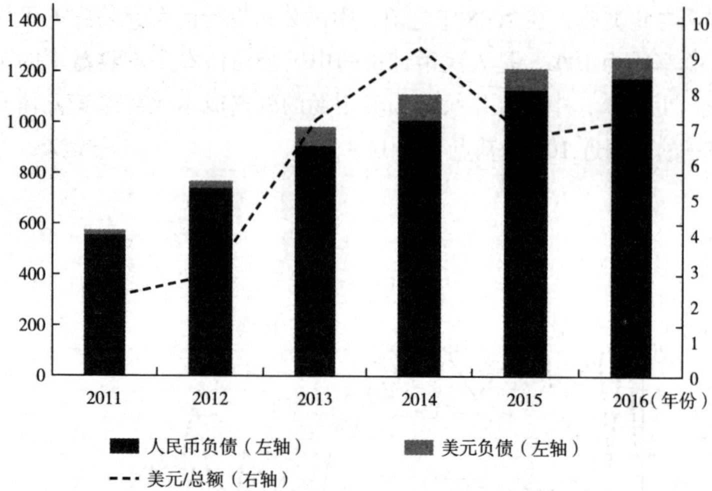

图 16.5　2011—2016 年美元债务与人民币债务
（左轴：百万美元；右轴：百分比）

资料来源：国际清算银行，Dealogic。

美元计价债券的发行人

样本显示，大型企业和国有企业是中国大部分以美元计价的离岸债券的发行人（图 16.6）。就资产规模而言，进入离岸债券市场的公司平均是样本中其他公司的两倍。国有企业在离岸债券市场上的存在度也高于在岸市场的存在度，这表明与非国有企业相比，国有企业更容易进入离岸市场。

在部门层面，样本显示，石油和天然气、房地产以及公用事业部门对离岸债券市场的风险敞口最大（图 16.7）。总而言之，这三个部门发行的美元债券占中国非金融公司发行的美元债券总量的 2/3。就石油和天然气部门而言，未偿美元债券总量从 2006 年的 17 亿美元增长到 2016 年的 1 660 亿美元，占未偿美元债券总量的 35%。这一大幅增长的推动力源于中国大宗商品需求急剧增加。

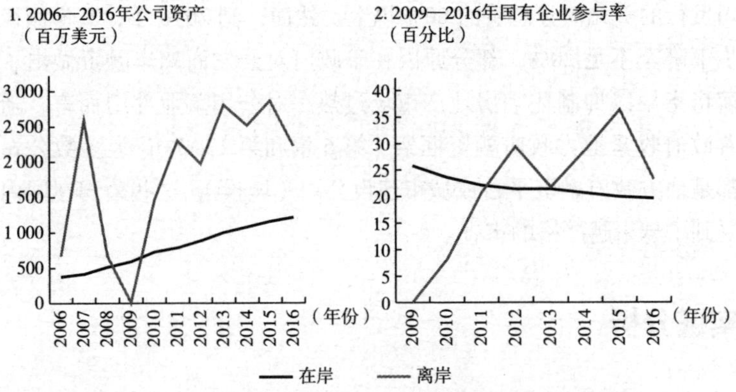

图 16.6　2006—2016 年在岸和离岸市场公司的特征

资料来源：Datastream。

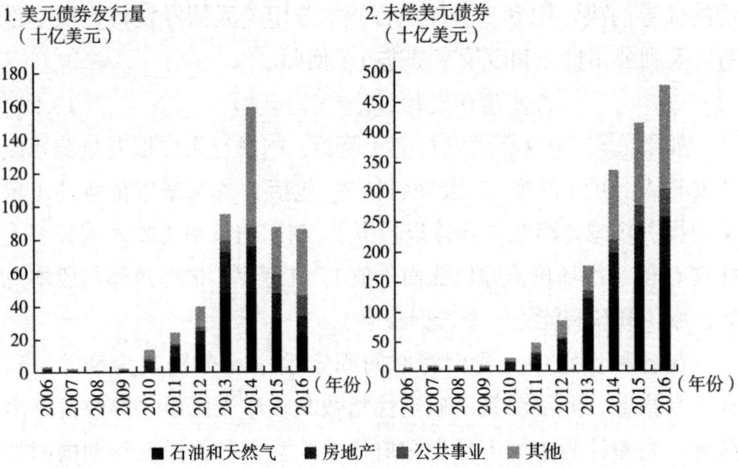

图 16.7　2006—2016 年离岸市场的主要部门

资料来源：Dealogic。

房地产部门在2011年以前是离岸债券发行的主导力量，占中国公司发行的美元债券总量的60%以上。然而，到2016年，其份额稳步下降至不足20%，部分原因在于政府对开发商离岸融资做出了窗口指导以抑制住宅房地产市场过热。对公用事业部门而言，随着政府收紧地方政府融资框架（第5章和第13章），大多数公司都是地方政府融资平台或城市建设公司（城投），这些公司在国内受到了越来越严格的审查。

实证分析

离岸美元债券发行的决定因素

本节使用线性回归模型来研究中国非金融公司发行以美元计价的债券的决定因素。具体而言，本节用美元债券发行虚拟变量对一系列公司特征和政策变量进行了回归。

$$\text{美元债券发行人}_{i,t} = X_{i,t} + \alpha_i + \varepsilon_{i,t} \qquad (16.1)$$

如果公司 i 在 t 年度发行美元债券，则发行人虚拟变量美元债券发行人$_{i,t}$ 的 t 值为1。公司特征 $X_{i,t}$ 包括：外部融资依赖性（定义为投资额减去净收入再除以投资）、利润增长率（收入增长率）、托宾Q值（市场价值除以账面价值）、杠杆率（债务总额与股本总额比率）和盈利能力（资产回报率）。

在各种设定中，我们将时间固定效应 α_i 分别改为利差、套利交易指数、经济政策不确定性指数和在岸人民币债券收益率离散度。利差计为中国五年期政府债券收益率与美国五年期国库券收益率之间的差额。套利交易指数表示为利差除以隐含外币波动率，使用的是Bruno和Shin（2017年）的方法。Baker、Bloom和Davis（2016年）提出的经济政策不确定性指数用作中国与政策相关的经济不确定性变动的代理变量。人民币债券收益率离散度为人民币债券收益率的标准差，反映了风险分化程度。

计算结果列于附录的统计表中。附表 1 给出了主要结果。第一变量表明，外部融资依赖性与发行美元债券的可能性呈负相关。正如 Shin 和 Zhao（2013 年）所认为的那样，公司通常使用内部资金支持运营，并且只在内部资金耗尽后才寻求外部资金。这种优序融资理论意味着外国债券市场应当是最后融资手段（Myers，1984 年）。正如此处估计所示，至少对样本涵盖的公司而言，其发行离岸美元计价融资工具的决定并非出于外部融资需求。结果还表明，公司利润和托宾 Q 值与发行美元债券的可能性无相关关系，这类似 Bruno 和 Shin（2017 年）对新兴市场经济体的调查结果。此外，我们还发现，美元债券发行与公司层面杠杆率和资产回报率呈正相关。

附表 1 第二和第三变量表明，中国的离岸美元债券发行动态与利差和人民币 – 美元双边汇率密切相关，这是套利交易的一个迹象。较高的利差和人民币兑美元汇率的走强与中国非金融公司离岸债券发行量增加有关。第四变量表明，按照 Bruno 和 Shin（2017 年）的方法，用利差除以汇率波动率计算得出的套利交易指数也与中国离岸美元公司债券发行呈正相关。

该分析还表明，美元债券发行与中国经济政策不确定性之间存在明显负相关（第五变量）。正如 Baker、Bloom 和 Davis（2016 年）说明的那样，经济政策的不确定性可能会推迟企业融资决策，从而对投资、就业和产出造成负面影响，这可能是因为公司融资成本较高（Gilchrist、Sim 和 Zakrajšek，2014 年）、对管理风险的回避（Panousi 和 Papanikolaou，2012 年）以及名义刚性和搜寻摩擦之间的相互作用（Bundick 和 Basu，2015 年）。在这方面，计算结果与参考文献一致。

附表 1 的最后一栏展示了全球融资条件［以芝加哥期权交易所波动率指数（VIX）为代理变量］对中国公司发行美元债券的影

响。正如参考文献所述（例如 Fratzscher，2012 年），全球金融市场的波动可能对发达经济体向新兴市场经济体的资本流动产生巨大影响。在回归中加上芝加哥期权交易所波动率指数后，结果显示公司在高波动期间发行美元债券的可能性较小。作为一项稳健性检验，该分析还估算了 logit 模型，并获得了类似结果。

美元债券发行和公司投资

如上一节所示，中国非金融公司发行以美元计价的债券似乎并非出于外部融资的原因。相反，离岸债券发行是由利差以及国内政策不确定性导致的。本节探讨了离岸债券融资是否会对公司投资产生积极影响。实证分析设定如下：

$$\text{投资}_{i,t} = \text{美元债券发行人}_{i} \times \beta + X_i\Gamma + \alpha_i + \tau_t + \varepsilon_{i,t} \qquad (16.2)$$

其中，投资包括两个组成部分——固定资产投资和库存投资。等式左侧这两类投资使用了两个代理变量。资本支出 $CapExp_{i,t}$ 为固定资产投资的代理变量，其定义为 t 年度公司 i 的财产、厂房和设备（PPE）相对于 t–1 年度的净增长。库存投资 $_{i,t}$ 定义为公司 i 在 t 年度的库存净增加值除以 t–1 年度的库存。在等式右侧，关键的解释变量是一个虚拟变量——如果公司 i 在 t 年度发行以美元计价的离岸债券，该变量数值为 1，如果未发行，则数值为 0。该分析还增加了与等式（16.1）相同的公司特征向量，包括公司的外部融资依赖性、利润增长率、托宾 Q 值、杠杆率和盈利能力。

附表 2 和附表 3 列出了资本支出和库存投资的回归结果。附表 2 表明，美元债券发行与资本支出之间存在显著的负相关。美元债券发行人资本支出平均减少了 10 个百分点。与此同时，收入增长率、托宾 Q 值、杠杆率和资产回报率较高的公司往往会对固定资产进行更多投资，这与参考文献一致。分析还发现，如果一家公司比较依赖外部资金，那么由于面临再融资风险，该公司对于投资往往会更加谨慎。当该分析扩大等式右侧加入 t–1 年度的滞后资本投资变量，并且使用系统广义矩估计（GMM）方法来测算动态模型时，这些结果仍然是稳健的。[①]

附表 3 表明，美元债券发行人对库存的投资额平均比非美元债券发行人低 8 个百分点。同样，收入增长率、托宾 Q 值、杠杆率和资产回报率均较高的公司往往更倾向于进行库存投资。[②] 这些结果与上一节得出的结果一致，即中国公司离岸债券发行并非由公司融资需求驱动。

粗放边际和集约边际

按照 Huang、Panizza 和 Portes（2018 年）所述，本章的分析探讨了美元债券发行对投资行为影响的粗放边际和集约边际，即是离岸债券发行本身还是其发行量阻碍了公司投资。为此，我们将虚拟变量和未偿美元债券余额变量都纳入模型。与 Huang、Panizza 和 Portes（2018 年）得出的结果相反，该分析表明，对中国非金融公司的固定资产和库存投资具有影响的是粗放边际，而非集约边际。分析表明，无论是资本支出（附表 4）还是库存投资（附表 5），美元债券发行人虚拟变量的系数明显为负（动态模型除外），而未偿美元债券余额的系数为负（或正），且不显著。

结果进一步证实，与公司投资减少相关的是美元债券发行本身（或公司进入离岸债券市场的渠道），而非离岸市场融资规模。这意味着一旦公司得以进入离岸债券市场，往往就会进行套利交易，无论债券发行量如何。这也符合将离岸债券通常作为最后融资手段的融资优序。当投资需求较少的公司投身于离岸市场时，

① 系统广义矩估计结果证实了美元债券发行与资本支出之间呈负相关，但量级较小，为 6.3 个百分点。

② 美元债券发行人的系统广义矩估计得出 –5.7 的系数，虽然数值较小，但具有显著性。

不太可能将离岸资金用于实际投资。

部门效应

本节重点介绍了美元债券发行行为以及企业投资对外部融资依赖程度的敏感性的部门效应。为了明确美元债券发行人对其外部融资依赖性的公司投资敏感性，该分析将发行人和外部融资依赖性的交互项添加到回归的右侧。此外，为捕捉各部门的投资敏感性差异，我们增加了另一个交互项，即与部门虚拟变量的交互项，如果公司为国有企业或者属于房地产部门、石油和天然气部门，则该交互项数值为 1，否则为 0。如果某个部门的公司因存在巨大的外部融资需求而倾向于使用离岸债券市场，则预计三重交互项的系数为正。否则，三重交互项的系数为负或者微乎其微。

附表 6 显示了各部门美元债券发行人对外部融资依赖性的投资敏感性。对国有企业而言，三重交互项明显为负，这意味着那些以发行美元债券作为额外融资来源的国有企业在外部融资需求较大时，对投资甚至更为谨慎。换句话说，国有企业更有可能为进行套利交易而发行美元债券。这或许与国有企业更容易获得国内银行融资以及参与金融中介活动有关。例如，Allen 等人（2018 年）指出，期待套利交易收益最大化的非金融公司更有可能直接或通过委托贷款的方式向其他公司提供贷款。委托贷款是一种比较流行的影子银行业渠道，通过这种渠道，各个公司以银行作为中介机构相互提供融资，并且国有企业比私人公司更有可能开展委托贷款。

对房地产部门而言，三重交互项对于固定资产和库存而言均明显为正。根据会计准则，新建房屋记录在房地产开发商的库存项目中，而建筑设备记录为财产、厂房和设备。这两个明显的正号意味着房地产部门倾向于利用离岸市场为实际投资需求提供资金。

美元债券的兑付

美元债券发行与公司投资之间的相关性分析结果，与关于套利交易的历史文献基本一致。本节探讨了美元债券兑付对公司投资的影响，这一问题在历史文献中没有深入讨论。该分析以兑付虚拟变量（或兑付金额与总债务之比）替代美元发行虚拟变量（或未偿美元债务），以此测试兑付对投资的影响。分析还将兑付虚拟变量与兑付金额相结合，以分离粗放边际和集约边际。结果见附表 7。

该表列出了美元债券兑付对资本支出和库存投资的影响。分析发现呈明显的负相关关系，量级甚至大于美元债券发行的影响。这意味着当企业偿还美元债务时，往往倾向于减少投资。该表同时显示，兑付金额越大，公司投资固定资产时就越谨慎。

附表 7 显示了美元债券兑付的粗放边际和集约边际的结果。令人意外的是，集约边际（而非粗放边际）是美元债券兑付的重要因素。换句话说，兑付对投资的影响主要取决于有待偿还的美元债券金额。如果公司只需要偿付少量美元债务，那么该偿付对公司投资决策的影响可以忽略不计。离岸美元债券发行和兑付会对公司投资产生不对称影响，这意味着套利交易头寸的平仓可能会增加国内投资压力，即便公司离岸债务的积累起初可能并未带来更多投资。

结论

2012 年以来，随着新兴市场经济体资本流入的增加，以及为资本账户放开做出的种种努力，中国离岸公司债券发行量出现了大幅增长。为了解离岸公司债券发行的决定因素，本章构建了一个数据集，该数据集结合了总部设在中国的所有公开上市公司的公司债券数据和公司资产负债表信息。

公司层面的分析表明，2012—2015 年中国离岸公司美元债券的飙升，以及随后 2015—2016 年的收缩（与其他新兴市场经济体的历程相似）具有类似套利交易的特征。有证据表明，中国非金融公司的美元债券发行和兑付具有明显的周期性，这一点在近些年也推动了中国资本账户余额的增长。分析表明，当中国的经济政策不确定性降低、全球金融市场条件放宽、人民币兑美元汇率走强时，美元债券的发行量趋于上升。分析还表明，离岸债券融资对公司投资的影响因部门而异，这可能反映了企业商业模式的差异及其国内融资获取渠道的不均衡。

此外，分析表明，美元债券发行与企业对外部融资的依赖程度负相关。这符合优序融资理论，即离岸债券市场通常是公司的最后融资手段。美元债券发行人倾向于减少对固定资产和库存的投资。对公司关于固定资产和库存投资的决策具有影响的是粗放边际（离岸债券发行本身），而非集约边际（发行量），这也表明公司倾向于将进入离岸债券市场视为开展套利交易活动的渠道，而非支持投资的融资来源。

分析还表明，在全球金融条件收紧、国内经济政策不确定性上升的情况下，美元债券兑付趋于上升，这加大了资本账户和汇率的压力。当公司面临兑付压力时，集约边际（需要偿还的金额）往往会对企业的投资决策产生更显著的影响。该分析的数据集显示，2018 年第二季度债券兑付量将达到 500 亿美元，并将保持高位至 2020 年第二季度，再融资可能产生风险并对国内投资产生负面影响。

通过增加美元发行人、外部融资依赖性和部门虚拟变量的三重交互项，分析发现，离岸债券融资对国有企业的投资具有负面影响，而对于房地产部门的投资具有正面影响。这或许反映出国有企业比房地产部门更容易获得国内资金来源，房地产部门在获得在岸（银行）融资方面受到行政和监管限制。

中国离岸公司美元债券激增显示出套利交易的特征，似乎并没有促进公司投资。由于资本流动可能带来宏观经济和金融稳定风险，特别是在流动规模大且不稳定的时候（正如 2013—2015 年中国资本账户余额出现大幅波动的情况），上述风险须谨慎管理。

资本流动压力应当主要通过宏观经济政策来应对，包括实行有效的浮动汇率（基金组织，2018 年 a）。应当继续巩固标准的微观审慎和宏观审慎框架，以减轻金融周期中系统风险的顺周期累积。与此同时，中国政府自 2016 年制定的跨境融资宏观审慎评估框架与之前的资本流动管理框架相比，具有更大的可预测性和透明度，可用于消除过度跨境融资和错配（包括币种、期限和资产负债表内 / 外）所带来的风险。未来，中国的资本账户放开应当循序渐进、按部就班地推进，并采取相应配套改革措施，包括制定有效的货币政策框架，建立健全的金融体系，弱化财政主导，以及增加汇率灵活性（基金组织，2018 年 b）。

附录

统计表

附表1报告了美元债券发行行为的决定因素。因变量为虚拟变量，如果公司在t年度发行美元债券，则该虚拟变量数值为1，否则为0。控制变量包括公司的收入增长率、托宾Q值（市场价值除以账面价值）、杠杆率和资产回报率。表中增加了公司固定效应和年度固定效应，分别用利差、人民币—美元双边汇率、套利交易指数、经济政策不确定性指数、人民币债券收益率离散度，以及芝加哥期权交易所波动率指数替换了时间固定效应。中国和美国之间的利差是用中国五年期政府债券收益率减去美国五年期国债收益率计算得出的。人民币兑美元汇率为年均在岸人民币汇率。套利交易指数为隐含外汇波动率产生的利差，正如Bruno和Shin（2017年）所述。经济政策不确定性指数是由Baker、Bloom和Davis（2016年）提出的，作为中国与政策相关的经济不确定性变动的代理变量。人民币债券收益率离散度是人民币计价债券收益率的标准差。芝加哥期权交易所波动率指数为年平均芝加哥期权交易所波动率指数。

附表 1　离岸美元债券发行的决定因素

变量	（1）	（2）	（3）	（4）	（5）	（6）	（7）
外部金融依赖性	−0.033***	−0.032***	−0.032***	−0.032***	−0.039***	−0.040***	−0.032***
	（−3.128）	（−3.104）	（−3.030）	（−3.053）	（−6.042）	（−6.158）	（−7.096）
收入增长率	−0.000	−0.001	−0.002	−0.002	−0.001	0.001	−0.001
	（−0.195）	（−0.552）	（−0.861）	（−0.929）	（−0.326）	（0.280）	（−0.748）
托宾 Q 值	−0.139	−0.064	0.002	−0.005	0.286	0.078	0.066
	（−0.887）	（−0.668）	（0.019）	（−0.057）	（1.424）	（0.342）	（0.489）
杠杆率	0.007***	0.007***	0.007***	0.007***	0.004*	0.004*	0.007***
	（2.913）	（3.009）	（3.113）	（3.038）	（1.851）	（1.775）	（5.474）
资产回报率	0.010***	0.009***	0.008**	0.010***	0.016*	0.018**	0.012**
	（2.903）	（2.676）	（2.129）	（2.891）	（1.886）	（2.107）	（2.539）
利差		0.162***					
		（6.226）					
外汇汇率			−0.770***				
			（−5.578）				
套利交易指数				0.011***			

续表

变量	（1）	（2）	（3）	（4）	（5）	（6）	（7）
				（5.721）			
经济政策不确定性指数					-0.002^{***}		
					（–2.663）		
人民币债券收益率离散度						–0.455	
						（–1.114）	
芝加哥期权交易所波动率指数							-0.054^{***}
							（–5.871）
公司固定效应	是	是	是	是	是	是	是
年度固定效应	是	否	否	否	否	否	否
观测值数量	22 545	22 545	22 545	22 545	14 583	14 583	22 545
R^2	0.008	0.008	0.006	0.007	0.004	0.004	0.006

注：括号中为稳健的 t 统计值。托宾 Q 值是指市场价值除以账面价值。

***p < .01； **p < .05； *p < .1。

资料来源：作者的计算。

附表 2　离岸美元债券发行与资本支出

	（1）	（2）	（3）	（4）	（5）	（6）	（7）	（8）
变量	因变量：资本支出							
美元债券发行人	–10.11***	–8.41**	–8.79**	–8.72**	–8.96**	–9.52***	–9.81***	–6.33**
	（–2.84）	（–2.48）	（–2.51）	（–2.49）	（–2.57）	（–2.77）	（–2.85）	（–2.13）
收入增长率			0.27***	0.27***	0.26***	0.24***	0.24***	0.23***
			（21.10）	（20.85）	（20.83）	（18.63）	（18.58）	（23.99）
托宾 Q 值				1.62*	1.86**	1.57*	1.55*	–0.09
				（1.93）	（2.20）	（1.94）	（1.92）	（–0.18）
杠杆率					0.01*	0.03***	0.03***	0.02***
					（1.94）	（3.56）	（3.59）	（5.20）
资产回报率						0.28***	0.28***	0.18***
						（10.07）	（10.08）	（8.46）
外部融资依赖性							–0.04*	–0.06***
							（–1.82）	（–2.59）

续表

	(1)	(2)	(3)	(4)	(5)	(6)	(7)	(8)
变量	因变量：资本支出							
滞后资本支出								0.18^{***}
								(20.28)
公司固定效应	是	是	是	是	是	是	是	是
年度固定效应	否	是	是	是	是	是	是	是
观测值数量	22 566	22 566	22 543	22 543	22 543	22 543	22 543	19 494
R^2	0.00	0.04	0.09	0.09	0.09	0.10	0.10	系统广义矩估计

注：括号中为稳健的 t 统计值。托宾 Q 值是指市场价值除以账面价值。

$^{***}p<.01$；$^{**}p<.05$；$^{*}p<.1$。

资料来源：作者的计算。

附表 3　离岸美元债券发行与库存投资

变量	(1)	(2)	(3)	(4)	(5)	(6)	(7)	(8)
	因变量：库存投资							
美元债券发行人	-11.07^{***}	-6.74^{**}	-7.32^{***}	-7.23^{***}	-7.65^{***}	-8.19^{***}	-8.33^{***}	-5.70^{*}
	(−3.64)	(−2.53)	(−2.89)	(−2.87)	(−3.03)	(−3.27)	(−3.32)	(−1.68)
收入增长率			0.37^{***}	0.37^{***}	0.37^{***}	0.34^{***}	0.34^{***}	0.30^{***}
			(26.32)	(26.11)	(25.96)	(23.96)	(23.93)	(27.14)
托宾 Q 值				1.86^{**}	2.28^{***}	2.06^{**}	2.05^{**}	−0.33
				(2.25)	(2.73)	(2.52)	(2.51)	(−0.55)
杠杆率					0.02^{***}	0.04^{***}	0.04^{***}	0.04^{***}
					(3.24)	(4.75)	(4.76)	(7.53)
资产回报率						0.26^{***}	0.26^{***}	0.27^{***}
						(8.28)	(8.29)	(10.61)

续表

	（1）	（2）	（3）	（4）	（5）	（6）	（7）	（8）
变量	因变量：库存投资							
外部融资依赖性							–0.02	–0.03
							（–0.80）	（–1.17）
滞后资本支出								–0.02**
								（–2.02）
公司固定效应	是	是	是	是	是	是	是	是
年度固定效应	是	是	是	是	是	是	是	是
观测值数量	22 188	22 188	22 177	22 177	22 177	22 177	22 177	19 135
R^2	0.00	0.07	0.14	0.14	0.14	0.15	0.15	系统广义矩估计

注：括号中为稳健的 t 统计值。托宾 Q 值是指市场价值除以账面价值。

***$p < .01$；**$p < .05$；*$p < .1$。

资料来源：作者的计算。

附表 4　离岸美元债券发行人的粗放边际和集约边际与资本支出

	(1)	(2)	(3)	(4)	(5)	(6)	(7)	(8)
变量	因变量：资本支出							
美元债券发行人	-9.76^{**}	-7.62^{*}	-7.40^{*}	-7.25^{*}	-7.60^{*}	-8.13^{**}	-8.46^{**}	-4.46
	(-2.31)	(-1.86)	(-1.76)	(-1.73)	(-1.82)	(-1.98)	(-2.05)	(-1.39)
未偿美元债券	-0.01	-0.02	-0.03	-0.03	-0.03	-0.03	-0.03	-0.02
	(-0.22)	(-0.53)	(-0.85)	(-0.90)	(-0.84)	(-0.89)	(-0.86)	(-0.46)
收入增长率			0.27^{***}	0.27^{***}	0.26^{***}	0.24^{***}	0.24^{***}	0.22^{***}
			(21.09)	(20.85)	(20.83)	(18.62)	(18.57)	(14.39)
托宾 Q 值				1.63^{*}	1.87^{**}	1.58^{*}	1.56^{*}	0.59
				(1.94)	(2.21)	(1.95)	(1.93)	(0.85)
杠杆率					0.01^{*}	0.03^{***}	0.03^{***}	0.02^{***}
					(1.93)	(3.54)	(3.58)	(4.40)
资产回报率						0.28^{***}	0.28^{***}	0.19^{***}

续表

	(1)	(2)	(3)	(4)	(5)	(6)	(7)	(8)
变量	因变量：资本支出							
						(10.06)	(10.08)	(6.80)
外部融资依赖性							-0.04^{*}	-0.06^{***}
							(−1.81)	(−2.58)
滞后资本支出								0.15^{***}
								(11.01)
公司固定效应	是	是	是	是	是	是	是	是
年度固定效应	是	是	是	是	是	是	是	是
观测值数量	22 566	22 566	22 543	22 543	22 543	22 543	22 543	19 494
R^2	0.00	0.04	0.09	0.09	0.09	0.10	0.10	

注：括号中为稳健的 t 统计值。托宾 Q 值是指市场价值除以账面价值。

$^{***}p < .01$；$^{**}p < .05$；$^{*}p < .1$。

资料来源：作者的计算。

附表 5　离岸美元债券发行人的粗放边际和集约边际与库存投资

	(1)	(2)	(3)	(4)	(5)	(6)	(7)	(8)
变量	**因变量：库存投资**							
美元债券发行人	-16.06^{***}	-10.53^{***}	-10.35^{***}	-10.16^{***}	-10.78^{***}	-11.29^{***}	-11.46^{***}	-5.12
	(−4.69)	(−3.45)	(−3.26)	(−3.20)	(−3.43)	(−3.65)	(−3.70)	(−1.41)
未偿美元债券	0.10^{**}	0.08^{**}	0.06	0.06	0.06	0.06	0.06	0.02
	(2.57)	(1.98)	(1.42)	(1.37)	(1.48)	(1.46)	(1.47)	(0.29)
收入增长率			0.37^{***}	0.37^{***}	0.37^{***}	0.34^{***}	0.34^{***}	0.28^{***}
			(26.32)	(26.11)	(25.96)	(23.96)	(23.93)	(16.61)
托宾 Q 值				1.84^{**}	2.26^{***}	2.04^{**}	2.03^{**}	1.75^{**}
				(2.22)	(2.71)	(2.50)	(2.49)	(2.20)
杠杆率					0.02^{***}	0.04^{***}	0.04^{***}	0.04^{***}
					(3.27)	(4.79)	(4.80)	(6.77)
资产回报率						0.26^{***}	0.26^{***}	0.25^{***}

续表

	(1)	(2)	(3)	(4)	(5)	(6)	(7)	(8)
变量	因变量：库存投资							
						(8.27)	(8.29)	(7.45)
外部融资依赖性							–0.02	–0.02
							(–0.82)	(–0.93)
滞后资本支出								0.02
								(1.60)
公司固定效应	是	是	是	是	是	是	是	是
年度固定效应	否	是	是	是	是	是	是	是
观测值数量	2 790	22 566	22 543	22 543	22 543	22 543	22 543	19 494
R^2	0.00	0.04	0.09	0.09	0.09	0.10	0.10	

注：括号中为稳健的 t 统计值。托宾 Q 值是指市场价值除以账面价值。

***p < .01；**p < .05；*p < .1。

资料来源：作者的计算。

附表 6　投资对外部融资依赖性的敏感性：部门影响

	（1）	（2）	（3）	（4）	（5）	（6）
	因变量：资本支出			因变量：库存投资		
变量	国有企业	实体部门	石油部门	国有企业	实体部门	石油部门
美元债券	–9.196	–7.355***	–10.837***	–5.735	–9.607***	–7.102***
	（–1.434）	（–2.881）	（–2.971）	（–1.315）	（–3.435）	（–2.815）
美元债券 × 外部融资依赖性	0.163	0.039	0.138	–0.018	–0.179	–0.044
	（1.558）	（0.635）	（1.564）	（–0.060）	（–1.225）	（–0.222）
美元债券 × 部门	9.293	–4.243	–3.792	0.394	3.218	–13.104
	（0.980）	（–0.498）	（–0.263）	（0.051）	（0.620）	（–1.421）
外部融资依赖性 × 部门	–0.047	–0.267***	0.240	–0.148***	0.112	–0.053
	（–0.945）	（–5.546）	（1.183）	（–3.104）	（1.103）	（–0.917）
美元债券 × 外部融资依赖性 × 部门	–0.481***	0.291**	1.404	–0.274	0.896**	–0.193
	（–3.778）	（2.211）	（0.979）	（–0.753）	（2.059）	（–0.763）
收入增长率	0.239***	0.239***	0.239***	0.320***	0.340***	0.340***
	（14.512）	（18.574）	（18.575）	（16.392）	（23.774）	（23.773）

续表

	（1）	（2）	（3）	（4）	（5）	（6）
	因变量：资本支出			因变量：库存投资		
变量	国有企业	实体部门	石油部门	国有企业	实体部门	石油部门
托宾Q值	–0.203	1.504*	1.575*	0.857	1.743**	1.695**
	（–0.190）	（1.857）	（1.947）	（0.835）	（2.144）	（2.082）
杠杆率	0.022**	0.026***	0.026***	0.033***	0.035***	0.035***
	（2.065）	（3.572）	（3.588）	（3.291）	（4.713）	（4.704）
资产回报率	0.286***	0.280***	0.278***	0.261***	0.258***	0.258***
	（7.916）	（10.133）	（10.083）	（6.261）	（8.021）	（8.026）
外部融资依赖性	0.017	0.020	–0.050**	–0.138***	–0.222***	–0.216***
	（0.486）	（1.010）	（–2.560）	（–4.197）	（–12.656）	（–12.035）
常数项	19.523***	15.188***	15.096***	14.353***	13.244***	13.311***
	（10.660）	（11.665）	（11.596）	（7.107）	（9.249）	（9.296）
观测值数量	12 987	22 543	22 543	12 698	22 177	22 177
R^2	0.113	0.102	0.101	0.152	0.157	0.157

注：括号中为稳健的t统计值。托宾Q值是指市场价值除以账面价值。

***p < .01；**p < .05；*p < .1。

资料来源：作者的计算。

附表 7　美元债券兑付与公司投资

	(1)	(2)	(3)	(4)	(5)	(6)
变量	因变量：资本支出			因变量：库存投资		
美元债券兑付虚拟变量	-12.47^{***}		-0.02	-8.77		9.29
	(−3.21)		(−0.00)	(−1.19)		(0.92)
美元债券兑付额 / 债务总额		-2.36^{***}	-2.36^{*}		-1.84	-3.42
		(−3.61)	(−1.83)		(−1.38)	(−1.57)
收入增长率	0.24^{***}	0.24^{***}	0.24^{***}	0.35^{***}	0.35^{***}	0.35^{***}
	(17.99)	(17.99)	(17.99)	(23.89)	(23.89)	(23.89)
托宾 Q 值	1.46^{*}	1.46^{*}	1.46^{*}	2.09^{**}	2.09^{**}	2.09^{**}
	(1.75)	(1.74)	(1.74)	(2.36)	(2.36)	(2.36)
杠杆率	0.02^{***}	0.02^{***}	0.02^{***}	0.03^{***}	0.03^{***}	0.03^{***}
	(2.89)	(2.88)	(2.88)	(4.55)	(4.55)	(4.54)
资产回报率	0.31^{***}	0.31^{***}	0.31^{***}	0.28^{***}	0.28^{***}	0.28^{***}

续表

	(1)	(2)	(3)	(4)	(5)	(6)
变量	因变量：资本支出			因变量：库存投资		
	(10.60)	(10.61)	(10.60)	(8.23)	(8.23)	(8.23)
外部融资依赖性	–0.03	–0.03	–0.03	–0.01	–0.01	–0.01
	(–1.49)	(–1.49)	(–1.49)	(–0.62)	(–0.61)	(–0.62)
公司固定效应	是	是	是	是	是	是
年度固定效应	是	是	是	是	是	是
观测值数量	20 896	20 896	20 896	20 688	20 688	20 688
R^2	0.11	0.11	0.11	0.16	0.16	0.16

注：括号中为稳健的 t 统计值。托宾 Q 值是指市场价值除以账面价值。

$^{***}p < .01$；$^{**}p < .05$；$^{*}p < .1$。

资料来源：作者的计算。

术语表

备案制监管 一种监管方式，经济实体只需要在有关部门登记与其希望开展的业务有关的信息，而无须寻求批准。如果某债券的发行适用备案制监管，那么企业只需要在发行债券之前向监管机构提交相关信息，而不必等待批准文件。

另见**审批制监管**。

常备借贷便利 中国人民银行的流动性供应渠道，以满足商业银行和农村合作金融机构的临时流动性需求。它是利率走廊的上限。它于2013年初推出，期限包括：隔夜、7天、1个月。

城投债 由一类国有企业——地方政府融资平台发行的一种债券。地方政府融资平台是地方政府利用资本、土地和其他公共资源设立的。地方政府融资平台发行的债券通常被称为城市建设债券，中文为“城投债券”。虽然“城投”一词没有特殊的监管定义，但在市场参与者中使用广泛，因此被中证指数分类并纳入Wind数据库中。

窗口指导 货币和监管部门影响银行以及其他金融机构行为的非正式方式。

大宗交易 也称为“大额买卖盘”，是为出售或购买大量证券而提交的订单或交易。大宗交易涉及双方按约定价格交易的大量股票或债券，有时在公开市场以外进行，以减轻对证券价格的影响。

欲了解更多信息，见https://www.investopedia.com/terms/b/blocktrade.asp。

贷款担保凭证 将贷款组合证券化并作为基金进行管理的证

券化形式。每种凭证都包含一系列不同分档的利息支付债券，以及一小部分股权。

担保债券 由金融机构发行并由一组独立资产支持的债务证券；如果该金融机构破产，则债券持有人对抵押品享有追索权。在发行无担保的债务工具之外，担保债券为贷款人扩大业务提供了一种有效的低成本方式。

欲了解更多信息，见 https://www.investopedia.com/terms/c/coveredbond. asp。

地方政府债券置换计划 中国于2015年推出的一项为期3年的计划，旨在以地方政府债券置换被视为地方政府债务的债务，其形式有：银行贷款、地方政府融资平台债券、信托和其他非标准借款。这一项价值18万亿元人民币的计划于2018年完成。该计划允许地方政府按照平均而言较低的利率，使用较长的期限来重组预算外地方政府融资平台债务。

地方政府融资平台 由地方政府设立的具有独立法律地位的经济实体（通常是公司），旨在为投资和城市发展项目（城投）提供资金。地方政府通常将资本、土地或股本作为初始资本注入地方政府融资平台。然后，地方政府融资平台会在市场上筹集资金或从银行借款，其中往往不乏地方政府的隐性担保。

抵押补充贷款（PSL） 为提供长期、稳定、合理定价的发展（例如棚户区重建项目和改善农村基础设施）而由中国人民银行创立的一种贷款机制。它还为政策性银行提供流动性支持，使其得以将信贷扩展到农业、水资源保护和绿色能源等具有战略意义的重要领域。这些贷款需要高评级债券或高质量贷款作为抵押品。

点心债券 在中国境外发行的一种人民币债券。这个词来自“点心”，这是香港特别行政区的一种受欢迎的中式糕点。中国国家开发银行于2007年7月率先发行点心债券，面值为50亿元人民币，期限2年。2010年，麦当劳成为首家发行点心债券的外国非金融公司，面值为2亿元人民币，期限3年。

定向中期借贷便利 中国人民银行于2018年12月推出的作为货币政策工具的一种贷款机制，旨在为金融机构提供长期稳定的资金，供其扩大面向小微企业和私人企业的信贷支持。

短期流动性调节工具 中国人民银行用于管理货币供应的公开市场操作工具。短期流动性调节工具主要通过与中国的大型银行之间的回购协议（或逆购回协议）发挥作用。

多层和单层托管制度 在多层制度下，托管人分为不同层级，但最后集中于一个中央存放托管机构。每个层级的托管人都提供适合自己客户群的服务。在单层制度下，所有投资者必须以自己的名义在国家清算和结算存放托管机构开立账户。虽然单层托管制度下的操作风险较低，但大量结算的总成本相当高。

房地产投资信托基金（REIT） 拥有、经营或资助收益性房地产的公司。房地产投资信托基金给予每位投资者一定比例的不动产权益或者由抵押或信托契约担保的不动产贷款利息。房地产投资信托基金往往与其他证券一样在主要交易所交易，并为投资者提供一系列房地产资产的流动性权益。

非金融企业债务融资工具 由公司型非金融企业发行，在银行间债券市场交易并且在中国人民银行下属的中国银行间市场交易商协会备案登记的可转让有价证券。这些工具遵守《银行间债券市场非金融企业债务融资工具管理办法》的规定，包括商业票据、中期票据、非公开定向债务融资工具等。

非公开定向债务融资工具 非金融企业向选定的合格投资者发行的一类信用债券，该债券根据《银行间债券市场非金融企业债务融资工具管理办法》在中国银行间市场交易商协会备案登记，在银行间债券市场交易。

付款交割结算 证券交易中的一种结算程序。它规定必须在交付证券之前付款或在交付证券的同时付款。付款交割程序旨在消除对手方风险。

富时世界政府债券指数（WGBI） 被广泛采用的固定收益指数，可衡量20多个国家以本币计价、利率固定且被评为投资级的主权债券的表现。

另见**花旗全球政府债券指数**（CGBI）。

欲了解更多信息，见 https://www.yieldbook.com/m/indices/single.shtml?ticker=WGBI。

格兰杰因果关系 用于确定是否可以通过先前对另一个时间序列的观察，在统计上预测某个时间序列的统计技术。

公开市场操作（OMO） 中央银行与银行和其他具备资格的机构以本币进行交易，以实现诸如通过调整银行体系的流动性，将短期银行间利率保持在一定范围内等目标。公开市场操作是中央银行用来影响金融体系流动性的常用工具。在中国，中国人民银行主要通过回购协议、逆购回和短期流动性操作进行公开市场操作。

公司债券 由中国非金融企业发行并由中国证券监督管理委员会根据《证券法》和《公司债券发行与交易管理办法》予以监管的一类信用债券，仅在交易所市场进行交易。

另见**企业债券**和**中期票据**。

共同基金 一种获得专业管理的投资基金，它将许多投资者的资金集中起来购买证券。这些投资者可以是散户，也可以是机构投资者。

广义自回归条件异方差与指数广义自回归条件异方差 广义自回归条件异方差模型是时间序列数据的一种统计模型，将当前误差项的方差描述为先前若干时间段的误差项的自回归移动平均模型。指数广义自回归条件异方差指的是指数广义自回归条件异方差模型。广义自回归条件异方差模型对误差项函数的参数提出了非负限制，但在丹尼尔·B. 尼尔森（Daniel B. Nelson）提出的指数广义自回归条件异方差模型中没有这样的限制，其中的条件方差是滞后误差项的非对称函数。

国际资本市场协会（ICMA） 该协会总部设在瑞士，实行会员制，致力于满足广大成员的需求，其成员包括：私营和公共部门发行者、金融中介机构、资产管理者和其他投资者、资本市场基础设施供应商、中央银行、律师事务所和全球其他成员。它重点关注影响国际市场运作各个方面的广泛监管和市场惯例问题。国际资本市场协会优先考虑以下核心领域：一级市场、二级市场、回购和抵押品市场，以及绿色债券和社会债券市场。

欲了解更多信息，见 https://www.icmagroup.org/About-ICMA/。

国际发展金融俱乐部 由开发银行组成的协会，实行会员制，旨在促进全球实现更高效的发展。它成立于 2011 年，截至 2018 年 7 月，共有 23 名成员。

欲了解更多信息，见 https://www.idfc.org/。

国际掉期与衍生工具协会 负责确保衍生产品交易中净额结算和抵押品条款可执行性的国际组织，共有 70 个国家的 900 多个成员机构，包含了广泛的衍生产品市场参与者。

欲了解更多信息，见 https://www.isda.org/about-isda/。

国际掉期与衍生工具协会主协议 国际掉期与衍生工具协会发布且得到国际普遍认可的一种文件，用于为进行场外衍生产品交易的各方提供法律和信贷保护。

合格境外机构投资者（QFII） 允许外国机构投资者使用外币资金投资中国境内资本市场的一项计划。中国证券监督管理委员会于 2002 年推出了合格境外机构投资者计划。在中国的外国投资受中国国家外汇管理局规定的配额制度约束。

胡贝尔－怀特夹心估计量 一种允许异方差性残差的估算技术。基本回归和时间序列模型假设误差项在所有观测值中方差相同。当这个假设不成立时，误差被称为异方差性误差，并且估计值在非线性模型中不一致且有偏差。胡贝尔-怀特夹心估计量被用于促成确实包含异方差残差的模型的拟合。

花旗全球政府债券指数（CGBI） 现称为富时世界政府债券指数。2017 年 8 月 31 日，伦敦证券交易所集团（LSEG）从花旗收购了收益率手册和花旗固定收益指数业务。

见**富时世界政府债券指数**。

货币互换 以双方达成协议的形式并且旨在交换以两种不同货币计价的利息和本金的场外交易衍生产品。

集合投资计划 也称为集合投资信托，由管理一组集合信托账户的银行、证券行或信托公司操作的一种基金。这些基金将来自个人和组织的资产分组，以形成更大规模、更多元化的投资组合。

基准利率 中国人民银行设定的用于指导商业银行贷款和存款利率的参考利率。政策利率经国务院批准确定。实行利率自由化后，银行贷款利率下限于 2013 年 7 月正式取消，银行存款利率上限于 2015 年 10 月取消。

交易所债券市场 在这类市场上，个人和小中型机构投资者通过交易所的集中配对方式进行交易。中国的交易所市场包括上海证券交易所和深圳证券交易所。

交易所交易基金（ETF） 一种可转让有价证券，可追踪股票、大宗商品、债券指数或其他资产篮子。

金融债券 金融机构发行的债券。这类债券可以是政策性银行债券，也可以是商业金融债券。金融债券在中国银行间市场和交易所市场上发行，受中国人民银行、中国银行保险监督管理委员会以及中国证券监督管理委员会监管。

金融周期 影响金融市场的关键因素（例如，资产价格和波动性；杠杆、信贷可获得性；投资者的风险偏好、预期和信心）的周期性上升和下降。与商业周期相比，金融周期往往较长（5~20 年），中值约为 15 年。自由化的发达市场的金融周期往往长于新兴市场。

离岸人民币远期汇率 离岸市场（主要是在香港特别行政区）报出的人民币对美元的可交割远期汇率。与其他货币远期汇率一样，流动性离岸人民币远期汇率的期限从隔夜到12个月不等。

利率掉期（IRS） 一种金融衍生产品，其内容涉及双方交换两项资产（通常等值）的利息支付。

联邦制和单一制 联邦制（如加拿大、德国和美国）是指联邦政府与各州或各省之间实行分权。它是一种政治实体，特点是中央联邦政府下设享有部分自治权的省、州或其他区域（联邦主义）。单一制政府（或单一制国家）是作为单一实体治理的主权国家。中央政府将不同程度的权力下放给各个行政分区（如中国、日本、韩国、瑞典和英国）。

绿色债券 为具有潜在环境保护和减缓气候变化效益的项目融资而发行的债券。由于各国对绿色债券的定义不统一，第三方通常会核实债券是否具备绿色债券的资格。例如，一些东欧国家认为核能不是绿色能源，但大多数经济体都认为太阳能和风能属于绿色能源。

绿色担保债券 由银行发行的具有双重追索权结构的债券。如果发行银行违约，投资者将获得专用资产池（例如，可再生能源发电厂）的担保。

伦敦同业市场拆放利率（Libor） 银行在国际银行间市场上为短期贷款相互拆借的基准利率。伦敦同业市场拆放利率是利率的平均值，根据全球主要银行每天提交的估计值计算得出。

另见**上海银行间同业拆放利率**（Shibor）。

M2 一种货币总量，包括流通中的货币、活期存款、定期存款、储蓄存款和其他存款。2018年之前，中国一直设有年度M2量化目标/预测。

名义有效汇率 衡量一种货币与一篮子外币之间汇率的标准，

通常表示为使用双边贸易价值进行外币权重分配的指数。

摩根大通全球债券指数–新兴市场 一组涵盖新兴市场政府发行的本币债券的指数。由摩根大通提供。

彭博巴克莱全球综合债券指数 一种被广泛追踪的全球固定收益指数，用于衡量24个本币市场债券的表现。该指数是一种多币种基准，包括国债、准主权债券、公司债券和证券化的固定利率债券。2019年4月，中国政府债券和政策性银行债券纳入了这一指数。

破产隔离 一种为开发、拥有和运营特殊项目，同时隔离和尽可能降低破产风险而成立实体（例如特殊目的实体）的状态。相应实体的资产和债务通常以指定项目的开发和运营所需为限。

另见**特殊目的实体**。

气候债券倡议组织 一个关注投资者的非营利性国际组织，专门动员国际债券市场参与气候变化解决方案，促进对低碳和适应气候变化的经济转型项目的投资。

见 https://www.climatebonds.net/。

期货转现货 双方以商品期货合约交换实际现货的交易。该交易涉及私下协商的以期货头寸换取对应实物的相应头寸。

期货转掉期 私下协商的以实物期货合约交换现金结算掉期合约的交易。类似期货转现货，但它涉及现金合约而非实物合约。

企业资产支持证券 由非金融企业或金融机构在深圳或上海的交易所市场发行，并由中国证券监督管理委员会监管。只有具备资质的投资者才可以投资企业资产支持证券。

企业债券 企业债券是中国非金融企业发行的一种信用债券。企业债券受国家发展和改革委员会监管，并在中国银行间债券市场和交易所债券市场上交易。该市场几乎完全面向国有企业。

另见**公司债券**和**中期票据**。

全球托管银行 在各个国家提供托管服务，以支持客户持有证券和进行证券交易的银行。托管人是专门的金融机构，负责保障客户资产，安排或促进结算，以及收集有关收益的信息。

Repo 作为一种抵押借款形式的回购协议，在该协议中，借款方出售证券并订立远期购买协议以便日后购回该证券。利率往往由第一次和第二次交易中证券的相对价格决定。

欲了解更多信息，见 https://www.investopedia.com/terms/r/repurchaseagreement.asp。

人民币合格境外机构投资者（RQFII） 一项允许境外投资者使用在中国境外筹集的人民币计价资金投资于中国境内资本市场的计划。人民币合格境外机构投资者计划于 2011 年年底启动。人民币合格境外机构投资者投资许可证由中国证券监督管理委员会颁发，投资额度由中国国家外汇管理局确定。

上海清算所 中国人民银行认定的合格中央对手方，也是中央证券存放托管机构之一。上海清算所成立于 2009 年 11 月 28 日，是中国重要的金融市场基础设施之一。

上海银行间同业拆放利率（Shibor） 基于上海银行间货币市场中银行之间无抵押资金贷款利率的每日参考利率。另见**伦敦同业市场拆放利率** (Libor)。

商业票据 在中国银行间市场交易商协会登记的非金融企业，根据《银行间债券市场非金融企业债务融资工具管理办法》发行的一种短期债务工具。商业票据在银行间债券市场进行交易，期限通常为 3 个月、6 个月、9 个月和 12 个月。

双重征税条约 通常是指为避免双重征税和防止规避所得税和资本税而订立的协议（主要是由国家订立）。

审批制监管 根据此类监管，实体在发行债券之前必须经过相关部门审批。

另见**备案制监管**。

收益率曲线 显示了利率与期限之间的关系。通常横轴表示期限，纵轴表示相应的利率。随着时间的推移，收益率曲线的变化或变动可提供关于市场对未来利率走向预期的信息。

套利交易 投资者按较低利率（通常是短期期限）借入资金，用以购买预期将产生更高收益的资产的一种策略。2015 年以前，中国普遍的套利交易策略是借入美元并通过债券回购或通过投资于利率债券（无违约风险或违约风险极低的债券）贷出人民币。收益来自债券的正利差和人民币升值。

通货膨胀目标制 一种货币政策制度，中央银行设定明确的中期目标通胀率，并向公众宣布该目标。

特别提款权 国际货币基金组织于 1969 年引入的一种国际储备资产，用于补充成员国的官方储备。迄今为止，已经向会员国分配了 2 042 亿特别提款权（相当于 2 910 亿美元），其中包括 2009 年全球金融危机后分配的 1 826 亿特别提款权。特别提款权的价值基于一篮子（五种）货币——美元、欧元、人民币、日元和英镑。

欲了解更多信息，见 https://www.imf.org/en/About/Factsheets/Sheets/2016/08/01/14/51/Special-Drawing-Right-SDR。

特殊目的实体 母公司用于资产隔离或证券化的破产隔离实体。该实体通常在资产负债表外持有相关资产。特殊目的实体可在母公司破产的情况下保证子公司债务的安全。有时，特殊目的实体被设定为掉期和其他信用敏感型衍生工具的对手方。另见**破产隔离**。

投资实体 通常由第三方金融机构控制的非银行金融实体，主要是银行或信托公司。在中国，这些实体主要通过发行投资产品获得资金，这些投资产品通常是作为银行存款的高收益替代品（例如，银行理财产品）或定制化风险贷款一揽子计划（面向其他银行和机构投资者）出售。它们投资于各种资产，例如债券、银行存款和非标准信贷资产，以及其他投资产品。这些实体依靠短期融资来进行杠杆运作和管理其期限错配，并且往往受益于资助金融机构的隐性担保。

欲了解更多信息，见国际货币基金组织 2018 年 4 月《全球金融稳定报告》第一章。

外汇和利率衍生产品 价格或收益取决于某些汇率或利率的基础价格的一种证券。常见的外汇和利率衍生产品包括远期、期货、期权和掉期。

委托投资基金 一些缺乏专业知识的小银行外包的投资基金。这些银行根据投资指南，将其投资基金外包给共同基金或证券行管理。

未平仓合约 在衍生产品市场中指的是尚未结算的衍生产品合约的数量，也称为未平仓承诺。

信用债券 由非金融企业发行的一种无抵押债券。在中国，信用债券包括企业债券、公司债券、中期票据和其他非金融企业债务融资工具。

信用违约掉期 一种金融互换协议，根据该协议，信用违约掉期的卖方将在（债务人）发生债务违约或其他信用事件的情况下对买方进行赔偿。卖方保证买方不受特定参考资产违约的影响。买方向卖方进行一系列支付（信用违约掉期“费用”或“利差”），以此交换在出现资产违约的情况下获得收益的机会。中国于 2016 年 10 月推出信用违约掉期。违约事件可以是证券违约或发行者违约。

信用联结票据 一种以现金为抵押品的信用违约掉期的票据。信用风险承担者首先设立特殊目的实体（SPV），接着双方订立信用违约掉期合约。然后，该特殊目的实体向其他投资者发行信用联结票据。投资者支付本金面值购买信用联结票据，并收取利息。如果某些信用违约事件发生在信用联结票据到期之前，那么特殊目的实体将根据信用违约掉期合约，向信用风险承担者进行支付，然后用剩余净值偿还信用联结票据本金，否则，需要全额偿还本金。中国于2016年10月推出信用联结票据。违约事件可以是债券违约或发行者违约。

信用风险缓释协议 一种信用违约掉期合约，规定一方向另一方支付费用，以此交换在发生指定信用违约事件的情况下另一方支付一定金额的货币。中国于2010年10月推出这类协议。2016年10月之前，信用风险缓释协议只涵盖债券违约事件，不涵盖发行者违约事件。

信用风险缓释权证 一种信用违约掉期证券，发行者支付某项费用以交换投资者在某些信用违约事件发生时进行支付。中国于2010年10月推出这种权证。在2016年10月之前，信用风险缓释权证仅涵盖债券违约事件，不涵盖发行者违约事件。

熊猫债券 非中国发行者在中国国内债券市场上发行的以人民币计价的债券。第一批熊猫债券是亚洲开发银行和国际金融公司这两家多边机构于2005年在中国银行间债券市场发行的。

银行间7天质押式回购利率 经加权的银行间7天质押式回购利率涵盖各个存款机构。虽然银行间7天质押式回购利率尚未被中国人民银行认定为政策利率，但在市场上被密切关注，用于确定银行间流动性。

远期利率协议 双方之间旨在确定从未来某个日期开始支付或收取的债务利率或货币汇率的场外交易合约。远期利率协议确定了采用的利率以及终止日期和名义价值。

债券通 通过中国内地与香港特别行政区市场基础设施之间的联系，将中国银行间债券市场与世界相联结的试点计划。在债券通计划下，外国投资者无须在中国内地开立账户就可以持有中国银行间债券市场债券。这些债券也可以由外国投资者通过其全球托管人借助债务工具中央结算系统持有。债券通包括两种类型的交易："北向通"允许国际投资者进入中国银行间债券市场，于

2017年7月3日启动；“南向通”允许中国境内投资者在主要的境外场外债券市场进行交易，主要开展后期探索。

债券结算代理人 根据客户的指示为客户进行债券交易结算的人。

债务工具中央结算系统 由香港金融管理局（HKMA）运作的集中式债券存管机构。该系统于1990年推出，为香港金融管理局发行的外汇基金票据及债券（港元债务证券）提供清算、结算及托管服务。该系统后来扩大到涵盖香港特别行政区政府发行的债券以及公共和私人部门实体发行的债券。1996年，债务工具中央结算系统将其清算和托管服务扩大到涵盖以外币计价的债务证券，并建立了与港元实时总结算系统之间的联系。

债务—股本转换 将公司或个人的债务转换为股本的交易。在中国，这往往涉及债权人（银行）将不良公司贷款转换为股权持有。

资本流动管理措施 根据国际货币基金组织关于资本流动自由化和管理的机构观点制定的程序，这些程序限制资本流动，并且区分基于居民地位和不基于居民地位的措施。

欲了解更多信息，见 http://www.imf.org/external/np/g20/pdf/2018/073018.pdf。

资产支持票据 由中国银行间债券市场中的非金融公司发行的一类资产支持证券。这些证券由中国银行间市场交易商协会监管。资产支持票据的基础资产用作抵押品，可以证券化。

政策性银行债券 由中国国家开发银行、中国进出口银行和中国农业发展银行发行的债券。

政策性银行 中国的国有金融机构，负责执行政府的经济政策。包括中国国家开发银行、中国进出口银行和中国农业发展银行。2015年，中国国家开发银行被国务院指定为开发性金融机构，但仍被市场参与者视为政策性银行。

政府引导基金　主要由国有企业、地方政府融资平台、银行和其他金融机构的预算（初级档）和非预算（类债务高级档，提供稳定的收益）缴款提供的基金。

政府间关系　国家和地方（省）各级机构的一种互动网络，其建立和完善的目的是使政府各部门能够以一种适合制度安排的方式协调一致。政府间关系包括政治体系内各级政府据以互动的过程和制度。一直以来对这些关系的分析都侧重形式结构和制度，特别是与各级政府间财政安排相关的结构和制度。

芝加哥期权交易所波动率指数　由芝加哥期权交易所计算的指数。它根据标准普尔500指数的期权价格衡量市场对未来股市波动的预期。该指数是衡量金融市场风险偏好或风险规避情绪的指标。

欲了解更多信息，见 http://www.cboe.com/vix。

中国外汇交易中心（CFETS）　即全国银行间同业拆借中心，直属于中国人民银行。该中心利用先进的电子信息技术，在线和通过专线为银行间外汇市场、货币市场和债券市场提供发行、交易、交易后处理、信息、基准和培训等一系列服务。中国外汇交易中心每天监测市场交易，并为中国人民银行和自律的市场组织提供支持和服务。中国外汇交易中心负责公布市场基准，包括人民币汇率中间价、上海银行间同业拆放利率、中国外汇交易中心人民币指数、贷款基础利率、人民币参考利率、债券指数、收益率曲线以及提供市场参考价格的其他信息。

中国银行间债券市场　中国人民银行于1997年引入的中国最大的固定收益市场，在全部债券发行量和交易活动中占比超过90%。它是一个场外市场，独立于上海和深圳交易所债券市场。许多外国金融机构都能投资中国的国内银行间债券市场。

另见**中国银行间市场交易商协会**。

见 https://www.risk.net/definition/close-out-netting/。

欲了解更多信息，见 https://www.investopedia.com/terms/l/libor.asp。

中国银行间市场交易商协会 旨在推动场外交易金融市场发展的协会，场外交易金融市场由银行间债券、银行间借贷、外汇、商业票据和黄金市场组成。该协会经国务院批准，于 2007 年 9 月 3 日成立，属于自律组织，其成员包括：政策性银行、商业银行、信用合作银行、保险公司、证券行、基金管理公司、信托投资公司、企业下属金融公司、信用评级机构、会计师事务所和非金融部门的公司。

另见**中国银行间债券市场**。

欲了解更多信息，见 http://www.nafmii.org.cn//english/aboutus_e/aboutnafmii_e/201202/t20120222_354.html。

中国银行间市场交易商协会主协议 由中国银行间市场交易商协会发布的文件，为金融衍生产品交易的中国银行间市场参与者提供统一的文件处理方法。

中期借贷便利（MLF） 中国人民银行为向政策性银行、开发性金融机构和商业银行提供中期流动性而使用的货币政策工具。该工具需要质押政府证券、高评级债券，以及三个月、六个月或一年期限的高质量贷款。它于 2014 年 9 月推出。

中期票据 由非金融公司发行，根据《银行间债券市场非金融企业债务融资工具管理办法》在中国银行间市场交易商协会备案登记的一类债券。这些票据在中国银行间市场上交易，期限通常为三年期和五年期。

另见**企业债券**和**公司债券**。

中央国债登记结算有限责任公司（CCDC） 是经国务院批准并出资设立的国有独资金融机构。该公司是国家金融市场必不可少的基础设施，提供中央登记、托管和结算服务。中央国债登记结算有限责任公司受中国人民银行、财政部、中国银行保险监督管理委员会监管。它是构成中央证券存管和证券结算系统的三家机构之一。另外两家为上海清算所和中国证券登记结算有限责任公司。

终止净额结算 用于确定衍生产品或回购交易中的违约对手方净债务的一种技术。该对手方的剩余合约债务终止，其头寸的最终正负重置价值合并为单一应付或应收净额。一些国家在破产法中规定了股权分离，以便进行终止净额结算。如果不规定股权分离，破产管理人员可以立即触发违约方被拖欠款项的合约，但这需要持有对应合约的对手方与其他债权人保持一致。这可能需要数年时间才能处置完毕，而且可能导致支出缩减。

专项建设基金 完全由政策性银行资助的公共投资基金。

准备金要求 商业银行必须持有的最低准备金数额，通常以存款的百分比形式规定。

总收益互换 通常涉及两方的交易。一方根据预定的资金率进行支付，该资金率可以是固定的也可以是可变的。另一方支付基础资产的总收益，包括利息和资本利得。

参考文献

第 1 章　中国债券市场：特征、前景与改革

Bloomberg. 2018. "China's Quiet Central Bank Now Wants to Talk to Global Investors." December 4. https://www.bloomberg.com/news/articles/2018-12-04/china-s-quiet-central-bank-now-wants-to-talk-to-global-investors.

European Central Bank (ECB). 2017. "ECB Completes Foreign Reserves Investment in Chinese Renminbi Equivalent to €500 Million." Press release, June 13. https://www.ecb.europa.eu/press/pr/date/2017/html/ecb.pr170613.en.html.

Ho, Kenneth, and C. Cui. 2018. "China Default Watch: No Let Up in Onshore Defaults." Unpublished, Goldman Sachs Credit Strategy Research. December 5, 2018.

International Monetary Fund (IMF). 2012. "The Liberalization and Management of Capital Flows—An Institutional View." Washington, DC.

———. 2017. "Financial Sector Assessment Program." Washington, DC.

———. 2018. "People's Bank of China—Staff Report for the 2018 Article IV Consultation." Washington, DC.

Lam, W. R., and A. Schipke. 2017. "State-Owned Enterprise Reform." In *Modernizing China—Investing in Soft Infrastructure*, edited by W. Raphael Lam, Markus Rodlauer, and Alfred Schipke. Washington, DC: International Monetary Fund.

Liu, H. 2018. "The Three Critical Battles." Speech at the 2018 Boao Forum, Boao, Hainan.

Li, K. 2018. "Report on the Work of the Government." National People's Congress, Beijing.

Maliszewski, W., and others. 2016. "Resolving China's Corporate Debt Problem." IMF Working Paper 16/203, International Monetary Fund, Washington, DC.

Mano, R. C., and P. Stokoe. 2017. "Reassessing the Perimeter of Government Accounts in China." IMF Working Paper 17/272, International Monetary Fund, Washington, DC.

Mishkin, F. 1999. *The Economics of Money, Banking, and Financial Markets*. Boston: Addison-Wesley Publisher.

People's Bank of China (PBC). 2018. "The Belt and Road Initiative." In *Macroeconomic and Financial Frameworks for Successful Implementation of the Belt and Road Initiative*. Joint People's Bank of China–International Monetary Fund High-Level Conference, April 12, Beijing.

Rey, H. 2016. "International Channels of Transmission of Monetary Policy and the Mundellian Trilemma." *IMF Economic Review* 64 (1): 6–35.

Suwanapruti, D., M. Tang, J. Sequeira, K. Ho, and others. 2018. "China's Bond Market Liberalization. Good Move, Gradual Pace, Great Potential." *Asia Economics Analyst*. Unpublished, Goldman Sachs Research Group. May 25.

Tovar, C. E., and T. M. Nor. 2018. "Reserve Currency Blocs: A Changing International Monetary System?" IMF Working Paper 18/20, Washington, DC.

Van Eden, H., D. Gentry, and S. Gupta. 2017. "A Medium-Term Expenditure Framework for More Effective Fiscal Policy." In *Modernizing China—Investing in Soft Infrastructure, edited* by W. Raphael Lam, Markus Rodlauer, and Alfred Schipke. Washington, DC: International Monetary Fund.

Xi, J. 2018. "An Open and Innovative Asia for a World of Greater Prosperity." Keynote Speech at Bo'ao Forum. Bo'ao, Hainan, April 8. http://www.chinadaily.com.cn/a/201804/10/WS5acc15a6a3105cdcf6517259_6.html.

第 2 章　中国债券市场与全球金融市场

Bayoumi, T., and F. Ohnsorge. 2013. "Do Inflows or Outflows Dominate? Global Implications of Capital Account Liberalization in China." IMF Working Paper 13/189, International Monetary Fund, Washington, DC.

Bruno, V., and H. S. Shin. 2015. "Cross-Border Banking and Global Liquidity." *Review of Economic Studies* 82 (2): 535–64.

Calvo, G., L. Leiderman, and C. Reinhart. 1993. "Capital Inflows and Real Exchange Rate Appreciation in Latin America: The Role of External Factors." *IMF Staff Papers* 40 (1): 108–51.

Cerutti, E., S. Claessens, and D. Puy. Forthcoming. "Push Factors and Capital Flows to Emerging Countries: Why Knowing Your Lender Matters More than Fundamentals." *Journal of International Economics*.

Cerutti, E., S. Claessens, and A. Rose. 2017. "How Important is the Global Financial Cycle? Evidence from Capital Flows." IMF Working Paper 17/193, International Monetary Fund, Washington, DC.

Cerutti, E., M. Obstfeld, and H. Zhou. 2019. "Covered Interest Parity Deviations: Macrofinancial Determinants." IMF Working Paper 19/14, International Monetary Fund, Washington, DC.

Forbes, K., and F. Warnock. 2012. "Capital Flow Waves: Surges, Stops, Flight, and Retrenchment." *Journal of International Economics* 88 (2): 235–51.

Fratzscher, M., M. Lo Duca, and R. Straub. 2018. "On the International Spillovers of U.S. Quantitative Easing." *Economic Journal* 608 (128): 330–77.

He, D., and others. 2012. "How Would Capital Account Liberalization Affect China's Capital Flows and the Renminbi Wu Real Exchange Rates?" *China and World Economy* 20 (6): 29–54.

Hofmann, B., I. Shim, and H. S. Shin. 2017. "Sovereign Yields and the Risk-Taking Channel of Currency Appreciation." BIS Working Paper 538, Bank for International Settlements, Basel (May revised version).

Hong Kong Exchange. 2017. "Tapping into China's Domestic Bond Market—An International Perspective." HKEx research report, May.

———. 2018. "Bond Connect Celebrates First Anniversary." Press release, July 3, 2018. https://www.hkex.com.hk/News/News-Release/2018/180703news?sc_lang=en.

International Monetary Fund. 2016. "The Growing Importance of Financial Spillovers from Emerging Market Economies." Chapter 2 in *Global Financial Stability Report*. Washington, DC, April.

———. 2017a. "Is Growth at Risk?" Chapter 1 in *Global Financial Stability Report*. Washington, DC, October.

———. 2017b. *People's Republic of China: Financial System Stability Assessment*. Washington, DC, December.

———. 2018. "A Bumpy Road Ahead." Chapter 1 in *Global Financial Stability Report*. Washington, DC, April.

Koepke, R. 2014. "Fed Policy Expectations and Portfolio Flows to Emerging Markets." Institute of International Finance Working Paper, Washington, DC.

Lane, P., and G. Milesi-Ferretti. 2017. "International Financial Integration in the Aftermath of the Global Financial Crisis." IMF Working Paper 17/115, International Monetary Fund, Washington, DC.

Ma,G.,and R. McCauley.2014."Financial Openness of China and India:Implications for Capital Liberalization." Bruegel Working Paper 2014/05, Bruegel, Brussels.

Ai, M., and A. Schipke, eds. 2017. "Strengthening Financial and Exchange Rate Frameworks: International Experience and Relevance for China." Proceedings of the People's Bank of China and IMF Fifth Joint Conference, Beijing.

Obstfeld, M. 2007. "The Renminbi's Dollar Peg at the Crossroads." *Monetary and Economic Studies* 25 (S1, December): 29–56.

Rey, H. 2016. "International Channels of Transmission of Monetary Policy and the Mundellian Trilemma." *IMF Economic Review* 64 (1): 6–35.

Sun, G. 2015. *Financial Reforms in Modern China. A Frontbencher's Perspective.* New York: Palgrave Macmillan.

第 3 章　主权债券：收益率曲线能告诉我们什么

Afonso, A., and M. Martins. 2010. "Level, Slope, Curvature of the Sovereign Yield Curve, and Fiscal Behavior." ECB Working Paper 1276, European Central Bank, Frankfurt.

Bauer, M., and T. Mertens. 2018. "Economic Forecasts with the Yield Curve." *FRBSF Economic Letter 2018–07* (March 5), Federal Reserve Bank of San Francisco.

Cassola, N., and N. Porter. 2011. "Understanding Chinese Bond Yields and their Role in Monetary Policy." IMF Working Paper 11/225, International Monetary Fund, Washington, DC.

Diebold, F., and C. Li. 2006. "Forecasting the Term Structure of Government Bond Yields." *Journal of Econometrics* 130 (2): 337–64.

Diebold, F., G. Rudebusch, and S. B. Aruoba. 2006. "The Macroeconomy and the Yield Curve: A Dynamic Latent Factor Approach." *Journal of Econometrics* 131 (1–2): 309–38.

Fernald, J., M. Spiegel, and E. Swanson. 2014. "Monetary Policy Effectiveness in China: Evidence from a FAVAR Model." *Journal of International Money and Finance* 49 (Part A): 83–103.

Gasha, G. and others. 2010. "On the Estimation of Term Structure Models and an Application to the United States." IMF Working Paper 10/258, International Monetary Fund, Washington, DC.

Girardin, E., S. Lunven, and G. Ma. 2014. "Inflation and China's Monetary Policy Reaction Function: 2002–2013." BIS Paper 77, Bank for International Settlements, Basel.

Harjes, T. 2017. "A Market-Based Monetary Policy Approach for China." Selected Issues Paper, IMF Country Report 17/248, International Monetary Fund, Washington, DC.

He, D., H. Wang, and X. Yu. 2015. "Interest Rate Determination in China: Past, Present, and Future." Hong Kong Institute for Monetary Research Working Paper 042014, Hong Kong SAR.

Jiao, A., and J. Ma. 2017. "The Predictive Power of Nelson-Siegel Factor Loadings for the Real Economy." Working Paper, University of Alabama, September.

Ma, J. 2017. "Interest Rate Transmission in a New Monetary Policy Framework." In *Modernizing China*, edited by W. Raphael Lam, Markus Rodlauer, and Alfred Schipke. Washington, DC: International Monetary Fund.

People's Bank of China (PBC). 2016. *Quarterly Monetary Policy Reports*. Beijing.

Walsh, C. 2010. *Monetary Theory and Policy,* 3rd edition. Cambridge, MA: MIT Press.

第 4 章　信用债券

Amihud, Y. 2002. "Illiquidity and Stock Returns: Cross-Section and Time-Series Effects." *Journal of Financial Markets* 5 (1): 31–56.

Duffee, G. R. 1999. "Estimating the Price of Default Risk." *Review of Financial Studies* 12 (1): 197–226.

Eom, Y. H., J. Helwege, and J. Z. Huang. 2004. "Structural Models of Corporate Bond Pricing: An Empirical Analysis." *Social Science Electronic Publishing* 17 (2): 499–544.

Gao, Q., and H. F. Zou. 2015. "A Comparative Study on the Secondary Market Pricing of China's Enterprise Bonds and Corporate Bonds." *Journal of Financial Research* 1: 84–100 (in Chinese).

Gündüz, Y., and M. Uhrig-Homburg. 2014. "Does Modeling Framework Matter? A Comparative Study of Structural and Reduced-Form Models." *Review of Derivatives Research* 17 (1): 39–78.

International Monetary Fund (IMF). 2018. "China Article IV Staff Report, August 2018." IMF, Washington, DC.

Jarrow, R. A., and S. M. Turnbull. 1995. "Pricing Derivatives on Financial Securities Subject to Credit Risk." *Journal of Finance* 50 (1): 53–85.

Lam, W. Raphael, M. Rodlauer, and A. Schipke. 2017. *Modernizing China: Investing in Soft Infrastructure*. Washington, DC: International Monetary Fund.

Li, K. L., and H. Y. Wong. 2008. "Structural Models of Corporate Bond Pricing with Maximum Likelihood Estimation." *Journal of Empirical Finance* 15 (4): 751–77.

Merton, R. C. 1974. "On the Pricing of Corporate Debt: The Risk Structure of Interest Rates." *Journal of Finance* 29 (2): 449–70.

第 5 章　地方政府债券市场

Gao, H. Y., H. Ru, and Y. J. Tang. 2017. "Subnational Debt of China: The Politics-Finance Nexus." Asian Finance Association 2018 Conference. https://dx.doi.org/10.2139/ssrn.2783125.

Huang, Y., M. Pagano, and U. Panizza. 2016. "Public Debt and Private Firm Funding: Evidence from Chinese Cities." CEPR Discussion Paper 11489, Centre for Economic Policy Research, London.

International Monetary Fund (IMF). 2015. "Staff Report for Article IV Consultation: People's Republic of China." IMF Country Report 15/272, Washington, DC.

———. 2018a. *Fiscal Monitor: Capitalizing on Good Times*. Washington, DC, April.

———. 2018b. "Staff Report for Article IV Consultation: People's Republic of China." IMF Country Report 18/240, Washington, DC.

Japan, Ministry of Internal Affairs and Communications. 2017. "White Paper on Local Public Finance 2017 Illustrated." Ministry of Internal Affairs and Communications, Tokyo.

Ji, J. F., and others. 2017. "City Construction Debt: Old Stories and New Games." CICC Fixed Income Research, September.

Lam, W. R., and M. Moreno-Badia. Forthcoming. "What Does China's Government Balance Sheet Tell Us about Fiscal Policy?" IMF Working Paper, International Monetary Fund, Washington, DC.

Lam, W. R., J. N. Wei, and H. van Eden. 2017. "Local Government Finances and Fiscal Risks." In *Modernizing China: Investing in Soft Infrastructure*, edited by W. R. Lam, M. Rodlauer, and A. Schipke. Washington, DC: International Monetary Fund.

Li, B., and R. Mano. Forthcoming. "The Debt of Local Government Financing Vehicles: New Findings Using Firm-Level Analysis." IMF Working Paper, International Monetary Fund, Washington, DC.

Mano, R., and P. Stokoe. 2017. "Reassessing the Perimeter of Government Accounts in China." IMF Working Paper 17/272, International Monetary Fund, Washington, DC.

Organisation for Economic Co-operation and Development (OECD). 2016. "Subnational Government Finance for Regional Development." *OECD Regions at a Glance 2016*. Paris: OECD.

Sola, S., and G. Palomba. 2015. "Sub-National Government's Risk Premia: Does Fiscal Performance Matter?" IMF Working Paper 15/117, International Monetary Fund, Washington, DC.

World Bank. 2001. *Developing Government Bond Market Handbook*. Washington, DC: World Bank.

第 8 章　资产支持证券

Ayotte, K., and S. Gaon. 2005. "Asset-Backed Securities: Costs and Benefits of Bankruptcy Remoteness." *Review of Financial Studies* 24 (4): 1299–335.

Caprio, Gerard Jr., Asli Demirgüç-Kunt, and Edward J. Kane. 2010. "The 2007 Meltdown in Structured Securitization: Searching for Lessons, Not Scapegoats." *World Bank Research Observer* 25 (1, February): 125–55.

International Monetary Fund (IMF). 2009. "Restarting Securitization Markets: Policy Proposal and Pitfalls." Chapter 2, *Global Financial Stability Report. Washington, DC, October.*

International Organization of Securities Commissions (IOSCO). 2008. "Code of Conduct Fundamentals for Credit Rating Agencies." Report of the Technical Committee of IOSCO, May.

第 9 章　关于开放中国债券市场的一些思考

Hong Kong Exchanges and Clearing Limited (HKEX). 2017. "Tapping into China's Domestic Bond Market: An International Perspective." HKEX Research Report.

Huang, Y. 2018. "Proactively and Prudently Opening up China's Financial Sector." Jingshan Report, Beijing.

International Monetary Fund (IMF). 2016. *Global Financial Stability Report: Potent Policies for a Successful Normalization.* Washington, DC: IMF.

第 10 章　加强中国债券市场的金融稳定性

China Central Depository and Clearing Co., Ltd. (CCDC). 2018. 2017 *Annual China Bond Market Report*. January.

Citibank. 2017. "The U.S. Corporate Bond Risk Premium and Market Liquidity." May.

CITIC Jiantou Wenxiang Bond Securities Investment Fund. 2018. "The Bond Market Impact from the New Unified Rule of Asset Management Products." May.

Fitch. 2018. "China Corporate Bond Market Watch." Monthly publication.

International Monetary Fund (IMF). 2017. "*People's Republic of China, Financial Sector Stability Assessment Report.*" Washington, DC.

———. 2017. "*Financial Sector Assessment Program, People's Republic of China, Bond Market Background Note.*" December, Washington, DC.

People's Bank of China (PBC). 2017. "Determinants of Chinese Corporate Ratings by Domestic and International Rating Agencies." PBC Working Paper 2017/5, Beijing. http://www.pbc.gov.cn/yanjiuju/124427/133100/3253123/3315006/index.html.

Standard & Poor's (S&P). 2017. 2016 *Annual Global Corporate Default Study and Rating Transitions*. April.

第 12 章　中国债券市场的交易模式

Brunnermeier, M. K., and L. H. Pedersen. 2007. "Market Liquidity and Funding Liquidity." *Review of Financial Studies 22* (6): 2201–38.

Committee on the Global Financial System (CGFS). 1999. "Recommendations for the Design of Liquid Markets." CGFS Paper No. 13, Basel.

———. 2014. "Market-Making and Proprietary Trading: Industry Trends, Drivers, and Policy Implications." CGFS Paper No. 52, Basel.

Fontaine, J., C. Garriott, and K. Gray. 2016. "Securities Financing and Bond Market Liquidity." Bank of Canada. *Financial System Review* (June): 39–45.

International Monetary Fund (IMF). 2013. "Local Currency Bond Markets: A New Diagnostic Framework." IMF Policy Paper, Washington, DC.

———. 2018a. *Global Financial Stability Report: A Bumpy Road Ahead*. Washington, DC, April.

———.2018b. "Recent Developments on Local Currency Bond Markets in Emerging Economies." Staff Note for the G20 International Financial Architecture Working Group (IFAWG), Washington, DC.

Viswanathan, S., and J. J. D. Wang. 2004. "Inter-Dealer Trading in Financial Markets." *Journal of Business* 77 (4): 987–1040.

第 13 章　减少债券市场的隐性担保

Daniel, J., J. Garrido, and M. Moretti. 2016. "Debt-Equity Conversions and NPL Securitization in China—Some Initial Considerations." IMF Technical Notes and Manuals 2016/05, International Monetary Fund, Washington, DC.

International Monetary Fund (IMF). 2017. "Financial System Stability Assessment: People's Republic of China." IMF Country Report 17/358, Washington, DC.

———. 2018. "People's Republic of China: 2018 Article IV Consultation Staff Report." IMF Country Report 18/240, Washington, DC.

Li, W., and Y. He. 2016. "Repay by Borrowing, But How to Resolve the Critical Situation?" *Tencent Finance*.

第 14 章　货币政策沟通：框架与市场影响

Adrian, T., D. Laxton, and M. Obstfeld. 2018. "An Overview of Inflation-Forecast Targeting." In *Advancing the Frontiers of Monetary Policy*, edited by T. Adrian, D. Laxton, and M. Obstfeld. Washington, DC: International Monetary Fund.

Berger, H., V. Nitsch, and T. Lybek. 2006. "Central Bank Boards around the World: Why Does Membership Size Differ?" IMF Working Paper 06/281, International Monetary Fund, Washington, DC.

Bernanke, B. S. 2007. "Federal Reserve Communications." Speech at the Cato Institute 25th Annual Monetary Conference, Washington, DC, November 14. https://www.federalreserve.gov/newsevents/speech/bernanke20071114a.htm.

Blinder, A. S., and others. 2008. "Central Bank Communication and Monetary Policy: A Survey of Theory and Evidence." *Journal of Economic Literature* 46 (4): 910–45.

Bloomberg. 2018. "China's Quiet Central Bank Now Wants to Talk to Global Investors." December 4. https://www.bloomberg.com/news/articles/2018-12-04/china-s-quiet-central-bank-now-wants-to-talk-to-global-investors.

Dincer, N. N., and B. Eichengreen. 2014. "Central Bank Transparency and Independence: Updates and New Measures." *International Journal of Central Banking* 10 (1): 189–259.

Ehrmann, M., and M. Fratzscher. 2007. "The Timing of Central Bank Communication." *European Journal of Political Economy 23* (1): 124–45.

Garcia-Herrero, A., and E. Girardin. 2013. "China's Monetary Policy Communication: Money Markets Not Only Listen, They Also Understand." HKIMR Working Paper 02/2013, Hong Kong Institute for Monetary Research. http://www.pbc.gov.cn/zhengwugongkai/127924/128038/128109/3544192/index.html.

Gürkaynak, R. S., B. Sack, and E. Swanson. 2005. "Do Actions Speak Louder Than Words? The Response of Asset Prices to Monetary Policy Actions and Statements." *International Journal of Central Banking* 1 (1): 55–93.

Hansen, S., and M. McMahon. 2016. "Shocking Language: Understanding the Macroeconomic Effects of Central Bank Communication." *Journal of International Economics* 99 (S1): S114–S133.

———, and A. Prat. 2018. "Transparency and Deliberation within the FOMC: A Computational Linguistics Approach." *Quarterly Journal of Economics* 133 (2): 801–70.

Hansen, S., M. McMahon, and M. Tong. 2018. "The Long-Run Information Effect of Central Bank Communication." Working Paper. Oxford University and Bank of England.

Huang, Y., T. Ge, and C. Wang. 2018. "Monetary Policy Framework and Transmission Mechanisms." Chapter 3 in the *Handbook of China's Financial System*, edited by M. Amstad, G. Sun, and W. Xiong.

International Monetary Fund (IMF). 2018. "People's Republic of China Staff Report for the 2018 Article IV Consultation." Washington, DC. https://www.imf.org/en/Publications/CR/Issues/2018/07/25/Peoples-Republic-of-China-2018-Article-IV-Consultation-Press-Release-Staff-Report-Staff-46121.

Jansen, D. J., and J. D. Haan. 2005. "Talking Heads: The Effects of ECB Statements on the Euro-Dollar Exchange Rate." *Journal of International Money and Finance* 24 (2): 343–61.

Kohn, D. L., and B. P. Sack. 2003. "Central Bank Talk: Does It Matter and Why?" Divisions of Research and Statistics and Monetary Affairs, Federal Reserve Board, Washington, DC.

Li, K. 2010–2018. *Report on the Work of the Government*. National People's Congress, Beijing.

Luangaram, P., and W. Wongwachara. 2017. "More than Words: A Textual Analysis of Monetary Policy Communication." PIER Discussion Paper 54, Puey Ungphakorn Institute for Economic Research, Bangkok.

Lucca, D. O., and F. Trebbi. 2009. "Measuring Central Bank Communication: An Automated Approach with Application to FOMC Statements." NBER Working Paper 15367, National Bureau of Economic Research, Cambridge, MA.

Ma, J. 2017. "Interest Rate Transmission in a New Monetary Policy Framework." In *Modernizing China: Investing in Soft Infrastructure*, edited by W. R. Lam, M. Rodlauer, and A. Schipke. Washington, DC: International Monetary Fund.

Ma, J., and T. Guan. 2018. "Interest Rate Liberalization and Reform of China's Monetary Policy Framework." *China Financial Press* (in Chinese).

Nelson, D. B. 1991. "Conditional Heteroskedasticity in Asset Returns: A New Approach." *Econometrica* 59 (2): 347–70.

People's Bank of China. 2018a. "Information Disclosure and Transparency" (in Chinese). Beijing. May 23. http://www.pbc.gov.cn/zhengwugongkai/127924/128038/128109/3544192/index.html.

———. 2018b. "Q&A of Governor Yi Gang at Sub-forum 'Monetary Policy Normalization' of BOAO Forum for Asia Annual Conference." http://www.pbc.gov.cn/english/130724/3523967/index.html.

Reeves, R., and M. Sawicki. 2007. "Do Financial Markets React to Bank of England Communication?" *European Journal of Political Economy* 23 (1): 207–27.

Shu, C., and B. Ng. 2010. "Monetary Stance and Policy Objectives in China: A Narrative Approach." *HKMA China Economic Issues* 1 (10): 1–40.

Sun, R. 2013. "Does Monetary Policy Matter in China? A Narrative Approach." *China Economic Review* 26 (C): 56–74.

Tobback, E., S. Nardelli, and D. Martens. 2017. "Between Hawks and Doves: Measuring Central Bank Communication." ECB Working Paper 2085, European Central Bank, Frankfurt.

Zhou, X. 2016a. Press Conference on Financial Reform and Development during the 2016 National People's Congress, March 12. http://www.pbc.gov.cn/goutongjiaoliu/113456/113469/3030450/index.html.

———. 2016b. "Managing Multi-Objective Monetary Policy: From the Perspective of Transitioning Chinese Economy." The 2016 Michel Camdessus Central Banking Lecture, June 24, International Monetary Fund, Washington, DC.

第 15 章　离岸人民币点心债券

Altman, E. I., N. Fargher, and E. Kalotay. 2011. "A Simple Empirical Model of Equity-Implied Probabilities of Default." *Journal of Fixed Income* 20 (3): 71–85.

Ayala, D., M. Nedeljkovic, and C. Saborowski. 2015. "What Slice of the Pie? The Corporate Bond Market Boom in Emerging Economies." IMF Working Paper No. 15/148,Washington, DC.

Baker, S. R., N. Bloom, and S. J. Davis. 2016. "Measuring Economic Policy Uncertainty." *Quarterly Journal of Economics* 131 (4): 1593–636.

Fung, H., D. Tzau, and J. Yau. 2013. "A Global Chinese Renminbi Bond Market: The Dim Sum Bond Market." *International Financial Markets* 13 (5): 1–67.

Fung, H., and J. Yau. 2012. "Chinese Offshore RMB Currency and Bond Markets: The Role of Hong Kong." *China and World Economy* 20 (3): 107–22.

He, D., P. Luk, and W. Zhang. 2015. "The Internationalisation of the Renminbi as an Investing and a Funding Currency: Analytics and Prospects." HKIMR Working Paper 01/2015, Hong Kong Institute for Monetary Research, Hong Kong SAR.

He, D., and R. N. McCauley. 2012. "Eurodollar Banking and Currency Internationalisation." *BIS Quarterly Review* June: 33–46.

Mizen, P., and S. Tsoukas. 2015. "Exploring Determinants of Firm's Participation in the New Offshore Renminbi Debt Securities Market." HKIMR Working Paper 23/2015, Hong Kong Institute for Monetary Research, Hong Kong SAR.

第 16 章　中国的离岸公司美元债券

Allen, F., and others. 2018. "Entrusted Loans: A Close Look at China's Shadow Banking System." *CEPR Discussion Paper 12864, Centre for Economic Policy Research, London.*

Baker, S. R., N. Bloom, and S. J. Davis. 2016. "Measuring Economic Policy Uncertainty." *Quarterly Journal of Economics* 131 (4): 1593–636.

Bruno, V., and H. S. Shin. 2017. "Global Dollar Credit and Carry Trades: A Firm-Level Analysis." *Review of Financial Studies* 30 (3): 703–49.

Bundick, B., and S. Basu. 2015. "Uncertainty Shocks in a Model of Effective Demand." NBER Working Paper 18420, National Bureau of Economic Research, Cambridge, MA.

Fratzscher, M. 2012. "Capital Flows, Push versus Pull Factors and the Global Financial Crisis." *Journal of International Economics* 88 (2): 341–56.

Gilchrist, S., J. W. Sim, and E. Zakrajšek. 2014. "Uncertainty, Financial Frictions, and Investment Dynamics." NBER Working Paper 20038, National Bureau of Economic Research, Cambridge, MA.

Huang, Y., U. Panizza, and R. Portes. 2018. "Corporate Foreign Bond Issuance and Interfirm Loans in China." NBER Working Paper 24513, National Bureau of Economic Research, Cambridge, MA.

International Monetary Fund (IMF). 2017. "People's Republic of China: 2017 Article IV Consultation Staff Report." IMF Country Report 17/247, Washington, DC.

———. 2018a. "The IMF's Institutional View on Capital Flows in Practice." Prepared for the Group of Twenty by the staff of the International Monetary Fund.

———. 2018b. "People's Republic of China: 2017 Article IV Consultation Staff Report." IMF Country Report 18/240, Washington, DC.

McCauley, R. N., P. McGuire, and V. Sushko. 2015. "Dollar Credit to Emerging Market Economies." *BIS Quarterly Review* December: 27–41.

Myers, S. C. 1984. "The Capital Structure Puzzle." *Journal of Finance* 39 (3): 574–92.

Panousi, V., and D. Papanikolaou. 2012. "Investment, Idiosyncratic Risk, and Ownership." *Journal of Finance* 67 (3): 1113–48.

Shin, H. S., and L. Zhao. 2013. "Firms as Surrogate Intermediaries: Evidence from Emerging Economies." Asian Development Bank, December.

Tang, K., and H. Zhu. 2016. "Commodities as Collateral." *Review of Financial* Studies 29 (8): 2110–60.

致谢

随着中国金融部门日渐成熟，其债券市场在储蓄和投资分配以及资产配置多元化方面发挥的作用日益重要。与此同时，中国债券被纳入全球指数将成为中国融入全球资本市场的另一个里程碑，对投资者和政策制定者都将产生深远影响。这些发展动态前所未有地要求我们深刻理解中国债券市场的结构、独有特征和未来改革领域，本书也对这些内容进行了研究。

本书的独到之处在于，它会集了国际货币基金组织的多个部门（亚洲及太平洋部、货币与资本市场部、研究部、财政事务部和能力建设学院）、中国人民银行、中国证券监督管理委员会、财政部、中央国债登记结算有限公司、香港金融管理局、私营部门和学术界的作者。只有通过这种协同努力，本书才有可能将缜密分析与对制度的详细认知结合起来，这对于了解中国债券市场至关重要。

这一重要出版物的问世需要各方的支持。我们对 2018 年中国人民银行与国际货币基金组织主办的关于中国债券市场会议的与会者表示感谢，感谢他们提出富有见地的评论和反馈意见。特别感谢中国人民银行国际司的朱隽、郭凯和林苒。我们还要感谢詹姆斯·丹尼尔提供的支持和建议，感谢国际货币基金组织执行董事金中夏。除各章作者以外，为本书提供资料和意见的还有 Changyong Rhee、Kenneth H. Kang、Ratna Sahay、Itai Agur、Andreas W. Bauer、Jose Maria Cartas、陈洪宛、陈倩莹、Chen Sophia、Martin Cihak、Marcelo Dinenzon、Paolo Dudine、Andrew Fennel、Gao Terry、Ziya Gorpe、

Ho Kenneth、Deniz Igan、Phakawa Jeasakul、Gary Jones、Honey Karun、Mariam El Hamiani Khatat、Phousnith Khay、Purva Khera、Diane Kostroch、卢大彪、Sole Martinez Peria、Nicola Pierri、Lev Ratnovski、Edgardo Ruggiero、Mustafa Saiyid、Aydin Sakrak、Jochen Schmittmann、Stephen Schwartz、石钰、Danny Suwanapruti、Tang Mk、Andrew Tilton、Helen Wang Wagner、James P. Walsh、王克冰、王莹、徐绎之、严婷和于晓燕。

我们感谢杨颖、张驰和潘璐孜孜不倦地为本书出版所做的协调工作，感谢驻华办事处李晶和单琦淇提供的支持。若没有白雪飞、丁康、崔丽娟、张一斌、葛婷婷等经济学家和研究助理的支持，若不是 Gabriel Alvim 在国际货币基金组织总部通宵达旦地推动这项工作，本书就不可能付梓。

席睿德

任志清

张龙梅